Avicena: A Viagem da Alma

Coleção Estudos
Dirigida por J. Guinsburg

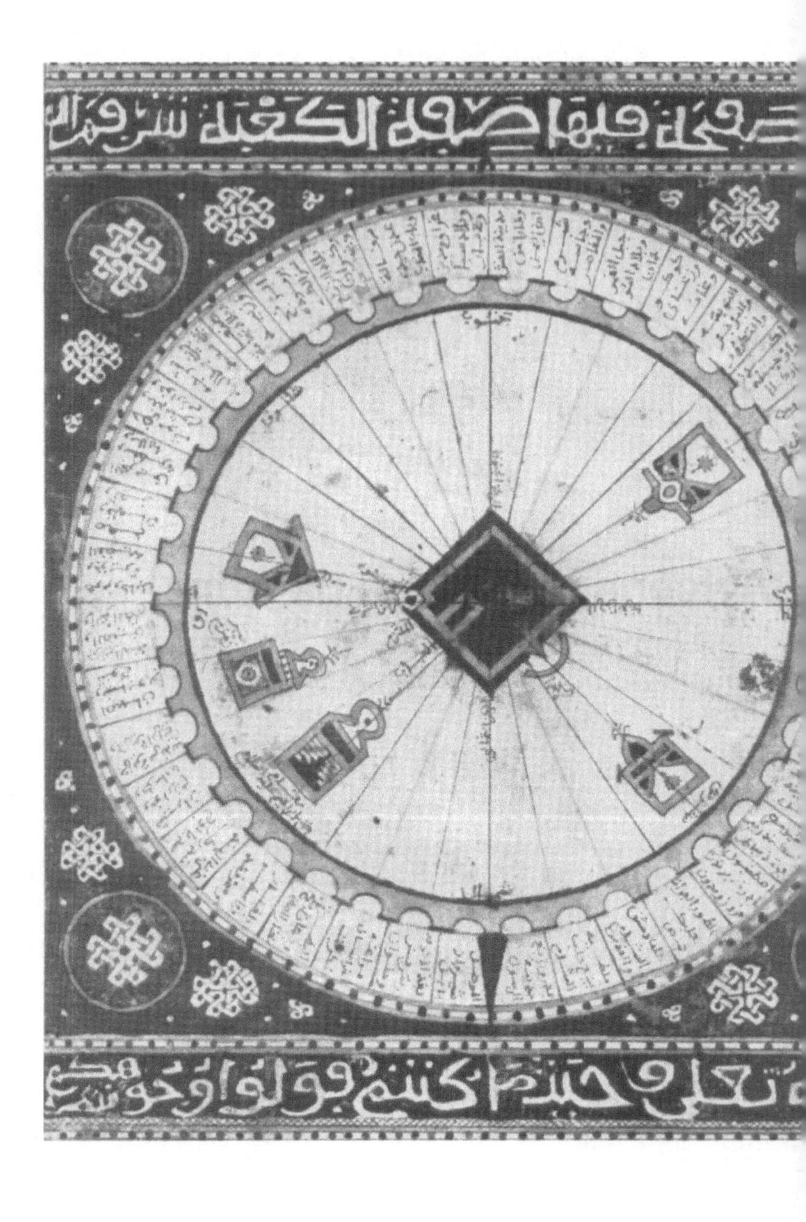

Equipe de realização – Revisão: Cláudio César Santoro; Sobrecapa e diagramação: Sergio Kon; Produção: Ricardo W. Neves e Sergio Kon.

Rosalie Helena de Souza Pereira

AVICENA: A VIAGEM DA ALMA

UMA LEITURA GNÓSTICO-HERMÉTICA

DE *HAYY IBN YAQZĀN*

Dados Internacionais de Catalogação na Publicação (CIP)
(Câmara Brasileira do Livro, SP, Brasil)

Pereira, Rosalie Helena de Souza
Avicena: a viagem da alma: uma leitura gnóstico--hermética de Havy ibn Yaqzan / Rosalie Helena de Souza Pereira. — São Paulo : Perspectiva : 2010. — (Estudos ; 179 / dirigida por J. Guinsburg)

2ª reimpr. da 1. ed. de 2002.
Bibliografia.
ISBN 978-85-273-0294-4 (Perspectiva)

1. Avicena, 980-1037 – Crítica e interpretações
2. Filosofia árabe I. Título. II. Série.

02-2403 CDD-181.07

Índices para catálogo sistemático:
1. Avicena : Filosofia árabe islâmica 181.07

1ª edição – 2ª reimpressão
[PPD]

EDITORA PERSPECTIVA LTDA.

Av. Brigadeiro Luís Antônio, 3025
01401-000 – São Paulo – SP – Brasil
Telefax: (0--11) 3885-8388
www.editoraperspectiva.com.br

2019

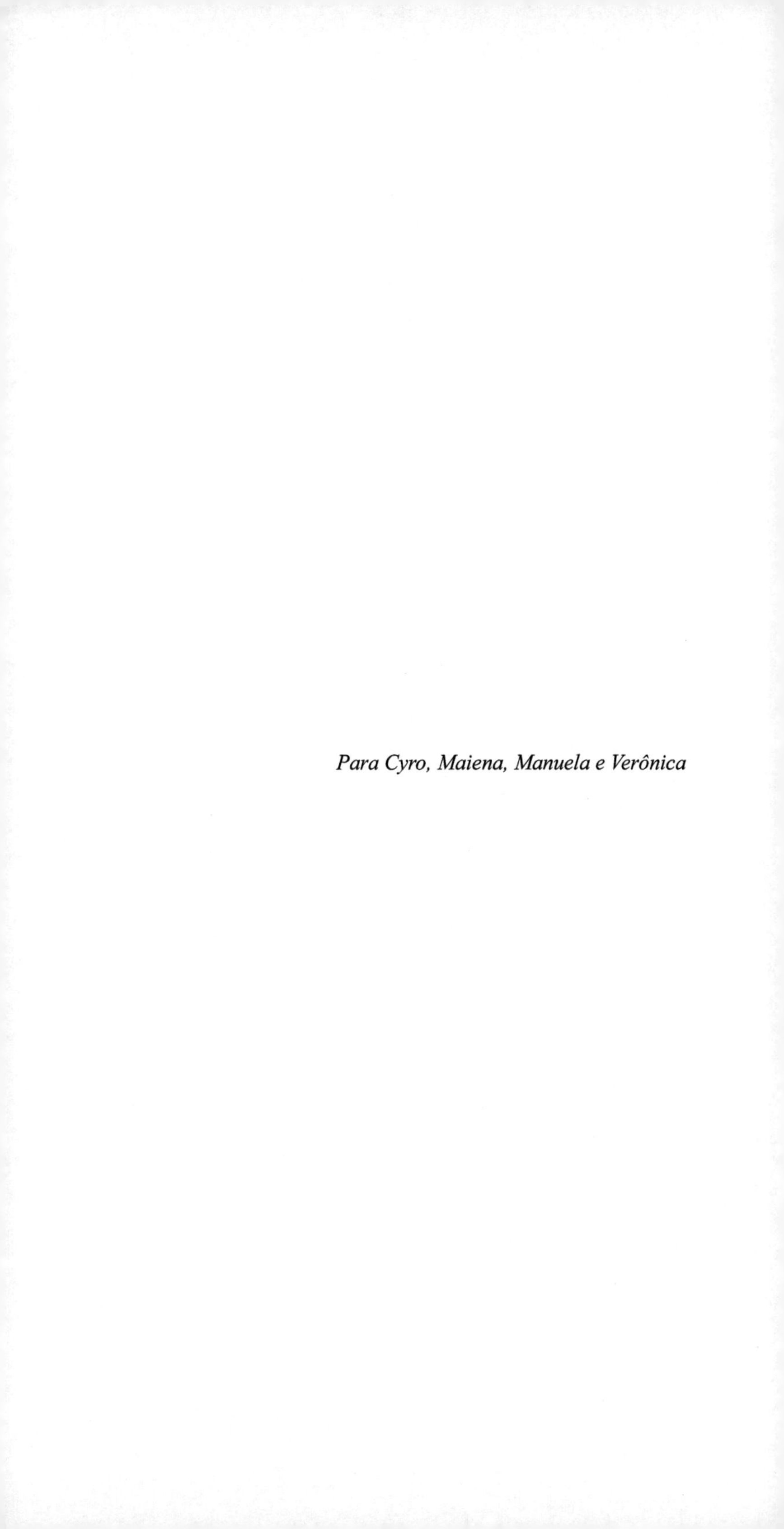

Para Cyro, Maiena, Manuela e Verônica

Sumário

Agradecimentos

O texto ora apresentado é fruto de infindáveis conversas e valiosas sugestões de interessados nos diversos temas estudados. Retoma, com algumas modificações, minha dissertação de mestrado apresentada em 1998 ao Departamento de Filosofia, FFLCH-USP, sob a orientação da Profa. Dra. Marilena de Souza Chaui, que, em 1993, aceitou o desafio de seguir uma pesquisa numa área da filosofia praticamente desconhecida no Brasil. A ela, o meu mais sincero agradecimento.

Um especial agradecimento devo ainda ao Prof. Dr. Carlos Arthur Ribeiro do Nascimento, sempre solícito e paciente ao resolver minhas dúvidas, e ao Prof. Dr. Helmi Nasr, pela gentileza de ter conferido a tradução de *Hayy ibn Yaqzân*.

Não poderia deixar de mencionar o Prof. Nachman Falbel, a quem devo, além das oportunas críticas e sugestões, a indicação para a publicação do texto por esta casa.

Aos amigos que afetuosamente me ajudaram na revisão do trabalho e na transliteração dos termos gregos, Claudio William Veloso, Domingos Zamagna e Fernando Rey Puente, e a todos aqueles que comigo partilharam minhas incertezas e emoções, o meu reconhecimento.

À FAPESP, pelo efetivo apoio financeiro para a realização do trabalho e a publicação do livro.

Apresentação

Dificilmente se poderá exagerar a importância de 'Abu 'Alī al-Hussain ibn 'Abd Allāh ibn al-Hassan ibn 'Alī ibn Sīnā (980-1037), o Avicena do mundo ocidental. Personalidade polifacetada, ficou conhecido sobretudo por seus escritos de filosofia e de medicina. Os de filosofia abrangem, pelo menos a nos fiarmos nas seções de sua grande enciclopédia *Al-Shifa'* (A Cura), a lógica, o estudo da natureza, a matemática e a metafísica. Sua grande obra de medicina tem o significativo nome de *Al-Qanun fi al-Tib* (Cânon da Medicina). Essas facetas mais conhecidas de Avicena são aquelas pelas quais ele desempenhou um papel de enorme relevância na história da cultura no Ocidente. Nesse sentido, basta dizer que as partes da *Al-Shifa'* que foram traduzidas para o latim tiveram um impacto extraordinário sobre os pensadores do século XIII. Só para mencionar um único exemplo, aliás bem conhecido, Tomás de Aquino cita Avicena mais de 250 vezes em sua *Suma de Teologia*. Por outro lado, o *Cânon* foi o livro que serviu de base para o ensino da medicina até o século XVII. Há, no entanto, um outro tipo de textos de Avicena, de caráter simbólico, tal como é exemplificado pelo *Hayy ibn Yaqzān*, cuja leitura e interpretação têm sido objeto de discussão entre os estudiosos do filósofo islâmico.

O trabalho de Rosalie Helena de Souza Pereira, que o leitor tem em mãos, é o resultado de pacientes estudos que se estenderam por vários anos. Fornece ele um amplo leque de informações, desde a biobibliografia de Avicena até uma tradução e interpretação do *Hayy ibn Yaqzān*. Com um pouco de persistência, o leitor será guiado pelos grandes temas da obra de Avicena, por enfoques diversos do conhecimento humano e finalmente apresentado à *Narrativa de Hayy ibn Yaqzān*. Presta, assim, a autora apreciável serviço ao estudo do pensamento filosófico em árabe no nosso meio. Este é, com efeito, um campo de estudos bem pouco desenvolvido entre nós, apesar de promissoras sementes lançadas na última década do século que vem de findar.

Se me for permitido formular um voto, ao terminar esta brevísssima apresentação, é o de que a leitura do trabalho de Rosalie Helena de Souza Pereira contribua para melhor conhecimento do pensamento filosófico em árabe dentro e fora de nossas universidades e, assim sendo, atraia outros para o estudo deste.

Prof. Dr. Carlos Arthur Ribeiro do Nascimento
Titular do Departamento de Filosofia
IFCH-Unicamp

Prefácio

O livro que o leitor tem em mãos trata da filosofia de Ibn Sīnā, o Avicena dos latinos, um dos pilares do pensamento da humanidade e nascido em território onde predominava o Islamismo. Gostaríamos de traçar algumas linhas sobre essa religião, pouco conhecida da cristandade, que permitiu e estimulou o florescimento de pensadores de língua árabe, os quais contribuíram significativamente para o desenvolvimento do conhecimento durante os séculos de apogeu do Império Islâmico durante a Idade Média.

O Islão é a terceira religião monoteísta que historicamente surgiu sobre a face da Terra, após o judaísmo e o cristianismo.

Etimologicamente, a palavra *Islão* deriva da forma árabe *salam*, que significa *paz*. O verbo *aslama*, vinculado à raiz *salam*, significou primeiramente *entregar-se* no sentido absoluto, isto é, *entregar-se de boa ou de má vontade.* Mais tarde, o termo passou a ser usado com o sentido restrito de *entregar-se à religião do Profeta Muhammad.*

O Islão é uma crença de profunda espiritualidade cujo dogma básico é a Unicidade de Deus. A crença em Sua infinita Misericórdia, na imortalidade da alma, no Dia do Juízo, no Paraíso e no Fogo infernal constituem, outrossim, o fulcro desta doutrina que afirma amiúde: Deus é único e Muhammad, Seu Profeta. Para o Islamismo, Deus, por ser o Senhor do Universo por Ele criado e a Ele submetido, é igualmente o Deus de todas as criaturas, de todos os homens, bem como do próprio Universo.

Por essa atitude absolutamente monoteísta, a religião islâmica repudia todas as manifestações pagãs adotadas até o seu advento. O amor e a obediência a Deus compõem a profissão de fé de todo crente. E, àquele que se desviar desses preceitos, o Islamismo enseja a possibilidade de arrepender-se e recuperar as graças divinas, pois cada qual deve responder por seus atos e, de acordo com eles, pode alçar-se ao nível dos anjos ou baixar ao dos demônios. O Islamismo, como se depreende, não admite o pecado original, pois assevera que ninguém presta contas pelos pecados de outrem, e, sim, apenas pelos seus próprios.

Na verdade, todos esses dogmas vêm dimensionar para o homem não só sua própria fragilidade, mas ainda a grandiosidade de Deus, que tudo domina. A partir daí estabelece-se um elo entre a criatura e o Criador, por meio do louvor e do agradecimento, expressados tão-somente pela oração – aliás, prática comum a todas as religiões, variando apenas na forma. Com o objetivo de preservar esse elo, o Islamismo prescreve alguns deveres práticos que constituem os cinco pilares sobre os quais repousa a doutrina islâmica (*arkān al-Islām*): *shāhada*, a profissão de fé na Unicidade de Deus e no reconhecimento de Muhammad, Seu mensageiro; a oração (*salāt*), o jejum (*saum*) no mês de Ramadān, a caridade aos necessitados (*zakāt*) e a peregrinação a Makkah (*hajj*).

A fonte do Islamismo é o Alcorão – terceiro livro divino, precedido pela Torah e pelos Evangelhos. O Alcorão surgiu como algo absolutamente único e inédito: nem prosa, nem poesia, mas um universo parenético cujos propósitos extravasavam os cânones literários então conhecidos. De fato, era algo diferente de tudo o que se conhecia. Cada qual de seus mais de 6.000 versículos contém um sentido autônomo e completo, além de estar ligado ao conjunto contextual da sura em um todo extremamente harmônico. É algo prodigioso porque cada versículo é texto e contexto simultaneamente. A par do ritmo intrínseco nas palavras, a par da cadência frásica similar, existe, ainda, a rima encantatória no final de alguns versículos. Em virtude disso, os eloquentíssimos árabes da época sentiram-se impotentes para superar a beleza da língua apresentada no Livro, quando a maioria dos habitantes da Península Arábica foi levada a abraçar a verdade da mensagem divina da nova religião do Alcorão.

Assim, a língua árabe alcorânica fecundou morfológica e semanticamente a língua nacional dos árabes, com vocábulos que recortavam novas realidades na religião, no monoteísmo absoluto, na anunciação escatológica única. O estilo alcorânico inaugurou uma revolução linguística sem precedentes. Sua objetividade é exemplar, pois faz-se compreender apenas com palavras, estes valiosos instrumentos utilizados para expressar as verdades divinas. Foi com essa objetividade e concisão que os oradores da época começaram a ilustrar suas falas, ao tomarem emprestado alguns dos versículos sagrados do Alcorão, além de passarem a adotar procedimentos lexicais e frasais nele contidos.

Assim, impõe-se como paradigma a beleza fecundante do Livro.

Desse modo, a língua árabe tornou-se mais rica e elegante, sobretudo após a tomada do poder pelos abássidas, quando começaram a fomentar a tradução de obras literárias e científicas de outras nações. No tempo do califado de Harūn al Rachid foram traduzidas obras de medicina, astronomia, literatura e moral. Datam desse mesmo período a versão das fontes da obra literária *As Mil e Uma Noites* e as inúmeras traduções do grego e do siríaco para o árabe de obras de matemática, filosofia, música, geografia, alquimia e ciências naturais, especialmente as de Aristóteles que versam sobre os animais e a botânica. Foram ainda traduzidos alguns diálogos de Platão, além de textos de vários outros consagrados filósofos da Antiguidade.

Toda essa riqueza cultural uniu-se aos elementos fundantes da religião e do saber, isto é:

1. a) *as-Sunna*: a prática pela qual o Profeta e seus companheiros aplicaram os ensinamentos do Alcorão;
   b) *al-Hadīth*: a fala do Profeta e seus ensinamentos das causas lícitas e ilícitas, as explicações das crenças e da moralidade.
2. *al-Fiqh*: o conjunto das opiniões dos jurisconsultos no que concerne à explicação dos detalhes da religião, o que permitiu o florescimento de quatro doutrinas credenciadas: *hanafita, chafi'īta, maliquīta, hanbalīta.*

Com o desenvolvimento das pesquisas em jurisprudência e o avanço da cultura islâmica nas diversas áreas do conhecimento, a doutrina alcorânica firmava-se cada vez mais. Para os muçulmanos, o Islão é mais do que uma religião, no sentido comumente usado. É um modo de viver que compreende um conjunto de comportamentos e regras de vida disciplinados pela sua lei positiva, *al-Sharī'a*, literalmente "a reta via". A jurisprudência islâmica, *al-Fiqh*, está fundamentada sobre o conceito da onipresença de Deus, que regula direta e pessoalmente todas as coisas humanas. A fonte divina da Lei é a vontade de Deus expressa claramente ao Profeta Muhammad, traduzida no Alcorão, na *Sunna* e nos *Āhādīth*.

A região conhecida por Hijāz, planalto desértico ao longo da costa ocidental da Arábia, viu nascer o Islão no século VII de nossa era, quando sobre Muhammad "desceu o Alcorão". Dizer que o Profeta é "autor" do Livro sagrado constitui blasfêmia para os muçulmanos. Os versículos X,16; XLVI,15 relatam que Muhammad foi despertado para o chamado divino na idade de quarenta anos, por volta de 612-613. O Profeta pertencia à tribo dos Quraish, senhores de Makkah, com quem depois se desentendeu, fato que resultou em perseguições obrigando-o a emigrar para Medina no ano 622, a *Héjira*, onde morreu em 8 de junho de 632. Nesses dez anos, várias campanhas vitoriosas lideradas pelo Profeta realizaram-se em prol da nova fé. Nos anos que sucederam sua morte, os seguidores de Muhammad continuaram sua obra expansionista e viram o desabar do maior império da época, o Persa, além de significativas derrotas do Império Bizantino. Por volta do final do século VII, no extremo ocidental o Islão chegara à Espanha, e naquele oriental, ao noroeste da Índia. Estava consolidado um novo império cuja cultura se impôs durante oito séculos a uma vasta porção do globo.

Em seu apogeu, a civilização islâmica viu surgir entre os séculos X e XI a personalidade ímpar de Avicena, um de seus filhos mais ilustres.

Prof. Dr. Helmi Nasr
Titular do Departamento de Estudos Orientais
FFLCH-USP.

Nota da Autora

Por razões técnicas não foi sempre possível seguir o padrão contemporâneo de transliteração das palavras árabes. Algumas vezes tivemos que reproduzir as transliterações fonéticas adotadas pelos comentadores mais antigos, mantidas sobretudo nas citações e nem sempre coincidentes. Contamos com a compreensão dos arabistas.

Nos textos traduzidos foram utilizados os seguintes sinais:
<...> Interpolação do tradutor
(...) Explicação para maior clareza da passagem
[...] Corte no texto

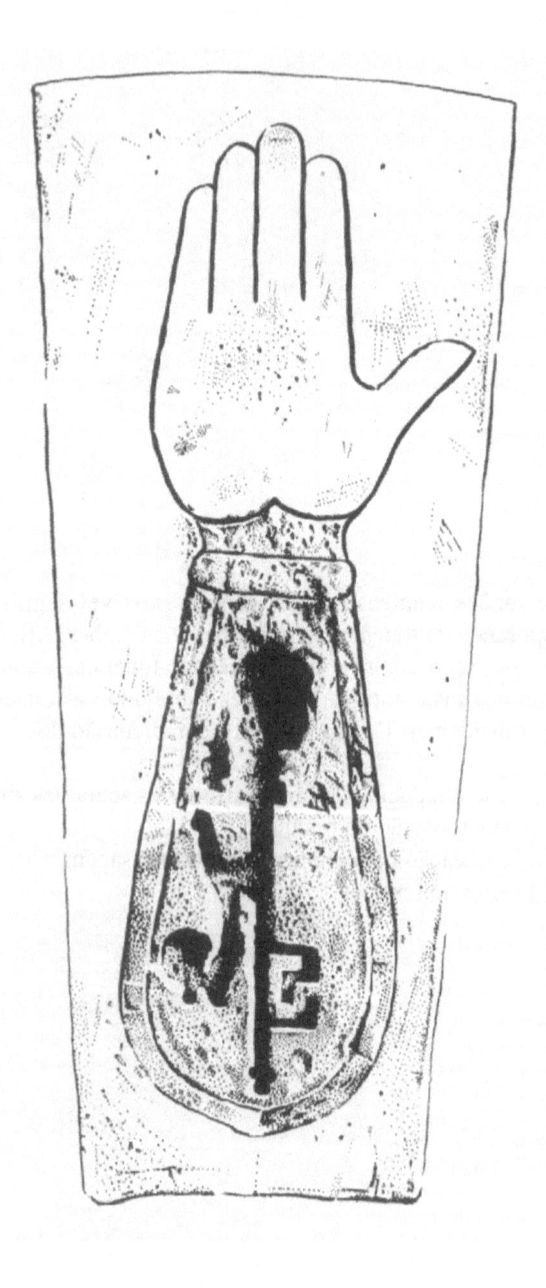

Alhambra, Granada: os cinco preceitos do Islão simbolizados pelo dedo da mão.

Introdução

Nos anos recentes, intensificaram-se os estudos sobre a filosofia árabe, assim designada porque redigida nesse idioma. Essa filosofia é oriunda dos territórios conquistados a partir do início do século VII, quando então um movimento religioso dominou uma porção significativa do planeta. Grande parte do império controlado por Bizâncio e todo o império dos sassânidas desmoronaram sob a investida dos exércitos recrutados entre os habitantes da Arábia. Os povos conquistados passaram a adotar a vitoriosa religião do Islão, a língua árabe difundiu-se e converteu-se no veículo das culturas incorporadas no recém-nascido Califado. A nova ordem absorveu tradições de povos originários de diversos ambientes geográficos; aos poucos ganhou contornos definidos e, ancorada no *Corão*, arquitetou sua identidade social, política e cultural, inaugurando a civilização islâmica.

A filosofia árabe, *falsafa*, nasceu sobretudo da necessidade dos doutores muçulmanos de adequar a teologia do Islão ao pensamento clássico ocidental. Do encontro da religião de *Allah* com a tradição greco-romana resultou o empenho em promover o acordo filosófico entre fé e razão, exemplificado na abundante literatura deixada à posteridade pelos sábios muçulmanos.

Entre os especialistas, discute-se a prevalência da designação "filosofia árabe" em detrimento de "filosofia islâmica". Porém, caso a eleição seja por "filosofia islâmica", é de se supor que, na produção filosófica da cristandade, a escolha recairia sobre o primado do título de "filosofia cristã" em vez das designações geralmente adotadas, tais quais "escolástica", "filosofia medieval latina" e "filosofia ocidental latina"[1]. A tradição filosófica aceita em geral o epíteto de "filosofia árabe" para o legado filosófico da civilização islâmica, embora sua produção não se restrinja aos povos de etnia árabe. Filósofos universalmente reputados eram naturais de civilizações florescentes, algumas delas anteriores à conquista islâmica, cujos empréstimos culturais contribuíram copiosamente para a magnitude do Islão: Averróis, o "Comentador" de Aristóteles, é filho da Península Ibérica, e Avicena, seu maior expoente e "Príncipe de todas as ciências", é considerado a glória do Irã.

Inexplorada entre nós, brasileiros, a filosofia árabe medieval marca sua importância num duplo registro: além de ampliar os horizontes da reflexão filosófica e contribuir para um maior conhecimento do patrimônio cultural da humanidade, ela nos torna, por intermédio da Península Ibérica, devedores aos árabes, que lá deixaram um significativo vestígio cultural, edificado em quase oito séculos de permanência.

Faz-se necessário explicar a escolha do tópico de nosso estudo, desconhecido ou desprezado no âmbito da filosofia medieval. Nossa proposta se restringe a refletir sobre um texto praticamente ignorado de Avicena, *Epístola de Hayy ibn Yaqzān*, que obriga o estudioso a reinterrogar as relações entre aristotelismo, platonismo, neoplatonismo e seus desdobramentos na chave do Islão.

No feitio de epístola (*rissālat*) e em linguagem figurada, Avicena narra o percurso da alma rumo ao conhecimento. O tema da viagem interior vislumbra não apenas considerações rigorosamente filosóficas, mas ainda a busca de sentidos ocultos presentes em tradições à margem da filosofia, tais como o hermetismo e o gnosticismo. Dessa polaridade de conteúdo, originaram-se duas distintas interpretações do relato aviceniano: a primeira ap--se na gnose iraniana e tem em Henry Corbin seu contumaz defensor. A segunda assenta-se na arquitetura do sistema de Avicena e faz da análise de Amélie-Marie Goichon um imperativo na filosofia da razão.

Nossa tese procura demonstrar a síntese possível entre essas duas interpretações, pois acreditamos que, nesse texto, Avicena faz incursões de lado a lado: constrói sua alegoria com símbolos retirados de correntes gnósticas e herméticas, com figuras do folclore árabe e iraniano, empresta-lhes conceitos aristotélicos, serve-se simultaneamente de imagens da tradição monoteísta e da tradição zoroástrica para, enfim, transmitir seu pensamento com os contornos da arquitetura neoplatônica. Amálgama de crenças e doutrinas distintas, o texto parece refletir um sincretismo de várias influências. Mas, é preciso indagar

1. Alain de Libera propõe o emprego de "Idade Média latina", pois, como diz, "a expressão Ocidente cristão é perigosa", cf. *Penser au Moyen Âge*, Paris, Éditions du Seuil, 1991, p. 98.

se, apesar da atmosfera matizada que a narrativa deixa transparecer, não haveria nas diferentes ideias e tendências uma similaridade de perspectiva que conduz ao mesmo resultado.

Para o leitor não familiarizado com noções aqui tratadas, a primeira parte do livro introduz os temas celebrados na filosofia de Avicena e sua recepção no Ocidente latino; apresenta ainda um quadro referencial da aceitação quase unânime do paradigma aristotélico de seu sistema às discordantes interpretações de um conjunto de textos enigmáticos e às distintas significações do que restou de sua controvertida obra *Filosofia Oriental*.

A segunda parte apresenta um histórico introdutório do tema do conhecimento, núcleo da interpretação. A escolha da acepção de conteúdo desse tópico gerou a controvérsia entre as duas tendências supracitadas. O conhecimento de ordem racional restringe-se às especulações da tradição filosófica clássica e contrapõe-se ao conhecimento metarracional do reino de luz espiritual. À margem dos sistemas filosóficos de Platão, de Aristóteles e de Plotino, as concepções herméticas e gnósticas oferecem figurações cósmicas de fontes ainda mais antigas. Nesse quadro referencial, a viagem da alma revela a representação imagética de sua experiência interior ao resgatar sua origem divina; traduz-se no conhecer-se a si mesma, como ensina o aforismo délfico *gnôthi sautón*.

Na terceira parte, a tradução da *Narrativa de Hayy ibn Yaqzān* permite ao leitor, já aparelhado com os principais conceitos, melhor compreender seus significados ocultos e acompanhar nossa escolha interpretativa.

O trabalho justifica-se pela importância atribuída à filosofia transmitida em árabe na elaboração do pensamento ocidental. Sabe-se que, não fosse a conservação de traduções e comentários de textos gregos em língua árabe durante a Idade Média, o mundo jamais alcançaria grande parte desse vastíssimo patrimônio cultural. Pitágoras, Platão, Aristóteles, Plotino, Porfírio, Alexandre de Afrodísia, Galeno, Jâmblico, para citar apenas os mais conhecidos[2], tiveram suas obras traduzidas e comentadas pelos sábios de língua árabe, o que muito contribuiu para a criação, em terra do Islão, de centros de estudo das produções culturais helenísticas e greco-romanas, ainda que em versão "orientalizada"[3]. E, tal qual ocorreria na Idade Média latina adepta do cristianismo, o pensamento filosófico no Islão procurou sistematizar o encontro entre a recém-nascida fé no *Corão* e o *lógos* herdado dos gregos.

2. 'Abdurrahmān Badawi, *La transmission de la philosophie grecque au monde arabe*, Paris, J. Vrin, 1987, *passim*.

3. Franz Rosenthal, *Greek Philosophy in the Arab World*, Great Britain, Variorum, 1990, pp. viii-ix.

Introduzir Avicena, ou mesmo falar de sua importância para o conhecimento filosófico e científico, pode parecer desmerecimento a este que se situa entre os maiores pensadores de todos os tempos. Não há filósofo que desconheça a monumental obra desse fascinante homem. E, no domínio da medicina, depois de Hipócrates e Galeno, é o terceiro dos três pilares sobre os quais se assentaram teoria e prática médicas até o século XVII. Deixada por seu fiel amigo e discípulo, Jūzjānī, sua biobibliografia atesta a versatilidade de seus interesses, que passavam da medicina a assuntos religiosos, do *Livro do Cânone de Medicina* às epístolas *Da Importância da Oração* e *Da Peregrinação a Lugares Santos*.

Sua vastíssima obra ainda é pouco traduzida para as línguas ocidentais. Foi somente após as comemorações de seu milenário, em 1950 (1370 da *Hégira*), que se avolumaram no Ocidente os estudos sobre os escritos de Avicena. O interesse pela filosofia que floresceu no mundo islâmico[4], antes restrito principalmente aos filólogos, cresceu consideravelmente a partir de meados do século XX, talvez porque atualmente a consulta aos manuscritos em língua árabe, conservados sobretudo nas bibliotecas de Istambul, do Cairo, de Damasco e de Teerã, tenha se tornado viável graças à maior facilidade de viagens e comunicações; ou mesmo porque os preconceitos contra o Islão vêm gradativamente diminuindo com o despertado interesse em sua cultura e a maior acessibilidade aos povos que o abraçam.

Permanece ainda o grande obstáculo para empreender um estudo dessa envergadura: a língua árabe. De imediato, qualquer estudioso ocidental que almeje o aprofundamento da filosofia em árabe deve enfrentar um longo e difícil aprendizado do idioma corânico, o que certamente contribui para que os pesquisadores ocidentais se sirvam, quase sempre, das traduções latinas medievais. Atualmente, importantes centros acadêmicos, particularmente Londres, Paris, Madri, Louvain, Nova York e Jerusalém, mantêm acesas as discussões que contemplam a filosofia em árabe, com significativos resultados na elaboração de projetos, na realização de seminários, de traduções de manuscritos inéditos, de publicações de livros e artigos, de reedições de antigas traduções latinas ou francesas e inglesas, o que permite e facilita a maior proximidade com o pensamento dessa cultura tão rica e cativante.

4. Adotamos o termo "islâmico" tal qual é empregado na língua árabe: a expressão "o mundo islâmico" é a tradução de *al 'ālam al-'islāmy*; o termo "islâmico" é sempre empregado para qualificar um conceito abstrato como, por exemplo, mundo, religião, universo etc.; o termo "muçulmano", tradução de *muslim* (submisso ao Islão), é empregado para designar aquele que pertence ao conjunto de pessoas físicas que seguem a religião do Islão, pois a partícula *mu* confere o significado de agregação, como, por exemplo, os *mutakallimūn*, teólogos seguidores do *kalām*; no entanto, tem sentido afirmar "o mundo dos muçulmanos".

Ainda é pequeno o reconhecimento do legado dos filósofos de língua árabe. O adágio universal da origem grega da filosofia ofusca a enorme contribuição transmitida pelos árabes à Idade Média latina. A efervescência cultural que envolveu a época inicial dos abássidas (séculos VIII-IX) contrasta com o obscurantismo no qual estava imerso o Ocidente latino, pois, como afirma o renomado medievalista Alain de Libera, embora houvesse problemas políticos entre os árabes, "os califas abássidas não experimentavam as mesmas dificuldades culturais que Carlos Magno"[5]. Sob o califado de al-Mansūr (754-775), fundador de Bagdá, teve início o grande desenvolvimento científico e intelectual, cujo apogeu, nos séculos IX e X, é comprovado pelas traduções e interpretações das obras científicas e filosóficas da Antiguidade pagã. Graças a essas traduções, grande parte das obras gregas não foi perdida e o mundo beneficiou-se largamente com o acesso a textos antes desconhecidos. Porém, seria um demérito muito grande para com os antigos filósofos de língua árabe considerá-los meros "conservadores" da cultura grega. O mundo islâmico, sim, conservou o saber grego, mas também produziu e desenvolveu sua própria cultura. Da Bagdá abássida, a produção de inúmeras traduções e comentários exemplifica que aí houve seja uma "tolerância" seja uma verdadeira "demanda" social e política[6].

O segundo momento de efervescência cultural entre os árabes – de capital importância para nós – é comprovado quando, no século XII, a Idade Média ocidental repete em Toledo o que Bagdá já realizara nos séculos anteriores. A Espanha islâmica viu a grande obra filosófica de Avicena, *Al-Shifā'*, traduzida para o latim conjuntamente por um judeu, Ibn Dā'ūd, e por um cristão, Domingo Gundisalvi (Gundissalinus), fator indicativo da atmosfera de extrema tolerância já antes encontrada em Bagdá.

O texto de Avicena é a primeira grande obra filosófica recebida, lida e estudada pelo Ocidente[7]. Como sublinha Alain de Libera em *Penser au Moyen Âge*, "com frequência nos esquecemos do fato de Avicena" – o real pai da escolástica latina – "ter sido conhecido dos latinos antes da obra de Aristóteles ter sido integralmente traduzida. [...] Foi Avicena, e não Aristóteles, quem iniciou o Ocidente à filosofia." O fecundo pensador deixou sua marca com a introdução do modelo de uma "racionalidade religiosa" que une ontologia, isto é, a ciência do ser enquanto ser, e teologia ou ciência divina, isto é, a ciência de um Deus transcendente e inefável, como causa primeira ou primeiro agente de todo ser. Com isso, o *lógos* passou a servir a uma religião monoteísta. Teólogos e filósofos cristãos do século XIII, como Alberto Magno e

5. Alain de Libera, *op. cit.*, p. 100.
6. *Ibidem*.
7. *Ibidem*, p. 112.

Tomás de Aquino, nas palavras de Alain de Libera, "silenciosamente pilharam os argumentos teológico-filosóficos árabes"[8], cuidadosamente conservados pelo pensador judeu Maimônides na sua principal obra, *Guia dos Perplexos*, difundida, lida e comentada em ambientes cristãos e islâmicos da Idade Média[9].

8. *Ibidem*, p. 102.

9. Os autores cristãos Alberto Magno e Tomás de Aquino conheciam o *Guia dos Perplexos* de Maimônides, fonte de suas especulações teológicas. Moshe ben Maimon, ou Rambam, mais conhecido por Maimônides (1135-1204), médico, filósofo e comentador da literatura rabínica, redigiu sua mais notável obra, o *Guia dos Perplexos*, em língua árabe com caracteres hebraicos. Fez amplo uso das filosofias de al-Fārābī e de Ibn Sīnā (Avicena), foi contemporâneo de Ibn Rushd (Averróis), a quem respeitava e admirava. Seu *Guia*, traduzido para o hebraico e para o latim, circulou largamente nos ambientes cristão e islâmico, apesar de não ter sido bem acolhido entre os judeus ortodoxos.

Parte I

Prolegômenos à Filosofia de Avicena

Ilustração da página anterior:
O pássaro Sīmurgh, símbolo de Deus na música sūfī.

Em breve, mostrar-lhes-emos Nossos sinais no universo e em suas próprias pessoas, até que possam ver claramente que esta é a Verdade.

Corão, XLI, 53

1. Avicena: O Homem e a Obra

'Abū 'Alī al-Hussain ibn 'Abd Allāh ibn al-Hassan ibn 'Alī ibn Sīnā entre os árabes, conhecido no Ocidente medieval por Avicena, nasceu na Pérsia do século X, em Afsana, uma pequena localidade perto de Bukhāra[1], no ano 980[2]. O que dele conhecemos está na *Autobiografia*, ditada pelo próprio Avicena ao discípulo que o acompanhou por vinte e cinco anos, Jūjzānī, e na sequência, a *Biografia* continuada por esse fiel amigo após a morte do mestre.

Seu pai era natural de Balkh[3], importante centro comercial e político que viu a cultura helenística florescer na época em que a cidade foi

1. Uma das principais cidades da Transoxiana e capital da dinastia samânida (819-1005). Afsana e Bukhāra fazem parte do atual Uzbequistão.

2. Referido no cômputo solar; esse ano corresponde a *Safar* de 370 da *Hégira* no calendário islâmico, cujo cômputo lunar indicava, na época das comemorações do milenário do nascimento de Avicena, 29 anos em antecedência ao calendário solar. A data exata do aniversário corresponde à segunda quinzena de junho de 1951. Cf. A. Papadopoulo, "Avant-Propos", Millénaire d'Avicenne, *Revue du Caire*, 1951, p. II. Há unanimidade entre os historiadores quanto à data da morte de Avicena em 1037, o que não acontece quanto à data de seu nascimento. Alguns afirmam que 980, geralmente admitido como sendo o ano de seu nascimento, não coincide com os dados narrados em sua *Autobiografia*: em 997, Avicena, então com dezessete anos e meio, teria curado o príncipe Nūh ibn Mansūr; todavia, nessa data, o príncipe já estava morto, portanto a cura ocorrera anteriormente. Parece ser verossímil aceitar 975 como o ano de nascimento de Avicena, indicado por um escritor persa, Khānd Mir, com precisões adicionais. Cf. M. Achena e H. Massé, *Avicenne, Le Livre de Science*, Paris, 1986, p. 261, n. 18.

3. Situada no norte do atual Afeganistão; na época, uma das quatro capitais do Khorāssān, região oriental da Pérsia.

sede dos reis greco-bactrianos. Zoroastrismo, budismo, maniqueísmo, cristianismo nestoriano e, por fim, o Islão[4] aí se cruzaram. Como o próprio Avicena informa, seu pai e irmão seguiam o *ismā'īlismo*[5], seita derivada do xiismo[6] (*shī'ismo*), cujo traço doutrinário característico é a espera do advento do *mahdi*, o califa diretamente designado por Deus. As conversas sobre temas relativos à alma e à razão dominavam o ambiente doméstico. É de se crer que o jovem filósofo beneficiou-se prematuramente da reflexão atinente a uma das questões básicas do pensamento *ismā'īlita*, a saber, a divindade do *imām*. Nessa atmosfera, ainda é plausível admitir que Avicena tenha sido instruído sobre o contraste entre o sentido exotérico da Lei corânica (*zāhir*), acessível a todos porque encerrado na literalidade da Letra, e o sentido esotérico (*bātin*), cuja significação oculta permanece sempre reservada a uma elite. Acrescente-se que aos iniciados *ismā'īlitas* desvendava-se o conhecimento das verdades (*haqā'iq*), em que filosofia e ciência imperiosamente são postas a serviço da teologia.

Como médico, Avicena não encontrou obstáculos para o exercício de sua prática e aos dezesseis anos já era reconhecido por suas curas. Lemos em sua *Autobiografia*:

> [...] A medicina não faz parte das ciências difíceis e por essa razão eu nela me distingui em pouco tempo, tanto que eminentes médicos começaram a ler a ciência da medicina sob minha orientação.

Muito jovem e já com notável fama, recebeu a proteção do sultão[7] Nūh ibn Mansūr quando o livrou de uma doença incurável. Sua maior recompensa foi o acesso à biblioteca dos samânidas, onde pôde admirar

4. Empregamos o termo Islão não apenas para designar a religião dos muçulmanos, mas com o significado mais amplo de civilização e cultura.

5. A história dos *ismā'īlitas* é repleta de cisões, cada uma delas seguindo um diferente *mahdi* (o "bem-conduzido" que virá restaurar religião e justiça antes do final do mundo). O pai de Avicena seguia a doutrina da seita que originou a dinastia dos fatimidas no Egito (910-1171). Para uma história dos cismas e das seitas no islamismo, ver Toufic Fahd, "Islam e sette islamiche", *in* C.-H. Puech (org.), *Storia dell'Islamismo*, Milão, 1993, pp. 51 ss., ou *idem*, *in* C.-H. Puech (org.), *Histoire des Religions*, vol. II, pp. 646-694; vol. III, pp. 3-179; ver Mircea Eliade e Ioan P. Couliano, *Dicionário das Religiões*, São Paulo, 1995, pp. 198 ss.

6. Palavra árabe derivada de *shī'a* que significa *grosso modo* "grupo de adeptos"; refere-se ao ramo do Islão que emergiu do cisma criado entre 'Alī, genro e primo do Profeta Maomé, e Muawiyya, na sucessão do califado, em meados do século VII. Os partidários de 'Alī ibn Abī Tālib (*shī'iat 'Alī*) consideravam que este tinha o direito incontestável para suceder ao Profeta, em razão de seus laços familiares. Com a vitória de Muawiyya, o califado instalou-se sob a dinastia dos omíadas, e os xiitas converteram-se numa minoria por oposição à maioria sunita (de *sunna*, literalmente "tradição"), os ortodoxos. O xiismo é a religião oficial do Irã há cinco séculos. Ver Henry Corbin, *Histoire de la philosophie islamique*, Paris, 1986, pp. 49 ss.

7. Gohlman levanta a hipótese de Avicena referir-se ao "sultão" num sentido abstrato de "poder soberano", pois o título com o significado de "governador" é posterior e parece não ter sido empregado durante os samânidas. Cf. W. E. Gohlman, *The Life of Ibn Sīnā*, New York, 1974, pp. 121-123, n. 31.

e ler livros desconhecidos à maioria das pessoas:

> Li tais livros e dominei o que neles era útil [...] E, ao atingir a idade de dezoito anos, já havia exaurido todas as ciências [...] nada novo chegou-me desde então.

Como filósofo, Avicena foi objeto de controvérsia, quer em vida, quer nos tempos que o sucederam, estando à frente de seus oponentes o teólogo al-Ghazālī (1057-1111), cuja acirrada crítica em sua principal obra, *Tahāfut al-Falāsifa* (*Destruição dos Filósofos*)[8], é dirigida sobretudo a Avicena e a seu precursor, al-Fārābī.

Sua prodigiosa inteligência causou admiração desde cedo, pois aos dez anos já conhecia gramática, teologia, e recitava o *Corão* de cor. Sua formação filosófica iniciou-se com a leitura e o estudo da *Isagogé* de Porfírio, obra que lhe permitiu extrair as "sutilezas" da lógica, inacessíveis a seu preceptor, o matemático ʻAbd Allāh al-Nafīlī. O mestre ainda introduziu o portentoso discípulo à *Geometria*, de Euclides, e ao *Almagesto*, de Ptolomeu. Depois que al-Nafīlī o deixou, Avicena dedicou-se à filosofia: leu *Fusūs al-Hikam* (*Preciosidades da Sabedoria*), de al-Fārābī, e travou conhecimento com o "Primeiro Mestre", título conferido pelos árabes a Aristóteles. Diz sua *Autobiografia* que, após ter lido quarenta vezes a *Metafísica*, não conseguiu alcançar nem o conteúdo nem o objetivo da grande obra. Foi uma brincadeira do acaso que lhe fez cair às mãos o livro de al-Fārābī, *Sobre o Objetivo da Metafísica de Aristóteles*, permitindo-lhe entender o que já sabia de cor, mas não compreendia.

Aos vinte e um anos compôs sua primeira obra: *Al-Majmūʻ* (*O Compêndio*), um estudo de todas as ciências com exceção da matemática. Esse gênero de composição era costumeiro desde a época alexandrina e muitas obras de Avicena mantêm essa mesma estrutura. Em seguida, escreveu *Al-Hāsil wa al-Mahsūl* (*A Soma e o Produto*), sobre a jurisprudência e a exegese corânicas, e *Al-Birr wa al-'Itm* (*A Virtude e o Pecado*), sobre a ética.

Em 999, a dinastia samânida perdeu o trono para os turcos ghaznavidas e qarakhanidas[9], e, talvez em decorrência das sucessivas desordens, Avicena iniciou sua peregrinação errante por diversas regiões da Pérsia. Nosso autor relata que, com a morte do pai, as "circunstâncias" de sua vida sofreram uma drástica mudança. Foi obrigado a transferir-se de Bukhāra para Gurgānj em 1002, capital da província de Khwārazm, mas sua *Autobiografia* não esclarece os motivos reais desse deslocamento. Possivelmente resultou de uma perseguição religiosa aos

8. Al-Ghazālī nega à filosofia a possibilidade de conhecimento verdadeiro da divindade; ao criticar al-Fārābī e Avicena, al-Ghazālī dirige-se indiretamente a Aristóteles. Cf. Carmela Bafioni, *Storia della filosofia islamica*, Milão, 1991, pp. 265 ss.

9. Não é certa, embora possível, a filiação da dinastia qarakhanida à casa dos turcos qarluq. Cf. C. E. Bosworth, *The Islamic Dynasties*, Edinburgh, 1967, p. 112.

ismā'īlitas, cuja doutrina *shī'ita* dominava a região de Bukhāra – na época a capital dos samânidas –, forte defensora da ortodoxia sunita.

De Gurgānj, Avicena novamente foi compelido por eventualidades a se mudar. Há uma fonte que relata o seguinte: o médico e filósofo encontrava-se a serviço do *Shāh* de Khwārazm[10], 'Abū-l-'Abbās Ma'mūn II (997-1009), patrono das ciências, até que o sultão Mahmūd da dinastia ghaznavida (998-1030), então o mais poderoso monarca, ordenou ao *Shāh* que lhe fossem enviados os sábios de sua corte. Avicena recusou-se a honrar o pedido do sultão e fugiu na companhia de outro sábio, 'Abū Sahl al-Masīhī, para se encontrar com o emir Qābūs, patrono dos poetas e sábios. O destino obrigou-o a mudar seu rumo, pois o emir foi preso e morto num de seus castelos. E foi assim que, depois de dez tranquilos anos em Gurgānj, Avicena viu-se atravessando o deserto onde, após uma tormenta de areia e sob um sol escaldante, seu companheiro de viagem al-Masīhī perdeu a vida. Perseguido e com seu retrato distribuído em toda parte por ordem de Mahmūd, Avicena, depois de "mil dificuldades" e na companhia de seu guia, conseguiu finalmente chegar a Bāward e, em seguida, a Tūs[11].

Depois de citar as diferentes localidades por onde passou e de ter sido por duas vezes "forçado pela necessidade" a mudar-se, termina a *Autobiografia* com uma ode à sua própria grandeza:

> E tornado-me grande, país nenhum podia reter-me;
> E elevado o meu valor, faltou o comprador.

O que lemos a seguir é fruto do trabalho de seu amigo e discípulo, Jūzjānī, que o acompanhou até a morte, em Hamadhān, no ano 1037.

Em 1012, na cidade de Jurjān[12], onde permaneceu por dois anos sob a proteção do filho de Qābūs, Avicena conheceu 'Abū 'Ubayd al-Jūzjānī, um jurisconsulto. Natural de Balkh, cidade paterna de Avicena, Jūzjānī "o visitava todos os dias para estudar o *Almagesto*" e ouvir suas explicações sobre lógica. Na companhia do novo amigo, Avicena compôs *Al-Mabda' wa al-Ma'ād* (*A Origem e o Retorno*) e o capítulo I do *Cânon de Medicina* (*Kitāb al-Qānūn fi al-Tib*), obra posteriormente concluída em Hamadhān. Na *Biografia*, Jūzjānī enumera

10. "Shāh de Khwārazm" era um título local que a família ma'mūnida adotou quando obteve o controle da região. Teoricamente, a região estava sob o controle suzerano dos samânidas. Em 1017, Mahmūd de Ghazna, herdeiro do poder samânida, incorporou Khwārazm a seu império com o término da administração dos ma'mūnidas. Cf. C. E. Bosworth, *op. cit.*, p. 108.

11. Cf. Soheil M. Afnan, *Avicenna – His life and works*, Londres, 1958, p. 64. O itinerário corresponde ao descrito pelo próprio Avicena na *Autobiografia*. Sobre as datas desse episódio, que parecem não coincidir, ver W. E. Gohlman, *op. cit.*, pp. 124-125, n. 43: Avicena parece ter deixado Gurgānj entre 1009 e 1012.

12. Ambas, a província no sudeste do Mar Cáspio e sua capital, trazem o nome de "Jurjān".

quase cinquenta obras de seu mestre.

Após a estada em Rayy (1014), onde esteve a serviço da rainha regente al-Sayyida e de seu filho, o príncipe-infante Majd al-Dawla[13], Avicena dirigiu-se para Qazwīn e, em seguida, para Hamadhān (1015). Nesta última cidade conheceu e assistiu como médico o príncipe būyida Shams al-Dawla, que, curado de sua persistente cólica, ofereceu-lhe o vizirato depois de uma infeliz campanha contra o governador de Qirmisīn em que Avicena o acompanhara.

Logo surgiram dificuldades provocadas pelos militares que se amotinaram. Estes, depois de prenderem Avicena e de saquearem seus bens, pediram sua execução ao príncipe, que se recusou a concedê-la. Porém, para apaziguar os exaltados ânimos dos militares, Shams al-Dawla baniu Avicena, que foi obrigado a se refugiar durante quarenta dias fora de Hamadhān.

A cólica crônica do príncipe trouxe o médico de volta à corte, onde, pela segunda vez, foi-lhe oferecido o vizirato. Iniciou-se um período de intenso trabalho, o dia ocupado pela política, a noite, pelo convívio com seus discípulos em intermináveis discussões filosóficas. Em Hamadhān, Avicena iniciou a composição de sua principal obra, *Kitāb al-Shifā'* (*Livro da Cura*), com uma parte da *Física*, com a *Metafísica* completa e uma seção da *Lógica*. Nesse período de relativa tranquilidade, escreveu ainda a obra médica *Al-Adwiyāt al-Qalbīya* (*Os Remédios Cardíacos*).

Com a morte de Shams al-Dawla (1021), seu filho e sucessor Samā' al-Dawla convidou Avicena a continuar no vizirato. Talvez por querer mudar-se de Hamadhān em razão das inimizades que seu cargo provocava, Avicena manteve uma correspondência secreta com o príncipe da dinastia būyida de Isfahān, 'Alā' al-Dawla, almejando colocar-se a seu serviço.

Tāj al-Mulk, o novo vizir e irmão de Samā' al-Dawla, descobriu a intriga, e, denunciado, Avicena foi encarcerado em Ferdedjān[14]. Prisioneiro por quatro meses, Avicena compôs os versos que clamam sua angústia:

> Como podes ver, estar aqui dentro é uma certeza,
> E a libertação, absoluta incerteza.

Durante seu cativeiro, Avicena compôs a *Epístola de Hayy ibn Yaqzān*; ainda na fortaleza-prisão de Ferdedjān, redigiu *Al-Hidāya* (*A Direção*) e *Kitāb al-Qūlanj* (*Livro da Cólica*).

Hamadhān foi tomada por 'Alā' al-Dawla de Isfahān, e, por ironia

13. Avicena curou o príncipe-infante, que sofria de melancolia ou saudade (*al-sawdā'*), cf. Rafael Ramón Guerrero, *Avicena*, Madrid, 1994, p. 11. Essa palavra árabe significa a cor "preta", provavelmente por analogia à bile negra que na doutrina hipocrática dos humores é causa de melancolia.

14. Fortaleza nos arredores de Hamadhān.

do destino, o príncipe derrotado Samā' al-Dawla e seu vizir Tāj al-Mulk refugiaram-se na mesma fortaleza que abrigava Avicena. E, tão logo o príncipe vencedor deixou Hamadhān, todos voltaram reconciliados à corte.

No entanto, Avicena ainda mantinha seu desejo de partir para Isfahān e acabou fugindo na companhia de seu irmão, de dois escravos e de seu inseparável discípulo, al-Jūzjānī, todos disfarçados em vestes típicas dos *sūfis*[15]. Depois de um longo e difícil percurso chegaram a seu destino, e, recebido com todas as honras, o filósofo-médico passou a servir ao príncipe 'Alā' al-Dawla. Esses últimos quatorze anos de vida talvez tenham sido os mais felizes de sua existência.

A partir de 1024, instalado em Isfahān, Avicena terminou sua grande obra *Al-Shifā'* e compôs a versão abreviada desta, conhecida por *Kitāb al-Najāt* (*Livro da Salvação*). A esse período pertencem as seguintes obras: *Lissān al-'Arab* (*Língua dos Árabes*), inacabada; *Dānèsh-Nāmeh ye 'Alā'ī* (*Livro do Conhecimento para 'Alā'*), sua primeira obra de filosofia em língua persa; *Al-Muhtasar al-Asghar fi l-Mantiq* (*O Sumário Menor sobre Lógica*), mais tarde incluída no início da *Najāt*; *Kitāb al-Insāf* (*Livro do Julgamento Justo*), obra perdida da qual restam apenas alguns fragmentos; e *Kitāb al-'Ishārāt wa l-Tanbīhāt* (*Livro das Direções e Admoestações*), seu último trabalho.

Em 1034[16], Isfahān foi sacudida pela invasão dos ghaznavidas e, saqueada a casa de Avicena, suas obras foram levadas para Ghazna. Um século depois, todas foram destruídas na invasão dos turcos ghūrid. Desapareceram *O Julgamento*, *A Filosofia do Trono* e a *Filosofia Oriental*; desta última sobreviveu apenas a primeira parte, que, além de poucas linhas sobre lógica, contém considerações acerca de sua compreensão do trabalho filosófico, acompanhadas da descrição de sua posição pessoal em relação à filosofia.

A sequência dos acontecimentos políticos fez Avicena acompanhar o príncipe em sua guerra contra os ghaznavidas. Jūzjānī relata que, numa dessas campanhas, Avicena foi acometido de uma séria cólica e, com medo de ser deixado para trás, tomou em excesso um medicamento que lhe provocou uma úlcera intestinal. O discípulo que o acompanhara por vinte e cinco anos narra a fase final da vida de seu mestre e levanta a suspeita de ele ter sido assassinado: um dos doutores que tratava de Avicena deu-lhe uma dose maior da medicação necessária, além de um de seus escravos ter adicionado ao remédio

15. *Sūfis* são os que pertencem à tradição esotérica do Islão. A palavra que os nomeia vem de *tasawwuf*, que designa "os que usam a túnica de lã (*sūf*)", trajada pelos primeiros *sūfis*. Alguns relacionam a palavra *sūfi* com *sūfiya*, que significa "purificado" ou "escolhido (por Deus) como amigo". Cf. William Stoddart, *O Sufismo*, Lisboa, 1980, p. 18.

16. Cf. W. E. Gohlman, *op. cit.*, pp. 135-136, n. 106. Soheil M. Afnan afirma tratar-se do ano 1030, *op. cit.*, p. 74.

uma grande quantidade de ópio para que não fosse descoberto o furto de uma considerável soma de dinheiro de seus cofres. Em estado de extrema fraqueza, Avicena foi carregado para Isfahān, onde, depois de uma leve recuperação, continuou com sua vida agitada. O príncipe 'Alā' al-Dawla retomou sua campanha de guerra, e Avicena, ainda doente, o acompanhou. Ao chegarem a Hamadhān, Avicena, o *Sheikh al-Ra'is*[17], desistiu de medicar-se e entregou-se a seu destino:

> Quem governa meu corpo não é mais capaz de fazê-lo,
> e sendo assim, tratamento algum não é mais necessário.

Avicena morreu aos cinquenta e oito anos em maio ou junho de 1037, e seu túmulo pode ainda hoje ser visitado em Hamadhān.

A *Autobiografia* e a continuação narrada por Jūzjānī parecem conter pontos enigmáticos quanto à inquietude e ao desassossego da mente e da vida de Avicena. Como vimos, o jovem Avicena, desde muito cedo, não se acomoda aos ensinamentos de seu preceptor, ao demonstrar um espírito brilhante, rebelde e inquiridor. Sua vida itinerante indica uma somatória de adversidades que o forçaram a se deslocar de lugar a lugar, sem que fossem explicadas as causas de suas constantes mudanças. Segundo Soheil M. Afnan, há uma fonte "semi-histórica e semipolítica de um renomado homem de Estado, eventualmente assassinado"[18], a qual descreve a implacável perseguição aos seguidores da heterodoxia *ismā'īlita*, em particular na Transoxiana e nas fronteiras orientais da Pérsia[19]. Influenciada pela ortodoxia sunita da presença turca, essa perseguição, cujo início é anterior ao tempo de Avicena, prolongou-se até muito depois e atingiu a região de Bukhāra sob o poder dos samânidas, lugar de origem do nosso filósofo. Outra fonte indica que, durante toda a vida, Avicena teria sido suspeito de simpatizar com o *ismā'īlismo*[20]. Sem qualquer explicação para os motivos que obrigaram Avicena a fugir e a se esconder inúmeras vezes, os historiadores tendem a atribuir tais fatos tanto aos acontecimentos políticos como à própria personalidade do filósofo.

Sempre segundo Soheil M. Afnan, duas diferentes fontes afirmam que Avicena parece ter sido fisicamente muito atraente e possuidor de um temperamento exigente e crítico. Em nada modesto e impiedoso com a mediocridade, ridicularizava as filosofias de alguns de seus antecessores, como al-Rāzī (Rhazes) e Miskawayh, além de exigir

17. Título honorífico pelo qual é conhecido entre os árabes, cujo significado literal é "o Mestre, a Cabeça".

18. Soheil M. Afnan, *op. cit.*, pp. 75-76.

19. Segundo Mohammad Achena, a perseguição ao *ismā'īlismo* atingiu seu ápice de crueldade com o sultão Mahmūd de Ghazna (998-1030). Cf. H. Massé & M. Achena, *op. cit.*, p. 21.

20. Cf. Soheil M. Afnan, *op. cit.*, p. 76.

capacidade e dedicação dos que o cercavam. Tampouco se intimidava com desafios e provocações, como abona um estranho episódio: na presença do príncipe de Isfahān, um certo indivíduo versado nas letras árabes teria interpelado Avicena e dito:

És um filósofo e um homem sábio, porém não suficientemente letrado em filologia para estar apto a nos agradar com a expressão de suas observações.

Aborrecido e irritado, Avicena empreendeu um rigoroso estudo da gramática e da literatura árabes que resultou na composição de alguns poemas e ensaios[21], e sobretudo no seu trabalho em linguística, *Lissān al-'Arab* (*Língua dos Árabes*).

Todavia, sua popularidade não era grande e seus detratores empenharam-se em divulgar maledicências a seu respeito, durante e após sua existência. Há uma literatura menor que o retrata como mágico e feiticeiro, ou mesmo invocador de espíritos maléficos. A maior parte dos livros acerca de Avicena informa sobre sua grande sabedoria, mas nada diz do homem. Algumas fontes zombeteiras responsabilizam seus excessos sexuais[22] por sua morte e alegam que suas obras maiores, *Al-Shifā'* (*A Cura*) e *Al-Najāt* (*A Salvação*), de nada serviram para resgatá-lo. Somos informados de que Avicena costumava dizer que preferia ter seus anos "alargados" a tê-los "estendidos". Espírito independente, sua conduta parecia desafiar as rigorosas leis islâmicas, o que bem pode ter sido uma possível fonte da sua impopularidade. Em contraste com o estereótipo do filósofo asceta, Avicena não hesitava em se deliciar com os prazeres terrenos, incorrendo em proibições graves da religião do Islão, como a de beber vinho.

Avicena recusou o conforto de uma família própria e, à exceção do convívio com seus discípulos, foi um homem solitário. Viveu nas franjas do poder, razão de muitas de suas mágoas. Não buscou riquezas e, por diversas vezes, perdeu seus bens e obras. A época era de grande instabilidade com os principados guerreando entre si. Alguns de seus escritos revelam a tristeza e o dissabor de sua condição existencial. Referidos a Avicena, os versos em persa gritam sua dor:

Como amaria saber quem sou,
e o que, nesse mundo, busco[23].

De mais de duzentas obras atribuídas a Avicena[24], muitas são es-

21. Os poemas e ensaios foram reunidos num único volume e apresentados como uma obra, encontrada por acaso durante uma caçada. Para satisfação de Avicena, o pretensioso fora iludido. Cf. Soheil M. Afnan, *op. cit.*, p. 72.

22. Tais considerações procedem diretamente do testemunho de seu discípulo Jūzjānī.

23. Avicena, *in* Soheil M. Afnan, *op. cit.*, p. 78.

púrias, outras, apenas partes retiradas de suas obras maiores e apresentadas com diferentes títulos. As composições autênticas somam uma centena, e, felizmente, grande parte delas sobreviveu. Graças ao discípulo de Avicena, temos uma ideia da sequência das composições, o que permite estabelecer, em parte, o desenvolvimento de seu pensamento. Todavia, foi perdida quase integralmente uma de suas últimas obras, *Kitāb al-Insāf* (*Livro do Julgamento Justo*), escrita com a intenção de expor seu pensamento diante das diferentes e conflituosas opiniões de seus contemporâneos, fato que representa uma grande perda, pois expunha os resultados de seu pensamento já maduro.

Muitos dos livros de Avicena foram escritos por encomenda de algum amigo ou emir, e suas cópias não foram guardadas pelo autor. Não fosse Jūzjānī e seus esforços para conservá-los, a posteridade talvez não tivesse se beneficiado de sua magnitude.

O mundo de língua árabe tem um grande débito para com Avicena, pois seu papel no desenvolvimento da terminologia filosófica foi decisivo. A maioria de sua obra foi escrita em árabe e muito pouco em persa. O filósofo não era filho étnico dos árabes, portanto, defeitos de estilo considerados "persianismos" surgem em suas composições, tanto no vocabulário como na construção de frases. Avicena utilizava neologismos formados a partir do persa, que chocavam os puristas da língua árabe. No entanto, foram esses mesmos neologismos que enriqueceram a linguagem filosófica do mundo islâmico e fizeram do texto de Avicena uma composição mais variada e interessante do que a de seus precursores, al-Kindī e al-Fārābī.

Foi da paixão de Avicena pela classificação que o Ocidente herdou o método. Sua preocupação com as definições e especificação dos termos gerou uma obra dedicada a esse tópico, *Rissālat al-Huddūd* (*Epístola das Definições*).

Embora seu estilo na língua árabe não faça exultar os espíritos letrados, na sua língua materna, o persa, Avicena se distinguiu. *Dānèsh-Nāmah* (*Livro das Ciências*) é considerado linguisticamente um dos mais importantes livros da prosa persa. E de tão notável seu estilo, chegou-se até a pensar que alguns dos famosos versos recolhidos na antologia do poeta 'Umar Khayyām pertencessem a Avicena.

24. Georges C. Anawati enumera 276 obras atribuídas a Avicena; muitas delas, o próprio Anawati afirma serem espúrias. Cf. M.-M. Anawati, O. P., "La tradition manuscrite orientale de l'oeuvre d'Avicenne", *Revue Thomiste*, II, 1951, pp. 407-440.

Sicília, Itália: manuscrito cristão de 1195 que ilustra o encontro das várias culturas.

2. Avicena no Ocidente Latino

Redigidos durante vinte anos e reunidos recentemente num único volume sob o título *Avicenne en Occident*[1], os diversos artigos de Marie-Thérèse d'Alverny resgatam as traduções latinas dos textos de Avicena. Somos informados de que durante muito tempo acreditou-se – e em parte graças ao trabalho de Amable Jourdain[2] – que a maioria das versões dos textos filosóficos árabes foi realizada em Toledo nas duas décadas que precedem os meados do século XII. Essas versões para o latim compreendiam obras não apenas de Avicena, mas ainda de al-Kindī, de al-Fārābī, de al-Ghazzālī e de Ibn Gabirol ou Avicebron latino. A época exata dessas primeiras traduções não pode ser determinada com precisão, pois desapareceram antigas referências e menções às obras mais recopiadas e divulgadas. Todavia, as pesquisas que até meados do século XX debruçaram-se sobre a tradição manuscrita revelaram a inexistência – inclusive de qualquer indicação – de manuscritos das traduções filosóficas árabes anteriores ao final do século XII, quando Toledo já era um importante centro de estudos filosóficos e científicos.

1. M.-T. d'Alverny, *Avicenne en Occident*, Paris, J. Vrin, 1993.

2. Amable Jourdain, *Recherches critiques sur l'âge et l'origine des traductions latines d'Aristote, et sur les commentaires grecs et arabes employés par les docteurs scolastiques*, 2ª ed., 1843, cit. *in* M.-T. d'Alverny, "Les traductions d'Avicenne (Moyen Âge et Renaissance)", *Avicenne en Occident*, p. 71/V. A. Jourdain foi o primeiro a salientar a importância das traduções realizadas na Espanha para a transmissão das obras de Aristóteles e de Avicena.

Toledo foi o ponto de encontro das culturas árabe e latina. Durante o século XII, os estudiosos cristãos buscaram nas bibliotecas da Península Ibérica os tesouros da ciência árabe que nelas estavam cuidadosamente guardados. Entretanto, segundo d'Alverny, um obstáculo impedia-os de saborear os frutos desse Jardim das Hespérides: o idioma árabe, sem qualquer semelhança com as línguas latinas. De início, os tradutores viram-se obrigados a recorrer aos habitantes bilíngues dos novos reinos cristãos, os moçárabes e os judeus, impondo-se então o sistema de traduções a quatro mãos.

Em recente artigo[3], Adeline Rucquoi contesta a tese de d'Alverny concernente às traduções conjuntas. A partir de meados do século XII, afirma, Toledo abrigava comunidades variadas cuja língua falada era o românico, de origem latina. Ainda assim, o grupo urbano dominante era formado de moçárabes, cristãos que se exprimiam quer em latim quer em árabe. Entre estes, havia uma comunidade intelectual, bilíngue portanto, que poderia eventualmente recorrer à ajuda de um especialista para traduções de termos e conceitos mais complicados. O "Prefácio" do *De Anima*, de Avicena, testemunha o trabalho conjunto de dois eminentes tradutores, aos quais dedicamos algumas linhas mais abaixo.

As duas grandes obras enciclopédicas de Avicena, o *Qānūn de Medicina* e o *Kitāb al-Shifā'*, mereceram a atenção dos tradutores de Toledo, que empreenderam suas versões após os meados do século XII. Um primeiro *corpus* da obra filosófica de Avicena circulou na Europa por volta de 1180. Porém, como afirma Marie-Thérèse d'Alverny, foi rara a difusão de suas obras antes de 1220, e suas grandes teses sobre a essência e a existência passaram a ser discutidas nas faculdades de teologia somente após 1260. Os manuscritos sobreviventes são quase todos dessa época.

A versão dos cinco livros do *Qānūn* deve-se a um clérigo italiano residente em Toledo, Gerardo de Cremona (m. 1187), que parece ter sido um respeitado mestre na realização de inúmeras traduções. O sucesso do *Qānūn* latino foi imediato, e rápida foi sua difusão nas escolas de medicina da Europa, pois nos restam numerosos manuscritos do século XIII, alguns magnificamente ilustrados. O *Qānūn*, de Avicena, foi livro de texto obrigatório durante vários séculos, recopiado e comentado até o século XVII.

Da obra filosófica *Kitāb al-Shifā'*, a tradução latina permaneceu incompleta no século XII, embora uma segunda equipe de tradutores tenha retomado os trabalhos um século depois.

A introdução no Ocidente da obra filosófica de Avicena deve-se, sobretudo, ao "Prefácio" da versão latina do *De Anima*, Livro VI do *Kitāb al-Shifā'*, que ainda nos informa sobre os detalhes da tradução

3. "Gundisalvus ou Dominicus Gundisalvi?", *Bulletin de Philosophie Médiévale*, SIEPM, vol. 41, 1999, pp. 85-106.

concluída por Abraão Ibn Dā'ūd[4] em conjunto com o arcediago Domingo Gundisalvo. E, segundo Marie-Thérèse d'Alverny, conta-se desse mesmo período, de 1150 a 1166, a tradução da *Metafísica*, de Avicena, atribuída a Gundisalvo, embora sem a colaboração de Ibn Dā'ūd.

Cabe acrescentar algumas linhas sobre esses dois personagens, responsáveis pela introdução do pensamento aviceniano no Ocidente latino.

Abraão ben-David Halevi (c. 1110 – c. 1180), ou Ibn Dā'ūd, viveu em Toledo após realizar seus estudos em Córdoba, na época o principal centro cultural islâmico e judaico da Península. A posteridade recebeu dois trabalhos seus: originalmente escrita em árabe, *Al-'Aqīdat al-Rafi'a* (*A Fé Sublime ou Exaltada*) sobreviveu apenas na versão hebraica, *Emunah Ramah*. Apresentada na então forma clássica de *rissālat* (epístola) dirigida a um jovem amigo, constitui importante obra de filosofia – apesar do traço teológico – em que o autor discute teorias de Aristóteles, de Ibn Gabirol (o autor de *Fons Vitae* e com quem está em desacordo) e, sobretudo, de Avicena. Ibn Dā'ūd adota o aristotelismo árabe, isto é, tingido de neoplatonismo, e suas principais fontes de referência são os *Kitāb al-Shifā'* e *Kitāb al-Najāt*, de Avicena[5].

O *Sefer ha-Kabbalah* (*Livro da Tradição*) é uma esmerada crônica que cobre a história dos judeus desde o tempo de Alexandre Magno até a invasão da Península Ibérica pelos almôadas. Na tentativa de validar a união entre religião e filosofia, seu trabalho está recheado de citações da Bíblia e do Talmud.

Possivelmente, Ibn Dā'ūd era conhecedor da obra de al-Ghazzālī, *Maqāsid al-Falāsifa* (*Intenções dos Filósofos*). Seu saber o capacitava para introduzir aos cristãos de Toledo a riqueza dos pensamentos árabe e judaico. Com relação às obras de Avicena, é plausível que seja o tradutor do "Prólogo" do *Kitāb al-Shifā'*, e da primeira parte que sucede a introdução, dedicada à *Lógica* e correspondente a *Isagogé* de Porfírio. Os Livros I e II, e o início do Livro III da *Física* do *Kitāb al-Shifā'* parecem ter sido traduzidos no século XII, porém não há referência alguma a Ibn Dā'ūd. Certa foi sua colaboração com o arcediago de Segóvia, Domingo Gundisalvo – de quem falaremos em seguida –, na tradução do *De Anima* de Avicena realizada entre 1150 e 1166.

A identificação do filósofo Ibn Dā'ūd com o tradutor Avendauth ou Avendehut parece ser duvidosa para alguns especialistas em filosofia judaica, por exemplo, Colette Sirat[6]. Todavia, em seu artigo "Avendauth?", publicado na coleção *Avicenne en Occident*, Marie-Thérèse

4. M.-T. d'Alverny, *Avicenne en Occident*, pp. 62-64/III, p. 40/VIII.

5. Cf. Harry Austryn Wolfson, "The internal senses in latin, arabic, and hebrew philosophical texts", *Studies in the History of Philosophy and Religion*, vol. I, Harvard University Press, 1979.

6. *A History of Jewish Philosophy in the Middle Ages*, Cambridge Univ. Press, 1990, p. 142.

d'Alverny destaca "a estranha coincidência entre um filósofo, Abraão Ibn Dā'ūd, discípulo fiel de Avicena, e um Ibn Dā'ūd 'israelita philosophus', tradutor da *Shifā'* que vive em Toledo em meados do século XII". Ainda assim, o Ocidente deve a essa autoridade a recepção de parte da principal obra de Avicena: é inegável que ambas as dedicatórias são de sua autoria, no "Prólogo" do *Kitāb al-Shifā'* e no *De Anima*. Embora não haja menção ao ilustre personagem a quem a tradução é oferecida, a primeira dedicatória abre-se com *Verba Avendeuth israelitae*, e Ibn Dā'ūd afirma seu desejo "em despertar o interesse de vosso espírito estudioso em vista da tradução do livro de Avicena [...]". Na dedicatória no *De Anima, VI Liber Naturalium*, oferecida a João, clérigo de Toledo (1152-1167) que havia encomendado a obra, o tradutor revela os detalhes do trabalho realizado em conjunto com o arcediago *Dominicus*, traduzido por ele próprio do árabe, palavra por palavra em língua vulgar, e em seguida transcrito para o latim pelo clérigo.

Quem é esse arcediago a quem se atribui um certo número de obras e de traduções, e cuja participação se destaca na celebrada "Escola de tradutores de Toledo"?

Autor de diversas obras filosóficas originais e tradutor com um certo *Johannes* – ou um *Avendehut israelita philosophus* – dos tratados de Avicena, de al-Fārābī, de al-Ghazālī, de al-Kindī e de Ibn Gabirol, esse personagem surge nos manuscritos com diferentes nomes: Gundissalinus, Dominicus Gundissalinus, Dominicus Gundisalvi e Domingo Gundisalvo. Alain de Libera, em *A Filosofia Medieval*, considera-o um dos primeiros filósofos cristãos influenciado pelo avicenismo. Em seus vários artigos, d'Alverny refere-se indistintamente a *Dominicus*, a *Gundissalinus* e a *Dominique Gundisalvi* como o tradutor das obras de Avicena.

No artigo supracitado, Adeline Rucquoi tece um detalhado estudo sobre os manuscritos e atribui tal confusão às especulações de Amable Jourdain, que, até meados do século XIX, fez de dois homens um só personagem com nomes múltiplos.

A mais célebre tradução em que esse personagem – então com o nome de *Dominicus* – participa é, sem dúvida, a de *De Anima* ou *Liber Sextus Naturalium*, de Avicena, com Ibn Dā'ūd, tal qual testemunha a dedicatória na edição latina. Já no "Prólogo" da *Metaphysica* ou *Philosophia Prima*, de Avicena, lemos que a tradução foi realizada diretamente do árabe para o latim apenas por *Dominicus Gundisalvi*, arcediago de Toledo. Verifica-se o mesmo nome nos manuscritos de *Fons Vitae*, de Ibn Gabirol, cuja tradução foi efetuada em conjunto com um certo mestre João. Segundo Rucquoi, são essas as únicas citações confiáveis do tradutor invariavelmente nomeado *Dominicus*. Já o autor das obras filosóficas é sempre nomeado *Gundisalvus*. Após uma minuciosa exposição, a pesquisadora conclui tratar-se de dois indivíduos distintos: nos anos 1160 a

1180, faziam parte do capítulo da catedral de Toledo um eminente filósofo, Gundisalvus, arcediago de Talavera na diocese de Toledo, e um tradutor, Dominicus Gundisalvi, arcediago de Cuéllar na diocese de Segóvia. O filósofo Gundisalvus teria tido a incumbência de conciliar a "doutrina dos árabes" com os fundamentos do cristianismo, base para o avicenismo cristão.

Cabe lembrar que permanecem ainda algumas dúvidas. Se seguirmos d'Alverny e aceitarmos que o tradutor Domingo Gundisalvo transcrevia as frases para o latim, constatamos que o arcediago dominava uma certa cultura literária e teológica, e não hesitava em cunhar alguns neologismos quando os termos latinos não correspondiam exatamente às noções analisadas. É de Gundisalvo o neologismo *anitas*[7] para traduzir o vocábulo árabe *al-'annīya*, tradução literal do termo aristotélico *tò hóti*, designativo de uma coisa "que é", seu "quê", diverso de *tò tí estín,* "o que ela é". O termo *'annīya* é empregado pelos filósofos árabes no sentido de *existência* afirmada da realidade de um indivíduo particular em oposição ao de *essência,* sua natureza intrínseca, seu "quê", *māhīya,* traduzido pelos latinos por *quidditas.* Aristóteles faz a distinção de *tò hóti,* uma coisa que é, e *tò tí estín,* o que ela é, em *Analíticos Posteriores*, II, 1; tal distinção vai resultar nas discussões medievais sobre a *existentia* e a *essentia.* Remetemos ao interessante artigo de Marie-Thérèse d'Alverny, *'Anniyya-Anitas*[8], que, apoiada na filosofia grega, apresenta um acurado estudo sobre a noção de *'annīya* na filosofia árabe, contrapondo os estudos de comentadores e filólogos contemporâneos.

Como afirma Etienne Gilson em *Avicenne en Occident au Moyen Âge*, deve-se a Gundisalvo o estilo do Avicena latino, que se tornou moda na época. Segundo o medievalista, Avicena é possuidor de um estilo oratório único quando se dirige ao leitor: faz uso constante do modo pessoal ao exprimir-se quase sempre no singular. Faz uso corrente do recurso a digressões, mas previne o leitor ao retomar o objeto de seu discurso. As recapitulações são frequentes, quase como uma marca registrada. Esse estilo aviceniano é reencontrado nos teólogos do século XIII, tal qual Guilherme de Auvergne. Igualmente, Rogério Bacon e Alberto Magno beneficiaram-se do estilo introduzido na filosofia ocidental por meio das traduções latinas de Avicena lideradas por Domingo Gundisalvo. Convém lembrar que o estilo de Avicena difere daquele de Averróis, posto que o primeiro escreve *per modum auctoris* e o segundo, *per modum commentarii.*

As ideias de Avicena foram rapidamente difundidas graças às compilações didáticas atribuídas a Gundisalvo. As citações das obras

7. M.-T. d'Alverny, *Avicenne en Occident*, p. 64/III.

8. *Ibidem*, p. 60/X. Cf. A.-M. Goichon, *Vocabulaires comparés d'Aristote et d'Ibn Sīnā*, Paris, Desclée de Brouwer, 1939, pp. 1-2.

de Avicena, esporádicas no final do século XII, multiplicaram-se a partir de 1225. Nos meios universitários europeus, Avicena foi uma das principais autoridades invocadas, e sua *Metafísica* ganhou contornos acentuados no interior da corrente platônica que se contrapunha à invasão maciça do averroísmo aristotélico.

A obra de Avicena era lida e comentada em Andaluzia (*al-Ándalus*) já no século XII. Ibn Tofaīl, conhecido da escolástica latina por Abubacer e nascido provavelmente na primeira década do século XII, inspirou-se nas alegorias avicenianas para escrever seu romance filosófico homônimo *Hayy ibn Yaqzān*[9]. Em ambiente judaico, os rabinos mantinham um contato bastante estreito com a cultura islâmica, pois, além do dialeto românico, também o árabe era falado em suas comunidades, fator que possibilitava a seus sábios o estudo das obras filosóficas árabes, embora muitas vezes apenas para refutá-las, como no caso de Ibn Dā'ūd.

Foi grande a influência do pensamento de Avicena na formação de filósofos e teólogos medievais. Considerado então um aristotélico, suas obras encerram, nas palavras de Gilson, "um espírito religioso, preocupado em unir filosofia ao essencial da verdade corânica e, por conseguinte, Avicena foi conduzido a elaborar uma filosofia de técnica aristotélica que favorecesse o ensinamento do *Corão*". Com Gilson acreditamos que, ao admitir-se a expressão *filosofia cristã*, teria idêntico valor aceitar-se a expressão *filosofia islâmica*, pois ambas as religiões, cristianismo e islamismo, retiram seu fundamento religioso do Antigo Testamento e creem na vida futura. Tais razões permitiram aos teólogos cristãos do século XIII inspirar-se nas teses filosóficas avicenianas para elaborar os argumentos racionais que corroborassem sua fé. O mesmo, porém, não aconteceu com a obra de Averróis, que, com fraca influência no pensamento religioso islâmico, permaneceu confinada ao universo filosófico aristotélico, donde o título, pelo qual foi conhecido, de O Comentador.

A persistente influência da teologia de Agostinho, permeada de temas plotinianos, permitiu aos teólogos cristãos encontrar na teoria do intelecto agente de Avicena a identificação com o Deus iluminador do pensador de Hipona. A doutrina agostiniana do conhecimento é conhecida por *doutrina da iluminação divina*, e, a partir do momento em

9. *Hayy Ben Yaqdhān, Roman philosophique d'Ibn Thofaïl*, edição bilíngue de Léon Gauthier, Beyruth, 1936; reprise, Paris, 1983; L. Gauthier, *Ibn Thofaïl, sa vie, ses oeuvres*, Paris, 1909, reprise 1983; *Hayy ibn Yaqzān* de Ibn Tofaīl foi primeiro traduzido para o inglês por S. Ockley com o título de *The Improvement of Human Reason*, Londres, 1708. Em 1904 foi publicada, por Paul Brönnle, uma versão popular, abreviada e intitulada *The Awakening of the Soul*. Há uma tradução espanhola de González Palencia, *El Filósofo Autodidacto*, Madrid, 1929; cf. W. Montgomery Watt, *Historia de la España islámica*, Madrid, p. 198. Mais recente é a tradução italiana de Paola Carusi, *Epistola di Hayy ibn Yaqzān – I segreti della filosofia orientale*, Rusconi, 1983.

que o *De Anima*, de Aristóteles, difundiu-se, foi preciso adaptar essa doutrina à teoria aristotélica dos dois intelectos, o agente e o possível. Avicena oferece uma solução teórica, segundo a qual cada indivíduo tem um intelecto possível individual, o que lhe permite a salvação pessoal e a imortalidade. A iluminação que causa o conhecimento dos inteligíveis e da verdade procede do intelecto agente identificado com uma inteligência separada: conhecer é receber na alma as formas que emanam de uma inteligência separada. A simbiose da noética agostiniana com o pensamento aviceniano (a verdadeira simbiose propalada apenas até meados do século XIII) permitiu a Etienne Gilson cunhar o termo *agostinismo avicenisante*.

Não cabe aqui uma análise mais aprofundada da influência do pensamento de Avicena na filosofia medieval latina, mas há, ainda, outros pontos de encontro entre o aristotelismo platonisante de Avicena e o cristianismo neoplatônico de Agostinho. Certamente, a ponte entre os dois pensadores foi construída pela controvertida *Teologia Pseudo-Aristotélica*, composta pelas *Enéadas* IV-VI, de Plotino, e por alguns fragmentos das obras de Proclo e de Alexandre de Afrodísia. Influenciado pelo aristotelismo de Averróis, Tomás de Aquino vai elaborar uma ontologia e uma teologia natural fundamentadas no peripatetismo, e, sempre segundo Etienne Gilson, será na doutrina de *natura* – ou da natureza dos seres – de João Duns Escoto que a influência da metafísica de Avicena se tornará mais tangível.

Aristóteles representado no tratado de Ibn Bakhtīshū: *Descrição dos Animais*, do século XIII

3. Avicena e a Tradição Aristotélica

3.1. *STATUS QUAESTIONIS*

O ano de 1950 (1370 da *Hégira*) corresponde ao milenário do aniversário lunar de Avicena, e, com grande ressonância nele ocorreram no interior da comunidade acadêmica a produção de incontáveis congressos, conferências, publicações de livros, artigos editoriais e reedições das obras do grande filósofo medieval, além de programações em rádio e televisão. No horizonte internacional, essas comemorações acabaram destacando uma produção em torno da obra do grande médico e filósofo medieval que já vinha acontecendo desde o século XIX. Na opinião de Dimitri Gutas, apresentada em *Avicenna and the Aristotelian Tradition*, passado o momento das comemorações, toda essa efervescência acadêmica foi-se reduzindo aos poucos e hoje, após cinco décadas, o balanço dos estudos avicenianos acusa uma situação um tanto "confusa".

No entender de Gutas, essa "confusão" deve-se, principalmente, a dois fatores: o primeiro deles é endêmico e decorre da maneira como o próprio Avicena abordou as questões por ele tratadas, além do essencial feito de sua produção filosófica ter gerado uma tradição própria. O outro fator, extrínseco à produção aviceniana, decorre dos erros cometidos por seus comentadores, embora bem informados sobre as obras fundamentais de Avicena. Muitas questões levantadas por especialistas ainda permanecem obscuras, a começar por sua *Autobiografia* e a *Biografia* deixada por Juzjānī. A sobrevivência desses textos parece ter inibido a investigação de fontes adicionais, cujo resultado na produção contemporânea é a inexistência de uma biografia crítica. Não há sequer um trabalho significativo de contextualização histórica de Avicena – o homem e seus discípulos responsáveis pela propagação de seu trabalho[1]. Para isso, muito contribuiu a afirmação taxativa de Ibn 'Abī-Usaybi'a, no século XIII, em sua obra *Kitāb 'uyūn al-anbā' fī tabaqāt al-atibba'*: (Avicena) "mencionou suas circunstâncias pessoais e descreveu sua própria vida de um modo que dispensa outros de descrevê-la outra vez"[2].

Um fator adicional na "confusão" dos estudos avicenianos refere-se à carência de pesquisas mais acuradas das próprias obras de Avicena. Permanecem muitas dúvidas quanto ao real número delas, quanto à sua natureza e transmissão e, mais importante, quanto à relação entre elas e quanto à relação individual de cada uma delas com a totalidade da obra. Raramente seus textos encomendados receberam cópias, e a história encarregou-se de fazer desaparecer alguns deles para sempre.

Do conjunto de suas obras, possuímos cinco recentes bibliografias: em língua turca, realizada por Ergin; em língua árabe, por Anawati; e uma terceira, em persa, concluída por Mahdavī. Essas três atualizam a bibliografia em alemão de Brockelmann, porém todas contêm informações que se contradizem. Por último, uma bibliografia mais atualizada e confiável foi publicada por Jules L. Janssens[3].

À inexatidão quanto ao número e à natureza das obras de Avicena soma-se outro fator de crucial importância: o problema desencadeou acirradas discussões acadêmicas que dificultaram as investigações conduzidas principalmente no Ocidente. Existe um conjunto de textos compostos num determinado período da vida de Avicena que refletem sua preocupação com a evolução de seu próprio pensamento filosófico. Esses textos expressam sua intenção em revisar a filosofia transmitida aos árabes pela tradição aristotélica. São os escritos que pertenceriam

1. Dimitri Gutas, "Biography", *Encyclopaedia Iranica*, t. III, Londres & New York, Routledge & Kegan, 1989, pp. 67-68.

2. *Essential Information on the Generations of Physicians*, Cairo, A. Muller (ed.), 1882-1884, II, p. 2, cit. *in Encyclopaedia Iranica*, t. III, p. 67.

3. As bibliografias aparecem na seguinte ordem: C. Brockelmann, *Geschichte der arabischen Litteratur,* Suppl. 1, Leiden, 1937, pp. 812-828; O. Ergin, "Ibni Sina Bibliyografyasi", *Büyük Türk Filozof ve Tib Ustadi Ibni Sina. Sasiyeti ve eserleri hakkinda tetkikler* (*Türk Tarih Kurumu Yayinlari, VII.1*), Istanbul, 1937; G. C. Anawati, *Mu'allafāt Ibn Sīnā*, Cairo, 1950; Y. Mahdavī, *Fehrest-e noshahā-ye mosannafāt-e Ebn-e Sīnā*, Teheran, 1954; O. Ergin, *Ibni Sina Bibliografyasi*, 2ª ed., Istanbul, 1956. Ver R. Sellheim *in Oriens 11*, 1958, pp. 231-239 para uma comparação entre essas bibliografias. Cf. Dimitri Gutas, *Avicenna*, p. 2, n. 2. Contudo, a mais recente bibliografia é a de Jules L. Janssens, *An Annotated Bibliography on Ibn Sīnā* (*1970-1989*)*, Including arabic and persian publications and turkish and russian references*, Leuven, Univ. Press, 1991. Referências à bibliografia de Avicena podem ser encontradas na seção de Bibliografias do *Bulletin S.I.E.P.M.*, 1990 e ss.

à sua *Filosofia Oriental* (*al-Falsafa al-Mashriqīya*), perdida quase integralmente durante o saque de Isfahān, da qual a posteridade recebeu apenas a *Introdução*[4].

O desaparecimento dessa obra gerou uma querela acadêmica de interpretações opostas, que procuraremos resumir em seguida. Contudo, todos são unânimes em considerá-la de grande envergadura, sobretudo por ser seu último trabalho. A primeira dessas interpretações vê nos textos "orientais" de Avicena a mais acabada expressão do seu pensamento. Amélie-Marie Goichon conclui:

> O segredo de sua evolução [...] permanecerá velado para nós enquanto não tivermos acesso (a esses textos, e lamenta) a irreparável lacuna na transmissão de suas obras que não nos permite compreender como ele (Avicena) teria desejado completar, e até corrigir, Aristóteles.

A outra corrente interpretativa argumenta que os textos da *Filosofia Oriental* não apenas representam a maturidade do pensamento de Avicena, mas ainda indicam a sua verdadeira expressão. Escreve Sayyed H. Nasr:

> Um atento exame dos escritos "esotéricos" de Ibn Sīnā revelará que a *Filosofia Oriental* não é em nada uma filosofia no sentido racionalista e, tampouco, um sistema dialético para preencher certas necessidades mentais; trata-se, antes, de uma forma de sabedoria ou "teosofia" que tem por propósito a libertação do homem deste mundo de imperfeições <conduzindo-o> ao "mundo da luz". Não é grega no sentido específico do "genius" dos gregos do período histórico da dialética. Estes até mesmo ocultaram os mistérios egípcios, órficos e babilônicos fundamentados no pitagorismo sob o véu da dialética. A *Filosofia Oriental* retira esse véu e procura apresentar a *philosophia perennis*, não para satisfazer uma necessidade de pensar, mas como guia – no mínimo como auxílio doutrinário para a iluminação do homem – que desponta da experiência interior de seu autor. Por conseguinte, sua linguagem é principalmente simbólica antes de ser dialética, embora principie com a lógica aristotélica e empregue algumas ideias cosmológicas dos filósofos peripatéticos[5].

Uma recente interpretação preserva como um todo, no pensamento de Avicena, a dicotomia esotérico/exotérico. A perda dos textos "orientais" não tem importância desde que essa dicotomia possa ser extraída do conjunto da obra do filósofo[6].

Dimitri Gutas critica a "confusão" que acabou por distorcer o pensamento de Avicena e aponta os principais fatores que contribuem

4. Avicena, *Mantiq al-Mashriqīyūn* (*Introdução aos Orientais*), trad. inglesa de D. Gutas, em *Avicenna and the Aristotelian Tradition*, p. 43.

5. Sayyed H. Nasr, *An Introduction to Islamic Cosmological Doctrines*, Londres, Thames & Hudson, 1978, p. 191; ver D. Gutas, *Avicenna and the Aristotelian Tradition*, p. 4, n. 8.

6. S. A. Nuseibeh, *The Foundations of Avicenna's Philosophy*, dissertação Ph. D., Harvard, 1978, cf. D. Gutas, *Avicenna and the Aristotelian Tradition*, p. 4, n. 9.

para perpetuar tal situação: não há qualquer estudo que situe Avicena em seu meio intelectual e tampouco existe dele uma biografia crítica, pois a *Autobiografia* deixada pelo filósofo é considerada suficiente. Não há estudos extensivos acerca de seus predecessores, nem sobre seus sucessores imediatos. E, finalmente, não há sequer uma investigação crítica do número exato e da natureza das obras de Avicena, visto que é assumida, universalmente, a perda da maioria de seus escritos da maturidade. Ainda, a problemática adicional de seus ensinamentos "esotéricos" e "exotéricos" deve ser enfrentada por todo pesquisador da obra de Avicena.

As conclusões acerca da obra aviceniana refletem essas distorções iniciais. O estudo citado de Dimitri Gutas tem por objetivo descrever a base intelectual de Avicena e como se formou o seu saber, ou seja, quais as posições e orientações teóricas que compõem a moldura e o campo de atividade que serviram para a elaboração de sua filosofia.

Ao considerar como fundamento de sua tese a análise dos depoimentos do próprio Avicena e de seus discípulos, e ao partir do inventário de suas principais obras, Gutas afirma que o pensamento aviceniano pode e deve ser definido, explícita e implicitamente, em relação ao *corpus* aristotélico. O autor quer traçar uma orientação para a leitura das obras de Avicena que esteja de acordo com a intenção e com o ponto de vista do filósofo, determinando assim "o modo como Avicena recebeu, discordou, modificou, integrou e comunicou o conhecimento filosófico tal qual foi concebido e transmitido" na tradição aristotélica. Tal procedimento demanda situar seu pensamento no interior de um contexto histórico e semântico, a fim de avaliar sua relação com o material que o precedeu em filosofia, além de estabelecer sua relevância concernente à reflexão filosófica posterior. Em última instância, trata-se de avaliar a posição e o significado do pensamento de Avicena na história das ideias. Não há novidade alguma nesse procedimento, mas, no que se refere ao estudo dos filósofos de língua árabe, há uma falta generalizada de investigação histórica de seus antecedentes, o que sobretudo limita uma avaliação metodológica.

A posição de Avicena em relação a Aristóteles e à tradição peripatética é determinada a partir do próprio testemunho do *Sheikh al-Ra'is*, da evidência interna – em suas próprias obras – da relação do seu pensamento com a filosofia que o antecedeu e do material relativo ao *corpus* aristotélico que Avicena considerou e que significativamente moldou suas ideias. Nessa linha de investigação, Gutas delineia a formação intelectual de Avicena. Todavia, o que Avicena conhecia de Aristóteles e da tradição aristotélica não é o mesmo que atualmente conhecemos. Avicena teve acesso a traduções muitas vezes incompletas e incorretas, e hoje podemos recorrer às reconstruções dos originais gregos. Por outro lado, Avicena é herdeiro de um conhecimento e de uma análise de Aristóteles desconhecidos ao mundo contemporâneo, pois teve acesso aos comentadores do "Filósofo" e da tradição peripatética, hoje perdidos em sua grande maioria. Impõe-se levar em conta todos esses fatores para que a análise da posição de Avicena em face da filosofia aristotélica possa considerar *o que* e *como* ele efetivamente conheceu.

Esse conjunto de fatores não deve omitir o contexto histórico e islâmico no qual viveu o *Sheik al-Ra'is*. Para distinguir corretamente a maneira como Avicena recebeu a tradição aristotélica, objetiva e subjetivamente, no sentido histórico e epistemológico, faz-se necessário observar seus próprios pronunciamentos a respeito dessa tradição, além de refletir sobre a posição que essa mesma tradição ocupa na história da filosofia. Nesse aspecto, nada é mais significativo que sua *Autobiografia*. No entanto, sabe-se que a tradição aristotélica impunha um *curriculum* de estudos a seus seguidores, acompanhado de um conjunto de diretrizes de conduta, cujo resultado condicionava a obtenção do saber a um contexto social específico, ou seja, fazer filosofia era prerrogativa de uma minoria, apanágio de uma elite. O aspecto secreto gerou a elaboração de conceitos relativos a uma *práxis* filosófica igualmente transmitidos por gerações de filósofos que edificaram a tradição recebida por Avicena. Os diversos ângulos dessa herança se integraram ou se modificaram nas obras de Avicena, de acordo com as contradições que eventualmente surgiam entre o aristotelismo e o contexto islâmico no qual o filósofo floresceu. O modo como o mestre resolveu tal conflito, ao integrar o aristotelismo em vez de simplesmente reproduzi-lo, implicou a adoção de uma atitude independente diante da tradição do Estagirita e conduziu-o a elaborar diferentes métodos para transmitir uma nova sistematização do saber recebido.

3.2. A *AUTOBIOGRAFIA* E A FORMAÇÃO FILOSÓFICA DE AVICENA

Como frisa Dimitri Gutas no seu já mencionado trabalho, uma autobiografia é sempre um documento tendencioso, pois "por sua própria natureza reflete a perspectiva do autor sobre si mesmo e sobre sua obra *em um determinado momento de sua carreira*, e sugere a luz sob a qual o autor deseja que sua vida e obra sejam compreendidas por sua imediata posteridade". Apenas os que pertenciam ao seu próprio círculo "cultural, semântico e semiótico" poderiam dividir – com o autor e sua obra – seus reais padrões de pensamento e objetivos, pois o terreno comum permite a comunicação espontânea e o entendimento das sensibilidades moldadas. A recepção de ideias na distância do tempo e do espaço gera uma série de controvérsias na história das interpretações, e a *Autobiografia* de Avicena é um exemplo claro desse descompasso.

Na tradição árabe, a autobiografia tinha um propósito semelhante ao moderno *curriculum vitae*, o que lhe confere uma certa aridez e laconismo[7]. O autor informava sobre suas origens, estudos, professores, viagens, destacava os encontros com notáveis e concluía com um elenco de suas obras. A *Autobiografia* de Avicena responde a essa tradição, pois proporciona informações sucintas acerca de suas origens, estudos, viagens etc. A essa tradição soma-se a já mencionada afirmação de Ibn 'Abī Usaybi'a, no século XIII, considerada exaustiva durante os séculos ulteriores:

> Apesar de Avicena ser tão famoso [...] e suas virtudes tão manifestas para que sejam relatadas, ele <contudo> mencionou suas circunstâncias pessoais e descreveu sua própria vida de tal modo que dispensou todos de descrevê-la novamente[8].

Que sua *Autobiografia* nos tenha deixado preciosas informações, ninguém contesta. O que porém, segundo Gutas, deve ser questionado é o "quanto de informação ela proporciona, de que modo e sob qual perspectiva, e qual período da vida de Avicena tal perspectiva reflete".

Gutas insiste no fato de Avicena ter omitido informações sobre seus estudos, pois o filósofo "queria concentrar-se apenas nas ciências filosóficas que propiciavam os princípios intelectuais fundamentais". Tampouco Avicena menciona os nomes de seus mestres na arte da medicina. Talvez seu propósito fosse indicar sua independência em relação a qualquer escola de pensamento, não devendo, assim, nenhuma lealdade para defender ou perpetuar ensinamentos das várias tradições, não obstante a insistência de Gutas em afirmar a continuidade do pensamento aristotélico em Avicena, sobretudo no que se refere à classificação das ciências no aprendizado do conhecimento.

Há uma grande semelhança entre a *Autobiografia*, de Avicena, e a *Biografia* de Aristóteles, conhecida dos árabes em duas versões: na tradução de Ptolomeu e em uma notícia proveniente dos círculos alexandrinos. A essa semelhança soma-se um relato de Hunayn ibn Ishāq sobre a formação clássica do filósofo grego, que compreende o ensinamento das diversas ciências por etapas, desde seu primeiro ano de aprendizado com os ditos dos sábios até o tempo dedicado ao estudo da gramática e da poesia, para, em seguida, passar a estudar as leis, a aritmética, a geometria, a astronomia, a medicina e a música. Após adquiridos esses conhecimentos, o discípulo prepara-se nos estudos de lógica, para, enfim, conhecer a filosofia ou ciência dos fenômenos

7. Na Idade Média, a "autobiografia" não tinha a mínima importância: importa o que se diz e não quem fala. O melhor exemplo desse procedimento está em Tomás de Aquino, *Suma de Teologia*, Iª parte, questão 107ª, art. 2º: "Pois, constitui a perfeição do meu intelecto, não conhecer o que tu queres ou inteliges, mas somente o que se encerra na verdade".

8. Cit. *in* D. Gutas, *Avicenna and the Aristotelian Tradition*, p. 195; cf. nota 2 *supra*.

celestes. Desse modo, somam-se dez ciências estudadas em dez anos de preparação. Avicena menciona todas essas ciências como parte de seus estudos para a sua própria formação, com exceção da música, que o filósofo estudou apenas para redigir um capítulo de sua obra enciclopédica *Al-Shifā'*.

Os estudos de Avicena estão assentados sobretudo no elaborado esquema de classificação das ciências dos alexandrinos da era imperial romana. Mais adiante, na segunda parte de nosso trabalho, trataremos desse tópico. Por ora, basta lembrar que um dos principais objetivos de Avicena parece ter sido epistemológico: a aquisição do conhecimento, como finalidade última da alma para atingir sua perfeição, é o que parece ilustrar sua teoria dos dois métodos necessários para a apreensão do conhecimento, a intuição e o estudo.

3.3. MÉTODOS DE AQUISIÇÃO DO SABER: A INTUIÇÃO INTELECTUAL E O ESTUDO

A divisão das ciências, inicialmente concebida por Aristóteles e posteriormente desenvolvida pelos alexandrinos, representa para Avicena a principal via de obtenção da suprema sabedoria. No entanto, permanece a dúvida quanto ao modo como essa trajetória é percorrida. Frequentemente, no decorrer de sua obra, Avicena repete os princípios epistemológicos já delineados na *Autobiografia*, os quais Gutas aponta como sendo centrais no pensamento do filósofo, pois constituem a *via regia* que conduz à compreensão de seu sistema. Porém, o modo como tais princípios são elaborados no espírito, tal qual defendido por Avicena, é o que expomos em seguida.

De início, o que se impõe é um certo tipo de intuição intelectual, nomeada *hads* nas obras avicenianas.

Amélie-Marie Goichon define *hads* ou "intuição *intelectual* (por oposição à *mushāhada*, intuição sensível), *lampejo de compreensão* que se produz no espírito, abrindo-lhe, repentinamente, uma verdade até então despercebida"[9].

Em diversas passagens de sua obra, Avicena define *hads*:

> A *intuição* (*hads*) é um ato do espírito por meio do qual este descobre por si próprio o termo médio, e a faculdade do *hads* é a sagacidade[10].
>
> [...] A intuição consiste naquilo que o termo médio representa no espírito, de uma só vez, seja em decorrência de uma investigação e de um desejo sem movimento, seja sem desejo nem movimento[11].

9. A.-M. Goichon, *Lexique de la langue philosophique d'Ibn Sīnā*, Paris, 1938, p. 65, verbete 140.

10. Avicena, *Shifā'* I, 361; *Najāt*, 273, cit. *in* A.-M. Goichon, *Lexique*, p. 65.

11. Avicena, *'Ishārāt*, 127, cit. *in* A.-M. Goichon, *Lexique*, p. 65.

O *hads* distingue-se pela instantaneidade da apreensão de uma verdade, o que exclui o "movimento" da investigação, característico da reflexão (*fikra*). Entretanto, a ideia de movimento não está totalmente ausente na intuição intelectual:

O *hads* é um movimento para atingir o termo médio assim que o problema estiver posto, ou para atingir o termo principal, assim que o médio tenha sido obtido[12].

Em outra passagem, Avicena afirma que a intuição intelectual pode ser obtida de duas maneiras: ou "por ensinamento" ou "sem mestre", esta última quando o "raciocínio se alimenta", no espírito, "por si próprio"[13].

Em sua única *summa* filosófica redigida em persa, *Dānèsh-Nāma*, também conhecida por *Filosofia para 'Alā' al-Dawla*, na seção da *Física* dedicada à alma humana, Avicena expõe sua teoria do aprendizado ou apreensão dos inteligíveis. A importância dessas linhas está em seu conteúdo autobiográfico, pois Avicena descreve seu próprio processo de aprendizagem e afirma sua concepção do modo de obter o conhecimento:

É fato que as coisas ignoradas podem ser atingidas por meio do termo médio. O termo médio pode ser obtido (1) quer pela vivacidade da apreensão, no sentido em que a intuição intelectual (*hads*) faz jorrar na alma esse termo médio – o que é devido à disposição da alma para receber os efeitos do intelecto agente; (2) quer graças a um mestre.

A intuição intelectual é de duas classes: uma se produz com lentidão e atraso, e a outra imediatamente.

Não é obrigatório que a intuição se produza a propósito de alguns problemas e à exclusão de outros. Com efeito, se queres a verdade, a solução de cada problema é encontrada por meio da intuição, desde que todos aprendam de alguém, mas aquele que foi o primeiro nunca aprendeu de alguém: houve, portanto, alguém que compreendeu espontaneamente.

Se, aplicando-se muito, alguém conhecesse as coisas do mundo, seu conhecimento de grande parte das coisas seria ou pontual ou conjectural, pois ele estaria descobrindo <constatando termos médios>[14].

Entre os homens, há aqueles que necessitam de um professor para <ensinar> a maioria das coisas, <pois> não são capazes de qualquer intuição; e mais ainda, há os incapazes para compreender até mesmo com <o auxílio> de um professor.

Pode, outrossim, ocorrer que um homem conheça por intuição intelectual uma grande parte das coisas e tenha <assim mesmo> necessidade de um professor para <ensinar-lhe> poucas coisas. Pode ocorrer que, embora alguém seja <um ser> raro,

12. Avicena, *Najāt*, 137, cit. *in* A.-M. Goichon, *Lexique*, p. 66.

13. Avicena, *Shifā'*, I, 361; *Najāt*, 273, cit. *in* A.-M. Goichon, *Lexique*, p. 66.

14. Literalmente "pois ele tem sido um descobridor". Segundo Gutas, a frase significa: "dependendo do quanto bom ele for para descobrir os termos médios". Avicena está se referindo à habilidade para descobrir o termo médio, o que varia de pessoa a pessoa segundo a quantidade e a rapidez de termos médios descobertos. Cf. D. Gutas, *Avicenna and the Aristotelian Tradition*, p. 20, n. 2.

chegue <ao conhecimento> das ciências na ordem da intuição, do início ao fim, sempre que quiser, sem professor e num tempo muito curto – isto graças à sua união perfeita com o intelecto agente, de maneira que não necessite absolutamente de reflexão e, por conseguinte, acredite que <esse conhecimento> esteja sendo derramado em seu coração de algum lugar – e talvez assim seja a própria verdade. Será dessa pessoa que deverá vir o princípio de ensinamento destinado aos homens.

Não é preciso admirar-se. Nós próprios conhecemos alguém que não se encontrava nesse nível <de um profeta> e aprendia as coisas com reflexão e esforço, mas que <todavia> foi dispensado do esforço excessivo em razão da potência de sua intuição intelectual[15]. Sua intuição da maior parte das coisas sempre correspondeu ao que era encontrado nos livros e, por conseguinte, não teve de suportar o duro trabalho de uma excessiva leitura. Aos dezoito ou dezenove anos, esse homem compreendeu as ciências filosóficas – lógica, física, metafísica, geometria, aritmética, astronomia, música, medicina e muitas outras ciências abstrusas – de tal modo que não viu ninguém mais como ele. Depois disso, muitos anos se passaram sem que nada fosse acrescentado àquilo que já havia aprendido desde o início – e sabe-se que cada uma dessas ciências requer anos de instrução[16].

Em diversas outras passagens, Avicena comenta tal predisposição – *hads*, a intuição intelectual –, que pode ser tão forte em alguns indivíduos a ponto de não necessitar esforço algum para apreender o que o intelecto agente derrama sobre seus espíritos. Avicena constrói sua teoria da intuição atribuindo ao *hads* a função de acuidade que ocorre espontaneamente e sem reflexão para apreender corretamente os termos médios; a intuição intelectual está associada à rapidez com que a apreensão das causas é realizada, depois de compreendidos os termos médios. Talvez Avicena seja devedor da tradição médica que postulava estar a acuidade diretamente relacionada com os temperamentos do corpo ou constituição dos humores; assim, cada pessoa teria mais ou menos desenvolvida essa perspicácia conjugada às faculdades da alma, tal qual argumentara Galeno já no século II d.C. em seu tratado *As Faculdades da Alma seguem o Temperamento dos Corpos*.

Todavia, a intuição intelectual não é suficiente para tornar alguém conhecedor das verdades. Apenas os profetas têm acesso à verdade suprema sem a ajuda dos estudos. Na *Autobiografia*, Avicena afirma ter passado muito tempo lendo livros para complementar suas deficiências no aprendizado da filosofia, além de ter-se valido da ajuda das orações, dos sonhos e do vinho.

15. Avicena refere-se a si próprio; comparar com a *Autobiografia*.

16. Avicena, *Dānèsh Nāma, Le Livre des Sciences*, trad. francesa do persa por M. Achena e H. Massé, Paris, 1986, t. II, pp. 87 ss.; D. Gutas, trad. inglesa do árabe, *Avicenna and the Aristotelian Tradition*, pp. 20 ss. O tempo dedicado ao aprendizado das ciências era de dez a vinte anos, segundo fontes alexandrinas; Avicena, cujo *curriculum* tem por paradigma o ensino dos antigos gregos, está comparando à tradição os seis anos de seu próprio aprendizado para dominar as ciências requeridas.

Manuscrito persa de 1650 que ilustra um místico sūfī em êxtase.

4. Avicena e a Filosofia Oriental

Já no século XII, o filósofo e teólogo persa Sohravardī foi incisivo quando criticou a falta de uma doutrina "iluminativa" nas obras de Avicena. O *Sheikh al-'Ishrāq* (Mestre da Iluminação) sublinhou sua estranheza por nada encontrar de especificamente "oriental" na filosofia de Avicena, sobretudo na obra por ele conhecida com o título de *Os Cadernos Incompletos*[1], hoje designada *Filosofia dos Orientais*: Sohravardī escreve no "Prefácio" do *Relato do Exílio Ocidental* (*Qissat al-Ghurbat al-Gharbīya*):

> Assim que tomei conhecimento da "Narrativa de Hayy ibn Yaqzān", não obstante as admiráveis frases espirituais e as profundas sugestões nela contidas, encontrei-a desprovida de uma ilustração relativa à experiência suprema do Grande Abalo (*Corão,* LXXIX, 34)[2], guardado como um tesouro nos Livros divinos, confiado à guarda dos símbolos dos sábios, oculto na "Narrativa de Salamān e Absāl", que o autor da "Narrativa de Hayy ibn Yaqzān" compôs. É o segredo que consolida as etapas espirituais dos sūfis e daqueles que possuem a intuição visionária. Não há, na "Narrativa de Hayy ibn Yaqzān" qualquer alusão a isto, exceto no final do livro, lá onde ele diz "Ocorre entre

1. Cf. Henry Corbin, *Avicenne et le Récit Visionnaire*, Paris, Berg International, 1979, pp. 49-50.

2. *Corão*, LXXIX, 34-41: "Quando chegue o enorme cataclismo, o dia em que o homem recorde aquilo em que se esforçou e em que se mostre o Inferno a quem veja, então os que se hajam rebelado e hajam preferido a vida mundana terão o Inferno como refúgio. Os que hajam temido a comparência perante o seu Senhor e hajam negado à alma a concupiscência, esses terão o Paraíso como refúgio." (*Alcorão*, trad. Américo de Carvalho, Portugal, Publicações Europa-América, 2ª ed., 1989).

os humanos que os anacoretas espirituais emigram em direção a Ele [...]". De minha parte, decidi contar alguma coisa, sob forma de narrativa, à qual dei o título de "Relato do Exílio Ocidental" [...][3].

A partir de 1930, nas comemorações dos novecentos anos da morte de Avicena (Maio-Junho de 1037 – mês de *Ramadã* ou *Shā'ban*, 428 da *Hégira* no calendário islâmico), surgiu a querela sobre sua "filosofia oriental", que até hoje mantém divididas as opiniões dos especialistas. Muito se discutiu nesses debates que geraram e continuam gerando polêmicas de grande importância, pois definem – ou procuram definir – os fundamentos epistemológicos do conjunto da obra de Avicena.

Emergiram dessa polêmica duas correntes de interpretação com distintas acepções de conteúdo e cuja origem está assentada nas seguintes obras de Avicena: algumas epístolas, entre as quais *Hayy ibn Yaqzān*, as três últimas seções do *Livro das Direções e Admoestações* (*Kitāb al-'Ishārāt wa l-Tanbīhāt*) e um fragmento da obra perdida, *A Filosofia Oriental* (*Al-Falsafa al-Mashriqīya*), cuja publicação em 1910, no Cairo, reforçou o problema. O editor egípcio publicou o fragmento sob o título de *Lógica dos Orientais* (*Mantiq al-Mashriqīyūn*), pois o manuscrito incompleto continha, além da "Introdução", uma pequena parte da *Lógica*. Porém, C. A. Nallino notou que o título foi uma invenção do editor que não encontra respaldo no próprio texto, pois não há sequer uma menção à expressão "Lógica dos Orientais" no manuscrito[4].

A questão oscilava entre a existência e a ausência de um presumível "misticismo" em alguns textos do grande filósofo e médico persa. Inicialmente, o debate partiu dos possíveis significados das palavras-chave responsáveis pela polêmica, que, segundo o diacrítico, poderiam ser lidas como *mashriqīya* ou *mushriqīya*. O vocábulo árabe *mushriqīya* designa "iluminativa", mas, quando se muda o diacrítico inicial, obtém-se *mashriqīya*, que significa "oriental". Na argumentação de Henry Corbin, essas duas acepções se complementam, já que é do Oriente que desponta a luz nascente, o Sol. O célebre artigo de C. A. Nallino, "Filosofia 'orientale' od 'illuminativa' d'Avicenna?", publicado em 1925 na *Rivista degli studii orientali*, propõe a aceitação do projeto filosófico de Avicena para uma filosofia racional. Embora o próprio *Sheikh al-Ra'is* – reconhecido entre os árabes pelo título de "Príncipe de todas as ciências" – tivesse mencionado uma filosofia "oriental" em sua obra, esta nada teria em comum com a "sabedoria iluminativa" filiada ao pensador persa Sohravardī, que floresceu no

3. Sohravardī, *L'Archange Empourpré – Quinze Traités et Récits Mystiques*, tradução do persa e do árabe por Henry Corbin, Paris, Fayard, 1976, p. 273.

4. Cf. D. Gutas, *Avicenna and the Aristotelian Tradition*, p. 122, n. 22.

século XII, de 1155 a 1191 – posterior a Avicena, portanto em mais de um século –, cuja obra serviu de inspiração às interpretações de Henry Corbin.

Com a publicação do artigo de Nallino, foi retomada uma controvérsia de há dois séculos. Já no século XVII, Pocock, depois de aceitar "oriental" para o discutido termo árabe, encontrou uma menção de Ibn Tofāīl à "filosofia iluminativa" na obra homônima desse autor andaluz, *Hayy ibn Yaqzān*. Essa leitura permaneceu válida por todo o século XIX. No século XX, após a tradução alemã da seção dedicada à *Metafísica* no *Livro da Cura* (*Kitāb al-Shifā'*), os especialistas C. Huart e T. J. de Boer, autores dos dois verbetes na 1ª edição da *Enciclopédia do Islão* – *Hikma* e *'Ishrāqīyūn* – conceberam a caracterização de uma "mística de cunho neoplatônico" no pensamento de Avicena e de uma "filosofia sincrética do helenismo que, chegada ao Oriente por meio de fontes neoplatônicas, herméticas e outras análogas, amalgamou-se às especulações da antiga Pérsia e a outras tantas"[5].

Ainda no século XIX, com a publicação das epístolas avicenianas editadas por A. F. Mehren sob o título de *Tratados Místicos*, o barão Carra de Vaux permitiu-se definir Avicena como "um adepto da filosofia iluminativa":

> Djouzdjâni e outros autores mencionaram um trabalho de Avicena que deve ser uma obra sobretudo mística [...]. Trata-se da habitualmente conhecida *Filosofia Oriental* [...] que, sem dúvida, teria melhor título se fosse nomeada *Filosofia Iluminativa* [...][6].

Para chegar ao acordo terminológico definitivo acerca do título da controvertida obra, foi preciso esperar 1925, quando, enfim, Nallino determinou o significado e a vocalização exatos para o termo que despertou tantas querelas. De um lado, a morfologia, e de outro, as explicações do próprio Avicena no "Prólogo" da *Filosofia Oriental*, não permitem supor que o filósofo almejasse outro objetivo senão o filosófico. A filosofia aviceniana, argumentavam os racionalistas, estava mais próxima do modelo grego. Por fim, definitiva e unanimemente, o título do polêmico fragmento passou a ser aceito como *Filosofia Oriental* (*Al-Hikma al-Mashriqīya* ou *Al-Falsafa al-Mashriqīya*). Recentemente, Dimitri Gutas questionou o título ao afirmar que, de acordo com as poucas fontes remanescentes, nem *hikma* (sabedoria) nem *falsafa* (filosofia) seriam apropriadas. A frase de Avicena no "Prólogo" da *Shifā'*, "este é meu livro *da* (*fī*) filosofia oriental" não autoriza o título de *Filosofia Oriental*. Segundo Gutas, na falta de informações

5. Cit. *in* A.-M. Goichon, "Philosophie et Histoire des Sciences", *Les Cahiers de Tunisie*, n. 9, 1955, p. 18.

6. Carra de Vaux, *Avicenne*, Paris, Felix Alcan, 1900, p. 151.

7. Cf. D. Gutas, *Avicenna and the Aristotelian Tradition*, p. 122.

do próprio Avicena, o título mais correto seria apenas *Os Orientais*[7]. Para maior clareza, empregamos aqui *Filosofia Oriental*.

No tocante às distintas interpretações, o acordo terminológico perdurou até os anos 1950, época em que Henry Corbin reviveu a antiga controvérsia, ao apresentar a defesa do conteúdo de uma gnose "iluminativa" nos conhecidos *Tratados Místicos*, de Avicena.

Porém, antes da chegada de Corbin e no prolongamento dessa mesma discussão, pretendeu-se demonstrar que Avicena teria desenvolvido um misticismo neoplatônico que foi corroborado por sua obra perdida, e as importantes alterações de suas posições filosóficas teriam sido anunciadas no "Prólogo" que nos resta da sua *Filosofia Oriental* perdida.

Louis Gardet fez um brilhante estudo da "mística" aviceniana e considerou-a "intelectualista", uma vez que, segundo o especialista francês, Avicena parte da teoria cosmogônica da criação mediatizada por inteligências para elaborar uma teoria do conhecimento[8]. Há um evidente paralelismo entre as duas teorias, pois a alma que ascende através das esferas em sua viagem de retorno à união com o princípio primeiro tem sua contrapartida no mundo sublunar através dos degraus escalados na aquisição do conhecimento.

Na teoria da criação, as formas substanciais são dadas aos seres terrestres pelo intelecto agente, última das inteligências puras e regente do mundo sublunar, tal qual as outras inteligências regem cada uma delas sua própria esfera celeste. No mundo da matéria, as formas estão num incessante movimento de alteração e devir. Cabe à alma humana capturar as formas emanadas no mundo terrestre pela décima inteligência, ou *dator formarum*. No sentido inverso do itinerário de recepção, a alma eleva-se ao conhecimento das formas puras no movimento ascendente, simbolicamente contemplado na *Epístola de Hayy ibn Yaqzān*, cujo *Oriente* e *Ocidente* correspondem, respectivamente, ao mundo dos inteligíveis e ao mundo da matéria.

Etienne Gilson sublinha o "caráter extrínseco radical"[9] de Avicena manifestado de duas maneiras: a) na teoria da criação, com a emanação das formas pelo intelecto agente sobre os seres terrestres;

8. Louis Gardet, "Quelques aspects de la Pensée Avicennienne", *Revue Thomiste*, 1939, n. 3, pp. 537-575 e n. 4, pp. 693-742.

9. Etienne Gilson, *Le Thomisme*, 5ª ed. revista e aumentada, Paris, J. Vrin, p. 261: Gilson alude ao platonismo de Avicena quando emprega a expressão "caráter extrínseco radical": "a causa exterior das formas ou das operações do mundo sensível reside na eficácia das ideias de Platão e, em Avicena, na de uma inteligência separada". Ver A.-M. Goichon, *Distinction de l'Essence et de l'Existence*, pp. 302-303 e 419: há uma descrição do modo como as formas se imprimem na matéria, a qual é preparada por influências celestes e terrestres; e terminada "a preparação própria depois de uma preparação comum" (*Najāt*, 461), "emana da inteligência separada uma forma particular, própria, que se imprime na <mencionada> matéria" (*Shifā'*, II, 625); Avicena, cit. *in* A.-M. Goichon, trad. *'Ishārāt*, p. 271, n. 2.

b) no caminho inverso, com o cometimento da alma no processo de obtenção do conhecimento. No início do movimento ascensional, a percepção sensível fornece os dados para a imaginação que se serve da memória; em seguida, já de posse desses dados, a alma alcança os julgamentos particulares, que são comuns aos animais superiores. O processo culmina quando, finalmente, a alma atinge a abstração, que pertence ao mundo das inteligências puras.

Porém, a alma não é capaz de atingir a abstração por si própria: necessita do auxílio do intelecto agente – um anjo na cosmologia aviceniana. O intelecto agente "prepara" a alma para seu percurso ascensional. A viagem impõe o esforço para que a alma domine os instintos do corpo – concupiscência, irascibilidade e imaginação. Desvinculada da matéria e livre dos sentidos corporais, a alma "preparada" recebe do intelecto agente as formas inteligíveis. Não pode haver conhecimento e apreensão do inteligível, luz da alma, se esta não estiver liberta da percepção dos sentidos corporais. O Oriente, reino das formas, dos inteligíveis e das inteligências, só concede à alma o seu ingresso nele com a cooperação do intelecto agente.

A alma está presa ao Ocidente material por sua fraqueza de espírito, e, para Avicena, a moderação é a regra necessária para empreender o caminho em direção à luz. O Ocidente, símbolo do mundo da matéria, região do poente solar, é o "clima" onde formas "iluminadas", emanadas do intelecto agente, "caem" prisioneiras – trágico destino traduzido nos versos melancólicos do *Poema da Alma*[10], atribuído a Avicena, cuja tradução apresentamos no Apêndice. Teoria metafísica e psicológica, a concepção da Origem e do Retorno de Avicena é tema recorrente em seu sistema filosófico, que visa à união do dom da existência àquele da inteligência.

Nos fragmentos da *Filosofia Oriental* que sobreviveram, Avicena menciona os "ocidentais", ao apresentar algumas correções à lógica:

> Os ocidentais (*al-magribīyūn*) erram em considerar o modo na contradição das proposições necessárias e possíveis e em não considerá-lo no absoluto. Pois a acepção absoluta é também um modo[11].

Nessa passagem, Avicena parece referir-se aos filósofos herdeiros do peripatetismo, o que não contradiz a glosa que deixou à margem da *Teologia Pseudo-Aristotélica*[12], que, segundo Henry Corbin, seria a melhor descrição desse Oriente, "morada no céu situado acima do céu estrelado". As inteligências puras estão acima das esferas celestes,

10. *Al-Qassīdat al-'Ayniyyat al-Rūhiyyat fi Nafs.*

11. Avicena, *Kitāb al-'Ishārāt wa l-Tanbīhāt*, trad. A.-M. Goichon, p. 137, n. 2.

12. G. Vajda, "Les Notes d'Avicenne sur la Théologie d'Aristote", *Revue Thomiste*, 1951, II, p. 381.

e a alma participa dessas inteligências quando concebe os inteligíveis, quer num vislumbre enquanto ainda está presa ao corpo físico, quer envolta numa luz mais ou menos resplandescente, segundo a preparação que a habilitou para recebê-los.

Ainda, na exegese aviceniana do versículo corânico da Luz (*al-Nūr*)[13], o Oriente representa o conjunto das faculdades da inteligência e o Ocidente traduz o lugar onde a luz se perde, o conjunto das faculdades animais onde se apaga a luz da alma racional[14].

Como interpretar a "filosofia oriental" e qual seu significado para Avicena? E o que diz o próprio Avicena de sua "filosofia oriental"?

A abordagem de Amélie-Marie Goichon se distancia metodologicamente da hermenêutica de Corbin. Dedicada exclusivamente ao estudo das obras de Avicena, Goichon defende o racionalismo e exclui de seus trabalhos qualquer interesse por correntes externas à filosofia tradicional platônica e aristotélico-tomista. Sua própria trajetória filosófica leva a caracterizar a filosofia de Avicena como "filosofia de formas substanciais e inteligíveis".

Goichon conhece a fundo a obra de Avicena. Traduziu importantes textos, dentre os quais o *Kitāb al-'Ishārāt wa l-Tanbīhāt* e *Hayy ibn Yaqzān*; publicou o *Lexique de la Langue Philosophique d'Ibn Sīnā* e os *Vocabulaires Comparés d'Aristote et Ibn Sīnā*; traduziu e escreveu a "Introdução" à *Epístola das Definições*, e fez um estudo aprofundado da *Metafísica*, de Avicena, em *La Distinction de l'Essence et de l'Existence*. Todas essas importantes contribuições, somadas aos numerosos artigos publicados em diversas revistas, testemunham seu profundo conhecimento das obras de Avicena.

A estudiosa insiste no fato de que a expressão "filosofia oriental" não é específica de um Avicena da maturidade, pois já podia ser encontrada em sua enciclopédia *Al-Shifā'*. Segundo Goichon, o *Sheikh al-Ra'is* foi nomeado por um autor persa de "Filósofo do Oriente", *Hakim al-Mashriq*, evidência da glória de seu grande espírito pertencente ao Irã[15], talvez por oposição a Aristóteles, glória do Ocidente.

Segundo Goichon, a expressão "filosofia oriental" é empregada

13. *Corão*, XXIV, 35: "Deus é a luz dos Céus e da Terra. A Sua luz é à semelhança de um nicho em que há uma lamparina; a lamparina está num recipiente de vidro que parece um astro rutilante. Acende-se graças a uma árvore bendita, uma oliveira, nem oriental nem ocidental, cujo azeite quase reluz, ainda que lhe não toque o fogo. Luz sobre luz. Deus guia a quem quer para a Sua luz e Deus molda as Suas parábolas para os homens. Deus é omnisciente". Cf. *Alcorão*, trad. Américo de Carvalho.

14. Avicena, *'Ishārāt*, trad. A.-M. Goichon, pp. 324-325; Avicena, *La Distinction de l'Essence et de l'Existence*, trad. de A.-M. Goichon, pp. 322-324, n. 4: contém partes da *Epístola sobre a Profecia*, de Avicena.

15. A.-M. Goichon, "Philosophie et Histoire des Sciences", *Les Cahiers de Tunisie*, 1955, p. 29, n. 29.

pelo filósofo seis vezes nas "Notas" marginais da *Teologia Pseudo--Aristotélica* e em dois "Prólogos", da *Shifā'* e da *Mantiq al-Mashriqīyyn*[16] ou *Filosofia Oriental.*

Nas "Notas" marginais, a expressão vincula-se ao estudo da alma, e seu primeiro significado é semelhante ao encontrado nas páginas das *'Ishārāt* que se detêm na temática da purificação das almas no *post mortem*; a segunda menção à expressão "filosofia oriental" invoca a misericórdia divina para os mortos; a terceira diz respeito ao conhecimento do mundo inteligível antes do nascimento e depois da morte, e ainda insiste na receptividade da alma às formas inteligíveis; a quarta prende-se ao estudo das formas e concentra-se na multiplicidade das entidades espirituais do mundo inteligível; a quinta, atinente à origem das formas substanciais, expõe a relação do aspecto contingente das essências com a necessidade da criação e, finalmente, a sexta referência discorre acerca da memória na outra vida. Segundo Goichon, seria coerente situar essas citações no interior de uma filosofia das formas, substanciais e inteligíveis.

Quanto aos "Prólogos", no dedicado à *Shifā'*, Avicena menciona o título de seu livro, *Fī l-Falsafa al-Mashriqīya* (*Da Filosofia Oriental*). No lugar de *hikma*, cujo significado é mais abrangente por indicar "sabedoria" ou "filosofia", podemos ler *falsafa*, que é uma transcrição do grego "filosofia" e indica, em árabe, sempre uma filosofia helenizante.

No "Prólogo" ou "Introdução" da *Filosofia Oriental*, Avicena afirma ter sido a lógica grega a base para suas verificações científicas. No entanto, como a *Mantiq* e as *'Ishārāt* exemplificam, o filósofo inovou em lógica. Segundo Goichon, Avicena tinha uma considerável preocupação com o mundo físico, e na página preliminar da *Shifā'* lemos que sua "filosofia oriental" foi concebida para expor "a *falsafa* segundo o que está na natureza". Há uma unidade no pensamento de Avicena: ciências e filosofia reencontram-se num imenso esforço para unificar a metafísica e o conhecimento científico do concreto, com o mesmo espírito ao qual está submetido também o pensamento de Aristóteles. Avicena parece interessar-se por um modo de raciocínio que possa ser aplicado aos dois campos de investigação. Segundo a intérprete, essa união é realizada mediante a ciência da lógica. Tal faceta de seu método passa despercebida quando sua obra é estudada de maneira fragmentada, como quase sempre ocorre. Conhece-se ou o médico ou o filósofo; jamais houve um estudo que abraçasse o conjunto de sua obra. Goichon é taxativa ao proclamar que o sistema filosófico de Avicena não pode ser compreendido sem o conhecimento de seus

16. Goichon se refere em seus trabalhos à *Filosofia Oriental* pelo título *Mantiq al-Mashriqīyyn*, que perdurou durante muito tempo em razão de sua publicação pelo editor egípcio, cf. p. 34, *infra*.

trabalhos científicos.

No "Prólogo" da *Mantiq*, Avicena afirma ter-se beneficiado de algumas ciências sem a contribuição dos gregos. Para o filósofo, a lógica no Oriente não estaria longe de ter um nome diverso de *mantiq*, visto que esse vocábulo traduz "lógica", nos termos tradicionais da filosofia herdada:

> O tempo em que nos ocupávamos <das ciências> era aquele de nossa primeira e ardente juventude (lit. "da flor da juventude"). Depois, pela graça de Deus, encontramos o que nos faltava em virtude dessa juventude, e refletimos longamente sobre a herança transmitida. Em seguida, confrontamos tudo aquilo, letra por letra, em conformidade com a ciência que os gregos denominam "lógica" – ela não está longe de levar um outro nome entre os orientais [...][17].

Goichon traça um paralelo dessa passagem com a *Autobiografia*, de Avicena: sabemos que Avicena já conhecia a medicina desde muito jovem, pois, como informa o filósofo, nenhum conhecimento foi adicionado ao que já conhecia desde o tempo de sua juventude. Aos dezesseis anos, grandes médicos aproximavam-se dele para aprender a arte da medicina, e como confessa o autor, "das ciências, a medicina não era a mais difícil". Por dezoito meses interrompeu a dedicação aos enfermos para ocupar-se do estudo da metafísica, mas, por insistência de seus pacientes, voltou a cuidar deles. Durante toda sua vida, dedicou-se às duas sabedorias simultaneamente, sempre com o espírito livre em relação a ambas.

Como médico, é provável que Avicena chegasse a conclusões, hipóteses e certezas adquiridas por meios diferentes dos conhecidos silogismos aristotélicos. Sua lógica comprova que o pensador buscou uma teoria própria, de modo distinto de como procedeu na juventude, quando sorveu toda a filosofia de Aristóteles. A expressão "filosofia oriental", segundo Goichon, parece indicar a procura de Avicena para elaborar uma lógica a partir de conhecimentos científicos apreendidos segundo as ciências naturais, em específico por meio da prática médica, sempre preocupado em ultrapassar a filosofia dos inteligíveis e das formas adquirida da tradição herdada dos gregos. O esforço para explicar as formas na natureza, traduzido nas palavras do "Prólogo" da *Shifā'*, anuncia uma "filosofia oriental" que quer apreender o concreto, ou melhor, o particular. Avicena anuncia, assim, uma mudança na "ciência universal", para que esta acolha tanto as coisas misturadas à matéria ou formas substanciais, como as separadas ou inteligíveis e abstratas.

É plausível que Avicena tenha tentado fundir as *Categorias* à *Metafísica* sem, contudo, considerar as distinções levantadas por Aristóteles. Talvez isso fosse possível em decorrência de sua teoria

17. Cit. *in* A.-M. Goichon, "Philosophie et Histoire des Sciences", pp. 31-32.

das emanações e do desenvolvimento da distinção entre essência e existência, pois, em seu sistema, antes de estar no concreto quando recebe a existência, a essência está no intelecto agente, metafísica e logicamente. Uma tal ciência só poderia ter unidade no espírito humano – se isso pudesse ser alcançado – ou nas inteligências, que, na cosmologia aviceniana, são criaturas mediatizadas. Segundo Avicena, as formas estão inicialmente na décima inteligência, conhecida na escolástica por *dator formarum*, cuja ação faz emaná-las para os seres concretos, para então passar para o espírito humano como abstrações. Nas narrativas simbólicas, a unificação desses três estágios é representada pela unificação da metafísica, da psicologia e da lógica. Não seria esta a "ciência universal"? pergunta-se Goichon.

Todavia, sempre segundo Amélie-Marie Goichon, as formas misturadas à matéria designam o concreto nas ciências naturais. Quando Avicena procura situar metafisicamente a essência individual enquanto *é*, parece estar querendo aferrar-se ao particular, ao concreto, o que demonstra seu esforço para explicar as formas na natureza. Seu espírito científico e sua prática na medicina revelam seu grande desejo de reunir metafísica e ciência do concreto por meio de um modo de raciocinar que se aplique aos dois conhecimentos. Uma "nova lógica" seria o método buscado por Avicena para realizar essa unificação[18]. No entanto, a intérprete apenas faz a indicação, sem contudo fundamentar tal afirmação. Voltaremos a esse tópico na segunda parte de nosso trabalho, quando apresentaremos as ideias de Goichon sobre a aproximação da lógica e da prática médica em Avicena.

No que diz respeito à importância que teria a ciência do concreto na época de Avicena, há uma tradição oriental que parece corroborar as afirmações de Goichon: os trabalhos de Paul Krauss sobre a teoria alquímica de Jābir ibn Hayyān (Geber para os latinos, século VIII d.C.)[19] demonstram a existência de uma tradição greco-oriental "que se prevalece de uma tendência bem mais experimental e mais sistematizada"; tem pouco em comum com a alquimia antiga, além de evitar o simbolismo e a alegoria[20]. Tal afirmação parece vir ao encontro de uma prática que existia na antiga Pérsia, a de reservar, para a experimentação em medicina, criminosos condenados à morte, prática herdada do antigo Egito de Ptolomeu[21]. A tradição árabe mantinha sólidos vínculos com as ideias da escola alexandrina do período imperial tardio, sobretudo com as de um de seus representantes, Filopono, filósofo neoplatônico e cristão do século VI d.C., crítico da física de Aristóteles.

18. *Ibidem*, p. 37.

19. Paul Krauss, *Jābir ibn Hayyān – Contribution à l'Histoire des Idées Scientifiques dans l'Islam – Jābir et la Science Grecque*, Paris, Les Belles Lettres, 1986.

20. *Ibidem*, "Avant-Propos", p. VIII.

21. Cf. A.-M. Goichon, "Philosophie et Histoire des Sciences", pp. 38 ss.

A experimentação era parte dos estudos alexandrinos, que não se cansavam de perseguir o desenvolvimento das ciências práticas, embora em moldes distintos da prática experimental invocada por Galeno.

Segundo Goichon, Avicena parece ter percebido a necessidade de uma lógica que abarcasse o abstrato e o concreto. Debruçou-se sobre o problema e tentou resolvê-lo, aspecto que nos obriga a indagar acerca de seu real pensamento e de seu objetivo na célebre obra perdida. Como afirma a intérprete, "as únicas páginas que recebemos da obra à qual era mais apegado são páginas de lógica"[22], o que deixou à posteridade a tarefa de recompor a unidade de seu pensamento. Na análise e na interpretação que Amélie-Marie Goichon oferece das obras avicenianas, a *Filosofia Oriental* pertenceria quer à história das ciências quer à filosofia.

22. *Ibidem*, p. 20.

5. Mística e Filosofia em Avicena

5.1. OS TEXTOS "MÍSTICOS" DE AVICENA

Há um conjunto de escritos atribuídos a Avicena que gerou três distintas linhas de interpretação adotadas pelos especialistas, cujo desacordo está em parte associado às divergências sobre o conteúdo da *Filosofia Oriental* que tivemos oportunidade de expor anteriormente. Na batalha pela primazia na interpretação, os dois maiores expoentes da querela, Goichon e Corbin, destinaram ao esquecimento o pioneirismo de Ferdinand A. Mehren, introdutor de uma interpretação que rompe com a tradição filosófica clássica, à qual a obra filosófica de Avicena estaria integralmente filiada.

O "misticismo" de Avicena nasceu no século passado e foi suplantado pelas teses de Corbin com sua filosofia oriental-iluminativa. Porém, ainda hoje surgem intérpretes que qualificam Avicena de "místico", como evidencia o título *Ibn Sīnā and Mysticism*[1] do estudo de Shams C. Inati, que se deteve sobre a IVª e última parte do *Kitāb al-'Ishārāt wa l-Tanbīhāt*.

Considerados "místicos" por alguns, os textos polêmicos devem essa atribuição em certa medida às publicações de Auguste F. Mehren,

1. Shams C. Inati, *Ibn Sīnā and Mysticism*, IVª parte *al-'Ishārāt wat-Tanbīhāt*, tradução para o inglês do original árabe e comentário. Londres-New York, Kegan Paul Int., 1996.

que, entre 1889 e 1899, editou o conjunto intitulado *Tratados Místicos de Avicena*. Agrupados em quatro fascículos, os tratados foram publicados na revista francesa *Muséon*. A publicação apresenta os textos originais em árabe, acompanhados de traduções parciais, paráfrases, notas e análises críticas, e distribui-se da seguinte forma:

1º fascículo: *A Alegoria mística Hayy ibn Yaqzān* (*O Vivente, filho do Vigiante*);

2º fascículo: As três últimas seções de *'Ishārāt wa l-Tanbīhāt* (*Livro das Diretrizes e Admoestações*);

Sobre a Doutrina Sūfi;

O Tratado Místico at-Thayr (*O Pássaro*);

3º fascículo: *Rissālat fī l-'Ishq* (*Tratado sobre o Amor*);

Tratado acerca da Natureza da Oração;

Missiva sobre a Influência Produzida pela Frequentação dos Lugares Santos e as Orações que aí se fazem;

Tratado sobre a Libertação do Medo da Morte;

4º fascículo: *Rissālat fī l-Qadar* (*Tratado sobre o Destino*).

Em 1904 foi publicada em Zaragoza uma glosa de Mehren concernente aos tratados avicenianos *Refutação dos Astrólogos* e *Tratado sobre o Destino*, sem a edição dos textos originais em árabe[2].

De um último texto de Avicena pertencente ao conjunto "místico", a *Epístola de Salamān e Absāl*, o original desapareceu, porém foi parcialmente conservado graças ao resumo que Nasīroddin Tūsī inseriu no seu comentário às *'Ishārāt wa l-Tanbīhāt*.

Em 1952, em tiragem à parte publicada pela Unesco, surgiu, pela primeira vez, o estudo de Henry Corbin, *Avicenne et le Récit Visionnaire, Le Récit de Hayy ibn Yaqzān*: contém o original árabe, a antiga versão e comentário anônimos em persa, que Corbin atribui ao fiel companheiro e discípulo de Avicena, Jūzjānī, com tradução em francês e introdução. Em 1954, foi publicada em Teerã na coleção dirigida por Corbin, *Bibliothèque Iranienne*, a citada tiragem da Unesco acompanhada das *Notes et Gloses de la Traduction du Récit de Hayy ibn Yaqzān*. Esse conjunto constitui o volume II da obra de Corbin. O volume I, *Avicenne et le Récit Visionnaire*, reeditado em 1979, contém a tradução e o estudo que Corbin fez dos três tratados "místicos": *Hayy ibn Yaqzān*, *O Pássaro* e a *Epístola de Salamān e Absāl*. Os três textos compõem o que o autor nomeou de "Ciclo dos Tratados Visionários" de Avicena.

Em 1959, Amélie-Marie Goichon publicou, em Paris, *Le Récit de Hayy ibn Yaqzān commenté par des textes d'Avicenne*. A obra, com

2. Em nota de rodapé, no 1º fascículo dos *Tratados Místicos*, Mehren indica a publicação em 1885, na mesma revista *Muséon*, de um texto de Avicena, *Sobre a relação da responsabilidade humana com o destino*. Trata-se da *Epístola sobre o Destino*.

introdução, tradução, explicação e notas, dirige suas críticas à hermenêutica de Henry Corbin, ao tomar por fundamento epistemológico a sugestão dada pelo próprio comentador persa (segundo Corbin, o discípulo de Avicena, Jūzjānī) para buscar as explicações desse texto enigmático nas obras clássicas do próprio mestre:

> Faz-se necessário saber que, para cada uma das questões tratadas nesta Epístola, foi dada aqui nada mais que uma simples indicação. Poder-se-á encontrar uma exposição completa nas obras maiores. Mestre Avicena – que a Misericórdia divina esteja com ele – tratou <dessas questões> em seu livro *Al-Shifā'*, cujo resumo encontra-se no *Livro de Filosofia dedicado a Alaoddawla*[3].

Amélie-Marie Goichon orienta sua análise de *Hayy ibn Yaqzān* por essa indicação e busca as explicações necessárias nas fontes em que o próprio Avicena teria se inspirado.

A *Narrativa de Hayy ibn Yaqzān*, assim como os outros textos "místicos" de Avicena, é elaborada, para alguns, com uma terminologia simbólica, e para outros, alegórica. Porém, como toda simbologia, metáfora, alegoria e parábola, o texto permite uma interpretação que vai se diferenciar de acordo com a leitura do intérprete.

5.2. MISTICISMO: AUGUSTE-FERDINAND MEHREN

No início do "Prefácio" ao primeiro fascículo já mencionado, Mehren adverte que a *Alegoria Mística de Hay ben Yaqzān*[4] tem uma "certa importância para fixar as opiniões particulares do grande mestre da filosofia oriental". Faz menção ao fato de essa alegoria ter sido composta durante o cativeiro de Avicena na fortaleza de Ferdedjān, próxima a Hamadhān, no atual Irã.

Segundo Mehren, nesse pequeno tratado Avicena expõe claramente "o sentido que se prende à personificação dessa noção mística", isto é, de "Hay ben Yaqzān", cuja tradução literal é "Vivente filho do Vigiante". Mehren discorre acerca da autenticidade da epístola e menciona os testemunhos de Ibn Khallikān, de Hāddj Khalfa e sobretudo do discípulo de Avicena, Jūzjānī, que nos legou listas das obras do filósofo-médico. Afirma que a personificação da noção de "Hay ben Yaqzān" passou para a literatura rabínica como "Khay b. Meqīz" com a tradução literal do texto aviceniano para o hebraico, atribuída ao célebre autor rabínico Ibn Ezra (c. 1089-c. 1164), acompanhada de

3. Comentador persa anônimo, cit. *in* A.-M. Goichon, *Le Récit de Hayy ibn Yaqzān commenté par des textes d'Avicenne*, Paris, 1959, p. 8.

4. Na edição de Mehren, transcrito do árabe para o francês nessa forma. Em nossa apresentação, mantivemos a grafia do editor em todos os nomes próprios por ele transliterados.

um comentário de Ibn Zeylã, outro discípulo de Avicena. Mehren cita o romance filosófico de Ibn Tofail (morto em 1185, aproximadamente 150 anos depois de Avicena), cujo título *Hayy ben Yaqdhān* foi emprestado de Avicena – como o próprio Ibn Tofail adverte no "Prefácio" de sua obra – com um conteúdo bem diferente.

No catálogo dos manuscritos orientais do British Museum, continua Mehren, existe uma justa observação que se refere ao texto como uma "alegoria sobre o *intelecto agente*". Quanto à figura alegórica *Hayy ibn Yaqzān*, parece evidente ter sido o próprio Avicena o primeiro a introduzi-la e a ter-lhe conferido a explicação do sentido místico que a ela se prende. Já no *Tratado sobre o Destino* (*Rissālat fi al-Qadar*)[5], Avicena fez uso do mesmo nome alegórico para introduzir o personagem que elucida as questões atinentes à responsabilidade que cabe a cada um, no que se refere a seu próprio destino.

Mehren não dá uma tradução completa do texto aviceniano, pois prefere fazer uma análise mais detalhada. Justifica essa atitude por considerar o "estilo retórico, por vezes obscuro e retorcido, cujas dificuldades são ampliadas por uma terminologia fixa, o que permite, no mais das vezes, uma paráfrase mais extensa". O tradutor se serviu dos manuscritos do British Museum, da Biblioteca Bodleyana de Oxford e da Biblioteca de Leiden[6].

5.3. FILOSOFIA ORIENTAL-ILUMINATIVA: HENRY CORBIN

Em *Avicenne et le Récit Visionnaire*, Henry Corbin adverte, já no primeiro capítulo, "Avicenismo e sua situação filosófica", que o tema "cosmo e narrativa visionária" tem duplo sentido: o sentido de uma situação filosófica do homem tal qual é definida no sistema de Avicena que coexiste com a situação da obra de Avicena na totalidade dos sistemas filosóficos, como estes se apresentam ao filósofo moderno.

No primeiro caso, teríamos de refletir acerca dos problemas tais como se apresentaram ao próprio Avicena. No segundo, teríamos de refletir sobre o avicenismo como sistema constituído. No primeiro caso, o pensamento de Avicena define o cosmo e uma certa situação da existência humana em relação a esse cosmo. No segundo, a totalidade do cosmo aviceniano deve ser compreendida e definida em relação a todos os universos espirituais que o ser humano carrega dentro de si,

5. Existem traduções recentes para o francês realizadas por Tahani Sabri do *Tratado sobre o Destino* e do *Tratado sobre o Amor*, ambas publicadas na *Revue des Études Islamiques* LV-LVII, fasc. 1, 1987-1989; e LVIII, 1990, respectivamente.

6. British Museum, Londres: *Cat. cod. manuscript. or. Mus. Brit.* t. II, p. 448, n. 978, 2; Oxford: *Cat. cod. manuscript. or. Bibl. Bodleyanae ed. Uri*, t. I, n. 456; Leiden, *Cat. cod. or. Bibl. Acad. Lugd. Bat.* t. III, pp. 328-329.

expressos e desenvolvidos em forma de mitos, símbolos e dogmas. Neste último caso, como ocorre com qualquer sistema universal, a presença assumida pelo filósofo em relação a seu sistema e o modo como essa presença situa-se em seu próprio sistema constituem o único elemento verdadeiramente "situacional" do sistema considerado em si mesmo. Segundo Corbin, é necessário desvelar esse modo de presença, muitas vezes dissimulado sob a trama de demonstrações didáticas e de desenvolvimentos impessoais. Assim, chega-se a compreender melhor as motivações do filósofo, nem sempre tão claras, pois muitas vezes ele próprio pode não ter consciência delas enquanto elabora seu sistema. O "ciclo das narrativas visionárias" de Avicena tem, para Corbin, o significado de uma doutrina organizada cientificamente, que, entretanto, denuncia o roteiro de uma aventura mais pessoal. O ciclo situa o homem Avicena no cosmo que o próprio filósofo elaborou ao narrar uma aventura pessoalmente vivenciada. Ao mesmo tempo, as narrativas parecem responder à pergunta "onde situar o avicenismo na totalidade dos sistemas filosóficos?", visto que a filosofia de Avicena seguiu diferentes rumos no Oriente e no Ocidente. Corbin afirma que a filosofia tradicional, alimentada por velhas fórmulas, pode, enfim, ser capaz de aceitar uma nova abordagem, desde que levada em conta a aventura espiritual enfrentada pelo próprio Avicena. As três narrativas, *Hayy ibn Yaqzān*, *O Pássaro* e *Salamān e Absāl*, compõem um ciclo unitário e devem ser compreendidas como uma trilogia. O fato de serem narrativas não permite que sejam consideradas "alegorias" ou "histórias".

Em seus estudos que contemplam a "sabedoria oriental" embutida na trilogia aviceniana, Henry Corbin tem como ponto de partida a obra do persa Shihāboddin *Yahyā* Sohravardī, martirizado em Alepo, Síria, em 1196, e conhecido por *Sheikh al-'Ishrāq* (Mestre de Iluminação). A prevalência filosófica de Avicena e de Sohravardī é atestada no pensamento iraniano até nossos dias. No Irã, tem-se por hábito separar os filósofos *mashsha'ūn*, peripatéticos ou discípulos de Aristóteles, dos *'ishrāqīyūn*, filósofos platônicos e neoplatônicos conhecidos por "teosóficos de *'Ishrāq*" ou "do Oriente de puras luzes". Segundo Corbin, não há um filósofo *ishrāqī* que não seja um pouco aviceniano.

O comentador aproxima "sabedoria iluminativa" (*'ishrāqī*) e "sabedoria oriental" (*mashriqī*), e insiste na tese de que não há distinção alguma de conteúdo entre "iluminativa" e "oriental": o Sol da aurora desponta no Oriente (*'Ishrāq, Shurūq, Mashriq*) e jorra sua luz sobre o mundo. Os raios de luz do Sol nascente atraem a alma. O Oriente é contemplado como fonte transcendente da luz, símbolo do conhecimento "oriental", porque toda luz vem sempre do Oriente. A "orientação" infundida à alma é a indicação do caminho rumo à luz.

7. *Aristū 'inda al-'Arab*, t. I, Cairo, 1947, *Introdução*, pp. 24 ss.

Corbin discorda de 'Abdurrahmān Badawī, cujo clássico *Aristóteles entre os Árabes*[7] sugere que "orientais" seriam os integrantes da escola aristotélica de Bagdá, em oposição aos comentadores gregos "ocidentais". Tampouco concorda com Amélie-Marie Goichon, que, no "Prefácio" da sua tradução de *'Ishārāt wa l-Tanbīhāt*, atribui à expressão "Oriente" um significado meramente geográfico.

O estudo das narrativas místicas de Sohravardī levantou, para Corbin, uma questão cuja resposta era capital: qual seria a parte de inspiração aviceniana que permanece na obra do Mestre de *'Ishrāq*? A pesquisa de Corbin levou-o a confrontar a teosofia de Sohravardī, ou doutrina do Oriente das luzes, com a proposta aventada por Avicena de uma filosofia ou "sabedoria oriental", que a posteridade recebeu fragmentada. Para o erudito francês, a *Narrativa de Hayy ibn Yaqzān* responde, com muita clareza, ao que significa para Avicena o conceito de "Oriente", com certeza um Oriente que não pode ser buscado nos atlas geográficos.

Ao aproximar as obras dos dois autores persas, Corbin conclui, a despeito das divergências encontradas nos grandes tratados teóricos, que há uma convergência interessante para a compreensão de uma fenomenologia dos símbolos. Sohravardī retira sua inspiração do final da narrativa aviceniana, quando o Sábio *Hayy ibn Yaqzān* convida o recitante para segui-lo: no *Relato do Exílio Ocidental*, já no início do texto, o Mestre de *'Ishrāq* faz falar a inteligência da qual emanam as almas: "Colocai-vos em marcha. Não retardeis a partida". Sohravardī foi o tradutor persa da *Narrativa do Pássaro*, o que comprova seu interesse e a inspiração que recebeu de seu antecessor.

Em *Avicenne et le Récit Visionnaire*, Henry Corbin esclarece que "o intelecto agente (*'aql fa''āl*) se 'desintelectualiza' durante a invocação dialógica em benefício de uma individuação concreta de sua relação consciente e vivenciada com a alma humana". A função do intelecto agente não está apenas ancorada na teoria do conhecimento, ou seja, limitada a proporcionar o derramamento no mundo sublunar das formas inteligíveis; ao contrário, o intelecto agente se transmuta e adquire uma função, cunhada por Corbin como "pedagogia angélica": a epifania do anjo – personificado no Sábio, condutor da alma em sua peregrinação – corresponde ao momento específico e ao grau determinado de individuação da alma, quando esta desperta e se conscientiza de seu estranhamento no mundo. Esse momento culmina na sua liberação do mundo terreno e se sintoniza com o instante em que se funde à sua origem, representada na figura do Sábio-anjo. Prisioneira no cosmo, a alma dele escapa apenas com a ajuda de um guia, e, reciprocamente, ela é necessária ao guia para que este realize e cumpra sua tarefa divina. A *Narrativa de Hayy ibn Yaqzān* é uma iniciação ao "Oriente", mundo das formas puras e arcangélicas de luz, oposto ao mundo da matéria. O próprio nome do anjo, *Hayy ibn Yaqzān*, sugere a epifania, pois significa "vivente, filho daquele que está sempre desperto, o velador das almas"; pois, ao velar as almas, o ser supremo agracia as que percorrem o caminho em direção à luz. E, para guiá-las em sua viagem de retorno à origem, o anjo realiza sua função de *dator formarum*, aquele que sobre os mortais derrama os inteligíveis, o conhecimento das luzes.

Com muito poucas diferenças, a análise de Henry Corbin está apoiada sobre o arcabouço teórico gnóstico. O fecundo pensador foi um dos primeiros a ter acesso à biblioteca gnóstica encontrada em 1945, em Nag Hammādi, no deserto egípcio. Profundamente influenciado pelo gnosticismo, sua análise reflete toda uma concepção de mundo derivada dessa corrente filosófico-religiosa dos primeiros séculos de nossa era, tema da segunda parte de nosso trabalho.

5.4. FILOSOFIA DA RAZÃO: AMÉLIE-MARIE GOICHON

A leitura e a interpretação de Amélie-Marie Goichon da *Narrativa de Hayy ibn Yaqzān* filiam-se na afirmação do comentador anônimo persa, que sugere buscar os sentidos do texto no interior das obras do próprio Avicena.

Goichon investe zelosamente contra a tradução e a interpretação de Henry Corbin. Seu principal argumento crítico reside no fato de o pensador francês ter-se servido, além do original árabe, de uma versão persa agregada ao comentário anônimo atribuído a Jūzjānī. O erudito parece ter-se inspirado nas paráfrases da tradução persa, visto que o texto árabe, muito conciso, carece de clareza. E, para auxiliá-lo em suas explanações, continua Goichon, a análise corbiniana conteria empréstimos derivados de tradições iranianas e gnosticizantes, com frequência posteriores a Avicena.

A crítica de Goichon culmina no uso que Corbin faz do pensamento e das citações de Sohravardī para alicerçar suas teses. Conhecido por seu esoterismo e acirrado crítico do racionalismo aviceniano – atestam suas palavras no "Prefácio" ao *Relato do Exílio Ocidental*, supracitadas –, Sohravardī sublinha o Grande Abalo corânico ou Cataclismo, *al-Thāmat al-Kubra*[8], acontecimento que parece plausível aceitar como símbolo do abalo psicológico necessário à alma, anterior à sua elevação rumo à luz. De fato, Avicena não menciona nada semelhante em seus tratados "místicos", exceção feita à *Narrativa de Salamān e Absāl*, quando o príncipe Absāl é envenenado pela consorte de seu irmão, o rei Salamān, que, prostrado de dor, a tudo renuncia: realeza, honras e poder. O repúdio dos bens materiais corresponde à dimensão do "grande abalo" psicológico que atinge a alma: impelida ao abandono de todos os seus pertences terrenos, a alma inaugura seu itinerário celestial.

8. *Corão*, LXXIX, 34.

As diversas obras do gênero literário alegórico compostas por Avicena geraram e continuam gerando exegeses de filósofos, teólogos e místicos. Os trabalhos resultaram numa diversidade de interpretações adequadas ao pensamento teórico de cada estudioso. As posições discrepam sobretudo quanto às interpretações das expressões empregadas por Avicena nesses textos "alegóricos" ou "místicos". Contudo, aceitamos com Amélie-Marie Goichon que "um grande filósofo não é jamais compreendido completamente em apenas um estudo".

Aqui cabe uma breve interrupção na exposição, para acrescentarmos algumas considerações sobre o gênero alegórico adotado na epístola de Avicena.

Sequência de metáforas que tornam simbólico o texto, sabe-se que a alegoria permite compreender o que se quer compreender, pois, por definição, tem diversos significados segundo o assentimento e apelo do público. O emprego da alegoria faculta o acesso à verdade embutida no texto para quem está propenso a entender. Embora seu sentido literal permita o acesso à compreensão da letra a uma maior audiência, seu significado simbólico, seja político, moral, religioso ou filosófico, permanece restrito a um grupo seleto.

A alegoria quer explicitar algo assinalando o que não é, procura a verdade ao afastar-se dela, e quanto mais obscuro for seu objeto, tanto mais clara será a iluminação. Há uma tendência em manter o segredo no ato de torná-lo público, o que aproxima a alegoria da parábola. Quer no primeiro gênero, quer no segundo, há um deslocamento entre história real e significação moral ou espiritual do encadeamento das palavras. Ao mesmo tempo que se desvela, esconde: ao tornar-se visível e compreensível para o vulgo, em compasso sincrônico mantém velada a representação do segredo que contém. Nas palavras de Quintiliano, "alegoria apresenta uma coisa em palavras e outra em significado".

Historicamente, a linguagem alegórica preserva o acesso à verdade para os que são dignos dela, deleita os que perscrutam e transpõem os segredos contidos na narrativa. Técnica conciliatória, a alegoria relaciona coisas aparentemente desconexas, une o que está separado, dirige o espírito para o essencial e verdadeiro ao afastá-lo da falsidade. Desenvolve-se com o andamento da narrativa. Já nas primeiras linhas, o leitor é informado de que a compreensão de seu conteúdo obriga sua própria inserção num sistema específico de crenças e conhecimento. No quadro referencial da alegoria, a correlação entre os elementos da narrativa e os aspectos específicos do sistema de crenças adotado pelo leitor deve ser assegurada na sua inteira consistência, para que se mantenha sua singularidade.

Retomemos nossa exposição sobre a querela Goichon-Corbin.

Na trilogia de Avicena, o conceito "Oriente-Ocidente" parece ser o eixo em torno do qual divergem as duas correntes interpretativas. Henry Corbin, porém, ao contrário de Amélie-Marie Goichon, não se ocupou da totalidade da obra de Avicena. Corbin deteve-se no estudo da gnose iraniana e, para isso, valeu-se dos textos alegóricos de Avicena, visto que nosso filósofo é filho do universo geográfico e temporal das investigações do erudito francês. É apenas nesse contexto que as análises de Corbin são pertinentes e válidas, sobretudo para a nossa pesquisa, que visa apresentar uma interpretação mais ampla do conteúdo da narrativa de Avicena, *Hayy ibn Yaqzān*, a primeira na ordem do "ciclo visionário".

Na segunda parte de nosso trabalho, resumimos as principais linhas da "hermenêutica espiritual" elaborada por Corbin. Por ora, gostaríamos apenas de frisar que, para o estudioso da gnose *'ishrāqī*, "Oriente" e "oriental"

> [...] não são simples referências geográficas ou étnicas [...]. É necessário que se abra uma passagem do sentido literal ao sentido espiritual [...] que é a ideia de iluminação, do fenômeno e da visão de luz [...] é necessário constatar que o Oriente geográfico está povoado por uma massa de "ocidentais", enquanto subsistem verdadeiros "orientais" no Ocidente[9].

O Oriente é o lugar que simboliza a

> manifestação ou epifania primordial do ser; é a percepção espiritual produzindo-se nas consciências pela fulguração dessa luz, para as quais se desvela o mistério das "transaparições" do ser, assim como o *astro levante*, com a iluminação de seu raiar, revela a presença das coisas. O astro que se ergue no céu físico, a hora de seu *Oriente* no nível do mundo físico, corresponde ao instante em que o conhecimento se eleva, um conhecimento mediante o qual o *sujeito* desse conhecimento eleva-se a si próprio ao seu Oriente[10]. (grifo do Autor)

É contra a hermenêutica "espiritualista" de Corbin que Amélie-Marie Goichon se posiciona: sua tese está ancorada no pressuposto de que Avicena escrevia o que realmente queria dizer, e se "a linguagem de seu texto não corresponde a nenhuma gnose" é porque certamente outra era sua intenção. Segundo a intérprete, Avicena entende que

> todas as formas vieram do alto; aprisionadas na matéria se substanciais, e inteligíveis se comunicadas à alma imaterial do homem. Como o inteligível é luz para a alma, pois há pensamento somente e quando o conhecimento liberou-se da percepção sensível para apreender o inteligível, compreende-se sem nenhuma dificuldade o que é o Oriente, reino das formas, dos inteligíveis e das inteligências, onde a alma ingressa somente com a ajuda do intelecto agente; e o Ocidente, domínio da matéria, a qual não é inteligível por si própria, mas somente pelas formas: formas substanciais que a tornam inteligível, formas inteligíveis que a tornam conhecida[11].

9. Henry Corbin, *En Islam Iranien*, vol. II, p. 47.
10. *Ibidem*, p. 48.
11. A.-M. Goichon, "Philosophie et Histoire des Sciences", *Les Cahiers de Tunisie*, n. 9, p. 27.

Amélie-Marie Goichon recebeu sua formação intelectual da escola francesa, cuja tendência dominante é o "racionalismo" filosófico tradicional. Munida desse paradigma teórico, Goichon não aceita os conteúdos de ordem "espiritual" nas alegorias de Avicena. Embora a *Narrativa de Hayy ibn Yaqzān* tenha sido redigida no gênero alegórico, afirma Goichon, seu conteúdo é inteiramente preenchido por categorias herdadas da filosofia grega. Trata-se de um texto que ensina a via do conhecimento na ordem das razões, o que exclui todo e qualquer conhecimento calcado em categorias, quer religiosas, quer místicas ou gnósticas. Para Goichon, os textos responsáveis pela controvérsia não passam de "parábolas filosóficas". Ainda que o *Sheikh al-Ra'is* tenha mencionado uma filosofia "oriental", esta nada teria em comum com a "sabedoria iluminativa" de Sohravardī.

A seguir, antecipamos um resumo de *Hayy ibn Yaqzān*, cujo texto integral o leitor encontrará reproduzido na terceira parte deste livro, com a divisão em capítulos tal qual foi conservada pelo anônimo comentário persa, igualmente aceita por Corbin e Goichon.

Como veremos mais adiante no tópico dedicado à cosmologia aviceniana, os inteligíveis são concedidos ao ser humano pela última das inteligências puras, o intelecto agente. O Sábio, na figura de *Hayy ibn Yaqzān*, representa o intelecto agente, exterior à dimensão temporal: "embora avançado em idade, conserva o frescor da juventude". A alma, na figura do narrador, acolhe as palavras do Sábio e, com despertado interesse, ouve seu nome: *Vivente* (*Hayy*), pois Avicena situa a perfeição da vida na inteligência e na ação; *Filho do Vigiante* (*ibn Yaqzān*), pois emana de uma inteligência pura que não conhece nem sono nem desatenção. O Sábio se ocupa em viajar até os confins do mundo, isto é, sua missão consiste em apropriar-se de um conhecimento exaustivo, a fim de conceder formas apropriadas à matéria já preparada para recebê-las. Até aqui, a tônica é platônica, como sublinha Goichon. Em seguida, para que todos os seres e seus movimentos sejam conhecidos, o Sábio frisa a necessidade de dominar a ciência da fisiognomonia, cujo objeto e emprego na lógica já haviam sido destacados por Aristóteles em *Physiognomonica*, 806a 22, e nos *Primeiros Analíticos*, II, 27.

A fisiognomonia revela as paixões e os modos acidentais da alma. O homem possui três assíduos companheiros que devem ser vencidos: o prazer físico, a dominação (poder) e a imaginação; esta última busca o conhecimento no sensível, fonte de informação da alma, e portanto não deve jamais ser negligenciada (novamente Platão). Desejosa de seguir a via do conhecimento intelectual, a alma roga ao Sábio que a conduza; impossível, responde-lhe enfaticamente *Hayy*, pois, enquanto sua vida estiver presa à matéria, vedados lhe estarão os caminhos até os confins do mundo; mas, nesse ínterim, que se mantenha junto dele, a fim de aprender o que for possível para elevar-se.

Em seguida, o texto passa a descrever o que Goichon define como "geografia metafísica do mundo", exemplificada nas regiões da matéria, das formas e do conhecimento. O Oriente é a região das formas, e o Ocidente, das trevas. Para viabilizar seu ingresso na região da luz – luz do inteligível e luz do ser –, impõe-se à alma o movimento da razão, ou mergulho na lógica, ciência representada metaforicamente pela fonte de água corrente, próxima à contemplação do inteligível, fonte imóvel do ser. A lógica purifica a alma e descerra-lhe a vida intelectual.

Em sua viagem ascensional, a alma atravessa uma região intermediária entre o mundo inferior da matéria corruptível e a região superior das formas: sob o signo dos astros, revela-se o universo da matéria incorruptível. Os céus são descritos como espaços habitados por seres, cujas características correspondem aos planetas, numa clara inspiração recebida de Ptolomeu.

Nessa peregrinação, a alma conserva a seu lado os três companheiros, com a inteligência sempre procurando ordenar a agitação que provocam. Resta ainda saber como chegar ao conhecimento.

À medida que a alma avança em seu percurso, as formas substanciais, indicadas por metáforas, são capturadas pelos cinco sentidos e transmitidas ao sentido comum. O "tesoureiro", representação da memória, vigia os cinco "prisioneiros". A memória, à disposição da inteligência (o Sol), ergue-se entre os sentidos e a imaginação, os quais, se bem administrados, servem à inteligência.

O final da narrativa descreve a região dos anjos ou inteligências separadas da matéria. A tônica, agora nitidamente plotiniana, retrata uma assembleia de inteligências, agrupadas segundo o grau respectivo da posição ocupada individualmente na emanação criadora. Ao redor do Rei supremo, na região sem matéria, cada inteligência possui seu lugar na imobilidade. O Rei, ser primeiro e necessário, absoluta unidade, de tão luminoso, encobre seu brilho com um véu.

"Alguns solitários emigram em sua direção", afirma o Sábio para indicar que os melhores serão aqueles que percorrem todas as etapas do conhecimento, com equilíbrio e harmonia interiores. E revela sua própria maneira de servir ao Rei: despertar a alma humana. O relato termina com o convite "se quiseres, segue-me até ele".

Para Goichon, a narrativa denuncia sua perfeita coerência desde que centrada na teoria do conhecimento. De início, o conhecimento intelectual próprio ao homem; em seguida, seu objeto, o mundo material, as formas inteligíveis e o criador, inteligência suprema e fonte de toda luz e todo ser. A *Narrativa de Hayy ibn Yaqzān* é um resumo da doutrina aviceniana do conhecimento, apresentada com afigurações que podem ser encontradas em suas obras quer filosóficas quer científicas.

Avicena se permite um jogo poético, revestido de imagens, que no dizer de Léon Robin a propósito do *Fédon* de Platão é "uma recreação para o filósofo que assim descansa da contemplação das ideias puras"[12].

A tradução de Goichon prende-se estritamente ao texto árabe, exemplificada na escolha de certos termos a partir dos próprios trabalhos de Avicena. A autora ainda mapeia as fontes que inspiraram o filósofo, da seguinte maneira: os capítulos VII, XVIII e XIX: remetem a Galeno; capítulo V: a Galeno e a Aristóteles; capítulos VII e VIII: a Aristóteles, a Platão, a Galeno e, talvez, aos estoicos; capítulos X, XI, XII, XIII, XV e XVII: às lendas semitas e iranianas; capítulos XIII e XXI: ao *Corão*; capítulos XI, XV, XVIII: a Aristóteles; capítulo XVI: a Ptolomeu; capítulos XVIII e XIX: a Galeno; capítulo XXII: a al-Fārābī; e os capítulos II, III, IV, IX, XIII, XIV, XX, XXIII, XXIV, XXV: contêm argumentos especificamente avicenianos.

12. Cit. *in* A.-M. Goichon, *Hayy ibn Yaqzān*, p. 14.

6. Avicena e os Grandes Temas de sua Obra

6.1. COSMOLOGIA: A ORIGEM (*AL-MABDA'*)

6.1.1. Filosofia Grega e *Corão*: Uma Tentativa de Conciliação

Conceber a origem do universo no interior de um sistema cuja principal tônica é o pressuposto religioso da tradição monoteísta, que postula a existência de um só Deus, sem princípio nem fim, criador de todas as coisas, celestes e terrenas, é tarefa árdua para os filósofos medievais. Herdeira do judaísmo e do cristianismo, a teologia corânica estabelece algumas diferenças com suas irmãs que a precederam. No Islão, Deus não tem nenhuma relação com o mundo sensível, na medida em que sua perfeição impõe a absoluta separação do profano. Enquanto o Deus hebraico entregou diretamente a Moisés sua Lei, o *Corão* anuncia ter sido pela mediação do anjo Gabriel que o Profeta Maomé recebeu a mensagem divina.

Do mesmo modo que para os latinos, no mundo islâmico a filosofia defrontou-se com um dos dilemas básicos da Idade Média e procurou elaborar sistemas que pudessem responder à questão que sempre mais atormentou o ser humano, a de sua própria origem. Pois, ao tentar resolver a relação de Deus com sua criação, procura-se, em última instância, resolver o mistério da própria vida.

Como conceber um Deus inefável, inexprimível e ao mesmo tempo participante do universo? Como pensar um Deus, pensamento puro e absoluto que age na matéria? Com a contemplação, o homem chega a Deus, mas como chega o criador às suas criaturas? Concebê-lo como motor imóvel, assim como postula a teoria de Aristóteles, ou pensamento que se pensa a si mesmo, tal qual na doutrina de Plotino, são conceitualizações distantes do dogma islâmico, para o qual Deus não é um ser solitário e desprovido de poder.

Deus, causa criadora de todos os seres criados, é o único incriado. Sua atividade criadora não tem princípio, não cabe em temporalidade alguma, é ininterrupta ao exercer-se contínua e eternamente, seja em relação às substâncias superiores, seja em relação aos seres perecíveis do mundo terrestre. Assim, a existência do universo é dependente da causa criadora e necessária, o que faz dos seres criados meros possíveis em si. Como então procedem da fonte criadora, una e eterna, os seres finitos, múltiplos e causados? Como o eterno criou o finito? E como resolver logicamente o problema sem chocar-se com o dogma islâmico?

A filosofia árabe (*falsafa*) buscou o meio para fazer Deus chegar ao homem, assim como o homem, mediante a contemplação, já encontrara o meio de comunicar-se com Deus. O dilema obrigou os filósofos a procurar a correspondência entre cosmologia e teologia, a definir e conceitualizar o acordo entre Islão e *falsafa*. Entretanto, a tentativa de conciliar as doutrinas religiosas com a filosofia aristotélica apresentava problemas: o Liceu já afirmara ser o mundo eterno, necessário e sem criador, ao passo que, para a teologia corânica, o mundo fenomênico é criação divina, portanto teve um princípio, não sendo assim nem eterno nem necessário.

Aristóteles desenvolveu sua doutrina da eternidade do mundo no livro VIII da *Física*. Desconhecedor da noção de criação, o Estagirita fundamentou sua análise no estudo do movimento e do tempo. Um e outro são perpétuos, não têm princípio nem fim. Uma vez afirmada a existência do *primeiro* movimento, é necessário assumir a ocorrência de uma alteração anterior a esse mesmo movimento, a fim de explicar a passagem de um estado anterior de imobilidade para o subseqüente estado de movimento:

> Se entre as coisas, algumas são móveis, outras motrizes, e se, a um dado momento, uma passa a ser o primeiro motor, a outra o primeiro móvel, e que em outro momento anterior não havia nada disto, apenas repouso, é necessário que uma alteração (*metabállein*) tenha ocorrido. (*Física*, VIII, 1, 251a, 23-25)

De modo análogo, como explicar o início do tempo? Seguindo o mesmo raciocínio, o início do tempo só pode ser explicado por uma dimensão temporal anterior. Aristóteles resolveu a *aporía* na sua célebre definição do tempo como sucessão de instantes:

> [...] é impossível que o tempo exista e seja concebido sem o instante, e se o instante é [...] princípio do tempo futuro e fim do tempo passado, então, necessariamente, o tempo sempre existiu. (*Física*, VIII, 1, 251b, 20-22)

E, na resolução da *aporía* do movimento que sempre existiu e jamais se interrompe, Aristóteles concluiu sobre a necessidade lógica de um ser que

> sem ser ele próprio movido por alguma alteração (*metabolé*) exterior, absoluta ou acidental, seja capaz de mover outra coisa (*Física*, VIII, 6, 258b, 13-15),

e fundou a teoria da eternidade do primeiro motor.

Na filosofia árabe, foi al-Fārābī – conhecido por "Segundo Mestre" (*al-mu'allim al-thānī*), depois de Aristóteles – quem primeiro elaborou a teoria das emanações, teoria que permite a conexão do mundo sensível com o mundo inteligível, da união de Deus com a totalidade do universo criado. Estudar a teoria das emanações, ou das dez inteligências – nome pelo qual também é conhecida –, permite compreender a cosmologia que permeou todos os sistemas filosóficos comprometidos com a fé corânica. No âmago da metafísica, essa teoria resolve, simultaneamente, os problemas do mundo celeste e do mundo sublunar; abrange os seres inteligíveis e incorruptíveis sem negligenciar os seres sujeitos ao movimento; separa o mundo eterno do mundo em constante devir, ao mesmo tempo que estabelece a relação entre o uno e o múltiplo, entre o divino e o profano. Síntese que passa a dar conta da fé e da razão, o sistema de al-Fārābī está em acordo com o de Aristóteles acerca da eternidade da matéria, porém, enquanto obra divina e procedente de Deus, não só é eterna mas ainda necessária[1].

Dois são os princípios que se encontram na base da teoria elaborada por al-Fārābī, sem os quais seu mecanismo seria incompreensível: o primeiro diz respeito ao ser perfeitamente uno do qual pode proceder apenas um ser. Supor que de Deus emanam diversos seres é introduzir a multiplicidade na sua essência. Unidade e simplicidade do ser necessário não permitem a multiplicidade, pois *ex uno non provenit nisi unum*.

O *Livro das Causas* e a *Teologia Apócrifa* ou *Pseudo-Aristotélica*[2] da escola alexandrina transmitiram à filosofia árabe o conceito

1. Cf. Ibrahim Madkour, *La Place d'al-Fārābī dans l'École Philosophique Musulmane*, Paris, Adrien-Maisonneuve, 1934, p. 74.

2. Cf. 'Abdurrahmān Badawi, *Histoire de la Philosophie en Islam*, t. II, p. 522; *idem*, *La Transmission de la Philosophie Grecque au Monde Arabe*, p. 100: o autor afirma que a *Teologia Apócrifa* ou *Pseudo-Aristotélica* é uma paráfrase das *Enéadas* IV, V, VI, de Plotino, sem mencionar o fato de esta conter também fragmentos da obra de Proclo e de Alexandre de Afrodísia. Goffredo Quadri, em *La Philosophie Arabe en Europe Médievale*, p. 77, n. 2, alerta para a existência de duas versões que diferem bastante entre si: a vulgata em árabe, da qual existem vários manuscritos, e a outra em latim, representada por um único manuscrito. *Liber de Causis*, segundo Badawi, é composto de partes extraídas dos *Elementos de Teologia*, de Proclo, recolhidas por um de seus discípulos ou por um neoplatônico posterior, o qual atribuiu a obra ao próprio Proclo. Ao longo da História, teve diversas atribuições: entre latinos e árabes, de início

de unidade da filosofia neoplatônica. Na teoria das processões das hipóstases, Plotino sustenta que a unidade absoluta do uno – ou princípio primeiro – opõe-se à primeira e mais simples criatura, a primeira inteligência ou hipóstase do mundo inteligível. Anterior ao mundo sensível emanado na terceira hipóstase ou alma, a segunda hipóstase emana o *lógos* do mundo sensível. Para al-Fārābī, a simplicidade da primeira emanação não é nem unidade absoluta da causa primeira nem multiplicidade do mundo sensível. Embora construído na arquitetura plotiniana, seu sistema concebe a primeira emanação simultaneamente una e múltipla, porque, separada do ser primeiro, a multiplicidade dos seres deverá ser nela introduzida. Essa primeira inteligência é una em número e múltipla por natureza. Para conceber sua natureza múltipla, al-Fārābī introduz o segundo princípio de sua teoria, isto é, a divisão tripartite que se manteve na escolástica islâmica: o necessário, o necessário hipotético e o possível, divisão que deu origem à clássica distinção medieval entre existência e essência.

6.1.2. Os Conceitos de Possível e Necessário em Platão e Aristóteles

Os filósofos do mundo islâmico receberam os textos gregos e deles emprestaram os conceitos de possível e necessário para adaptá-los à teologia corânica. Como foram abordados esses conceitos na filosofia grega?

No *Timeu* 47e-48a, Platão esforçou-se para explicar a gênese do universo e da natureza. Ao narrar o mito cosmogônico, introduziu um novo elemento ontológico:

> Mas, ainda devemos acrescentar ao nosso discurso aquilo que nasce da necessidade. De fato, o movimento desse mundo teve lugar por uma mistura das duas ordens: da necessidade e da inteligência. Porém, a inteligência dominou a necessidade, pois persuadiu-a a orientar para a perfeição a maior parte de tudo que nasce. E assim, pela ação da necessidade que cede à persuasão da sabedoria, o mundo se formou desde o princípio.

O conceito de necessidade não possui contornos acentuados na filosofia de Platão, embora a cosmogonia platônica se sirva dessa noção para explicar o funcionamento do universo. Todavia, o princípio de necessidade está subordinado à razão. Trata-se de um complemento "necessário" à inteligência, sem o qual o universo não poderia ser definido. Sabemos que, para Platão, as idéias são necessárias em si mesmas, e o conhecimento não é apenas possível, mas necessário.

foi atribuído a Aristóteles; também foi atribuído a Avendauth (David, o Judeu); no mundo árabe, era muito conhecido e acreditado ser obra de Alexandre de Afrodísia. O livro de al-Fārābī, *'Uyūn al-Masā'il* (*Questões Fundamentais*), trata do *Liber de Causis*; o Livro IX da *Metafísica* da *Shifā'* e o capítulo VI de *'Ishārāt wa l-Tanbīhāt*, ambos de Avicena, concordam com as causas tal qual foram expostas no *Liber de Causis* de Proclo. Cf. 'A. Badawi, *La Transmission*, pp. 60 ss.

Contudo, a necessidade das idéias é inerente às próprias formas de existência. As formas, expressão das essências verdadeiras, são necessárias para que as idéias existam no mundo material. Para Platão, a necessidade – *anánke* ou encadeamento inelutável das coisas por causas externas – é inerente à matéria e possui papel preponderante na gênese da natureza.

O conceito de possível nunca foi definido por Platão. O que mais se aproxima da noção de possível é a expressão *dýnamis*, empregada em diversas obras com o sentido de *potência*. No *Timeu* 54b, o conceito é discutido, metaforicamente, com a figura do número que se multiplica por si mesmo para atestar uma potência interna. Embora no universo possam ser encontradas potências que caracterizam e definem os seres físicos e sua natureza, Platão limitou-se a considerar "possível" o campo de atividade de um objeto, sem que tal conceito jamais tivesse sido amplamente desenvolvido. Assim, na filosofia platônica, o objeto é definido por suas propriedades concernentes tanto à potência de se mover como à capacidade de pensar.

O conceito de necessidade passa por uma análise na *Física* II, 9, 199b, 34-35, trecho no qual Aristóteles discute a noção de necessidade na natureza[3]. A partir da expressão *ex anánkes* (<oriundo> da necessidade), Aristóteles indaga: "Existe a necessidade *(ex anánkes)* nas coisas naturais como necessidade hipotética ou necessidade absoluta?"

Aristóteles opõe-se à teoria de Platão segundo a qual a natureza seria regida por uma necessidade absoluta. Com exemplos de ações humanas, o Estagirita conclui que a natureza funciona mediante condições necessárias em razão da finalidade a que se propôs: "Deus e a natureza não fazem nada em vão", princípio metafísico enunciado no *De Caelo*, I, 4, 271a 33, e em numerosas outras passagens. Ao dirigir o olhar para a finalidade, as coisas adquirem "as condições da ordem da necessidade". Mas a finalidade só é atingida quando a coisa for necessariamente constituída de uma matéria concordante com a realização da finalidade proposta:

> Por que o serrote é assim? Por isto e em vista disto; ora, essa finalidade não pode ser realizada se o serrote não for de ferro; assim, necessariamente será de ferro [...] Portanto, a necessidade é hipotética, mas não como finalidade; é na matéria que está a necessidade, a causa final está na noção. (*Física*, 200a, 5-15)

Nesse caso, a necessidade é hipotética pois está embutida na matéria. A necessidade existe como condição e não como finalidade, porquanto a necessidade está ancorada na matéria e a finalidade, na for-

3. A noção do "possível" e do "contingente" é analisada na *Física*, III, V, VI.

ma. Para Aristóteles, no domínio da natureza não existe a necessidade absoluta, pois esse gênero de necessidade está além das coisas físicas. Será na *Metafísica* que o conceito de necessidade vai ser descrito, ao ser tratada a noção de princípio primeiro e eterno[4].

Aristóteles estuda os conceitos de possível e necessário por meio da análise da linguagem e suas regras lógicas. Em *Peri Hermenéias*, XII, com o exame dos enunciados modais, o filósofo analisa como se comportam as afirmações e as negações que exprimem o possível e o não-possível, o contingente e o não-contingente, o impossível e o necessário. Numa passagem anterior, no capítulo IX, o célebre argumento da batalha naval elucida a questão dos "futuros contingentes", possibilidade ou não de um evento vir a acontecer. No exemplo, "amanhã haverá ou não haverá uma batalha naval", Aristóteles certifica as possibilidades da ocorrência ou da não-ocorrência de um mesmo evento: "Mas que amanhã haja ou não haja uma batalha, eis o que é necessário" (19a). "Portanto, é necessário que uma das duas proposições contraditórias seja verdadeira e a outra falsa, mas não é necessário que uma seja isto e a outra aquilo" (19b).

Se todo julgamento for considerado verdadeiro ou falso, seu resultado consistiria num determinismo tal que toda forma de contingência seria excluída das ações humanas e dos acontecimentos físicos. Para resolver essa *aporía*, Aristóteles atestou que todo julgamento relativo a um acontecimento futuro não é nem necessariamente verdadeiro nem necessariamente falso. O que concerne ao futuro contingente será verdadeiro ou falso apenas e tão-somente quando o evento já tiver ocorrido. Não é lícito proferir julgamentos ou enunciados antes da ocorrência dos eventos – conclusão que afirma a negação de qualquer verdade ao enunciado relativo à batalha naval, de tal modo que o enunciado afasta-se da categoria do necessário e fixa-se na categoria do possível:

> A experiência mostra-nos que os futuros têm por princípio a deliberação e a ação e, de modo geral, as coisas que não estão sempre em ato possuem a potência de ser e de não ser, de modo indiferente, tais coisas tanto podem ser como não ser e, portanto, acontecer ou não acontecer [...] não é por necessidade que todas as coisas são ou serão. Há contingentes e nesse caso, a proposição afirmativa não é mais verdadeira que a negativa. (19a)

4. Aristóteles discute essa questão no Livro Lambda, 6, da *Metafísica*, ao utilizar a noção de "movimento": "Deve, por conseguinte, haver um tal princípio, cuja própria essência seja a atualidade. [...] Sua essência é, por conseguinte, o próprio ato" (1071b, 20-23) e "[...] deve haver um ser cuja ação continue sendo eternamente a mesma. E, para que exista geração e destruição, deve haver um outro princípio que aja sempre em diferentes sentidos. É preciso, então, que este segundo princípio aja num sentido em virtude de si mesmo, e noutro sentido, em virtude de outra coisa." (1072 a, 9-13) Trad. Leonel Vallandro, Globo, 1969, pp. 256-257.

6.1.3. Distinção entre Essência e Existência: o Ser Necessário e o Ser Possível

Em seu clássico *La Place d'al-Fārābī dans l'École Philosophique Musulmane*, Ibrahim Madkour analisa com notável clareza a complicada teoria das dez inteligências, elaborada pelo precursor de Avicena, que lembramos nas linhas que se seguem. Antes, porém, faz-se necessária uma exposição da distinção entre a existência e a essência, entre o ser necessário e o ser possível, fundamentos epistemológicos da teoria das emanações na filosofia árabe.

Al-Fārābī escreveu:

> Tudo o que existe divide-se em duas espécies. A primeira diz respeito às coisas que não existem necessariamente por sua essência e são chamadas seres possíveis. A segunda compreende o ser que existe por si mesmo, nomeado ser necessário em si. Porque o ser possível pode ser concebido como não-existente sem absurdo algum, a ele é necessária uma causa criadora para que exista realmente. Uma vez criado, torna-se necessário por outro. Por conseguinte, um ser possível pode transformar-se em ser necessário por uma força exterior. Essa transformação faz-se ora por uma duração intemporal, ora por um tempo determinado. Mas os seres possíveis não podem servir como causa uns dos outros, nem infinita nem correlativamente. Necessitam de uma causa criadora necessária em si que é o ser primeiro[5].

Faz a existência de alguma coisa parte de sua essência? A resposta é afirmativa para o ser primeiro, negativa para os outros seres. Existência e essência são a mesma em Deus, ambas não podendo ser concebidas separadamente. Nos seres múltiplos – o universo criado –, a existência é um acidente de sua essência, tem realidade própria porque separada de sua essência desde que criada pelo ser primeiro. Assim, uma figura geométrica pode ser concebida na sua essência sem que necessariamente tenha existência. À exceção do ser primeiro, no que se refere às suas essências, todos os seres pertencem à categoria do possível porque dependem de uma causa criadora para que se tornem reais. O ser primeiro é necessário em si mesmo, pois tem sua existência sem causa externa a si próprio. Os outros seres, todos dependentes de uma causa exterior a eles, pertencem ao domínio do possível antes de existirem. Uma vez criados, tornam-se reais ou necessários hipotéticos. Possuem natureza dupla, são seres possíveis em sua essência porque criados pelo ser primeiro e são seres necessários por outro, isto é, recebem o necessário do ser primeiro, como é o caso da primeira inteligência. A primeira emanação ou inteligência, desde que criada pelo ser primeiro, é um ser possível em si e, porque emanada diretamente do uno, é necessária, embora contenha em si um inseparável elemento de contingência.

5. Cit. *in* I. Madkour, *La Place*, p. 79.

Avicena retoma a divisão alfarabiana e nas *'Ishārāt* lemos:

> Todo ser, considerado em si mesmo sem que seja pensado em suas relações com o outro, pode ter, ou não, uma existência necessária. Se existir necessariamente trata-se do ser verdadeiro, necessário e eterno em sua essência; se não tiver existência necessária, não pode ser afirmado como um não-possível em si, depois de suposta sua existência. Porém, sua não-possibilidade seria real se fosse privado de uma causa criadora; se essa causa existe, ele é necessário <por outro>. No caso de um <determinado> ser não sofrer o efeito de uma causa criadora, permanece na terceira categoria, isto é, a possibilidade; assim, não é nem necessário nem não-possível por sua natureza. [...] O ser possível por natureza não pode existir por si mesmo, pois sua existência e sua não-existência são equivalentes. Para que uma delas se sobreponha à outra, é necessária a presença ou ausência de uma coisa <alheia>. Por conseguinte, a existência de um ser possível provém de um outro ser[6].

Seguimos a reflexão de Ibrahim Madkour em seu já citado trabalho e fazemos nossa a observação de que o parentesco de idéias entre al-Fārābī e Avicena revela a dívida que este último tem para com seu antecessor. Falsamente atribuída a Avicena, a teoria da divisão entre o possível e o necessário foi elaborada por seu precursor de uma maneira concisa, cabendo ao discípulo comentá-la. Quis a fortuna que o Ocidente latino viesse a conhecer a obra de Avicena sem jamais ter dado o devido crédito ao mentor de quase todos os princípios contidos na filosofia islâmica. Assim, o movimento iniciado com Tomás de Aquino e João Duns Escoto, que, no século XIII, acolheu e repensou as teses de Avicena, ficou conhecido por *avicenismo latino*. Porém, a divisão entre o possível e o necessário, conhecida e aceita como um dos principais temas da filosofia de Avicena, não é mais que uma sua filha adotiva.

Mas, o que diz o próprio Avicena?

Avicena introduz a divisão dos seres a partir de sua própria natureza. No *Livro da Ciência*, propõe uma primeira divisão do ser, objeto central de sua metafísica. Há o ser que é por si e corresponde à substância, visto não necessitar de nenhum outro para subsistir e não residir em sujeito algum; e há o ser que somente pode existir em outro, subsiste em outra coisa e corresponde ao acidente.

Na *Metafísica*, a divisão atende à lógica modal e o ser é dividido em duas classes, o necessário e o possível. Avicena critica a definição adotada pelos antigos, isto é, os gregos, do possível, do necessário e do impossível. Afirma tratar-se de um "círculo vicioso" a tentativa para definir o necessário, pois para tal emprestavam a definição do possível

6. *'Ishārāt*, trad. A.-M. Goichon, pp. 357-359. Cf. Avicena, *Le Livre de la Science* (*Dānèsh Nāma*), I, p. 178: "Para qualquer coisa que tem existência, sua existência é necessária por si mesma ou não. Toda coisa, cuja existência não é necessária por si própria, ou é possível ou impossível por si mesma. Toda coisa que é impossível por si própria não pode ser que exista [...]; <para que ela possa existir>, é preciso que seja possível por si mesma, que se torne necessária à condição que haja uma causa e que se torne impossível à condição que não haja causa."

ou do impossível; e quando definiam o impossível, emprestavam a definição do necessário ou do possível:

> Por exemplo, ao definir o possível eles dizem ora que é o não-necessário ora que é o não-existente no caso em que o existente <do possível> não seja impossível seja lá em qual tempo futuro suposto; [...] ou para definir o necessário dizem: "o que não pode ser suposto como não-existente" [...] Em sua definição fixam ora o possível ora o impossível. Quanto ao possível, fixaram anteriormente na definição quer o necessário quer o impossível[7].

Do ponto de vista da existência, é preciso distinguir duas categorias de seres: os que pertencem ao domínio do possível, porque, considerados em si mesmos, não possuem uma existência necessária, e os que, considerados em si mesmos, são necessários. O ser possível é aquele que por sua própria natureza pode ou não existir e, para isso, necessita sempre de um início. O ser necessário é de tal forma constituído que é impossível não existir:

> Nós diremos: o existente necessário e o existente possível têm, cada qual, suas particularidades. Diremos que o espírito pode dividir-se em duas <categorias> nas coisas que pertencem ao domínio da existência: (a) aquelas que, consideradas em si mesmas, não têm existência necessária. Ora, é evidente que, tampouco, são impossíveis porque, se assim fosse, não pertenceriam ao domínio da existência e essa coisa <que não tem existência necessária> é do domínio do possível. (b) E há as coisas que, consideradas em si mesmas, têm uma existência necessária[8].

Essa divisão parte do fundamento de uma conexão causal entre as coisas: o ser possível depende de uma causa para existir; considerado por si mesmo, é indiferente sua existência ou sua não-existência. Todavia, se existe é porque uma causa o fez existir, e, se não existe, sua não-existência é devida à ausência de uma causa. O possível está, portanto, restrito àquilo que por sua própria constituição não possui uma existência necessária, do mesmo modo que o necessário se aplica apenas àquilo que por si mesmo não pode não ser. Contudo, Avicena não exclui que algo possa ser necessário sob a influência de uma causa: se existem seres cuja existência é necessária sob a ação de uma causa diversa deles próprios, eles não pertencem a nenhuma das categorias mencionadas, afirma.

O possível se distingue do necessário porque teve um início; porém, Avicena delibera que tudo o que tem um início deve ter um princípio material[9]. Tudo o que é engendrado tem a potência de ser engendrado antes de vir a ser engendrado. O impossível não possui essa

7. Avicena, *Metafísica*, I, 5, 35.
8. *Ibidem*, I, 6, 8-13.
9. *Ibidem*, IV, 2, 181.

potência e, portanto, não pode jamais vir a ser. Contudo, o possível e o impossível não podem ser definidos simplesmente com a constatação de possuírem, ou não, uma potência capaz de fazê-los vir a ser. Qual é o princípio real, material, que garante a existência para uma coisa e determina sua possibilidade de vir a existir?

De acordo com Avicena, o possível não pode vir a existir sem que uma potência preceda sua existência. O filósofo conclui que essa possibilidade está no princípio material, a *hýle*, "sujeito", "matéria"[10]. Uma espécie de receptáculo, no caso dos corpóreos, possibilita sua existência, como é o caso da forma do fogo que se une à matéria:

<Para> o corpo que se produz, como, por exemplo, o fogo, a possibilidade de sua existência não é outra que provir da matéria e da forma. Então, para a possibilidade de sua existência haverá um receptáculo de uma certa maneira, sendo esta sua matéria. Assim, o que dele se produz primeiro, a saber, a forma, produz-se na matéria; e o corpo se produz em decorrência de sua união, de um lado a matéria, de outro a forma[11].

No que concerne à geração do homem, a alma racional se realiza graças à existência de um sujeito corporal preparado para recebê-la. Mais adiante, abordaremos o tópico sobre a alma, quando o conceito de "preparação" será mais bem explicitado. Contudo, o fato de um corpo físico produzir-se no momento em que sua forma se une à matéria não significa que a matéria seja anterior à forma. Avicena critica os gregos, que conceberam a geração do mundo a partir de uma matéria preexistente: "É essa a opinião para a qual tenderam muitos antigos: alguns deram à *hýle* uma existência anterior à forma"[12].

Para que haja existência material anterior à forma, é preciso que a matéria já tenha sido atualizada, o que não é concebível para nosso autor, visto que a matéria, como potência, não pode ser anterior à forma ou ao ato. Contra os gregos, Avicena argumenta que o mundo não pode ter sido gerado de uma espécie de semente (que contém a potência). É preciso considerar a eternidade de alguns seres, os quais estão sempre em ato. Em relação a estes, é um absurdo falar da anterioridade da potência. A potência não existe por si mesma, ela "deve necessariamente subsistir numa substância que necessita estar em ato"[13]. No que se refere aos seres eternos e incorruptíveis,

o ato é anterior à realidade da potência em si mesma [...] a potência necessita passar ao ato por uma coisa que existe em ato no momento em que a coisa ainda está em potência, não que essa coisa se produza somente com o ato, pois isso igualmente necessitaria de

10. *Ibidem*, IV, 2, 182.

11. *Ibidem*, IV, 2, 178.

12. *Ibidem*, IV, 2, 183: o filósofo está se referindo a Platão, que no *Timeu*, 50b ss., define o princípio *khôra* como receptáculo dos corpóreos.

13. *Ibidem*, IV, 2, 183.

um agente que a faça passar ao ato concluindo-se em algo que existe em ato e que ainda não começou a ser[14].

No tocante a esses seres, é absurdo falar de uma anterioridade da potência. A potência não existe por si mesma: existe numa substância que deve estar em ato, sendo o ato sempre anterior à potência em virtude da sua perfeição.

A passagem da potência ao ato só se explica pela ação de um agente que possui em ato algo que possa se relacionar com aquilo que o outro só possui em potência: "o que faz passar a potência ao ato é alguma coisa do mesmo gênero que esse ato, que existe em ato antes da ação, como o calor que esquenta e o frio que esfria"[15].

Até mesmo no nível da representação e da definição, a potência é posterior ao ato. O ato representa a perfeição e a finalidade, visto que é sempre anterior à potência. A perfeição é o bem de todas as coisas, e se algo for um mal, será mais bem definido por "privação do bem", pois o mal não é a realização do ato. Se a coisa for um mal, será "mescla da privação de algo com outra coisa qualquer que se encontra em potência". Avicena recusa o estatuto de *enteléikheia* ao mal ou à coisa da qual procede o mal. O que é mau não é mau pelo mal em potência, mas por *habitus* do mal[16].

O existente possível será sempre possível quanto à sua essência, pois a possibilidade pertence à sua própria natureza. Fica, portanto, excluído que o ser possível se converta em ser necessário. Contudo, Avicena não exclui que a existência do ser possível se torne necessária por outro[17]. Aquilo que é possível existir, ou não, pode tornar-se necessário sob a ação de uma causa exterior, o que não vai mudar a estrutura essencial do ser possível, pois considerado em si mesmo ele continua possível. Desse modo, Avicena introduz uma nova divisão no existente possível que se converte em necessário sob a ação de uma causa exterior: pode tornar-se necessário de modo permanente e pode tornar-se necessário por um período limitado de tempo, desde que tenha em si um princípio material "que o precede temporalmente"[18].

No ciclo da geração e decomposição, o existente possível é composto de matéria e forma. O existente permanente também é composto, porque sua existência de modo necessário e permanente não pertence a si própria: "E aquele que tem uma existência necessária por outro de maneira perdurável tampouco tem uma realidade simples"[19].

14. *Ibidem*, IV, 2, 184.
15. *Ibidem*.
16. *Ibidem*, IV, 2, 185.
17. *Ibidem*, I, 7, 47.
18. *Ibidem*.
19. *Ibidem*.

O existente permanente é eterno tal qual o ser necessário, o que faz com que sua natureza de ser necessário por outro não coincida com sua existência eterna. Apenas o ser necessário por si é simples, livre de qualquer composição. Como nos existentes possíveis, em que há sempre composição, nos seres permanentes, sua existência eterna compõe-se com sua natureza múltipla, porquanto em todos os seres que têm um princípio há composição entre matéria e forma.

Vimos que o possível necessita de uma causa para sua existência, ou não-existência[20], visto que, considerado por si mesmo, pode ou não existir. Se existe ou não, depende sempre de uma causa exterior, pois, por si mesmo, é indiferente sua existência ou não-existência. Se existe, é a causa que o faz existir; se não existe, é sempre a causa exterior responsável pela sua não-existência, uma vez que esta última não faz parte de sua natureza; se o fizesse, o possível não existiria jamais. O possível só poderá realizar-se se uma causa externa o fizer existir, seja de maneira permanente, seja apenas num período limitado de tempo.

Indiferente à sua existência ou não-existência, o possível será conduzido a uma dessas duas condições, segundo a causa que o fará existir ou não existir. No entanto, tal posição conduz a um determinismo universal sem qualquer margem para o contingente. Avicena desvencilha-se do embaraço afirmando que a natureza da ação da causa estabelecerá se a atividade dessa mesma causa é determinista ou se parte de uma iniciativa livre. Ainda que seja a causa a anular a indiferença do possível, quando ele passa a existir ou não existir, sua intervenção será sempre a de uma iniciativa autônoma[21].

Quanto ao necessário, ele possui na sua própria constituição a razão de ser e, considerado em si mesmo, não pode não existir. A existência do ser necessário não se iguala e tampouco é equivalente a uma outra existência, porquanto não podem existir dois seres necessários por si. Ele é simples porque exclui qualquer composição, ao contrário do ser possível, que sempre tem em si uma certa composição, ou de natureza e existência ou de forma e matéria. O necessário por si não é múltiplo porque exclui qualquer composição com outro ser; tampouco divide sua existência com outro ser, porque, imutável e eterno, não está sujeito nem à geração nem à transformação; e, visto não admitir passagem do ato à potência, não tem causa exterior, pois tem em si próprio sua razão de ser. Se sua existência é por si mesma necessária, não depende de uma causa exterior para existir, não podendo ter em sua constituição simultaneamente dependência e independência de uma causa exterior. Se sua existência depende de uma causa exterior a si próprio, o ser não é necessário por si mesmo. Desse modo, não pode ser simultaneamente necessário por si e necessário por outro:

20. *Ibidem*, I, 6, 37.
21. G. Verbeke, *Avicenna Latinus*, I-IV, E. J. Brill, 1977, p. 55.

O existente necessário por si próprio é necessariamente existente segundo todos os aspectos e é impossível que sua existência seja equivalente a uma outra existência, de modo que cada uma delas seria igual à outra na necessidade da existência e seriam <todas> concomitantes. Do mesmo modo, é absolutamente impossível que a existência do existente necessário provenha do agrupamento de uma quantidade. É também impossível que a "realidade" que possui o existente necessário possa ser por ele compartilhada de um modo qualquer. Desse ponto de vista, resulta necessariamente que o existente necessário não é nem relativo, nem mutável, nem múltiplo, nem associado na existência que lhe é própria[22].

Como, então, resolver a *aporía* na qual o ser possível pode tornar-se necessário por si de modo permanente ou de modo limitado? Se o ser necessário pudesse ser idêntico a outro ser necessário, haveria dois seres necessários por si mesmos? Nesse caso, os dois seres necessários existiriam sem que houvesse uma relação causal entre eles. Avicena rejeita essa hipótese. No nível do ser necessário, é impossível a existência de dois seres. Como já foi dito anteriormente, o ser necessário não existe por uma causa, como acontece com o ser possível. A existência do ser necessário por si não pode ser equivalente a uma outra existência qualquer. O existente necessário deve ser simples por oposição ao ser possível, este sempre com uma certa composição. Finalmente, nenhum ser necessário pode dividir sua essência com outra essência. Se considerarmos a essência de apenas um deles, esta será necessária e não pode depender de outro ser ou de uma outra causa:

<Primeira suposição>: consideramos a essência de um deles em si mesma sem <considerar a essência do> outro [...]: ou bem ela é necessária por si mesma, ou bem ela não é necessária por si mesma. Se é necessária por si mesma, é preciso que tenha igualmente uma necessidade derivada do fato de que é considerada em relação à segunda: ela seria então necessariamente existente por si mesma e necessariamente existente por um outro, o que é um absurdo [...][23].

Se essa essência é possível por si e se torna necessariamente existente mediante sua relação com uma segunda essência, não é permitido supor que esta última seja um possível existente, pois como poderia, então, estar na origem de um ser necessário?

Ou bem ela não tem a necessidade proveniente da outra, de maneira que sua existência não segue a existência da outra, o que resultaria <no fato de> sua existência não ser dependente da outra no sentido de que existiria somente se a outra existisse. <Segunda suposição>: Se ela (a essência) não é necessária por si própria, é preciso que, considerada em si mesma, seja possivelmente existente, e considerada em relação à outra <essência, seja> necessariamente existente. Seria portanto preciso que a outra lhe fosse semelhante ou não. Se a outra o é, é preciso: (1) ou bem que o existente necessário desta venha daquela. Ora, <nesse caso, esse existente necessário> estaria no domínio do existente possível; (2) ou bem <que a essência esteja> no domínio do existente necessário[24].

22. Avicena, *Metafísica*, I, 6, 37.
23. *Ibidem*, I, 6, 40.
24. *Ibidem*, I, 6, 40-41.

Supondo que a segunda essência seja necessária e que sua existência necessária tenha-se derivado da primeira, conclui-se que a existência necessária da primeira não pode provir da segunda, pois a segunda é essencialmente posterior à primeira.

> Se o existente necessário deste provém daquele, aquele estando no domínio da existência necessária, e não em seu próprio ou no de um terceiro antecedente, [...], mas <no domínio> daquele que vem deste, então a necessidade da existência deste aqui teria como condição a existência necessária daquilo que chega depois de sua existência necessária, de uma posteridade essencial. Não teria de nenhum modo uma existência necessária[25].

Em ambos os casos, prova-se a impossibilidade de dois seres serem equivalentes na existência. Segundo Avicena, duas são as soluções viáveis: ou uma das duas essências é anterior à outra ou ambas dependem de uma causa exterior que as torne necessárias.

> Por conseguinte, não é possível que elas, não dependentes de uma causa exterior, sejam equivalentes na existência de uma maneira qualquer. É preciso que uma delas seja primeira por essência, ou que haja uma causa exterior diversa que as torne ambas necessárias, tornando necessária a relação que existe entre elas, ou, ao tornar necessária a relação, tornem-se ambas necessárias[26].

Avicena argumenta que a junção de dois existentes deriva sempre de uma causa exterior: "O que os torna necessários é a causa que os uniu"[27].

Se a junção entre dois seres for essencial, no sentido de que faz parte de suas essências estarem unidos, os dois seres não podem ser por si necessários, pois um vai sempre depender da junção com o outro para existir, sendo essa junção sempre efetivada por um terceiro ser. Se a existência de cada um deles e a sua "realidade" for estar um com o outro, ambas as suas existências não podem ser necessárias por si. Tornam-se seres possíveis e causados, visto que é uma causa que os fez estar unidos, e tal causa não será equivalente aos dois seres, porquanto nem o primeiro nem o segundo poderão ser causa da relação que existe entre ambos. Se a essência desses dois seres não for a de estarem unidos, o elo entre eles será um acidente e, por conseguinte, sua união será acidental. Se for uma união acidental, os dois seres unidos ou estarão numa relação de causa e causado – a existência de um provém do outro, o que determina a existência própria da causa em relação ao causado – ou então, se considerados equivalentes, nenhum deles será causa do outro porque ambos são causados; os dois seres dependerão de uma causa exterior e sua junção é acidental[28].

25. *Ibidem*.
26. *Ibidem*, I, 6, 41.
27. *Ibidem*.
28. *Ibidem*, I, 6, 41-42.

Toda essa argumentação tem como objetivo provar a existência de apenas um ser necessário por si, sendo a hierarquia dos seres determinada por uma única existência, a do ser necessário.

6.1.4. A Teoria das Emanações ou Teoria das Dez Inteligências

A amplitude da teoria da distinção entre o possível e o necessário – seu desdobramento e conseqüências lógicas no grande problema do determinismo e indeterminismo – ultrapassa o objetivo aqui proposto. Por ora, basta lembrar que tanto para al-Fārābī como para seu continuador, à exceção de Deus, há uma dualidade em todo ser. Dessa dualidade de essência e existência resulta uma outra dualidade de existência nos seres reais. Tais seres são possíveis por sua essência mesma, visto que todos são seres criados por Deus. Porém, como seres emanados de Deus diretamente, são necessários, o que faz sua existência simultaneamente possível e necessária. Sempre de acordo com Ibrahim Madkour, sobre essa dualidade repousa todo o mecanismo da teoria das emanações.

Al-Fārābī continua:

> O primeiro ser emanado do ser necessário é numericamente um, é a primeira inteligência. Entretanto, nesse primeiro ser criado introduziu-se a multiplicidade de modo acidental: de um lado, porque sua existência é possível em si, de outro, necessária pelo ser primeiro porque conhece sua própria essência enquanto conhece o primeiro ser. Sua multiplicidade não deriva do primeiro ser porque na sua própria essência reside a possibilidade, enquanto tem do primeiro ser a existência necessária.
>
> Dessa primeira inteligência, na medida em que ela possui a existência necessária e conhece o primeiro ser, emana uma segunda inteligência [...]. Por outro lado, da primeira inteligência, na medida em que é tão-somente existência possível e conhece sua própria essência, provêm a primeira esfera na sua matéria e a alma na sua forma. Queremos assim dizer que estas duas coisas (existência contingente e conhecimento de sua essência) são causas de duas outras coisas, a esfera e sua alma.
>
> Da segunda inteligência emanam outra inteligência e outra esfera que se põem sob a precedente. Tudo isso procede dessa segunda inteligência porque ela é acidentalmente múltipla, como já explicamos para a primeira inteligência. Assim, de uma inteligência sempre emanam uma inteligência e uma esfera. Conhecemos somente de uma maneira geral o número de inteligências e de esferas <celestes>.
>
> Assim é até a seqüência das inteligências criadoras atingir uma certa inteligência ativa abstrata da matéria; o número das esferas chega, então, a um final. A emanação dessas inteligências, uma à outra, não se processa ao infinito.
>
> Essas inteligências são de diferentes espécies; cada uma delas se constitui em espécie própria.
>
> A última é, de um lado, a causa da existência das almas humanas; de outro, com a ajuda das esferas celestes, é causa da existência dos quatro elementos[29].

29. Al-Fārābī, *Kitāb al Siyāsāt* (*Livro das Políticas*), p. 3; *in* F. Dieterici (ed.), *Al Fārābī's philosophische Abhandlungen, aus Londoner, Leidener und Berliner Handschriften herausgegeben*, Leiden, 1890, pp. 58-59, cit. *in* Ibrahim Madkour, *La Place d'al-Fārābī dans l'École Philosophique Musulmane*, p. 82, n. 1.

Nessa série de emanações, a primeira inteligência tem o papel primordial de salvar a unidade do ser necessário, o um passa ao um, sendo o princípio *ex uno non provenit nisi unum* plenamente aplicado. Ao produzir mais seres, ela é múltipla por sua existência e por sua função, e assim o múltiplo decorre por seu intermédio. Considerada na sua essência, essa inteligência tem a possibilidade de ser e, em relação à sua causa, tem uma existência necessária. Sua dualidade se manifesta seja como ser possível seja como ser necessário. Possui a possibilidade por si mesma e a necessidade advém-lhe do exterior. A primeira inteligência conhece seu princípio e conhece-se a si mesma. Ao se conhecer, reconhece-se simultaneamente como um ser possível e um ser necessário. Por conseguinte, possui três diferentes objetos de conhecimento: o ser primeiro, sua própria essência como necessária e como possível. Desse seu conhecimento tripartido emanam três seres com naturezas distintas: ao conhecer o ser primeiro, a primeira inteligência gera uma segunda; ao conhecer sua essência necessária, gera uma alma; e, finalmente, conhecendo sua essência possível, produz uma primeira esfera.

De idêntico modo, a segunda inteligência gera uma segunda tríade que compreende uma terceira inteligência, a esfera das estrelas fixas e a alma dessa esfera. A processão das emanações continua até a esfera da Lua e à última inteligência; esta governa o mundo sublunar e recebe o nome de inteligência agente[30].

Aqui termina a série de processões, e nesse desdobramento em cadeia amolda-se o universo, mundo celeste e mundo terrestre. Das inteligências procedem esferas e almas cuja totalidade estabelece o mundo imperecível. Da inteligência agente emanam matéria, forma e os quatro elementos constituintes do mundo da geração e decomposição. A esfera da Lua estabelece a fronteira entre o mundo imutável e o mundo material em perpétua alteração.

Emanadas de Deus, direta ou indiretamente, as inteligências desfrutam da natureza divina. Cada qual, à exceção da última, gera uma esfera e uma alma para compor a ordem divina – nove esferas celestes e nove almas –, separada do mundo profano pela esfera da Lua. A antiga concepção grega da divindade do céu foi, de certa maneira, adaptada por al-Fārābī. Já Aristóteles, na *Metafísica*, XII, 8, 1074b, 1-10, fez referência a essa tradição ao mencionar a crença que atribui aos deuses as primeiras substâncias:

Foi transmitida, na forma de mito pelos antigos e muito remotos, uma tradição para os pósteros, segundo a qual esses seres são deuses e o divino abrange toda a natureza

30. Al-Fārābī denomina a décima e última inteligência *al-'aql al-fa''āl*, que pode ser traduzido por "intelecto ativo" ou "intelecto agente". Entretanto, preferimos chamá-la de "inteligência agente" por sua afinidade com as outras inteligências e para não confundir com a noção aristotélica de "intelecto ativo", oposta à noção de "intelecto passivo".

[...] se separa-se e aceita-se somente o verdadeiramente primordial, quer dizer, que criam que as substâncias primevas eram deuses, pensar-se-á que está dito divinamente [...].

Tal concepção cosmogônica, que remonta aos gregos, precisou harmonizar-se com o islamismo. Para os muçulmanos, o céu é sagrado, pois é de onde veio a revelação e onde está conservado o *Corão*. Fonte de todos os bens de nosso mundo, é ainda o destino final de todos os crentes. Al-Fārābī transformou as esferas-deuses em inteligências separadas, seres pensantes e motores das esferas que habitam o céu. Apesar de mantida a unidade de Deus, as inteligências dividem o poder divino, o que as torna semelhantes aos deuses-astros dos gregos. Admitir a existência de seres inteligíveis com a mesma natureza e força criadora de Deus significa, de certa maneira, pôr em risco o dogma do monoteísmo. Explica-se por que Avicena batizou as inteligências e almas celestes de al-Fārābī com o nome de *anjos*, o que melhor condiz com os preceitos corânicos. Simplesmente, ao trocar o nome, o dogma islâmico permanece inalterado. Os anjos são seres inteligíveis e pensamentos que se pensam a si próprios, tal qual as inteligências. No *Corão*, os anjos têm funções próximas a Deus, presidem os grandes movimentos da natureza e são mensageiros de *Allah*, portadores de sua palavra aos profetas. Não têm, porém, nenhum poder próprio e limitam-se a obedecer as ordens divinas. A doutrina islâmica não admite qualquer concepção que possa induzir ao politeísmo. Não cabe no rigor islâmico uma teoria dos anjos que permita o emprego da mitologia grega nas explicações teológicas, no estilo de Filo de Alexandria quanto ao judaísmo. Todavia, Avicena mantém-se preso às concepções da ciência e, embora tenha convertido as inteligências em anjos, em nada alterou sua natureza, que ainda permanece incompatível com o dogma do Islão.

Uma questão bastante espinhosa levantada pela teoria das dez inteligências é a possibilidade de conceber os quatro elementos que compõem todos os corpos terrestres como derivados das inteligências. Como podem elementos materiais proceder de um ser inteiramente inteligível? Como admitir o profano derivado do divino?

Ambos, al-Fārābī e Avicena, elaboraram um sistema do mundo, no qual Deus, pensamento que se pensa, é uma noção infinitamente abstrata. As dez inteligências, aceitas como princípios generantes do universo, perfazem uma construção lógica resultando, porém, numa concepção idealista, de difícil conciliação com o mundo material. No entanto, faz-se necessário ressaltar que, para os dois filósofos, a ciência da física ocupa um lugar preponderante em seus sistemas.

Al-Fārābī e Avicena construíram um sistema completo do universo que parte de uma concepção geocêntrica do mundo, dominante na Antigüidade e na Idade Média. O sistema, concebido pelos gregos no século V a.C., foi adotado por Platão e Aristóteles. O *Timeu* assinala uma primeira descrição que, mais tarde, foi amplamente desenvolvida pelo Estagirita. De acordo com esse sistema, o universo é constituído por oito esferas concêntricas que giram ao redor da Terra, a maior delas contendo as estrelas fixas e as outras sete, em seqüência descendente, ocupadas, cada uma, por um planeta conhecido: Saturno, Júpiter, Marte, Sol, Vênus, Mercúrio e Lua[31]. Os dois luminares eram considerados planetas. Al-Fārābī, influenciado por Ptolomeu[32], acrescentou, após a oitava, uma nona esfera sem estrelas. Conhecedor e comentador de Aristóteles, inspirou-se no Livro Lambda da *Metafísica* para construir seu sistema. Essas esferas se movem num movimento circular e eterno. Qual é a natureza desse movimento? E como se movem as esferas?

Aristóteles, depois de demonstrar a "substância eterna, imóvel e separada dos seres sensíveis"[33], discorre sobre o primeiro motor imóvel:

> [...] O princípio primeiro ou primeiro dos entes é imóvel, quer em si mesmo, quer acidentalmente; contudo, produz o movimento primeiro, eterno e único. E, posto que todo móvel é movido necessariamente por algo, e o primeiro motor é necessariamente imóvel em si, o movimento eterno deve ser produzido por algo de eterno, e o movimento único por algo que seja uno [...][34], (para em seguida dizer que existem outros movimentos que também são eternos, os dos planetas): [...] pois o corpo que se move circularmente é eterno e incessante em seu movimento[35]. [...] Com efeito, tal qual a natureza dos astros consiste numa certa substância eterna, assim o motor é eterno e anterior ao movido [...]. Por conseguinte, é evidente que deve haver outras tantas substâncias eternas por natureza, imóveis em si mesmas e sem magnitude, pelo motivo anteriormente indicado. Assim, pois, é certo que são substâncias e que uma dentre elas é a primeira, e a outra, segunda, na mesma ordem das translações dos astros[36].

E, em *De Caelo* II, 2, 285 a, 29-30: "O céu é um ser animado que possui um princípio de movimento"; e acrescenta em *De Caelo* II, 12, 292a, 20: "É necessário [...] colocar o princípio de que eles (os astros) participam da atividade e da vida [...]".

No estudo que faz do movimento eterno, Aristóteles indaga se, enquanto "imperecível e indefectível, pertence aos seres como uma espécie de vida para tudo que existe por natureza?"[37]

31. Essa ordem planetária, de origem caldaica, surge no tratado hermético *Poimandres* e em Macróbio. A ordem egípcia é a seguinte: Lua, Sol, Vênus, Mercúrio, Marte, Júpiter e Saturno, ordem encontrada nas obras de Proclo. Cf. Ioan Petru Coulianu, *Experiencias del Éxtasis*, Barcelona, Paidós, 1994, p. 140.

32. Ptolomeu em *Mathematiké Syntaxis*, I, 8, afirma que os sete planetas têm cada qual esfera própria que o move. As estrelas fixas também possuem sua própria esfera, isto é, a oitava; a nona esfera, que não contém estrelas, é a esfera superior. Esta se move com as outras oito (sete esferas correspondentes aos sete planetas e a oitava, às estrelas fixas).

33. Aristóteles, *Metafísica*, Livro Lambda, 8, 1073a 3-4.

34. *Ibidem*, 1073a 24 ss.

35. *Ibidem*, 1073a 31-32.

36. *Ibidem*, 1073a 34 ss.

37. Aristóteles, *Física*, VIII, 1, 250b 13-14.

Não cabe aqui estender-se nas análises aristotélicas. Cabe, sim, sublinhar a leitura que al-Fārābī e Avicena fizeram do "Primeiro Mestre" (*al-mu'allim al-'awwal*), ao procurarem adaptar suas teses de cunho científico aos dogmas corânicos. Como pode ser observado nesses poucos exemplos, constata-se a preocupação científica de Aristóteles sobretudo com a natureza do movimento.

Longe das especulações religiosas, o século XX caracteriza-se sobretudo pela busca da verdade científica, ao passo que para os medievais – latinos, judeus e árabes – o universo era permeado por valores religiosos, configurando uma visão de mundo hierarquizada e povoada por seres angélicos (ou inteligências com natureza angélica) sobre os quais reinava Deus, o Todo Poderoso.

No que concerne à cosmologia, al-Fārābī e Avicena inspiraram-se em Aristóteles, mas foram profundamente influenciados pela escola de Alexandria – sobretudo pelas obras neoplatônicas *Livro das Causas* e *Teologia Apócrifa*, ambas falsamente atribuídas a Aristóteles. Leram "inteligências ou seres transcendentes" no lugar de "astros", identificaram "princípio de movimento" com "alma" e fizeram, do primeiro motor imóvel, Deus. Os problemas com os quais se defrontaram pareciam insolúveis: que papel tem Deus no movimento celeste? Será Deus quem age sobre as inteligências, que por sua vez movem as esferas? Ou será a ação divina que atua diretamente sobre os astros? Consideradas motores imóveis, seres eternos e imateriais, as inteligências recebem a ação divina? De que modo? Que estatuto e função serão outorgados às inteligências submetidas à ação divina? Os astros movem-se por suas almas ou por sua natureza imóvel? Como admitir que a alma – força incorpórea e limitada – seja a força motriz de uma esfera que, na teoria aristotélica, cabe apenas ao primeiro motor, "eterno e anterior ao movido"?

A teoria aristotélica do movimento das esferas[38] engendra uma série de dificuldades que al-Fārābī, e depois Avicena, tentaram conciliar com a *Teologia Pseudo-Aristotélica* e com os dogmas islâmicos. Como já foi visto, utilizaram conhecimentos recebidos da Grécia e de Alexandria para elaborar um sistema que se harmonizasse com o Islão.

38. Na *Metafísica*, Livro Lambda, 8, 1073b 3 ss. e 1074a 5 ss., Aristóteles reproduz as teorias conhecidas em sua época, de Eudoxo e Calipo, e elabora a sua própria. As esferas são destinadas a explicar os diversos movimentos dos planetas e devem ser, portanto, de mesmo número que os movimentos. O sistema de Aristóteles, apresentado no Livro Lambda da *Metafísica*, é posterior à redação do *De Caelo* e pertence à fase final de sua atividade filosófica. Para o Sol, as esferas são nove, em número; para a Lua, cinco; catorze para Júpiter e Saturno; e vinte e sete para Marte, Vênus e Mercúrio, com um total de cinquenta e cinco esferas. Realizada a redução das esferas do Sol e da Lua, que não necessitam de um movimento inverso, esses dois astros ficam com três esferas cada um, o que perfaz um total de quarenta e sete esferas. Cf. *De Caelo*, trad. J. Tricot, Paris, 1990, p. 96, n. 1.

À parte o primeiro motor imóvel, as dez inteligências estão distribuídas de tal modo que cada qual permanece vinculada à sua própria esfera. A décima inteligência ou intelecto agente está destinada a suprir o mundo sublunar ou terrestre. Junto às inteligências e às esferas estão as almas: para cada esfera há uma alma, forma inseparável e princípio direto do movimento esférico. Enquanto forma da esfera, a alma possui uma potência finita que não lhe permite ser motor de um corpo celeste, pois, para haver rotação da esfera, é necessário um princípio com potência infinita. Essa potência provém da inteligência, e, ao receber a força, a alma torna-se capaz de mover seu próprio céu. Esclarece-se assim o papel das almas e das inteligências nos movimentos celestes. Os reais motores imóveis – as inteligências – emprestam sua força, ou potência, às almas que realizam o movimento. Assim, o ser primeiro mantém sua unidade na atribuição de motor da totalidade dos céus, visto que todas as inteligências estão voltadas para ele. Desse modo, são resolvidas as contradições que o sistema de Aristóteles apresenta para a teologia do Islão.

Avicena confirma o pensamento de al-Fārābī a propósito da cosmologia aristotélica:

> Tudo isso nos esclarece o que o Primeiro Mestre entendia quando afirmou que o céu é movido por sua própria natureza; ainda, o que ele entendia quando afirmou que o céu era movido por uma alma, ou que era movido como aquele que ama é movido pelo objeto amado. Em tudo isso não há nenhuma contradição[39].

O sistema no seu conjunto tem por finalidade a perfeição. As almas movem-se e movem suas esferas para adquirir uma existência necessária e chegar à perfeição. Cada alma esforça-se para assemelhar-se à sua inteligência. Deseja aproximar-se dela e o faz adquirindo uma forma adequada. De modo análogo, as inteligências estão voltadas para o ser primeiro do qual recebem sua forma e perfeição. À exceção do ser primeiro, a totalidade do universo busca sua perfeição e move-se pelo desejo-amor (*'ishq*), motor de toda essa atividade.

À diferença das outras inteligências, a inteligência agente não faz parte do movimento celeste, porquanto intervém no mundo sublunar ou terrestre. Dela origina-se a matéria (a *hýle* de Aristóteles), una e passiva, disposta a receber as diferentes formas que derivam da inteligência agente com a ajuda das outras inteligências. A matéria primeira é a base comum dos quatro elementos que compõem o mundo sublunar. O mundo é o resultado de diferentes mesclas – ou composições dos quatro elementos – regidas pelos movimentos das esferas. Por meio desses movimentos celestes, os elementos se misturam e se adaptam para serem distribuídos na esfera sublunar, causa da extrema variedade

39. Avicena, *Kitāb al-Najāt*, Cairo, 1953, p. 435, cit. *in* I. Madkour, *La Place*, pp. 92-93.

de composição dos corpos terrestres. As inteligências tornam os corpos aptos para receber suas formas e assegurar sua existência. À medida que se transforma, a matéria segue uma ordem regular dos movimentos esféricos e das leis divinas. Qualquer alteração no mundo sublunar é governada pelo mundo celeste, princípio epistemológico que reduz a física a uma ciência submetida à metafísica e à cosmologia, sendo esta última, entre os árabes, integrada à metafísica. Portanto, assiste-se, no nível das ciências, a uma ruptura com Aristóteles, para quem a cosmologia, ciência que estuda o movimento dos corpos celestes, é sempre uma física.

Todavia, o determinismo de al-Fārābī e de seu sucessor, Avicena, repousa sobre a noção de "preparação" da matéria e de "recepção" das formas. Ao receber as formas, a matéria deverá já estar preparada pelos movimentos das esferas celestes. Será a preparação a condicionar a matéria para receber a forma específica que lhe está reservada em vez de outra qualquer, explicação plausível para a variedade dos fenômenos cuja única causa é a eficiente. Preparada, a matéria recebe da inteligência agente sua forma própria. Por conseguinte, qualquer transformação na natureza estará sempre submetida à ação da inteligência agente.

Regulares e invariáveis, os movimentos esféricos preparadores produzem efeitos inevitáveis na natureza e nos homens, que diante deles se vêem impotentes. Com a causa eficiente absoluta na inteligência agente, ou *dator formarum* (*wāhib al-suwar*), não há possibilidade alguma de outras causas eficientes.

Esse determinismo funda uma harmonia absoluta que, graças à inteligência agente e aos movimentos celestes, faz dos fenômenos naturais uma sucessão ordenada, fixa e imutável. A harmonia universal, submetida a leis estáveis, levada a efeito pelo desejo e pelo amor, os verdadeiros motores de toda a ordenação cosmológica – amor e desejo do inferior para com o superior, e não vice-versa, porque ambos, al-Fārābī e Avicena, observam o princípio helênico que diz que o amor jamais desce do mais alto para o mais baixo. Assim, o primeiro motor ama sua própria essência, enquanto o amor e o desejo das inteligências estão sempre voltados para ele.

6.1.5. As Fontes da Teoria das Emanações ou Teoria das Dez Inteligências

É incontestável que al-Fārābī seja o autor da doutrina das dez inteligências. Não obstante, foi influenciado por outras doutrinas emanatistas que em seu tempo circulavam no mundo islâmico. A hipótese levantada por De Boeur[40] afirma a possibilidade de al-Fārābī ter tido

40. *The History of Philosophy in Islam*, cit. *in* I. Madkour, *La Place*, p. 98.

um preceptor cristão, de cuja influência o filósofo árabe teria recebido a idéia de trindade. No entanto, qualquer que tenha sido a influência cristã em seu pensamento, al-Fārābī elaborou uma teoria que procura manter-se fiel ao monoteísmo. À primeira vista, a trindade cristã parece assemelhar-se à tríade emanada, inteligência, esfera e alma. Mas, al-Fārābī refuta qualquer politeísmo, e sua teoria mantém-se distante quer da trindade cristã quer da teoria alexandrina. A tríade emanada na teoria alfarabiana está mais próxima das concepções aristotélicas, pois alma e corpo emanados são *um*, na medida em que são forma e matéria do mesmo ente. No lugar de trindade, essa concepção pode bem sugerir um dualismo que professa, de um lado, a essência de uma inteligência e, de outro, o ente composto de alma e corpo. Se aceitarmos tal sugestão em relação à problemática do dualismo, seríamos levados a considerar a influência no pensamento de al-Fārābī das doutrinas teológicas do masdeísmo e do maniqueísmo, muito conhecidas e divulgadas no mundo islâmico a partir de meados do século VIII, quando então os *mu'tazilitas* empenharam-se fervorosamente em combatê-las. Al-Kindī, o primeiro dos filósofos de língua árabe, que viveu no final do século IX, época já próxima de al-Fārābī, redigiu uma refutação dessas duas doutrinas de cunho dualista[41].

Cabe lembrar que o masdeísmo e o maniqueísmo fazem do mundo terrestre o palco de uma eterna batalha entre trevas e luz. No masdeísmo, há seis potências de luz que compõem com Ahura Mazda, o Senhor Sabedoria, a heptada divina, em que cada uma delas realiza individualmente a totalidade das relações comuns, umas com as outras, o que confere a elas uma espécie de unidade mística. Não se trata de "aspectos" da divindade, e sim pessoas celestes, às quais se convencionou chamar de arcanjos zoroástricos[42]. Nada mais longínquo do monoteísmo islâmico.

Quanto às influências, a teoria das dez inteligências elaborada por al-Fārābī guarda uma certa conformidade com a teologia dos "sabeus de Harrã"[43], cuja religião parece ser uma extensão dos antigos cultos sírios ou sírio-babilônicos, reinterpretada à luz de elementos empres-

41. Cf. Al-Qiftī, *Ikhbār al-'ulamā' bi akhbar al-hukamā'*, cit. *in* I. Madkour, *La Place*, p. 99.

42. Cf. Henry Corbin, *Terre Céleste et Corps Spirituel*, Paris, 1979, p. 34; Geo Widengren, *Les Religions de l'Iran*, Paris, 1968, p. 27.

43. Historicamente, sob a denominação de "sabeísmo" estão agrupadas diferentes e heterogêneas seitas que não devem ser confundidas entre si: além dos sabeus de Harrã, ao norte da Mesopotâmia, há os mandeus de São João Batista, no sul do atual Iraque, cf. H.-C. Puech, *História de las Religiones*, Siglo XXI, vol. VI, 1986, e uma certa religião do sul da Arábia praticada pelos árabes do Reino de Sabá, atual Yemen, cf. H. Corbin, *Temple and Contemplation*, Londres, 1986, p. 135. Maimônides, no *Guia dos Perplexos*, cap. XXIX, faz uma severa crítica aos sabeus e toma como referência o livro *A Agricultura Nabateia*. Hoje, sabemos que os nabateus, beduínos originários da Arábia setentrional, seguiam um culto derivado de diferentes religiões em função do comércio das caravanas que unia as civilizações entre o Mediterrâneo e o Golfo Pérsico. A região

tados da filosofia neoplatônica[44]. Algumas poucas informações acerca de suas crenças recebemos de Maimônides no *Guia dos Perplexos* (P. III, cap. XXIX). Ancorada na divinização dos astros, a religião dos sabeus faz do Sol sua divindade suprema, deus dos mundos superior e inferior. Entretanto, segundo Maimônides, "os filósofos e os capazes de pensar" poderiam aceitar a idéia de que Deus fosse o espírito das esferas. O dualismo resultaria na atribuição do espírito a Deus e na do corpo às esferas e aos astros nelas contidos.

Na literatura árabe, muito se especulou sobre quem seriam os sabeus citados em três versículos do *Corão*: II, 62; V, 69; XXII, 17. À parte o registro entre os Povos do Livro (*'Ahl al-Kitāb)*, junto a judeus, muçulmanos e cristãos não há nada que informe sobre essa ambígua seita. Em finais do século IX, os sabeus surgem na literatura vinculados a Harrã, embora fontes mais antigas se refiram a seus habitantes como harranianos ou nabateus. Após al-Ma'mūn, os doutores do Islão apontam o povo de Harrã como adorador dos sete planetas e de ídolos representando estrelas. Inicialmente, consideravam-se os sabeus oriundos do Iraque, porém, mais tarde, o termo passou a designar todos os adoradores de ídolos e estrelas, antigos ou não, da China à Grécia, da Ásia Central à Árabia e ao Egito.

Na representação cosmológica de al-Fārābī, há mediadores de natureza espiritual entre a deidade suprema e os homens. Na teologia corânica, nem sequer os profetas podem ser interlocutores de Deus, pois, enquanto pessoas de carne e osso, são ainda compostos de elementos de trevas. Os anjos são formas de pura luz, cuja natureza passiva ou ativa, receptiva ou produtiva é um estado de absoluta beleza e bondade. Cada um desses anjos-mediadores contém em si parte do divino. Acima de todos, estão os sete anjos que correspondem aos sete planetas, cada qual com seu templo em forma de estrela e cada templo com seu céu ou esfera. A relação do anjo com seu templo é análoga à do espírito com o corpo, com a diferença de que o anjo tem total domínio sobre seu templo, o qual jamais é apenas uma representação material. O universo mediador angélico, lugar de origem das almas terrestres, é o mesmo lugar de um segundo nascimento, após o "retorno". Cada alma tem seu lugar numa estrela individualizada, tal qual na concepção platônica, em que para cada alma há um "parceiro" numa estrela[45]. Mundo angélico e mundo terrestre se relacionam tal qual uma pessoa e sua própria sombra. A finalidade da alma é realizar

onde floresceu a civilização nabateia, entre os séculos VII a.C. e IV d.C, fora habitada pelos edomitas bíblicos e corresponde à moderna Jordânia meridional. A mais completa exposição sobre os "sabeus" de que temos notícia é apresentada por Şinasi Gündüz, *The Knowledge of Life*, Oxford Univ. Press, 1994.

44. Cf. H. Corbin, *Terre Céleste*, p. 135.

45. Platão, *Timeu*, 41d-e; 42b 4 (*synnomon ástron*) e 90a 5-7: sobre o parentesco da alma humana com os astros, Platão diz que a alma habita na cabeça dos homens

a plena concordância com seu anjo-estrela, imitando sua perfeição, de modo que o anjo a acolha em seu templo.

A angelologia postulada pelos sabeus de Harrã foi modificada pelos *ismā'īlitas*, seita xiita[46] que espera a chegada do 12º *Imām*, no estilo de um sebastianismo português. Lembremos que o pai e o irmão de Avicena eram seguidores do *ismā'īlismo*, seita que emprestou a teoria emanatista alexandrina e desenvolveu uma doutrina que ensina a homologia entre as dez inteligências – entendidas como *pléroma* arcangélico –, as dez esferas ou céus, e os graus ou níveis esotéricos que dizem respeito aos homens nas suas funções religiosas. Não cabe aqui estender-se sobre a doutrina *ismā'īlita*[47]; basta lembrar que eram idéias que faziam parte do tempo e do mundo, seja de al-Fārābī, seja de Avicena, e podem bem ter contribuído para a elaboração e desenvolvimento da teoria das dez inteligências.

Todavia, as idéias masdeístas, maniqueístas e sabéias não representavam um sistema completo que pudesse satisfazer o espírito filosófico de al-Fārābī. Sua verdadeira fonte foi a Grécia, ainda que possa ter sofrido a influência de idéias religiosas que circulavam em seu meio. Com certeza, os títulos de "Segundo Mestre" e "Aristóteles do Islão" foram-lhe outorgados em virtude de seus esforços para conciliar a filosofia grega e a religião do *Corão*.

A teoria aristotélica dos movimentos das esferas tem uma analogia de natureza com a teoria das dez inteligências de al-Fārābī. Esferas e inteligências são seres inteligíveis, atos puros e motores imóveis que agem e pensam. Avicena viu que a doutrina alfarabiana é uma interpretação do pensamento aristotélico, na medida em que não há nenhuma contradição entre os dois pensadores. O que as separa é a idéia de criação da teologia monoteísta. Embora eternas, as inteligências de al-Fārābī e de Avicena são criadas por Deus, a causa eficiente e força criadora de todo o universo, esta, sim, noção alheia ao sistema de Aristóteles, para quem as inteligências seriam tão necessárias quanto Deus, não havendo necessidade, portanto, de nenhum criador.

A Idade Média conheceu um aristotelismo imbuído de platonismo

como um *daímon* que habita seu templo e, assim, em razão de sua afinidade com o céu, é atraída para o alto. Em 41d-e, 42b 4: a natureza da afinidade entre alma e céu está na sua composição, que contém resíduos da substância que serviu à composição da Alma do Mundo, além da parceria entre a alma individual e seu astro (estrela, não planeta); as almas, dispersas nos astros, são implantadas nos corpos humanos, em razão de uma necessidade, quando então passarão a conhecer as paixões e desejos da natureza corpórea. O destino de cada alma é determinado pela maneira de se conduzir em relação às paixões corporais. Assim, a alma cuja vida tiver sido bem vivida retorna à morada do astro que lhe corresponde, com a promessa da bem-aventurança, semelhante à de sua estrela.

46. De *Shī'a*, "grupo dos adeptos" de 'Alī, genro do Profeta Maomé.

47. Cf. Henry Corbin, *Temps cyclique et gnose ismaélienne*, Paris, 1982.

e de neoplatonismo, conseqüência da atribuição a Aristóteles do *Livro das Causas* e da *Teologia Apócrifa*. As duas obras tiveram uma enorme influência na filosofia islâmica; foi delas que al-Fārābī retirou a idéia de emanação com a qual deu solução ao problema da criação. Sobre a base neoplatônica, o filósofo árabe construiu um edifício com materiais em grande parte aristotélicos. Escreve Duhem:

> Jamais Aristóteles teria conquistado, junto aos pensadores árabes, judeus e cristãos, a prodigiosa autoridade da qual goza, se todo o efeito da obra conciliadora, realizada pelos neoplatônicos, não lhe tivesse sido atribuído por aqueles que colocaram sob seu nome a *Teologia* e o *Livro das Causas*[48].

No *Livro das Causas* lemos:

> No alto reside a causa primeira, absolutamente universal, na qual nada é causado e desafia qualquer descrição. Sob ela, vão escalonar-se três causas que são superiores a todo o resto: primeiro, o ser que está acima e é anterior à eternidade, pois ser simplesmente é qualquer coisa de mais universal que ser eternamente, de maneira que o ser é a causa da eternidade; em seguida, a inteligência que se une à eternidade, porque indestrutível, é desdobrada com a eternidade; enfim, a alma que se encontra sob a inteligência, porém sobre o tempo, porque é causa do movimento e engendra o tempo[49].

Na *Teologia Apócrifa* lemos:

> Entre o autor verdadeiro e a natureza existem diversos intermediários; a inteligência ativa é o primeiro deles; a alma racional, o segundo; a alma sensível, o terceiro[50].

Estas duas últimas citações permitem concluir que, por uma série escalonada descendente, desde o ser primeiro até o último limite do mundo sensível passa-se do uno ao múltiplo. Os alexandrinos conceberam essências inteligíveis e intermediárias, e as chamaram hipóstases. Al-Fārābī seguiu o mesmo esquema, porém, em vez de hipóstases, nomeou-as inteligências e conferiu-lhes um conteúdo aristotélico.

Cabe lembrar que, na teoria de al-Fārābī, o lugar especial conferido à primeira inteligência em relação às outras remete ao *Timeu* 33a-37a, passagem em que Platão apresenta a alma do mundo como obra do Demiurgo – origem de todas as outras criaturas e princípio de movimento.

Assim, podemos sustentar que a teoria das dez inteligências é de origem aristotélica em suas aplicações astronômicas e físicas; deve ao Estagirita sua concepção do cosmo, o movimento das esferas e seu papel nas transformações do mundo sublunar. Fundamentos e finalidade são emprestados de Platão para provar a criação do mundo, e na

48. Cit. *in* I. Madkour, *La Place*, p. 104.
49. Cit. *in ibidem.*
50. Cit. *in ibidem.*

economia dos desdobramentos em cadeia das emanações de Plotino, arquiteta sua estrutura. Sincretismo que casa as filosofias pagãs com os ensinamentos religiosos do Islão, a teoria elaborada por al-Fārābī e adotada por Avicena "não tem contradição alguma"[51].

6.2. ANTROPOLOGIA: A ALMA (*AL-NAFS*)

6.2.1. Definição da Alma

Princípio imediato interno de movimento do corpo no qual reside, *entelékheia* ou "perfeição" desse corpo que ela organiza, faz crescer, alimenta e move, a definição indutiva que Avicena atribui à alma reproduz a de Aristóteles. Todavia, segundo Avicena, definir a alma apenas como "perfeição" não é suficiente, porquanto a definição se limita ao que a alma faz sem afirmar o que ela é. Dizer que a alma é uma "perfeição" é somente afirmar que ela é o princípio que faz do animal um animal, do homem um homem, mas não esclarece em nada o princípio em si mesmo. Portanto, Avicena faz uma série de indagações que o levam a completar a definição inicial.

Inicialmente indaga se a alma é ou não uma substância. Em caso afirmativo, de que espécie de substância se trata? A essas questões, o método indutivo que define a alma como "perfeição" não é capaz de dar respostas, visto que não analisa a natureza da alma e se limita apenas a descrever sua função "animante".

A definição elaborada por Avicena exerceu uma profunda influência na escolástica latina. A ruptura com Aristóteles está em definir a alma enquanto substância espiritual. O argumento aviceniano parte da premissa de que coisas distintas correspondem sempre a definições distintas, e o que se pensa à parte existe em separado. Procurar definir a natureza da alma implica em procurar saber se ela, antes de saber se seu corpo existe, pode se conhecer desunida dele e afirmar sua própria existência. Se isso for possível, a alma será distinta do corpo e, como tal, será uma substância espiritual.

No *Tratado da Alma*[52], Avicena desenvolve a tese que ficou conhecida por "argumento do homem voador"[53]. Enfeitado por uma imagem poética, o argumento supõe a súbita criação de um homem, criação perfeita de Deus que, no entanto, tem a visão velada, já que é incapaz de ver as coisas do mundo exterior. Tal homem é assim joga-

51. Avicena, *Kitāb al-Najāt*, Cairo, 1953, p. 435, cit. *in* I. Madkour, *La Place*, pp. 92-93.

52. Avicena, *Psychologie d'Ibn Sīnā* (*Avicenne*) *d'après son oeuvre Aš-Šifā'*, II, tradução do árabe para o francês e notas de Ján Bakoš, Praga, 1956, p. 12.

53. Etienne Gilson, *Les Sources Gréco-Arabes de l'Augustinisme Avicennisant*, Paris, 1986, p. 41; *in* Ján Bakoš, *op. cit.*, p. 195, n. 58.

do no vazio, de modo que não experimenta a resistência do ar. Seus membros estão desunidos, a ponto de não se tocarem e tampouco de sofrerem qualquer sensação. Pergunta-se se tal homem poderá afirmar sua própria existência. Embora não possa afirmar a existência de seus membros exteriores, de seus órgãos internos, de seu cérebro ou de seu coração, Avicena declara que o homem poderia certamente afirmar sua própria existência, porém uma existência sem qualquer dimensão: nem largura e comprimento, tampouco profundidade. Se lhe fosse possível imaginar uma mão, ou outra parte qualquer de seu corpo, o homem não poderia conceber essas partes separadas dele próprio e sequer considerá-las condições necessárias de sua própria essência. No entanto, algo afirma sua existência: a alma. Esta afirma sua própria existência, porém distinta das partes de seu corpo, que não podem ter sua própria existência afirmada. O que este homem afirma como sua própria existência pode ser por ele conhecido sem que saiba ser possuidor de membros e órgãos; não é necessário que haja um corpo para que se reconheça a própria alma e se constate a própria existência. Conclui-se assim que a alma existe separadamente do corpo e possui portanto uma natureza distinta da dele. Esse argumento ficou conhecido por *cogito* aviceniano.

Na seqüência do argumento, Avicena indaga acerca da espiritualidade da alma e afirma que há duas respostas plausíveis: a alma ou é uma substância ou é um acidente. Seria a alma, pois, alma de um corpo e, portanto, um acidente, ou o corpo seria corpo de uma alma?

Inicialmente, Avicena demonstra que a alma não é um acidente, mas uma unidade que faz parte do composto humano. Porém, apresenta-se um problema: ao unir-se ao corpo, é preciso averiguar se a alma une-se a um corpo já constituído como forma. Se assim for, a alma não passaria de um acidente do corpo, visto que este seria então a substância constituída para recebê-la.

A segunda alternativa está em considerar a alma como agente da constituição e ordenação do corpo no ato da união entre ambos. Nesse caso, é uma substância.

A alma é uma substância porque confere ao corpo a aptidão de ser um corpo. Se a alma é uma *enteléquia* ou "perfeição", é contraditório supor que o corpo tenha sua existência anterior ao ato de união, isto é, anterior ao momento em que a alma se dá ao corpo:

> [...] a alma é princípio de geração e crescimento. Portanto, para a alma, é absurdo que o próprio sujeito (o sujeito de inerência) seja aquilo que está em ato, se não for pela alma; a alma é a causa de seu modo de ser. Não é possível dizer que o próprio sujeito (o sujeito de inerência) tornou-se existente segundo sua natureza, por uma causa diversa da alma, pois a alma a ele se uniu de um certo modo[54].

Em seguida, Avicena passa a demonstrar a singularidade da alma.

54. *Liber VI Naturalium*, *De Anima*, Parte I, cap. 3; cit. *in* Ján Bakoš, *op. cit.*, p. 20.

A primeira prova consiste em comprovar a impossibilidade do corpo de continuar sendo corpo após a separação entre os dois: a forma da "inanimalidade" substitui a alma naquilo que resta de um ser vivo depois de sua morte; em outros termos, o corpo muda de espécie quando a alma dele se separa, visto que cessa de pertencer à espécie dos seres animados.

A segunda prova da unicidade da alma reside na sua capacidade para exercer a totalidade das funções animais mediante suas faculdades. A alma recolhe, une e compõe as matérias de seu corpo, de maneira que ele deixa-lhe à disposição seus diferentes órgãos para que ela exerça as diversas funções das faculdades. É tal a influência da alma em seu corpo que os agentes exteriores não o destroem enquanto ela permanecer nele. Tão grande é sua ação no corpo que as representações puramente intelectuais chegam a alterar as funções vegetativas do organismo cuja atividade depende exclusivamente da substância alma. Assim, uma paixão (*páthos*) pode reforçar ou acelerar as funções vegetativas e nutritivas em caso de alegria, mas poderá ainda destruir essas mesmas funções se surgir uma grande tristeza[55].

O dilema está em saber a que gênero de substância pertence a alma, pois é evidente não se tratar de uma substância separada. Se não é uma substância separada, poderia ser uma forma material cujo ser é inseparável da matéria à qual está unida?

Existem formas impressas na matéria cuja característica é subsistir apenas nas coisas singulares e sensoriais. No entanto, todas as partes dessas formas de alguma maneira se relacionam, em potência ou em ato, com uma das partes do ser considerado. Ao questionar se a alma humana faz parte desse tipo de forma, Avicena conclui:

> Dada sua incapacidade de viver isolado, o homem necessita relacionar-se com os outros a fim de suprir suas necessidades de trocas, tanto de artefatos comerciais como de conhecimento. Nas relações mútuas, satisfaz suas carências por meio da arte (*tékhne*) e da fabricação (*poíesis*). E, no que diz respeito à transmissão do conhecimento e ao intercâmbio de noções científicas, cabe à alma a capacidade de formar idéias gerais desprovidas de qualquer sensação, além de uma aptidão para proceder das noções desconhecidas àquelas conhecidas. Tais operações se realizam por meio do intelecto cujas funções essenciais pressupõem a qualidade de uma substância espiritual necessariamente separada do corpo físico.

Está na afirmação de sua aptidão para receber as formas inteligíveis, incapazes de subsistir num corpo físico, a prova decisiva de que a alma humana não é uma forma corporal: "A alma não é uma forma impressa na matéria"[56].

Todavia, esse ainda não é um argumento conclusivo. Para provar

55. Note-se o destaque ao psicossomatismo já presente na medicina de Avicena.

56. Etienne Gilson, *Les Sources*, p. 51. Ver *'Ishārāt wa l-Tanbīhāt*, trad. A.-M. Goichon, p. 308, n. 1: a autora afirma ser a alma forma do corpo, porém, em Avicena o sentido é diverso daquele de Aristóteles e de Tomás de Aquino, pois o corpo não tem outra forma específica, embora influa na formação da alma, que se adapta à sua matéria.

que a alma, sujeito do inteligível, não pode ser uma forma corporal, Avicena retira argumentos de sua experiência em psicologia: a alma se conhece diretamente e não por intermédio de um instrumento como o corpo, prova de que ela própria não é corpo. Com exceção da razão, todas as outras faculdades da alma são incapazes de se conhecer a si próprias: os sentidos não se percebem, a imaginação não se imagina. É apenas a razão que se intelige.

Outro argumento postula o fato de as faculdades usarem um instrumento corporal que se desgasta à medida que sua ação se prolonga no tempo ou ainda quando os estímulos sensoriais são muito intensos. Por exemplo, uma luz extremamente forte prejudica a visão ou um barulho ensurdecedor fere a audição a ponto de não ser possível distinguir, depois de atingidos os respectivos órgãos, uma luz mais fraca e um som mais baixo. No tocante ao conhecimento intelectual, o caminho é inverso: quanto mais o intelecto for exercitado com a apreensão de conhecimentos cada vez mais difíceis, mais facilmente as questões simples serão assimiladas. Assim, a faculdade que apreende os inteligíveis adquire uma força maior após a idade dos quarenta anos. De modo inverso, as partes sensoriais do corpo, veículos das outras faculdades, se desgastam e se enfraquecem.

As únicas desordens às quais o conhecimento intelectual pode estar exposto são as decorrentes da ação da imaginação. Esta, sim, se enfraquece e se cansa. Sobre a faculdade da imaginação, apresentamos uma exposição mais acurada na terceira parte deste trabalho.

6.2.2. As Atividades da Alma

Existe uma dualidade na atividade da alma: a atividade intelectual, exercida em seu próprio benefício, e a atividade prática, exercida em benefício de seu próprio corpo. Ambas as atividades respondem às perguntas: se a alma é livre de matéria, por que está num corpo? Se efetua uma operação que não necessita de instrumento corporal, por que exerce tais operações no corpo?

A dualidade na atividade da alma está indicada por dois gêneros de operações, as atividades intelectuais e as atividades práticas. Avicena se vale de um argumento psicológico para provar a necessidade dessa dualidade: a alma ama seu corpo e a ele se dedica, e o corpo é um instrumento a serviço da alma. Há uma reciprocidade de serviços prestados entre alma e corpo, o que faz com que essa relação seja mútua e dependente. As atividades práticas são exercidas em benefício do corpo, e as intelectuais, em benefício de si próprias.

Cabe lembrar os traços distintivos dessas atividades.

Quanto ao corpo, os serviços que ele presta à alma são mais facilmente identificáveis. Por seu intermédio, a alma recebe as sensações que, uma vez assimiladas, possibilitam o exercício de quatro operações. Sem a intermediação corporal, as seguintes funções não seriam realizáveis: a formação dos conceitos por meio do intelecto, isto é, a formação dos princípios primeiros; o raciocínio a partir desses conceitos e princípios; a aquisição de um conhecimento experimental; e a aquisição de crenças que aceitamos porque nelas acreditamos.

Adquiridos tais conhecimentos com o auxílio do corpo, a alma poderá deixá-los de lado, mas, sempre que necessitar, poderá recorrer a eles com a ajuda da imaginação. À medida que a força do intelecto se expande, torna-se cada vez mais dispensável fazer uso dos conhecimentos iniciais. Então, possuidora de maior solidez, a alma empreende suas operações intelectuais sem a necessidade de recorrer aos conhecimentos iniciais. Tais são as atividades práticas que caracterizam o intelecto prático.

Quanto às atividades propriamente intelectuais, Avicena afirma que a alma é o bem para o corpo. Este, enquanto tal, realiza-se tão-somente na união com sua alma. Como vimos, um corpo sem alma pertence a uma espécie distinta da dos seres animados. Quanto à alma, ela não poderia existir antes de sua união com o corpo, pois, enquanto estivesse só, seu princípio de individuação não poderia ser exercido. Sua existência de alma singular inicia-se simultaneamente ao início da matéria corporal que será seu receptáculo. Desde o começo de sua existência, a alma cria laços afetivos com seu corpo, já que a ele se dedica ao provê-lo dos bens necessários para a sua satisfação. Tal qual numa relação amorosa, a alma tem seu corpo próprio, específico e determinado, e apenas a ele se vincula, sem qualquer possibilidade de considerar outros corpos. Evidencia-se uma absoluta fidelidade da alma para com seu corpo.

Se o vínculo entre alma e corpo é tão estreito e íntimo, como pode ela sobreviver à destruição de seu parceiro?

Na teologia corânica, é inconcebível a preexistência da alma à criação do corpo, assim como é certa sua continuidade após a morte física. Para Avicena, tudo o que se destrói por meio da destruição de outra coisa depende dessa mesma coisa. Aquilo que depende de outra coisa poderá ser-lhe anterior, posterior ou simultâneo. A alma não depende do corpo nem como ser anterior, nem posterior, nem simultâneo, portanto não pode ser destruída por uma causa qualquer. Substância simples, está impedida de conter em si dois princípios antagônicos, permanência e destruição. Como tem em si própria seu princípio de existência, é incorruptível e independente enquanto ser. Com relação ao corpo, sua dependência consiste apenas na atividade que nele exerce, nas operações que nele efetua. Criada em simultaneidade com o corpo, sua existência enquanto substância espiritual continua após a morte corporal.

A alma é concebida como um princípio único do qual emanam as múltiplas faculdades que tão-somente podem unir-se nela, e não no corpo. A idéia de alma é separada da idéia de forma, e não há uma pluralidade de almas em um único ser, como poderia haver uma pluralidade de formas em um mesmo ser, por exemplo, a convivência da forma do belo com a forma do bem. As faculdades vegetativa e animal são especificamente diferentes porquanto encontram-se no vegetal ou no animal, mas estão unidas numa mesma essência de alma em que residem.

Para que essa relação seja compreensível, é preciso antes representar as qualidades elementares e suas oposições primitivas: o quente e o frio, o seco e o úmido. Enquanto houver oposição, os elementos não podem receber vida. Com a diminuição da oposição, sua mistura aproxima-se do temperamento dos corpos celestes. A partir desse momento, a mistura poderá receber – da substância separada que rege esses corpos – uma virtude vivificadora, a alma vegetal. Aprimorado o temperamento, receberá a alma animal e, enfim, a alma racional, a única a estar apta para unir-se à substância que distribui as formas, isto é, a inteligência separada. Desse momento em diante, a alma substitui as virtudes que a antecederam, faculdades vegetativa e animal, e passa a exercer as funções dessas mesmas virtudes. Para Avicena, não há uma pluralidade de almas; as diversas faculdades estão reunidas no mesmo princípio, isto é, na alma[57].

Avicena ilustra esse difícil argumento com um exemplo que se tornou célebre na Idade Média: o Sol é como a inteligência separada, o *dator formarum*, e a esfera, a matéria elementar que sofre a influência da inteligência. Essa esfera poderá estar em diferentes posições em relação ao Sol, de maneira que poderá receber, segundo sua posição, ou só calor, ou luz e calor. Ao receber luz e calor, o princípio de sua iluminação e aquecimento é o mesmo, isto é, a fonte que emite os raios solares; basta receber a luz para que a esfera receba simultaneamente também calor. Se colocada numa outra posição, mais próxima ao Sol, a esfera poderá arder, tornando-se semelhante ao princípio que a faz inflamar-se, o próprio Sol. A chama que a inflama é causa quer do calor quer da luz, os quais já estavam ambos presentes antes de seu incendimento junto ao Sol, isto é, junto ao princípio que os gerou. Assim sendo, luz e calor derivados do Sol convertem-se em princípio de luz e calor na esfera quando esta se incendeia; ambos, luz e calor, causa do incendimento da esfera, surgem nela como princípio, que, porém, no Sol é anterior. O posterior surge como causa, embora fosse causa no anterior. O que surge depois passa a ser causa do que anteriormente já se achava lá. O mesmo processo ocorre no ser humano: a virtude posterior, por exemplo a alma racional que, insuflada no ser, é causa das virtudes que a antecederam; a alma racional, superior, é

57. Lembremos que a Idade Média recebeu a tradição grega, que pontificava a existência de três almas: vegetal, animal e racional. Avicena procura conciliar essa herança com a teologia corânica, para a qual o homem possui uma alma que, embora criada simultaneamente ao corpo, é eterna.

suficiente para exercer as operações que antes eram exercidas pelas almas vegetativa e animal. O mais desenvolvido contém sempre o menos desenvolvido, no sentido de uma evolução acumulativa. Porém, as virtudes anteriores não são meramente substituídas, elas continuam presentes quando se instala uma virtude superior. Do mesmo modo, a alma racional, justaposta às almas vegetativa e animal, não as anula, e, sim, passa a exercer suas faculdades. Trata-se de um processo evolutivo de acumulação que não perde o que lá já estava.

6.2.3. As Faculdades da Alma

Fiel à tradição aristotélica, o que Avicena entende por "alma" abrange as três espécies clássicas: vegetativa, animal (sensorial ou vital) e racional (humana).

A alma vegetativa é a primeira *entelékheia*, ou "perfeição", do corpo natural, organizado, capaz de geração, crescimento e nutrição. Essas três capacidades correspondem às três faculdades da alma vegetativa: a faculdade nutritiva transforma os elementos exteriores ao corpo físico, adaptando-os para que sejam assimilados em substituição aos já gastos para a sua manutenção. A faculdade de crescimento assimila esses elementos transformados e integra-os ao corpo para que ele alcance seu tamanho normal, segundo as três dimensões espaciais. A faculdade de geração é a capacidade do corpo, quando unido a outro, de reproduzir um corpo semelhante ao próprio.

A alma animal, conhecida também por sensorial ou vital[58], tem duas principais faculdades: movimento e apreensão. A faculdade de movimento compreende outras duas faculdades: a imperativa, que comanda o movimento, e a do desejo. Esta última ordena os movimentos necessários para a obtenção de objetos úteis à satisfação dos desejos e recebe o nome de concupiscência; quando, porém, repele objetos nocivos, chama-se irascibilidade. Concupiscência e irascibilidade agem de acordo com as impressões recolhidas do mundo exterior pelos sentidos e apresentadas pela faculdade da imaginação.

O movimento ainda tem uma subfaculdade, a executiva, faculdade que introduz uma força nos nervos e músculos para que executem os movimentos.

A faculdade de apreensão da alma animal subdivide-se em exte-

58. Por um erro de tradução, o termo árabe *hayawanīya* passou para a tradição como "animal", quando significa "animalidade". Na língua árabe, *hayy* significa *vivente* e se aplica a todo ser ou animal vivo, pois deriva de *hayāt*, que significa "vida". O vocábulo *hayawān* significa "animal", e *hayawīya*, "vitalidade". De qualquer modo, a animalidade pressupõe a vida, que segundo a tradição é sempre "animada" por uma alma.

rior e interior. A apreensão exterior está submetida aos cinco sentidos: visão, audição, olfato, paladar e tato. Os sentidos exteriores apreendem as aparentes propriedades dos objetos exteriores, isto é, impressões de cor, de som, de cheiro, de sabor e de toque, e transmitem-nas ao sentido interior (ou comum).

Todavia, ainda há no mundo exterior qualidades sensíveis não visíveis e não percebidas pelos cinco sentidos: as intenções.

As faculdades de apreensão interior podem compreender formas ou intenções, com ou sem atividade operacional. Algumas faculdades internas são capazes de combinar ou separar formas e intenções, de modo que estejam aptas simultaneamente à percepção e à atividade operacional. Quando não há atividade operacional, a faculdade pode receber uma forma (ou intenção) sem que seja capaz de agir sobre ela e modificá-la.

Cinco são as faculdades de apreensão interior:

A *fantasia* ou *sentido comum* é a faculdade que recebe as impressões transmitidas pelos cinco sentidos e recebidas pela *imaginação*, a faculdade que conserva tais impressões. A *imaginativa*, que nos humanos vem a ser conhecida por *cogitativa*, compõe e combina as imagens conservadas na imaginação. A *estimativa* apreende as intenções, qualidades sensíveis não-aparentes e não-perceptíveis aos sentidos exteriores, e opera sobre as imagens recebidas, compondo e separando. E, finalmente, a *reminiscência* ou *memória*, faculdade que conserva as intenções percebidas e combinadas pela faculdade estimativa.

De uma maneira geral, as faculdades da alma racional dividem-se em faculdades de *ação* e de *conhecimento*. Segundo Avicena, ambas as faculdades recebem, ou por equívoco ou por analogia, o nome *intelecto* (‘*aql*): “[...] assim, cada uma destas potências é denominada intelecto por equívoco (duplo sentido), ou em decorrência da semelhança (analogia)”[59].

De acordo com Ján Bakoš, essas duas faculdades são, para Avicena, o intelecto prático (‘*aql ‘amalī*) e o intelecto teorético ou especulativo (‘*aql nazarī*). A finalidade do primeiro é a ação dirigida para o bem prático ao se ocupar apenas do contingente; ao passo que a finalidade do intelecto teorético é a busca do necessário, isto é, do que é verdadeiro e separado do falso, sendo o verdadeiro considerado absoluto e o bem, relativo[60].

A faculdade de *ação* pode ser considerada em relação com a faculdade animal (sensorial ou vital) quando engendra disposições ativas ou passivas próprias ao homem, como o riso, o choro, o enru-

59. *Liber de Anima*, Parte I, cap. 5, vols. I-III, Leiden, p. 90: “[...] et unaquaeque istarum virium vocatur intellectus aequivoce aut propter similitudinem”.

60. Ján Bakoš, *Psychologie d'Ibn Sīnā d'après son oeuvre Aš-Šifā'*, Praga, p. 31, n. 210.

bescimento etc.; nesse caso, a ação diz respeito às paixões humanas. Quando considerada em relação com a imaginação, a ação produz as artes humanas, e em relação consigo mesma, origina os princípios conhecidos de todos, como, por exemplo, o saber de que a mentira é uma vergonha, de que é desonesto ser injuriado etc. Nessa relação, a faculdade de ação concerne à ética e à moral (usos e costumes), cujos valores, por sua vez, dependem de julgamentos ensinados e reconhecidos publicamente. Contudo, dessa faculdade dependem todas as ações humanas, o que lhe confere grande importância, visto comandar todas as outras faculdades que dirigem o discernimento e a concretização dos ideais humanos.

6.2.4. Classificação dos Intelectos

A alma humana está entre dois mundos: o inferior, relativo ao corpo, e o superior, ao inteligível. No capítulo V, Livro VI do *De Anima*, Avicena vale-se de uma imagem poética e afirma que a alma possui duas faces, uma voltada para o corpo, comandada pela faculdade de ação que acabamos de descrever, e a outra, voltada para os inteligíveis, comandada pela virtude contemplativa. Assim, a face inferior está voltada para a intelecção prática e a face superior, para a contemplação[61] das formas universais, desprovidas de matéria. As formas podem tanto estar relacionadas à matéria como separadas da matéria. No primeiro caso, trata-se de um inteligível voltado para a natureza do mundo da matéria, o que torna fácil sua apreensão pelo intelecto. No segundo caso, o intelecto terá de fazer a separação por um procedimento que será descrito mais adiante. Antes, porém, é preciso frisar que essas duas "faces da alma" não representam a alma propriamente, pois esta é uma substância una que possui essas faculdades, de um lado, para fazer a conexão com o bem e o mal, o belo e o feio nas coisas particulares, de outro, o lado teórico ou contemplativo, voltado para a verdade e a falsidade, para o necessário, o possível e o impossível. No intelecto prático, os princípios procedem das opiniões conhecidas e aceitas comumente, enquanto o intelecto teorético dirige-se apenas às primeiras premissas e axiomas.

Os estágios de desenvolvimento da faculdade contemplativa ou especulativa da alma estão subordinados à sua capacidade de apreensão dos inteligíveis. Acrescentemos que, para Avicena, aprender é adquirir o hábito de se unir à inteligência agente ou *dator formarum*, para dele receber as formas emanadas. Essas formas emanam em ordem distinta segundo o estágio de desenvolvimento do intelecto.

No tocante ao acolhimento dos inteligíveis, o intelecto recebe

61. Não se trata da divisão aristotélica entre o intelecto prático e o intelecto teorético. Cf. Etienne Gilson, *Les Sources*, pp. 57-58, n. 1.

diferentes denominações de acordo com as suas diversas disposições, podendo ainda estar em potência ou em ato.

O estado do intelecto em potência compreende sua aptidão para receber o inteligível, aptidão esta que pode compreender três distintas situações:

1) A primeira refere-se à aptidão pura e simples quando não há absolutamente nada que possa fazer o intelecto passar da potência ao ato, como é o caso de uma criança que tem a potencialidade para aprender a escrever, mas ainda não se familiarizou sequer com as letras do alfabeto ou com os instrumentos que possibilitam a escrita. Tal gênero de potencialidade recebe o nome de *potência absoluta material*.

2) A segunda é aquela em que o intelecto está parcialmente munido dos instrumentos necessários para atualizar-se, sem, contudo, realizar as operações necessárias para passar da potencialidade ao ato. O intelecto já possui condições que o capacitam para adquirir o que é necessário na realização das operações: nesse estado configura-se a *potência fácil* ou *possível*. É o caso de uma criança que, sem ainda saber escrever, já sabe o que são os primeiros elementos da escrita e discerne os instrumentos necessários para a sua realização.

3) Já de posse de todos os instrumentos necessários para passar da potência ao ato, na terceira situação, o intelecto se realiza quando a simples vontade de efetivar um ato o capacita para realizá-lo. É o caso de alguém que sabe escrever e sabe que basta a vontade para fazê-lo. A essa possibilidade dá-se o nome de *potência perfeita* ou *realizada*.

Na transição da potencialidade do intelecto para a sua atualização, Avicena distingue igualmente três estágios:

1) O primeiro, quando ainda não recebeu do *dator formarum* qualquer inteligível ou, ainda, quando nada conhece e é incapaz de conhecer por si próprio, em potência absoluta, recebe o nome de *intelecto material* (*'aql-hayūlānī*). A "potência não qualificada" pertence a "qualquer membro da espécie", e sua "disposição" (*'isti'dād*) está na alma humana desde o seu nascimento[62].

2) O segundo caracteriza-se pela "potencialidade possível". Com a aptidão para apreender os inteligíveis ainda incompleta, possui a "potencialidade possível" para receber os primeiros pensamentos inteligíveis, "os primeiros princípios ou axiomas do conhecimento"[63]. Ainda não elabora pensamentos próprios e aceita proposições conso-

62. Avicena, cit. *in* Herbert A. Davidson, *Alfarabi, Avicenna, and Averroes, on Intellect*. Oxford University Press, 1992, p. 84.

63. Avicena, *Kitāb al-Najāt*, Livro II, cap. VI, *in Avicenna's Psychology*, trad. inglesa de F. Rahman, Oxford Univ. Press, 1952; reprint Hyperion Press, Inc., USA, 1990, p. 87.

lidadas, tais quais "o todo é maior que as partes".

3) O terceiro configura a "perfeição dessa potencialidade". "As formas já estão no intelecto, o que lhe faculta o ato de pensar por si próprio"[64].

De início, o intelecto se une de modo imperfeito à inteligência agente, o que caracteriza apenas sua potencialidade. Porém, nesse estado recebe os primeiros inteligíveis que lhe facultam a aquisição de outros; o intelecto, antes em *potência fácil* ou *possível*, quando munido de inteligíveis, recebe o nome de *intelecto em hábito* (*'aql bil-malaka*). Trata-se da "inteligência potencial aperfeiçoada", "uma potência próxima ao ato"[65].

Uma vez senhor de conhecimentos e possuidor da capacidade para deduzir noções dos princípios primeiros, sobretudo para considerar tais princípios a qualquer momento, o intelecto está em ato e recebe o nome de *intelecto efetivo* (*'aql bil-fi'l*).

Com a potencialidade atualizada para receber os inteligíveis, o intelecto apresenta-se sob dois aspectos: com a potencialidade absolutamente atualizada, completa (*kamālīya*), o intelecto não está ainda a serviço do conhecimento, embora possa fazê-lo se assim o desejar. E, quando plenamente desenvolvida a capacidade de se unir à inteligência agente, o intelecto então absolutamente atualizado e voltado para o inteligível recebe o nome de *intelecto adquirido* ou *ajustado* (*'aql-mustafād*). Este último estado é outorgado à alma por meio da inteligência agente que, todavia, poucos seres humanos recebem. A ele pertencem os profetas, portadores do *intelecto santo* (*'aql-qudsī*).

No sistema de Avicena, constata-se o estreito paralelismo que há entre a teoria do conhecimento e a cosmologia. Relembrando a teoria das dez inteligências, na origem do universo está o princípio primeiro, uno e necessário. Dele emana a série hierarquizada de inteligências separadas, em que a última, a inteligência agente, mantém relação com o mundo sublunar ou terrestre, do mesmo modo como as outras nove inteligências mantêm relação com suas respectivas esferas.

As operações dos intelectos humanos dependem inteiramente da atividade da inteligência agente. Na hierarquia dos intelectos, o mais baixo é o intelecto material ou intelecto em potência. Para que ele passe do seu estado potencial ao estado de atualização é necessária uma causa que já deve estar em ato para que a operação seja possível. Tal causa, por definição, é a inteligência agente que nos transmite as formas inteligíveis. A relação da décima inteligência com nosso inte-

64. Avicena, *Najāt*, trad. F. Rahman, p. 88.

65. Avicena, *Épître des Définitions*, trad. A.-M. Goichon, Paris, Desclée de Brouwer, 1933, p. 32.

lecto é análoga à do Sol com nossa visão. O Sol é visível por si mesmo, sua visibilidade está sempre em ato. Com sua luz torna visível tudo o que, sem tal luz, seria visível apenas virtualmente. Do mesmo modo, a inteligência agente é em si mesma inteligível e sua inteligibilidade em ato atualiza nossos intelectos virtualmente inteligíveis.

Nossa alma, que possui um intelecto potencial, possui ainda a faculdade da imaginação. Esta conserva as imagens exteriores recebidas mediante os cinco sentidos e transmitidas ao sentido comum ou interior. Essas imagens dos objetos exteriores possuem particularidades, sendo suas formas individualizadas. A particularização de cada objeto é dada por sua materialidade. Separada de suas características materiais, a forma é transmitida pela inteligência agente ao intelecto possível. Tal operação recebe o nome de *abstração*, que, na realidade, é a operação de transporte da forma para o intelecto, a saber, da forma que estava retida na imaginação. A alma racional examina e compara as imagens (*consideratio*, *cogitatio*) arquivadas na imaginação, movimento que prepara o intelecto para receber da inteligência agente a abstração.

Na doutrina de Avicena, os inteligíveis nos são concedidos, como uma espécie de iluminação, por meio da inteligência agente. São exteriores à alma, e a abstração é uma espécie de emanação dessa mesma inteligência. As considerações e cogitações que a alma racional faz das imagens preparam-na para receber a emanação inteligível, assim como no silogismo o termo médio prepara a conclusão. As formas que emanam permanentemente da inteligência agente são recebidas por nossos intelectos quando eles se apresentam no estado propício para recebê-las, o que varia segundo a preparação de cada sujeito.

Quanto à natureza dos resultados da abstração, a teoria da alma em Avicena adianta a problemática dos universais, que será, mais tarde, desenvolvida entre os latinos. As imagens são consideradas e comparadas de acordo com suas semelhanças e diferenças. Quando são semelhantes, o intelecto forma uma única noção comum, a intenção (*intentio*); quando as imagens diferem, formam-se noções múltiplas. O intelecto realiza a separação entre noções essenciais e noções acidentais, e tem ainda o poder de reunir noções múltiplas modificando-as numa única noção comum. Para isso basta reduzir a uma só definição as noções que se assemelham. Pode, também, reunir noções agrupadas sob um mesmo gênero a noções diferentes, para definir uma espécie. Inversamente, o intelecto tem o mesmo poder de pluralizar uma única noção dividindo-a na sua definição. Assim, uma definição de gênero pode ser dissociada de uma noção de diferença específica nela contida, originando desse modo a pluralidade de noções particulares. Apenas o intelecto humano é capaz dessas operações, pois as outras faculdades da alma estão limitadas para apreender o múltiplo como múltiplo e o singular como singular.

Quando apreende a forma de um determinado objeto, a *imagina-*

ção não é capaz de separar sua essência de seus acidentes. Tão-somente o intelecto é capaz de realizar essa dissociação e o faz por meio da abstração. Quando a *imaginação* apresenta ao intelecto formas iguais que só diferem em número, o intelecto apreende a essência dessas formas ao realizar uma distinção entre elas apenas por intermédio de seus acidentes específicos. Apreender a forma em sua essência é despojá-la de suas particularidades materiais.

Na inteligência separada, existem inteligíveis puros não acessíveis à alma humana enquanto ainda estiver ligada à matéria corporal. Depois da morte do corpo físico, liberta de seus entraves materiais, a alma poderá então unir-se à inteligência agente e apreender diretamente as formas puras. Enquanto não ocorrer a separação entre corpo e alma, o intelecto humano permanece voltado para formas menos elevadas.

Avicena sublinha que, como se trata de uma substância espiritual, a alma pode inteligir-se a si mesma e apreender sua inteligibilidade. Porém, enquanto substância espiritual, como pode inteligir as formas que se encontram nas coisas materiais? Avicena recusa a resposta aristotélica – adotada por Alexandre de Afrodísia e por al-Fārābī –, que afirma tornar-se a alma inteligível no ato mesmo da apreensão intelectual. A alma não pode tornar-se outra coisa, distinta dela própria, porque, ao tornar-se inteligível apenas no instante da apreensão de uma forma, desfaz-se de sua própria forma para tornar-se forma daquilo que ela intelige. Enquanto inteligível de si mesma, a alma tem uma forma; apreendendo outra forma, desfaz-se de sua forma inicial para tornar-se outra forma que está na matéria. E porque é substância espiritual, a alma não pode conter nada que se relacione com a matéria.

Há mais um problema levantado por Avicena: as formas são apreendidas e guardadas no intelecto material. Enquanto formas, estão em ato na alma, o que significa dizer que a alma contém em ato a forma de outra coisa. Como está em ato, não está mais em potência, o que significa não estar mais em estado de receptividade com relação às outras formas. Entretanto, o intelecto está sempre em potência para receber várias formas distintas. Trata-se, pois, de uma contradição, dado que o intelecto recebeu a primeira forma, isto é, a possibilidade de intelecção. Para receber formas, o intelecto não pode estar em ato, deve sempre estar em potência. Avicena questiona se é o mesmo intelecto que alternadamente recebe, ou não, as formas. Essa contradição levou o filósofo a formular a teoria que recusa a identificação do intelecto, do sujeito inteligente e do inteligível.

Para Avicena, o sujeito inteligente é a alma, o intelecto é a faculdade por meio da qual a alma exerce a intelecção, e o inteligível é a forma dos objetos apreendidos, que, por sua vez, estão na alma propriamente por serem objetos de intelecção. Há, portanto, três coisas distintas, embora unidas na alma. Todavia, há três distintos estados relativos ao inteligível considerado na sua relação com o intelecto: em ato, em potência absoluta e em potência próxima. O inteligível está em ato quando é conhecido e pensado; está em potência absoluta quando é conhecido mas não é pensado; está em potência próxima quando não é pensado, mas existe a certeza de poder ser encontrado, se necessário.

Entretanto, a fórmula aristotélica da identificação do intelecto com o inteligível não resolve o problema de o intelecto possível tornar-se outro senão ele próprio quando recebe a forma de um objeto. A análise de Avicena conduz a uma solução.

No primeiro estado, quando o inteligível encontra-se em ato no intelecto, as idéias são apreendidas de maneira ordenada e diferenciada. No segundo estado, o intelecto está de posse da idéia, mas a alma está ocupada com outro objeto. Para a alma humana, não é possível conhecer várias coisas simultaneamente. Considerado em seu terceiro estado, o intelecto, tal qual ele é, procura a idéia que já conhece[66]. Avicena compara os três diferentes estados a um tesouro que se possui e do qual se retira algo (1º estado), não se retira nada (2º estado), ou se tenciona retirar algo (3º estado). Este último, na teoria aviceniana, tem um papel fundamental: não constitui uma pura potencialidade ou a potencialidade próxima para a aquisição de um inteligível correspondente. É mais uma certeza atualizada de poder conhecer. Para ter essa certeza, é preciso conhecer, o que faz desse conhecer uma atualização, embora parcial. Trata-se do conhecimento que requer interpretação, ou melhor, há dois tipos de conhecimento: o que se refere à coisa propriamente e o que se refere à certeza de possuir tal conhecimento.

A diferença entre os dois se esclarece quando pensamos em dois tipos distintos de ciência: a *ciência simples*, que fornece os inteligíveis, e a *ciência explicitada*, que ordena os inteligíveis, na medida em que se atualizam seus conteúdos. A *ciência simples* é a origem da *ciência explicitada* e pode ser comparada à inteligência agente, quando esta fornece as formas às almas humanas. Avicena explica a presença dos inteligíveis na alma humana utilizando-se da teoria cosmológica: a inteligência agente contém todos os inteligíveis que iluminam a alma humana. Esses inteligíveis encontram-se como que numa unidade, sem diferenciação ordenada, tal qual é apresentada a *ciência simples*. Dessa sua unidade de inteligíveis, a inteligência agente faz emanar as formas para as almas humanas. O inteligível, enquanto unidade na inteligência agente, é princípio ou agente criador. Uma vez na alma humana, passa a ser imagem ou semelhança.

Quando a alma recebe os inteligíveis e seu intelecto está em ato, trata-se do *intelecto efetivo*. Enquanto não pensa nesses inteligíveis, as imagens são conservadas na imaginação. Quando quer reencontrá-las, a alma as busca e as encontra fazendo uso da *faculdade cogitativa* (*esti-*

66. Etienne Gilson aproxima Agostinho a Avicena nas análises psicológicas relativas à memória, cf. *Les Sources*, p. 69.

mativa), a qual pode apreender as "intenções" imateriais e combiná-las até que correspondam às noções que buscamos. Sendo assim, a faculdade *cogitativa* tem um papel essencial na teoria da alma de Avicena, pois é muito mais do que um mero reservatório de intenções. Trata-se da faculdade que julga todas as imagens recebidas. Temos, portanto, o *intelecto possível*, que se prepara para receber os inteligíveis da inteligência agente, a *imaginação*, que conserva as imagens recebidas pelos sentidos, e a faculdade *cogitativa*, que julga tais imagens. Onde, então, permanecem os inteligíveis puros? Não podem ser conservados em alguma parte corporal, pois deixariam de ser inteligíveis, em decorrência de seu contato com a matéria. Tampouco podem subsistir na alma: pois, subsistir na alma significa *ser* na alma, e esse *ser* é um ato de intelecção, de apreensão do inteligível pela alma. Portanto, a comparação com o tesouro de formas, presente na alma, verifica-se contraditória. Para resolver o dilema, Avicena adota a solução de Plotino[67]: as formas emanam da inteligência agente segundo a demanda da alma. Se a alma desviar sua atenção do princípio, cessará de receber as emanações e terá que reaprender a recebê-las. Mas, uma vez conhecido o inteligível, a alma não será mais a mesma. Conhecer não é acumular, é adquirir o hábito perfeito de unir-se à inteligência agente até produzir-se no intelecto a *ciência explicitada*, a qual atinge sua perfeição com a produção de uma ordem diferenciada dos inteligíveis por meio da razão.

Assim, tal qual exposto até aqui, as operações do intelecto atravessam as seguintes etapas: de início, com aptidão imperfeita para se unir à inteligência agente, o intelecto está em potência; realizada a união com a inteligência separada, o intelecto passa a estar em ato; no aperfeiçoamento dessa união, o intelecto desfruta do estado de potência próxima, isto é, está apto para receber os inteligíveis, bastando apenas o ato de querer.

Enquanto a alma estiver unida a seu corpo, a formação de um inteligível consiste em considerar as imagens sensíveis recebidas, o que caracteriza um movimento em direção ao inferior. Com o intelecto unido à inteligência agente, a alma se volta para o superior. De um lado, o intelecto em potência, de outro, em ato. São dois pólos da operação do conhecimento. Quando a forma inteligível for diretamente recebida da inteligência agente, o então *intelecto adquirido* ou *acomodado* (*adaptado*) estará em operação. O hábito adquirido de nos unirmos ao princípio, isto é, à inteligência agente, é o que mais nos aproxima do estado de bem-aventurança que tal união propicia, realizável tão-

67. Avicena não aceita a teoria de Platão que afirma serem os inteligíveis formas que subsistem separadamente, sendo nossa alma uma espécie de espelho que as reflete, ou não, quando se volta, ou não, para elas. Para Avicena, as ideias não são substâncias separadas, mas formas apreendidas pelas inteligências separadas. Cf. Etienne Gilson, *Les Sources*, p. 72, n. 1.

somente após a separação da alma de seu corpo físico.

Os seres humanos diferenciam-se entre si pela capacidade que cada um tem para receber os inteligíveis. Segundo Avicena, os capazes de receber a ciência fazem-no por sua habilidade em descobrir o termo médio, pois a ciência só pode ser apreendida mediante o silogismo. Essa habilidade deve-se à aptidão que uma determinada alma possui para se unir à inteligência agente. Alguns recebem diretamente da inteligência separada as respostas às suas questões porque têm uma disposição que lhes permite saber naturalmente tudo. Essa disposição, o *espírito*, qualidade superior do *intelecto em hábito*, pode ser atingida por todos os seres humanos, porém é específica aos mestres das ciências. Acima do *espírito*, a aptidão que Avicena nomeou *acuidade* ou *intuição* (*hads*)[68] facilita ao homem dela dotado descobrir rapidamente uma grande quantidade de termos médios. Esta é a qualidade mais alta do intelecto e pertence àquele cuja alma purificada se une aos princípios inteligíveis para deles receber as respostas às suas indagações. A apreensão do saber é imediata, ou quase, e o portador dessa qualidade conhece os termos médios numa ordem infalível e com a certeza absoluta, sem precisar transpor obstáculos comuns a quase toda a humanidade. É um dos meios pelos quais os profetas recebem a revelação e, conseqüentemente, uma faculdade sagrada que, mais tarde, entre os latinos, veio a ser conhecida por *intelecto santo*.

6.2.5. Preparação da Alma para Receber os Inteligíveis

A partir da doutrina do intelecto de al-Fārābī, Avicena desenvolve dois pontos bastante originais, mas que, segundo Ibrahim Madkour, representam os pontos fracos de sua doutrina: o papel preparatório dos sentidos e a ação da inteligência agente no intelecto para a aquisição do conhecimento.

Sensação e imaginação não podem fornecer-nos as formas inteligíveis. Lembremos que, na teoria das emanações das inteligências, a última inteligência emanada da esfera da Lua não engendra nem corpo nem alma de outra esfera, mas gera as almas humanas e os quatro elementos na Terra que habitamos. Ao conhecer-se a si própria como necessária, a décima inteligência origina as almas humanas, e ao conhecer-se como possível, produz os elementos.

A geração dos quatro elementos por uma inteligência pura põe uma dificuldade. Do ponto de vista da matéria, a inteligência não se divide porque a matéria dos elementos é una, ou seja, os elementos são elementos por meio da matéria. No que se refere às formas dos elementos, fogo, ar, água e terra, são formas múltiplas, o que constitui um problema. No entanto, a pluralidade das quatro formas elementares

68. Segundo A.-M. Goichon, a tradução de *hads* por *subtilitas* não é suficiente.

são idéias de quatro seres possíveis que o ser primeiro pensa ao pensar-se e que as inteligências conhecem, pois conhecem o ser primeiro. A realização das formas dos elementos na matéria mediante a ação de uma inteligência pura, que não pode ser dividida, é um problema. Avicena resolve essa *aporía* com a introdução da noção de *’isti‘dād*, traduzida pelos latinos por *preparatio*[69].

A matéria estará *preparada* ou *apta* (*musta‘add*) para receber as formas, quando estiver numa determinada condição, de maneira que cada forma não tem a opção para enformar-se, ou não enformar-se, na matéria que lhe corresponde.

> Ora, tu sabes que o *um* não se apropria do *um*, tanto que cada um deles é *um* por outra coisa que tem, mas é necessário que <o *um*> tenha diferentes apropriadores.
>
> Ora, os apropriadores da matéria são seus "preparadores", pois o é aquele que produz alguma coisa no "preparado", de maneira que a relação deste com qualquer coisa de determinado é maior que <sua relação com> outra coisa. Esta preparação faz prevalecer a existência daquilo que é mais digno de ser nele <o preparado>, a partir dos princípios doadores de formas.
>
> Se a matéria fosse segundo sua primeira disposição, ela se comportaria do mesmo modo em relação a dois contrários; como, então, fazer prevalecer um dos dois? A não ser no caso em que os agentes que produzem influência forem diferentes.
>
> Esta diversidade, porém, diria igualmente respeito às diversas matérias segundo uma única relação. Portanto, em virtude desta relação, não é possível que uma matéria seja apropriada antes de outra, a menos que haja igualmente nela alguma outra coisa; e isso somente pode ser a preparação perfeita.
>
> Tal preparação perfeita não é outra coisa senão a sua adaptação perfeita a uma coisa determinada, o porquê de ela ser preparada. Como, por exemplo, a água: se for aquecida abundantemente, o calor, estranho a ela, reúne-se à sua forma aquosa, passando a ter uma relação longínqua com a forma da água e uma relação muito estreita com a forma do fogo. Se isso aumentar e a adaptação se tornar intensa, a preparação torna-se ainda mais intensa; é quando a forma do fogo é emanada e a da água cessa <de ser emanada>[70].

O papel dos "apropriadores" ou "preparadores" é decisivo, pois explica uma causa agente que engendra continuamente uma pluralidade de formas, podendo variar a distribuição dessas formas sem, contudo, anular sua simplicidade[71]. A causa é o movimento das esferas celestes, que age sobre a matéria elementar e a prepara para receber uma determinada forma que será concedida pela última inteligência.

Na metafísica de Avicena a forma supõe a intervenção de três elementos: a matéria, o preparador dessa matéria e a inteligência que concede a forma à matéria preparada. A décima e última inteligência, engendrada pela inteligência da esfera da Lua, é a distribuidora universal das formas inteligíveis e, como vimos, recebe o nome de

69. Ibrahim Madkour, *L'Organon d'Aristote dans le Monde Arabe*, Paris, 1969, p. 149, n. 2; Etienne Gilson, *Pourquoi Saint Thomas a critiqué Saint Augustin*, Paris, 1986, p. 39.

70. Avicena, *Metafísica*, *Tratado* IX, cap. 5.

inteligência agente, o *dator formarum*, mencionado e criticado por Tomás de Aquino.

Quanto ao conhecimento humano, o procedimento é análogo. Uma alma, que inicialmente não pensa uma idéia, é inteligente virtualmente em relação a essa idéia; pensada essa mesma idéia, a alma passa a ser inteligente em ato. Para isso é necessária a causa que possui em ato a idéia; tal causa, beneficiadora da alma para receber a idéia, pode somente ser uma inteligência separada que possui em si todas as formas inteligíveis. Trata-se do doador de formas do qual emanam os inteligíveis que a alma humana apreende. Em relação ao intelecto humano, o doador de formas – ou inteligência agente – é tal qual o Sol em relação à visão. O Sol é visível em si mesmo como a inteligência é inteligível. Assim como o Sol torna visíveis em ato os objetos que por si próprios são apenas visíveis virtualmente, a inteligência agente converte as idéias em inteligíveis em ato. Sem sua interferência as idéias permanecem apenas inteligíveis virtuais. Como então se dá na alma a atualização dos inteligíveis?

Os dados sensíveis são percebidos pelos cinco sentidos e conservados na *imaginação*. A alma humana considera tais dados por meio da faculdade *cognitiva-cogitativa*, que abstrai a forma de todos os elementos sensíveis e materiais. Efetuada a cognição e considerados os dados sensíveis, a alma passa a estar apta para receber a idéia emanada da inteligência agente:

> Dizemos que a alma humana é, às vezes, inteligente em potência, e que, em seguida, ela se torna inteligente em ato. Tudo aquilo que passa da potência ao ato ocorre por meio de uma causa em ato que a faz passar <da potência ao ato>. Por conseguinte, aqui trata-se de uma causa que faz passar nossas almas, quanto aos inteligíveis, da potência ao ato, e, portanto, a causa por meio da qual são dadas as formas inteligíveis é apenas uma inteligência em ato na qual estão os princípios das formas inteligíveis puras. A relação desta inteligência com nossas almas é como a relação do Sol com nossa visão. Tal como o Sol é visto por si mesmo em ato e que, por sua luz em ato, é vista qualquer coisa que não é visível em ato, em nossas almas a disposição dessa inteligência é a mesma. Pois, assim que a faculdade intelectual vê as coisas particulares que estão na imaginação e que sobre elas brilha a luz da inteligência agente em nós, o que já mencionamos, elas se convertem em abstraídas da matéria e dos laços com a matéria e se imprimem na alma racional; não é que elas próprias passem da imaginação para nossa inteligência e, tampouco, a idéia é sobrecarregada de relações <com a matéria> – a idéia em si própria e sua relação em si mesma são abstratas – <que> faz com que se pareça consigo mesma; ou melhor, no sentido em que a contemplação da faculdade intelectual prepara a alma àquilo que <a forma> abstrata, em virtude da inteligência agente, transborda sobre a alma. Certamente as reflexões <cogitações> e as meditações <considerações> são movimentos que preparam a alma para receber o fluxo do mesmo modo que os termos médios preparam, de maneira mais eficaz, para garantir a aceitação da conclusão, embora o primeiro seja feito de um <certo> modo e o segundo de outro, como em seguida serás informado. Então, assim que à alma racional vem uma determinada relação com essas

71. Etienne Gilson, *Pourquoi Saint Thomas a critiqué Saint Augustin*, p. 40.

formas, por intermédio da iluminação da inteligência agente, desta iluminação começa a surgir na alma alguma coisa que pertence, de um lado, ao gênero dessas formas, ao passo que, do outro, não pertence ao seu gênero. Do mesmo modo, a luz cai sobre os objetos coloridos e por meio deles produz na visão uma impressão que não é conforme ao conjunto dos objetos coloridos. Pois as imaginações <*phantásmata*>, que são os inteligíveis em potência, tornam-se inteligíveis em ato, não <sendo> eles próprios <em potência>, mas o que é recolhido deles. Como a impressão atingida das formas sensíveis por intermédio da luz não são as próprias formas, mas outra coisa a elas proporcionada, e <como a impressão> produzida por intermédio da luz é o contrário naquilo que recebe, do mesmo modo na alma racional – assim que ela considerar essas formas imaginativas e que a clareza da inteligência agente estiver em continuidade com elas por um modo de continuidade –, há uma disposição natural para <as formas> que nela começam a ser abstrações dessas formas <puras> de misturas, isso ocorrendo por intermédio da luz da inteligência agente[72].

Vimos como a noção de "preparação" (*al-'isti'dād, preparatio*) é um dos fundamentos essenciais da física e da teoria da alma de Avicena. Toda alteração supõe uma matéria e uma forma que se unem, uma à outra. É necessário que a primeira esteja disposta a receber a segunda e essa disposição ocorre graças aos agentes preparadores, que, na física, são os movimentos das esferas celestes, e, na teoria da alma, as faculdades externas e internas. Feita a preparação da matéria, a inteligência agente concede-lhe a forma. Está claro que a apreensão de uma forma exige três condições: uma matéria, um fator preparador e a intervenção da inteligência agente doadora das formas. Esse princípio aplica-se quer à física quer à teoria da alma. Do ponto de vista desta última, a abstração realiza-se por meio dos dados sensíveis sobre os quais o intelecto possível exerceu uma ação. Assim que os dados sensíveis estiverem preparados na imaginação cognitiva, a inteligência agente confere à alma as formas correspondentes. Sem a ação preparadora, a inteligência agente não pode intervir e, sem sua intervenção, os dados sensíveis não se atualizam, não se convertem em inteligíveis em ato. Se um desses elementos não estiver presente no processo, os conceitos e as idéias não podem se formar.

A teoria da alma apresenta problemas. Ibrahim Madkour, por exemplo, frisa a contradição que a teoria de Avicena encerra na idéia de preparação da matéria para o recebimento dos inteligíveis: ao aproximar-se do inteligível, paradoxalmente a alma mergulha mais fundo no sensível. No entanto, para a dignatária dos inteligíveis, seria mais concebível um maior distanciamento da matéria.

6.2.6. O Autoconhecimento

72. Avicena, *De Anima*, Livro VI *Shifā'*, *Tratado* 5, cap. 5; trad. Ján Bakoš, pp. 166-167.

Com o objetivo de comprovar a imortalidade da alma, Avicena retoma na *Epístola do Retorno*[73] os argumentos que ficariam conhecidos por *cogito* aviceniano. No capítulo IV, o filósofo demonstra que o homem não é seu corpo, e sim sua alma; no capítulo V, define a natureza da alma e demonstra que sua forma, subsistente por si mesma, é separada da matéria, resultando na sua incorruptibilidade e imortalidade, estas afirmadas no capítulo VI.

Avicena retoma de maneira mais concisa o argumento do "homem voador"[74], já exposto em outras obras, e diz que o homem, ao pensar o seu "eu" (*'annīya*), de início acredita ser o seu corpo. Se algum membro fosse retirado de seu corpo, mão ou pé, inclusive qualquer órgão vital, continuaria pensando-se a si próprio como um "eu" (*'annīya*) existente, ao menos durante algum tempo. Enquanto "conhece-se a si mesmo", ou melhor, tem consciência de sua própria existência, poderia não ter conhecimento de seu coração e de seu cérebro[75], ou seja, não saber onde estão localizados e como são suas formas e funções[76]. Portanto, nem sequer o coração, este órgão vital, é o seu "eu" (*'annīya*), já que apenas o conhece na imaginação. Se a essência (ou verdade, *haqīqa*) do homem fosse o coração, resultaria necessário que ele o conhecesse ao se conhecer, ou, se o coração fosse parte da essência humana, o homem não poderia conhecer-se a si mesmo sem conhecer seu coração, o que não acontece porque muitos acreditam que o coração seja o estômago.

O corpo físico não faz parte da essência do "eu" (*'annīya*).

73. Avicena, *Epistola sulla Vita Futura*. Tradução do árabe para o italiano de Francesca Lucchetta, Padova, 1969.

74. Cf. *De Anima* , I, 1 e V, 7; J. Bakoš, *Psychologie d'Ibn Sīnā d'après son oeuvre*, pp. 18-19, 251-252; II, pp. 12-13, 181; *Kitāb al-'Ishārāt wa l-Tanbīhāt*, trad. A.-M. Goichon, pp. 303-304; para a bibliografia ver E. Gilson, *Les Sources Gréco-Arabes de l'Augustinisme Avicennisant*, ou AHM, IV, 1929-1930; A.-M. Goichon, *La Distinction de l'Essence et de l'Existence*, pp. 14-15; L. Gardet, *La Pensée religieuse d'Avicenne*, pp. 89-90, n. 5; Roland-Gosselin, "Sur les relations de l'âme et du corps d'après Avicenne", *Mélanges P. Mandonnet*, II, pp. 51-52; F. Lucchetta, *Epistola sulla Vita Futura*, p. XLII e p. 142, n. 1.

75. Sobre a importância do coração na fisiologia de Avicena, ver *De Anima*, V, 8; J. Bakoš, *Psychologie d'Ibn Sīnā d'après son oeuvre*, I, pp. 261-262; II, p. 187: a alma anima o animal por meio do coração, sendo este o primeiro órgão a ser gerado. Avicena ainda se refere ao cérebro como centro da mistura do *pneûma*; ver A.-M. Goichon, "Selon Avicenne, l'âme humaine est-elle créatrice de son corps?", *L'Homme et son destin*, pp. 267-276: a autora propõe que, inicialmente, a alma anima o coração e depois o cérebro, "irmão do coração"; a alma atua na porção de matéria preparada e dá forma ao corpo, assim como as inteligências separadas preparam a matéria para receber a forma.

76. Ao médico Avicena, deveriam ser conhecidos os resultados cirúrgicos no cérebro e as consequências de um ferimento ou da extração de uma de suas partes; ver F. Lucchetta, *op.cit.*, p. 142, n. 2.

Talvez seja apenas "um receptáculo (*makhall*)[77], ou uma residência (*maqwam*), ou um *habitat* (*maskin*), permanecendo diverso dele (do homem) e a ele essencialmente extrínseco"[78].

Todavia, o homem familiarizou-se com seu corpo e, como dele recebe todas as sensações, acredita ser o corpo ele próprio. Separar-se dele é muito penoso, como o seria separar-se de tudo o que se ama e com o que se tem familiaridade.

Na concepção aristotélico-tomista, a alma está substancialmente unida ao corpo, pode ter de si mesma apenas um conhecimento indireto com a atualização de suas faculdades e assim obter um conhecimento prático e parcial de seu "eu"[79]. Na formulação de Avicena, a alma é uma substância separada da matéria, mas temporariamente unida a seu corpo pode conhecer-se diretamente e não apenas experimentar-se como sujeito de existência.

O processo de autoconhecimento está inscrito numa dialética ascendente: a alma inicia seu percurso com a aquisição das formas impressas no mundo sublunar, segue sua jornada em etapas até, finalmente, alcançar o conhecimento das formas puras. Sem dúvida, o movimento ascendente da alma faz lembrar as palavras de Plotino, expressas em *Enéadas*, IV, 8, 1, 1-3:

> Muitas vezes, ao despertar meu verdadeiro ser de meu sonho corpóreo – e estranhando qualquer outra coisa –, em meu íntimo contemplo uma beleza maravilhosa, acredito, então, pertencer a um destino maior [...].

Na *Pseudo-Teologia de Aristóteles*, traduzida e glosada por Avicena, há uma passagem na qual Heráclito recomenda buscar a substância da alma e o desejo de elevar-se ao mundo superior; aquele que assim deseja e ascende ao mundo superior recebe necessariamente a mais bela retribuição[80].

Para Avicena, o processo de autoconhecimento não pode prescindir de uma influência externa. A alma humana é dependente da iluminação que recebe do *dator formarum*. No entanto, para receber qualquer conhecimento de natureza inteligível, basta à alma desvencilhar-se das atrações que nela exercem o mundo sensível e suas impurezas. Tão logo purificada, a alma descobre-se exposta aos raios da luz suprema; torna-se competente para pôr em ato o movimento de seu autoconhecimento, fazendo-se assim transparente para si própria. O processo é semelhante ao das inteligências separadas, as quais sempre em ato

77. A.-M. Goichon, *Lexique de la langue philosophique d'Ibn Sīnā*, Paris, 1938, p. 92, n. 184.

78. Avicena, *Epistola sulla Vita Futura*, trad. F. Lucchetta, p. 144.

79. Cf. L. Gardet, *La Pensée religieuse d'Avicenne*, pp. 163-167.

80. Cf. G. Vajda, "Les Notes d'Avicenne sur la Théologie d'Aristote", *Revue Thomiste*, 1951, II, p. 361.

conhecem-se a si próprias. A alma humana, tal qual um espelho em que se reflete a luz do mundo superior, entra em união cognoscitiva com as inteligências separadas e com o ser primeiro. Assim como em Plotino, o autoconhecimento para Avicena é o instante que precede o conhecimento das inteligências separadas.

Schlomo Pines, ao examinar a temática da consciência de si em seu artigo "La conception de la conscience de soi chez Avicenne et chez Abu'l-Barakat Al-Baghdade"[81], sublinha que Avicena atribui igual importância à natureza do exercício espiritual que promove, seja na descoberta da própria alma, seja na dos primeiros princípios da razão. Segundo Pines, a consciência de si em Avicena é o processo de identificação do "eu" com a alma. E acrescenta que, apesar do esforço para conciliar tais resultados especulativos com a doutrina aristotélica, Avicena mantém-se distante de Aristóteles, cuja filosofia deduzia a existência da alma dos dados empíricos, ou melhor, da observação dos movimentos dos corpos.

Nas *'Ishārāt*, observa-se que a existência da alma é comprovada na percepção que o homem tem de si, independentemente dos movimentos que o corpo físico possa ter:

> [...] se demonstrares que teu ato é um ato *stricto sensu*, deverás provar por ele um agente *stricto sensu* [...] que é a tua própria pessoa. Se provares como um ato te pertence, não provarás por ele a tua pessoa, mas ela (a tua pessoa) é parte da compreensão de teu ato enquanto ele é teu. <A tua pessoa> é, portanto, provada na inteligência antes dele (o ato) [...] Assim, tua pessoa é demonstrada, mas não por ele (o ato).

O conhecimento do ato em geral é logicamente posterior ao conhecimento de si do agente. O agente, portanto, conhece-se antes de conhecer o ato.

Após expor o argumento do "homem voador" nas *'Ishārāt*, Avicena questiona:

> Por meio do que apreendes a ti mesmo, neste instante, assim como antes e depois? O que é em ti que apreende? Vês o que apreende como sendo um dos cinco sentidos que percebem por intuição, ou bem como sendo a tua inteligência e uma outra faculdade, diversa de teus sentidos e que a eles é análoga? Se for a tua inteligência e uma outra faculdade diversa de teus sentidos por meio da qual percebes, percebes com um intermediário ou sem um intermediário? Não creio que, neste instante, necessites de um intermediário [...] Resta, pois, que apreendas a ti mesmo sem ter necessidade de uma outra faculdade, tampouco de um intermediário.

Este conhecimento direto que a alma adquire de si própria só é possível porque, no sistema aviceniano, a alma é "forma substancial completa" e, como tal, pertence ao mundo das formas inteligíveis

81. *Archives d'Histoire Doctrinale et Littéraire du Moyen Age*, 1954, Paris, J. Vrin, 1955, pp. 21-98.

separadas[82].

No artigo supracitado, Pines retoma os precedentes históricos do *cogito* aviceniano, que remontam ao *conhece-te a ti mesmo* expresso por Platão no *Primeiro Alcibíades*. Aristóteles e Plotino atribuem a capacidade de autoconhecimento ao intelecto, porém, admitem a existência de categorias para a percepção de si que não provêm do intelecto: tal é o motor imóvel em Aristóteles e o *noûs* em Plotino. Talvez, afirma Pines, para os precursores de Avicena, os fundamentos de uma psicologia não tivessem o peso que o sistema aviceniano conferiu à evidência da existência da alma e sua identificação com o "eu".

6.2.7. Dos Prazeres que o Conhecimento Promete

No sétimo e último capítulo da *Epístola do Retorno,* Avicena analisa a vida anímica depois da morte do corpo físico e considera a natureza das retribuições na vida futura. Tudo o que permanece deverá estar ou em repouso, ou em júbilo, ou em sofrimento. Porém, se a alma estiver em repouso, estará tranqüila e feliz. Como o estado de tranqüilidade opõe-se ao de sofrimento, Avicena deduz que há apenas dois estados possíveis para a alma: a felicidade e o sofrimento.

Na trilha de Aristóteles, o início do capítulo VII da *Epístola do Retorno* apresenta a definição do prazer: consiste em perceber o "conveniente", que é o que faz parte do aperfeiçoamento de alguma coisa, o que torna perfeita a substância de alguma coisa. Para as coisas sensíveis, o "conveniente" é o que confere perfeição aos sentidos ou às suas intervenções. Para cada faculdade perceptiva há um específico "conveniente" que permite atingir a percepção de algo especificamente "conveniente" para essa determinada faculdade. Além do mais, é preciso que haja uma adaptação perfeita de cada objeto de percepção aos diversos desígnios dos diferentes sentidos:

> Para o paladar é o doce, porque este é o elemento mais nutritivo de todos, e o paladar tem como finalidade a nutrição. Para a audição, é o som suave, temperado na gravidade e na leveza, de maneira que não se dilate e não se condense demais. Para o tato é a maciez, bem proporcionada ao tato por esse mesmo motivo.
>
> A razão disso é que a ação própria de uma coisa é a finalidade da sua substância[83].

Se os objetos exteriores a serem percebidos não o forem, não poderão agir, e se o forem, sem contudo resultar em danos ao sentido que percebe, serão "convenientes" e prazerosos. Os prazeres resultam da percepção das "coisas convenientes"; enquanto "convenientes", concedem perfeição às substâncias percebidas e às operações de percepção. Existe, portanto,

82. Cf. L. Gardet, "Quelques aspects de la pensée avicennienne", *Revue Thomiste* I, 1939, p. 696.

83. Avicena, *Epistola sulla Vita Futura*, trad. F. Lucchetta, p. 192.

uma relação entre os distintos prazeres, as várias faculdades perceptivas, as coisas "convenientes" percebidas, os conteúdos das percepções e suas próprias perfeições. E, assim como as faculdades são hierarquizadas no sistema de Avicena, há também uma hierarquia de prazeres, de "coisas convenientes", de percepções e de perfeições[84].

Segundo Aristóteles, o verdadeiro prazer consiste na atividade contemplativa[85]. Para Avicena, o prazer supremo está em realizar a perfeição da alma racional. Superior a todas as faculdades vegetativas e animais, a alma racional (*nafs nātiqa*)[86] também recebe a percepção dos sentidos, mas, enquanto substância absolutamente simples e completamente separada da matéria, a sua é sempre superior às percepções das outras faculdades:

> [...] A percepção da alma racional é superior àquela dos sentidos porque a percepção da inteligência (*'aql*) é certa, necessária, universal <e> eterna, enquanto aquela dos sentidos é superficial, parcial <e> efêmera[87].

As "coisas convenientes" que a inteligência percebe são as "idéias estáveis do ser, as formas espirituais, o princípio primeiro, [...] os anjos do Senhor, as realidades e as essências dos corpos celestes e dos corpos elementares"[88].

Possuidor da intelecção ou do resultado da atividade da alma racional e com esses conteúdos na percepção intelectiva, o intelecto está perfeito (*kamāl*). Tais conteúdos são mais elevados do que as perfeições derivadas das faculdades sensitivas

> porque consistem no fato de que <a alma> se torna "mundo" <*'ālam*>[89] isento de alteração e multiplicidade, no qual encontra-se a forma de cada ser existente desprovida de matéria. É um "mundo" semelhante ao mundo <corpóreo> e a este paralelo, exceção feita à sua estrutura, a qual é espiritual, divina, sutil <e> santa, ao passo que aquela do mundo corpóreo é sensível, mesclada ao mal, sendo denso e impuro tudo aquilo que for mesclado de potência e de não-ser[90].

Os conteúdos das percepções produzidos pela faculdade racional

84. Ver Aristóteles, *Ética a Nicômaco*, X, 3, 1173 b 9-10: o verdadeiro prazer consiste em fazer retornar o sentido a seu estado natural, depois de recebida a percepção; assim, comer e beber fazem desaparecer a fome e a sede.

85. Aristóteles, *Metafísica*, XII, 7, 1072 b 24; *Ética a Nicômaco*, X,7, 1178 a 5-8.

86. Avicena identifica a alma humana à inteligência, e no seu discurso não são claramente distinguíveis os termos "alma humana", "alma racional" e "faculdade racional". Cf. trad. F. Lucchetta, *Epistola sulla Vita Futura*, p. 196, n. 2.

87. Avicena, *Epistola sulla Vita Futura*, trad. F. Lucchetta, p. 196.

88. *Ibidem*.

89. Ou "universo", ver A.-M. Goichon, *Introduction à Avicenne: son Épitre des Définitions*, Paris, 1933, pp. 28-41.

90. Avicena, *Epistola sulla Vita Futura*, trad. F. Lucchetta, pp. 196-198. É clara a influência de Plotino, para quem a beleza é o esplendor da forma e a matéria é torpeza: cf. *Enéadas*, I, 6, 2, 13-28; II, 4, 16, 16-27.

transformam a alma em um "mundo" de conhecimento habitado pelas formas inteligíveis, não sujeitas à alteração e livres da multiplicidade que deriva da matéria[91]. Segundo Louis Gardet, a alma que se transmuta num "mundo inteligível" atinge o primeiro estágio de sua perfeição mediante um conhecimento discursivo e universal[92].

Avicena traça para o homem o itinerário da contemplação, que vai das formas dos corpos sublunares às formas puras e a Deus, sem que nada interfira na natureza dos atos de conhecimento intelectual, pois estes se realizam sempre à luz do intelecto agente[93]. Como a substância do homem é a alma racional, basta que esta alcance a perfeição para obter prazeres semelhantes aos dos anjos, pois, enquanto forma separada da matéria, poderá atingir igualmente a perfeição, fazer parte das substâncias e com elas participar do júbilo intelectivo[94].

6.3. ESCATOLOGIA: O RETORNO (*AL-MA'AḎD*)

6.3.1. *Al-ma'ād* no Sistema de Avicena

A palavra *ma'ād* aparece uma única vez no *Corão* e com um sentido ambíguo: o capítulo XXVIII, intitulado "O Relato", versículo 85, literalmente traduzido diz: "Aquele que te impôs o *Corão* te conduzirá a um lugar de retorno". O sentido é ambíguo porque a palavra *ma'ād* tem sua história. Todavia, o termo usualmente empregado para "ressurreição" é *ba'th*, que, entretanto, em determinados contextos pode significar "envio, a missão dos profetas".

Costuma-se citar dois *Ditos* do Profeta, conservados nos *Āhādīth*[95], para definir as crenças religiosas absolutamente "necessárias" e afirmar a validade da fé. O primeiro *Hadīth* pontifica:

> O Profeta disse: tem fé somente aquele que crê em quatro coisas: i) aquele que

91. A expressão "mundo inteligível" é de Plotino e se refere ao *noûs*, arquétipo do mundo, cf. *Enéadas*, V, 9.

92. Louis Gardet, *La Pensée religieuse d'Avicenne*, p. 99.

93. *Ibidem*, pp. 180-182.

94. Ver Aristóteles, *Ética a Nicômaco*, X, 8, 1178 b 7-32: o Estagirita concebeu a felicidade dos deuses em termos de júbilo contemplativo.

95. *Hadīth* (pl. *āhādīth*), coleção dos *Ditos* e *Feitos* do Profeta recolhidos por al-Bukhāri (810-870). Conhecidos por "Tradição do Profeta", os *Āhādīth* são considerados uma das principais fontes do direito islâmico (*fiqh*). *Hadīth* é igualmente nomeado *Sunna*, porém, enquanto esta última significa o comportamento do crente na Comunidade, *Hadīth* significa "palavra". Como a língua árabe não possuía um único termo para designar ditos e feitos, palavras e ações, empregam-se os dois termos – *Hadīth* e *Sunna* – com o mesmo sentido. Cf. Roubaix-Wattrelos, "Introdução", *Le Saint Coran*, trad. Muhammad Hamidullah, p. XII.

testemunha que há uma só divindade que é Deus; ii) e que eu sou o Enviado de Deus encarregado de ensinar a verdade; iii) que crê na ressurreição (*ba'th*) geral após a morte; iv) que crê no decreto divino para o bem e o mal, o doce e o amargo.

O segundo *Hadīth* ensina que

A fé é crer em Deus, nos seus anjos, nos seus livros, nos seus enviados, e crer no decreto divino para o bem e o mal, o doce e o amargo.

No primeiro *Hadīth* citado, *ba'th* tem o sentido de "despertar, renovar" e pode ser entendido ou literalmente como um "renovamento" dos corpos que estavam mortos ou metaforicamente como um "despertar" das almas adormecidas na inconsciência e no esquecimento e que revivem depois da morte da ignorância.

No texto corânico aparece freqüentemente um sinônimo de *ba'th* que se aproxima mais do sentido etimológico de *ressurrectio*: *qiyāma*.

Quando a escolástica islâmica, conhecida por *kalām*[96], defendeu o conceito de ressurreição contra os que o negavam, valeu-se da palavra *ma'ād*, "retorno", que passou a expressar a vida futura propriamente. Com essa acepção, a ressurreição passa então a ser entendida como o retorno do ser ao princípio de origem. Para o *kalām* e a ortodoxia islâmica dominante, *ma'ād* deve ser entendido como o "retorno à existência daquele que pereceu". Contudo, nessa perspectiva, só é possível conceber o *ma'ād* "espiritual" quando se admite a antiga tese *ash'arita*[97], que afirma ser o espírito um corpo sutil que morre e ressuscita com o corpo físico. Os filósofos (*falāsifa*) concebem um *ma'ād* espiritual, porém, para estes, o espírito que "retorna" é uma substância simples, pura e desvinculada de qualquer matéria. Sob esse ângulo, não há, na expectativa do Juízo Final, um estado intermediário de morte, visto não se tratar de uma revivificação, no sentido de ressurreição do corpo físico. O *ma'ād* espiritual é o "retorno" da alma que, liberta de seu corpo, retorna à sua verdadeira condição de substância separada. É o "retorno" ao mundo dos inteligíveis e, por meio deles, ao ser primeiro.

Para designar esse "retorno" ao uno, a versão árabe da *Pseudo-Teologia de Aristóteles* emprega o termo *rujū'*, que significa "o fato de regressar a [...]". A fim de adaptar suas teses ao dogma do Islão,

96. Termo árabe que equivale ao *lógos* grego, ou seja, "discurso". A tradição designa com esse termo a corrente da teologia especulativa islâmica, isto é, o pensamento que, ao professar os dados escriturais, procura o acordo com os argumentos racionais. Seus seguidores são os *mu'tazilitas*, os primeiros pensadores do Islão. Parece que o termo *mutakallimūn* tenha sido empregado apenas durante o califado de al-Ma'mūn para o grupo que procurava nos argumentos lógicos as provas da fé. Cf. Albert N. Nader, *Le système philosophique des Mu'tazila*, Beyrouth, Dar el-Machreq Sarl, 2ª ed., 1984.

97. Seguidores do pensador iraquiano al-Ash'arī (873-935) e engajados na defesa da ortodoxia islâmica contra o ensinamento dos *mu'tazilitas*. Todavia, algumas teses do *kalām* primitivo eram adotadas pelos *ash'aritas*.

os *falāsifa* passaram a utilizar o termo *ma'ād* sem, contudo, modificar em nada o contexto plotiniano de pensamento[98].

Na *Epístola da Vida Futura* (*Rissālat al-Adhawīya fī l-Ma'ād*) ou *Epístola do Retorno*, título mais empregado no Ocidente após os estudos de Jean R. Michot[99], já na primeira linha do primeiro capítulo Avicena define o que é *ma'ād*:

> *Ma'ād*, na língua árabe, deriva de '*awd*, "retorno". Sua essência (*haqīqa*)[100] é o lugar ou estado em que se encontra uma coisa do qual foi separada e ao qual depois retorna. Em seguida, *ma'ād* passou <a designar> o estado ou lugar que o homem atinge após a morte, pois, de acordo com a crença mais manifesta e a opinião dominante, <o lugar> que se alcança após a morte é aquele do qual se foi separado antes de <viver a> primeira vida[101].

O retorno da alma à sua origem está no *Corão*, LXXXIX, 27-28: "E tu, ó alma tranqüila, retorna a teu Senhor, deleitada e satisfeita".

Sobre esse versículo, Avicena explica: "<Ora>, não se fala de retorno a não ser em relação ao lugar de onde se veio".

Avicena consagra duas obras filosóficas à temática do retorno, *al-ma'ād*: *O Livro da Origem e do Retorno*[102] e *A Epístola do Retorno*. Sobre o tema do retorno, tão estimado por Avicena, o trabalho mais completo e atualizado que conhecemos é o de Jean R. Michot, *La Destinée de l'Homme selon Avicenne*. Aproveitamos de sua ampla investigação para destacarmos os traços distintivos em ambas as obras.

Os dois tratados iniciais do *Livro da Origem e do Retorno* discorrem acerca da gênese, *al-mabda'*, e empenham-se em desenvolver os "resultados da ciência relativa à metafísica"[103]. Avicena confirma a existência do ser necessário, sua unicidade e seus atributos peculiares, o ato da criação no desdobramento do fluxo emanatista a partir do primeiro ser criado até a criação e organização do mundo sublunar. Apenas o terceiro e último tratado dedica-se à evolução dos seres sublunares que, ao tirar proveito dos "resultados da ciência relativa às coisas físicas", adquirem a inteligência, conhecem "a continuidade da alma humana e compreendem que ela tem um retorno". Nesse mesmo tratado, Avicena prova a permanência da alma na eternidade, descreve

98. Louis Gardet, *Dieu et la Destinée de l'Homme*, Paris, 1967, pp. 259 ss.

99. Jean Michot, *La Destinée de l'Homme selon Avicenne*, Louvain, 1986.

100. Cf. A.-M. Goichon, *Lexique*, pp. 82-83, n. 171.

101. Avicena, *Epistola sulla Vita Futura*, trad. F. Lucchetta, pp. 16-18.

102. Tradução do original árabe por Jamil Ibrahim Iskandar, *Avicena: a Origem e o Retorno*, Edipucrs, 1999.

103. Avicena, *Livro da Origem e do Retorno*: "O resultado da ciência que se refere às coisas físicas é conhecer a sobrevivência da alma humana e apreender que ela tem um retorno", *in* Jean R. Michot, *La Destinée de l'Homme selon Avicenne*, p. 10, n. 48. As citações que se seguem são retiradas da obra de Avicena *Kitāb al-Mabda' wa l-Ma'ād* – *Livro da Origem e do Retorno* (AN 195-Ma 106), traduzidas e comentadas por Michot.

o mundo espiritual e seus estados de "felicidade e desgraça" e, por fim, analisa as três principais características dos profetas. O retorno, *al-ma'ād*, tal qual é concebido no *Livro da Origem e do Retorno*, é o corolário do processo de criação cuja dimensão abarca a totalidade do universo criado. "Os princípios voltam-se sobre eles próprios": ao movimento descendente, que se desdobra do mais perfeito ao menos perfeito, corresponde o curso ascendente, que redunda no retorno do menos nobre ao mais perfeito. "Houve um intelecto, em seguida uma alma, depois os corpos, novamente uma alma, depois um intelecto (do homem) que retorna ao nível dos princípios."

O sentido da *origem* é

reproduzir o arranjo dos existentes de acordo com sua anterioridade e sua posterioridade, iniciando, a partir do mais anterior entre eles, para ir em direção àquele que é mais posterior e com a condição de que, aquele dentre eles que for mais anterior por natureza, assim o seja ainda na perfeição e na nobreza.

O sentido do *retorno*

é reproduzir o arranjo dos existentes segundo sua anterioridade e sua posterioridade e com a condição de que aquele dentre eles que for mais anterior por natureza tenha maior posterioridade na perfeição. E ainda, os segundos na existência são mais anteriores na perfeição. Assim, esse arranjo se volta circularmente segundo o primeiro arranjo. Lá em cima, partiu-se de alguma coisa mais nobre para chegar a alguma coisa mais vil, até se deter nos elementos. Em seguida, tem início o retorno do mais vil em direção ao mais nobre, o inverso do primeiro arranjo. Assim, do princípio primeiro aos elementos, instaura-se o arranjo segundo a ordem dos princípios. Dos elementos ao homem, é o arranjo que retorna segundo a ordem dos princípios e, no homem, o retorno se completa. É o retorno real e a assimilação aos princípios intelectuais. É como se estes últimos se voltassem sobre eles próprios: houve um intelecto, depois uma alma, depois os corpos, depois novamente uma alma, depois um intelecto que retorna à ordem dos princípios[104].

Tal concepção do retorno (*al-ma'ād*) reaparece no *Tratado da Metafísica*, IX; e em X, 1, do *Kitāb al-Shifā'*. E, nas *'Ishārāt*[105], Avicena retoma de passagem o tema. Em ambas as obras o regresso à origem conserva sempre a amplidão do movimento duplo de um processo que abrange a totalidade da criação.

A *Epístola do Retorno* aborda o tema na perspectiva do destino da alma humana. Contrariamente ao dogma ortodoxo corânico, Avicena recusa a hipótese de uma eternidade física com a ressurreição dos corpos. Na demonstração da imaterialidade da alma humana e da vida eterna, o filósofo desenvolve sua própria concepção de vida futura, examina a essência do prazer e da dor, comprova a absoluta superioridade dos prazeres e das dores espirituais que advêm às almas após a morte, distingue os diversos tipos de alma em função da recompensa

104. Avicena, cit. *in* J. Michot, *op. cit.*, p. 11, n. 51.
105. Avicena, *'Ishārāt*, trad. A.-M. Goichon, pp. 435-436.

ou punição que recebem e, por fim, faz um sumário das opiniões dos diferentes sábios a propósito da vida no *post-mortem*. Nessa *Epístola*, Avicena entende por retorno (*ma'ād*) o destino espiritual e exclui qualquer espécie de permanência física, tal qual a proclamação corânica da ressurreição dos corpos.

Segundo Jean Michot, ambas as obras podem dar uma primeira impressão de que os objetos tratados não sejam os mesmos, visto que *A Origem e o Retorno* evidencia o passado e o futuro reservados à totalidade da criação, enquanto *A Epístola* contempla o tema da imaterialidade absoluta da alma e seus desdobramentos, o regresso a Deus e a permanência na eternidade. Embora Avicena tenha tratado de diferentes realidades nessas duas obras, ambas refletem uma similaridade de perspectiva porquanto convergem para o mesmo objetivo, o regresso da alma humana à sua situação original. Ambos os escritos atendem à mesma preocupação com o tema do retorno[106], que está absolutamente interligado ao tema do conhecimento. No *Livro da Origem e do Retorno*, após descrever o movimento que engendra o regresso à ordem inaugural, Avicena retoma os tópicos tratados na *Epístola do Retorno*, ao dedicar as últimas seções à superioridade dos prazeres intelectuais, às penas resultantes da ignorância e aos caminhos que conduzem à felicidade eterna.

A concepção aviceniana do destino humano é bastante complexa porque se insere entre a física e a metafísica, entre a psicologia e a antropologia. Michot assinala que, para entender perfeitamente a concepção do retorno, *al-ma'ād*, faz-se necessário compreender como Avicena concebeu "Deus e os anjos, os céus, o mundo sublunar e a humanidade, ou, em outros termos, os seres e suas atividades, a origem de seu dinamismo, de suas relações e de sua evolução"[107]. A exata compreensão do conceito de retorno requer alcançar a importância das distintas naturezas do corpo e da alma, aceitar a imaterialidade da alma e a impossibilidade de sua preexistência, além do necessário conhecimento das modalidades para atingir a perfeição durante a vida física. Deve-se frisar a ênfase dada à individuação da alma em sua sobrevivência ao corpo, o que diferencia Avicena de Plotino, cuja concepção de retorno ao uno não postula diferenças individuais. Na

106. Cf. *Shifā'*, o capítulo dedicado ao tema do retorno (*Fasl fī l-ma'ād*), 7º e último capítulo do *Tratado da Metafísica*, IX, em que Avicena trata também dos prazeres e penas intelectuais, dos destinos das almas e das vias da felicidade eterna. As outras obras que tratam do mesmo tema são: *Kitāb al-'Ishārāt wa l-Tanbīhāt* (Livro das Direções e Admoestações); *Kitāb al-Hidāya* (Livro da Direção); *Rissālat fī Ahwāl al-Nafs* (Epístola dos Estados da Alma); *'Uyūn al-Hikma* (As Fontes da Sabedoria); *Rissālat fī l-Sa'āda wa l-Hujaj al-'Ashara* (Epístola da Felicidade e dos Dez Argumentos); *'Uyūn al-Masā'il* (As Questões Fundamentais).

107. Cf. J. Michot, *op. cit.*, p. 13.

doutrina islâmica, os atos individuais são valorizados, e recompensas ou punições são distribuídas segundo os méritos de cada um. Embora recuse o dogma da ressurreição dos corpos, Avicena não se desvia da ortodoxia corânica no que diz respeito à recompensa individual: sua teoria do retorno mantém o arcabouço plotiniano, mas sublinha a necessidade do aperfeiçoamento individual mediante a aquisição do conhecimento e a necessidade de se ater às virtudes morais.

Falar do destino do homem[108] no interior de um sistema filosófico importa responder às duas principais questões que orientaram o pensamento filosófico e religioso das diferentes culturas e épocas. A primeira delas procura desvendar "o que é o homem" e "o sentido de sua vida". A segunda, "o destino do homem depois da morte de seu corpo físico". Em outras palavras, a problemática do destino humano encerra, ao mesmo tempo, uma antropologia e uma escatologia.

O que é o homem? Qual a origem de sua alma? Que relação tem a alma com seu corpo? Como conhece o mundo? É possível a união com Deus, anterior à separação da alma do corpo? A essas e outras questões, Avicena responde com a precisão e a coerência de seu sistema, cuja magnitude a história da filosofia testemunha. Para que o alcance do pensamento aviceniano seja devidamente avaliado, faz-se necessário ter presente sua visão metafísica do mundo e saber que lugar exatamente o homem ocupa em um universo hierarquizado.

Dada a complexidade dos argumentos, resumimos em seguida o que já tivemos oportunidade de expor nas páginas anteriores.

O ser, enquanto objeto de inteligência, divide-se em ser necessário cuja não-existência não é possível e em ser contingente cuja não-existência é possível. De maneira analógica, o ser necessário divide-se em: i) ser necessário por si mesmo ou absolutamente necessário (*wājib al-wujūd*), o ser único ou Deus; ii) seres necessários secundários ou seres possíveis por si mesmos e necessários por outro, que são as inteligências separadas, as almas das esferas celestes e as próprias esferas; e, finalmente, iii) todos aqueles que pertencem ao mundo sublunar, os seres contingentes ou possíveis absolutamente. No homem, sua alma e seu corpo fazem parte desse mundo contingente.

A passagem do ser necessário por si aos outros seres realiza-se por meio de um "derramamento" intelectivo, a emanação de um fluxo do ser (*fayd*). A unidade perfeita do ser primeiro e supremo não pode ser tocada, e o princípio de emanação dá conta da multiplicidade existente no mundo sublunar, permanecendo assim inviolado o princípio

108. Cf. Yusuf Karam, "La vie spirituelle d'après Avicenne", e M. M. Anawati, "Un cas typique de l'ésoterisme avicennien: sa doctrine de la résurrection des corps", *Revue du Caire*, 1951, respectivamente pp. 44-55 e pp. 68-94; cf. G. C. Anawati, "La Destinée de l'Homme dans la Philosophie d'Avicenne", Actes 1º Cong. Int. Phil. Méd., Louvain, Paris, 1960.

neoplatônico *ex uno unum fit*, do um provém o um[109].

Como vimos, do ser necessário e único emana uma primeira inteligência que considera o ser primeiro necessariamente e considera a si própria, isto é, acolhe o um e a si própria como seres inteligíveis. Assim, do um emana a primeira inteligência e desta emanam o ser inteligível, as formas etc., produzindo a possibilidade e a multiplicidade. Ao considerar o ser primeiro, a primeira inteligência, por emanação, gera a existência da segunda inteligência, a qual se considera duplamente: enquanto se conhece necessária, confere existência à alma da esfera, e enquanto se conhece possível, concede existência à esfera celeste.

Esse fluxo de emanações inteligentes estende-se até a última esfera, cuja inteligência é o intelecto agente separado, que, sempre por emanação necessária, origina as inteligências, as almas humanas e as formas dos seres materiais. Avicena o nomeia "doador de formas" (*wāhib al-suwar*), que os latinos traduzirão por *dator formarum*. Esse é o princípio imediato da alma e inteligência humanas, o intelecto agente separado, que, na perspectiva neoplatônica do retorno ao princípio, é para o homem o objeto supremo de felicidade. Todos os esforços humanos consistirão em se desprender do mundo sensível para entrar em comunhão intelectual com o intelecto agente. Assim, no interior dessa cosmologia, Avicena elabora sua antropologia.

O homem é composto de uma alma espiritual e de um corpo. No capítulo da *Shifā'* dedicado à alma, Avicena multiplica os argumentos para demonstrar sua existência e para comprovar que a alma é criada não para animar um corpo qualquer, mas um corpo que, depois de uma longa preparação dos elementos, possa corresponder-lhe por afinidade única. A alma recebe seu corpo e este recebe sua alma, e a individualidade essencial do composto é mantida.

Princípio imediato interno dos movimentos corporais, a alma é a *perfeição*[110] do corpo porque o organiza, o faz crescer e o alimenta. Unindo-se à matéria, a alma constitui seu corpo, e ao se separar dele, provê que ele deixe de ser um corpo animal para tornar-se um simples cadáver. No corpo, a alma exerce a totalidade das funções vitais (ou animais) por intermédio das faculdades. Diferentemente de Aristóteles, para quem alma e corpo constituem uma união substancial, Avicena não entende a alma como forma do corpo, porque uma forma "espiritual" não pode ser "imprimida" na matéria. Portanto, a alma não é nem substância separada nem forma corporal: é uma substância que não

109. O que está em jogo é o seguinte: uma causa emanativa produz sempre um único efeito, portanto, como explicar a multiplicidade de efeitos?

110. Cf. Ján Bakoš, *Notes, Psychologie d'Ibn Sīnā (Avicenne)*, Praga, 1956, p. 193, n. 20: *kamāl* é o vocábulo árabe que corresponde a *entelékheia*; Segundo A.-M. Goichon, o vocábulo *fi'l* corresponde ao grego *entelékheia. Vocabulaires comparés d'Aristote et d'Ibn Sīnā*, Paris, 1939, n. 511, p. 24.

depende de uma causa material como é o caso do corpo. Este, embora conferindo-lhe sua individuação, é para a alma um acidente. Distinta do corpo, a alma pode conhecer-se e afirmar sua própria existência, antes mesmo de saber da existência de seu corpo, como ficou demonstrado no célebre argumento do "homem voador", já exposto no item em que tratamos da alma humana.

Corpo e alma trocam serviços recíprocos: o corpo, instrumento da alma, transmite sensações que chegam à inteligência, na qual operações intelectuais formam conceitos e julgamentos para elaborar um conhecimento empírico, ou de crenças etc. Por sua vez, a alma mantém uma relação amorosa com seu corpo, dedica-lhe uma afeição natural, ocupa-se dele, dirige-o e o provê de todas as suas necessidades.

6.3.2. *Epístola do Retorno – Rissālat al-Adhawīya fī l-Ma'ād*

A *Epístola do Retorno* tem grande importância no conjunto da obra de Avicena, pois exprime sua opinião esotérica a um seleto grupo de amigos. O filósofo aborda o tema do destino do homem e da sobrevivência da alma à morte do corpo. Mais tarde, o tema deu origem às acusações de heresia, lançadas por al-Ghazzālī aos filósofos helenizantes (*falāsifa*), especificamente a al-Fārābī e a Avicena[111].

O caráter esotérico da *Epístola do Retorno* decorre das opiniões adotadas por Avicena em relação à própria Lei divina, cuja revelação justifica o emprego de uma linguagem com expressões figuradas[112]:

> [...] Se nos dirigíssemos ao povo com o argumento verdadeiro e se lhe falássemos da verdadeira felicidade e da verdadeira miséria, ele (o povo) não saberia como representá-las e, desde a primeira impressão, considerá-las-ia como coisas impossíveis [...].

ou:

> [...] a justa afirmação, à qual é necessário voltar quando se quer fazer a exata profissão na unicidade divina [...], é proibido levá-la ao povo. Se chegasse nessa forma aos árabes de raça pura, aos hebreus, aos ignorantes, certamente estes se precipitariam em opor-se, e estariam todos de acordo no afirmar que a fé, à qual são chamados, é de todo vã.

ou:

> Tudo isto é um discurso para fazer compreender àquele que pede para participar da

111. Ver al-Ghazzālī, *Tahāfut al-Falāsifa – Destructio Philosophorum*, trad. de M. Bouyges, Beyrouth, 1927, pp. 376-377, *in* F. Lucchetta, *Epistola sulla Vita Futura*, p. XV, n. 2.

112. Todas as citações são de Avicena, *Epistola sulla Vita Futura*, trad. F. Lucchetta, *passim*.

elite, e não à gente comum, a quem o sentido literal da Lei revelada não traz nenhuma prova em semelhantes argumentos [...];

O quarto enunciado, o sábio o conhece sem examiná-lo e, ao ignorante, é preferível não desvelá-lo [...].

Ao refutar as falsas opiniões a respeito do retorno (*ma'ād*), nesta última citação Avicena rebate o argumento daqueles que afirmam que "as conseqüências seriam detestáveis" se a Lei revelada fosse ensinada e compreendida em sentido literal a propósito das alegrias e penas infringidas ao corpo sensível após a ressurreição dos mortos. O filósofo enfatiza que ao ignorante deve ser vedado o sentido profundo do *ma'ād*, porque, em primeiro lugar, não seria capaz de compreendê-lo e, em segundo lugar, perderia a fé nas Escrituras. Fica evidente que o verdadeiro significado da Lei revelada é acessível apenas a uma elite. E continua:

De fato, se a recompensa e o castigo verdadeiros, que estão longe de seu entendimento, não fossem para eles representados <concretamente> e se não lhes aparecessem <em formas sensíveis>, eles não seriam nem atraídos nem amedrontados [...].

Essas afirmações, cujo sentido se repete em diversas outras obras[113], enfatizam a necessidade de um conhecimento "secreto", acessível apenas a uma elite de pensadores, e justificam um ensinamento esotérico cujas verdades são reservadas ao grupo seleto de "irmãos", provavelmente seus discípulos mais próximos. Na parte que dedicamos à interpretação da *Epístola de Hayy ibn Yaqzān*, analisamos essa temática com maior precisão.

A *Epístola do Retorno* trata da imortalidade puramente espiritual da alma que não pode ser compreendida pelo vulgo, pois este necessita de imagens sensíveis para representar verdades abstratas.

Em suas grandes obras públicas, *Al-Mabda' wa al-Ma'ād* (*A Origem e o Retorno*), a *Metafísica* do *Kitāb al-Shifā'* (*Livro da Cura*), *Kitāb al-Najāt* (*Livro da Salvação*), *Rissālat fi Aqssām al-'Ulūm al-'Aqlīya* (*Epístola sobre as Divisões das Ciências Intelectuais*), Avicena aborda, de maneira bastante prudente, a delicada temática da ressurreição dos corpos: tal qual é afirmada na Lei revelada, a ressurreição do corpo físico não pode ser demonstrada com categorias racionais e tampouco pode a razão demonstrar sua negação.

É na *Epístola do Retorno* que Avicena desenvolve a temática e, com grande audácia, enfrenta a ortodoxia islâmica, o que vai justificar, mais tarde, os violentos ataques de al-Ghazzālī, que, na controvertida obra *Tahāfut al-Falāsifa*, expõe as teses avicenianas para em seguida

113. Cf. *Kitāb al-'Ishārāt wa l-Tanbīhāt*, *A Epístola do Pássaro*, *Mi'rāj Nāma – O Livro da Ascensão do Profeta*, *A Epístola dos Estados da Alma*, "Introdução" da *Filosofia Oriental*.

refutá-las[114]. Na *Epístola*, a ressurreição dos corpos é definitivamente negada. E, na verdade, em diversos outros textos o filósofo já havia indicado o problema sem nenhuma precaução com relação à ortodoxia islâmica. Como exemplo, uma passagem do *Livro das Glosas – Kitāb al-Ta'līqāt*:

> Permanecer nos corpos não é coisa possível (*maqdūr 'alayhi*), é coisa impossível. Que o nada se produza na alma, tampouco é possível (*maqdūr 'alayhi*), é algo ainda mais impossível. Igualmente como em relação ao nada, assim o é a propósito da alma, <pois> sobreviver e retornar (*i'āda*) nos corpos é impossível, embora esta tenha sido gerada e <portanto> não seja eterna (*sarmadiyya*)[115].

Como a vida após a morte do corpo físico é um fato estritamente espiritual, Avicena parece excluir a existência de um inferno e de um paraíso sensíveis, tal qual é professado na crença dos muçulmanos.

No *Corão*, é clara a afirmação da ressurreição do corpo. A pregação escatológica de Maomé anunciava o Dia do Julgamento – ou da "Segunda Criação" como é referido no Livro sagrado islâmico –, quando os mortos ressuscitarão e retomarão seus corpos para submeter-se à sentença divina[116]. Para o médico Avicena, a possibilidade de uma ressurreição do corpo físico é inadmissível, e para o filósofo, a vida futura só pode ser compreendida no interior da metafísica.

No segundo capítulo da *Epístola do Retorno*, Avicena pronuncia-se acerca das diversas opiniões atinentes à temática do *ma'ād*: há os que o afirmam e os que o negam; dentre os que o afirmam, ainda há três diferentes opiniões: os que admitem o *ma'ād* apenas para os corpos; os que o admitem somente para as almas e, por último, os que o admitem tanto para o corpo como para a alma.

Avicena refuta todas essas concepções. Aqueles que negam o *ma'ād* não são sequer dignos de atenção. Mas, ao refutar as opiniões dos que admitem a vida futura, embora de modo não aceito por Avicena, o filósofo aproveita-se de seus argumentos para elaborar sua própria escatologia.

Aqui cabe uma breve interrupção na exposição para acrescentar-

114. Al-Ghazzālī enumera vinte teses atribuídas aos filósofos (*falāsifa*) cujos erros cometidos na elaboração de suas cosmologias e metafísicas tornavam-nas contrárias à Lei revelada; três das quais, particularmente heréticas, foram condenadas por impiedade (*kufr*). A última dessas três nega o dogma corânico da ressurreição dos corpos.

115. Avicena, *Kitāb al-Ta'līqāt, in* Jean Michot, *La Destinée de l'Homme selon Avicenne*, p. 8, n. 42.

116. Cf. Louis Gardet, *Dieu et la Destinée de l'Homme*, 1967, pp. 233-236. Numerosos são os textos corânicos que descrevem as modalidades do Julgamento e das retribuições da outra vida, por exemplo, *Corão*, L, 19-32; LXXXVIII, 21-36; LV, 37-78; XIII, 35; IX, 72. A passagem XIII, 35, faz menção à "imagem do Jardim". Ainda mais rica em descrições imaginais é a tradição dos *āhādīth* (*Ditos* de Maomé), cf. L. Gardet, *op. cit.*, p. 233, n. 1.

mos algumas considerações referentes à antropologia e escatologia corânicas, e inserir a crítica filosófica de Avicena contra os que admitem a ressurreição do corpo físico, no prolongamento de uma discussão que remonta aos primórdios do Islão.

No *Corão*, o homem é criado diretamente por Deus, que nele insufla o "sopro vital" (*rūh*)[117], não identificado à alma (*nafs*) por se tratar do espírito cuja ciência somente a Deus pertence[118]. O homem conhecerá sua morte individual[119], diversa do "anulamento total" da criação que precede o Julgamento final. No final dos tempos, os mortos ressuscitarão e haverá uma "Segunda Criação"[120], e todos os seres humanos estarão reunidos num único e mesmo lugar para serem julgados segundo suas ações. Recompensados ou punidos, serão destinados ou ao paraíso ou ao inferno, cujas retribuições são de natureza prevalentemente sensível[121].

A escatologia corânica não se pronuncia acerca da natureza do homem, tema reservado à especulação filosófica cuja tarefa será tentar solucionar os problemas decorrentes de uma antropologia não claramente definida no Livro sagrado. Seria a alma humana (*nafs*) identificada ao espírito (*rūh*)[122]? Seria a alma humana esse "sopro vital", entendido como vida que anima o corpo? Seria a alma uma substância distinta do corpo? Segundo o texto corânico, a permanência da alma é uma incerteza: perduraria na espera do Julgamento final? Ou seria anulada no momento da morte física para depois ser re-criada simultaneamente à ressurreição do corpo? Estas e outras questões animaram as controvérsias teológicas nos primeiros tempos do Islão, e os conceitos de alma, de espírito, de morte, de sobrevivência e de natureza do homem permaneceram imersos num clima de confusão[123].

Na primitiva perspectiva islâmica, os conceitos de vida e de morte

117. *Corão*, XV, 29; XXXII, 9; XXXVIII, 72.

118. *Corão*, XVII, 85.

119. *Corão*, III, 185.

120. *Corão*, XXXVI, 78-79; XXI, 104; XXIII, 14; XXIX, 20; LIII, 47; LVI, 61. Os textos *pahlavis* da Pérsia pré-islâmica referem-se à ressurreição nos termos de uma *recriação*; Avicena emprega este termo na "Dedicatória", no cap. II, e no cap. VII da *Epístola do Retorno*; cf. trad. F. Lucchetta, *op. cit.*, pp. 14, 22, 224 respectivamente; cf. *ibidem*, p. XX, n. 5.

121. Sobre o tema da ressurreição dos corpos na doutrina de Avicena, ver M. M. Anawati, "Un cas typique de l'ésotérisme avicennien: sa doctrine de la résurrection des corps", *Revue du Caire*, n. 141, 1951, pp. 68-94; sobre a ressurreição dos corpos e a vida futura no Islão, ver L. Gardet, *Dieu et la Destinée de l'Homme*, pp. 233-289.

122. Na *Epístola do Retorno*, Avicena emprega os vocábulos *rūh* e *nafs* como sinônimos no sentido de "alma espiritual". Ver F. Lucchetta, "Introdução", *op. cit.*, p. XXI, n. 1, sobre os diferentes significados de *rūh* e *nafs* na história do pensamento islâmico.

123. Nos primórdios do Islão, as questões propriamente filosóficas eram estranhas à ortodoxia muçulmana. A indagação sobre a natureza do espírito (*rūh*) não era permitida, sendo sua ciência reservada somente a Deus; cf. L. Gardet, *Dieu et la Destinée de l'Homme*, p. 246; sobre os conceitos de vida e de morte, ver *ibidem*, p. 239.

não eram simples. Para cada homem, haveria vidas intermitentes com intervalos de mortes não definitivas, sem que isso lhe acarretasse a perda da individualidade[124]. Inicialmente, a morte era concebida como um amortecimento do composto físico, semelhante ao que ocorre no sono profundo: "O dia em que ele vos chamar, respondereis a ele com louvor e crereis de haver permanecido pouco tempo em vossos túmulos"[125].

As primeiras discussões do *kalām* pareciam concentrar-se no problema da justiça divina e nas retribuições da vida futura, temas que levantavam questões relativas à liberdade e à responsabilidade humanas diante da onipotência divina. Mais tarde, os *mu'tazilitas*, sob a influência dos textos gregos traduzidos em Bagdá, inspiraram-se em Platão, em Aristóteles, no atomismo, no estoicismo e na medicina grega, sobretudo em Galeno, para definir a natureza da alma humana[126]. Todavia, permanecem tímidas as tentativas na elaboração de uma teoria antropológica, sem conseguir atingir uma possível síntese racional. Seus esforços parecem concentrar-se mais no "*status* jurídico" do crente, do pecador e do infiel.

O *kalām* tradicional (especialmente os *ash'aritas*) adotou uma tese *mu'tazilita* que afirma serem a alma e o corpo princípios distintos. Ambos seriam de natureza corpórea, material, mas a alma seria de uma substância mais sutil do que a do corpo. Na ocasião, a linha dominante do *kalām*, próxima do atomismo, defendia a teoria segundo a qual corpo e alma são compostos por átomos descontínuos e recriados incessantemente por Deus. Na tentativa de conciliar a teoria atomista com as teorias estoicas e platônicas, a tese do "corpo sutil" passou a caracterizar as concepções dos *ash'aritas* "modernos" que retornavam às posições primitivas do *kalām*[127]: o espírito é um "corpo sutil" que se mistura ao corpo sensível, "como linfa à planta". Recusaram-se assim a fazer do espírito humano (*rūh*) uma substância puramente imaterial e negaram à alma qualquer sobrevida, pois acreditavam que os dois

124. Ver o capítulo IV da *Epístola do Retorno* sobre a individualidade permanente do ser humano em Avicena. Parece que, para al-Fārābī, a imortalidade pessoal era incerta; ver I. Madkour, *La Place d'al-Fārābī dans l'École Philosophique Musulmane*, p. 129; S. Munk, *Mélanges de philosophie juive et arabe*, Paris, 1955, pp. 347-349; é sabido que Averróis a negava. Ver a semelhança entre *ma'ād* e o *rujū'* neoplatônico analisada por T. J. de Boer, "Rudjū' ", *Encyclopédie de l'Islam*, III, 1936, pp. 1250-1253.

125. *Corão*, XVII, 52. *Corão*, II, 154, deixa em aberto a possibilidade de uma permanência da alma após a morte do corpo físico: "Não digais dos que foram mortos pela causa do Senhor 'estão mortos'. Não! Estão vivos, mas vós não o percebeis."

126. Cf. Albert N. Nader, *Le Système Philosophique des Mu'tazila*, pp. 268-279.

127. Diante das conclusões espiritualistas dos *falāsifa*, alguns *ash'aritas* "modernos" admitiam que a alma permanecia no túmulo à espera do Julgamento. Os *ash'aritas* "antigos" negavam essa permanência. Todavia, os *ash'aritas* "modernos", querendo salvaguardar a natureza do "corpo sutil", defrontaram-se com a dificuldade de explicar a imortalidade de uma alma considerada ainda material. Cf. L. Gardet, *Dieu et la Destinée de l'Homme*, pp. 243-247; cf. F. Lucchetta, "Introdução", *op. cit.*, p. XXIII, n. 1.

princípios seriam corporais, um sensível e o outro sutil, e a diferença entre eles estaria em que o primeiro se refere aos sentidos e o segundo lhes escapa. Para os seguidores do *kalām* primitivo, morte e ressurreição são concomitantes para a alma e para o corpo[128].

A linha de pensamento dos espiritualistas – *shī'itas*, alguns *mu'tazilitas* e os *falāsifa* (sobretudo Avicena e al-Ghazzālī) – reservava ao homem dois princípios de natureza distinta. As influências cristãs, platônicas, neoplatônicas, as crenças masdaicas e, sobretudo, as análises aristotélicas sobre a alma refletiram no ambiente islâmico a concepção dualista da natureza humana que atribuía ao princípio espiritual (*rūh* e *nafs*, espírito e alma empregados como sinônimos) a eternidade depois da separação do corpo físico[129].

6.3.3. Avicena Demonstra que a Lei Revelada é um Discurso Alegórico

Ao refutar a tese dos que admitem somente a ressurreição do corpo físico, Avicena concentra suas críticas às posições dos teólogos (*mutakallimūn*), os quais se prendem ao sentido literal das passagens corânicas que tratam da ressurreição dos corpos. Essa posição tradicionalista concebe o homem como corpo, nega nele a existência de uma alma espiritual, porque o "estar vivo" é como um acidente do corpo[130]. Uma vez que esses teólogos fundamentam suas opiniões no sentido literal da Lei revelada, Avicena estabelece, desde o início, um princípio de extrema gravidade: a Lei revelada se dirige ao povo.

> No que se refere à Lei revelada, é preciso que se conheça nela um só cânone, <é preciso reconhecer> que o objetivo da Lei revelada e da religião dada pela boca de um dos profetas é o de falar a todo o povo[131].

Faz-se necessária a linguagem antropomórfica do *Corão* para que a Lei seja compreendida pelo homem comum, visto que é dirigida a todos. Se a Lei não tivesse esse caráter de divulgação não seria a palavra de uma verdadeira religião, fruto celeste, mas sim uma filosofia como a dos maniqueus e a dos dualistas:

> Aquele que [...] recebeu o reto julgamento do sábio e purificou a substância de

128. Cf. L. Gardet, *La Destinée de l'Homme*, pp. 242-243; cf. F. Lucchetta, "Introdução", *op. cit.*, pp. XXII-XXIII, n. 3; cf. A. N. Nader, *Le Système Philosophique des Mu'tazila*, pp. 29-31 e pp. 270-273, sobre al-Nazzām, *mu'tazilita* de Basra, que tentou conciliar as teorias atomistas com o estoicismo e o platonismo.

129. Cf. F. Lucchetta, "Introdução", *op. cit.*, pp. XXI-XXIII.

130. Avicena, *Epístola do Retorno*, caps. II; III, parte I; trad. F. Lucchetta, pp. 22 e 42.

131. *Ibidem*, cap. III, parte I, p. 42.

sua alma de modo a não participar na negação daquilo que não aprova na letra e <não participar> no desprezo àquilo que não consegue esclarecer o objetivo oculto, encontra na intenção da Lei revelada[132], quando esta chega nessa forma, uma das maiores provas de sua <verdade> e, ao contrário, pensa que o chegar da Lei revelada na forma de verdade explícita, ou em exemplos que não concordam com o que é habitual e conhecido <do povo>, como ocorre com a Lei religiosa dos *magos* e dos *maniqueus*, seja a maior prova da sua falsidade e da ausência nela de um apoio celeste[133].

A linguagem metafórica da Lei revelada é, para Avicena, prova de sua veracidade universal porque facilita a sua compreensão. Se a Lei fosse revelada de modo filosófico, com categorias racionais, não poderia dirigir-se a toda a gente; seria mais uma filosofia do que uma verdadeira religião, embora se apresentasse com símbolos de difícil aceitação, como é o caso da doutrina dos magos e dos maniqueus. O homem comum que desconhece o significado oculto da Lei revelada tenderia a negá-la ou a desprezá-la; por conseguinte, para que a palavra divina seja compreendida, aceita e obedecida, faz-se absolutamente necessário o emprego de uma linguagem antropomórfica[134].

O dogma da unidade divina (*tawhīd*) não tem, no *Corão*, um enunciado racional, pois as mentes dos homens comuns não o teriam compreendido, o que possivelmente os levaria até a negá-lo. Como poderia a palavra divina exprimir-se, senão metaforicamente, em questões de tão difícil compreensão? A resposta de Avicena segue uma antiga tradição que pressupõe a distinção entre dois níveis de conhecimento, tradição que remonta à seguinte passagem de Platão nas *Leis*, Livro I, 625b:

Como é natural, nessa época ocorre um calor sufocante; ao longo do caminho, há lugares sombreados sob as árvores; e, nessa idade, seria para nós conveniente fazer paradas frequentes e, desse modo, confortando uns aos outros, completar a viagem com facilidade.

Já al-Fārābī assentira a essa tradição ao comentar as palavras de Platão:

Platão menciona os ciprestes; recorda o caminho e suas estações que estavam sendo percorridos por seu interlocutor e inquiridor. Muitos acreditaram que esse <procedimento> contivesse noções mais penetrantes: que por "árvores" ele pressupunha "homens", e noções similares <igualmente> difíceis, forçadas e polêmicas, as quais tomariam muito tempo para serem explicadas. Mas o fato não é como pensam. Antes, ele (Platão) pretendia desse modo prolongar o seu discurso e estabelecer um elo entre o significado literal da discussão e a coisa que lhe correspondesse, embora estivesse se referindo a outros assuntos para ocultar sua intenção, sendo este o seu <real> propósito[135].

132. Isto é, de dirigir-se ao povo.
133. Avicena, *Epístola do Retorno*, cap. III, parte I, *op. cit.*, pp. 72-74.
134. *Ibidem*, p. 74, n. 2.
135. Al-Fārābī, *Plato's Laws*, trad. Muhsin Mahdi *in Medieval Political Philosophy: a Sourcebook*, Canadá, 1963, pp. 85-86.

Herdeiro dessa tradição, Avicena crê que a verdade da Lei revelada se expressa por meio de imagens sensíveis, físicas, apenas para os homens comuns, pois, nos significados ocultos das figuras alegóricas e metafóricas[136], o sábio e o filósofo saberão colher as verdades eternas[137].

136. Recorde-se que, na terminologia técnica da exegese corânica, o sentido literal, aparente (*zāhir*), contrapõe-se ao sentido interno, oculto (*bātin*), do qual se apreende o significado sob a metáfora ou figuração (*majāz*) mediante uma interpretação (*ta'wīl*). Os primeiros doutores do Islão professavam exclusivamente o sentido aparente ou literal das palavras do *Corão*. Mais tarde, o racionalismo dos *mu'tazilitas* defendeu a interpretação do sentido metafórico emprestado (*isti'āra*) sobretudo dos versos antropomórficos. (O *Corão* menciona a "mão de Deus": III,73; V,64; XLVIII, 10; fala de seu "rosto": II, 115, 272; XIII, 22; de Deus, que vem "na sombra da nuvem": II, 210; de sua "vinda": LXXXIX, 22; de sua "partida": II, 17, 20; XXIII, 18; de seu "riso": LIII, 43; de seu "pudor": II, 26; XXXIII, 53; de sua "cólera": IV, 93; XLVIII, 6; LVIII, 14; LX, 13; cf. F. Lucchetta, *op. cit.*, p. 48, n. 4.) Na busca de uma solução intermediária, os *ash'aritas* aceitaram o sentido literal das imagens antropomórficas contidas no *Corão*, mas afirmaram ignorar o significado que Deus lhes havia dado. Na *Epístola do Retorno*, Avicena parece expor a posição de Ash'arī, segundo a qual o *Corão* deve ser interpretado no seu sentido aparente, salvo encontrar-se uma prova do significado metafórico, a qual poderia ser esclarecida somente por gramáticos e filólogos da língua árabe, os únicos capazes de distinguir o sentido metafórico do literal. A tradicional polêmica entre "metafóricos" e "literalistas" foi alimentada por discussões de teólogos que queriam demonstrar como o uso de imagens antropomórficas, no *Corão*, corresponde à tendência da própria língua árabe ao discurso figurado. Esses teólogos acreditavam encontrar na gramática e no estudo da linguagem o critério de interpretação da Lei revelada. Cf. F. Lucchetta, *op. cit.*, p. XXV-XXVI; L. Gardet & M.-M. Anawati, *Introduction à la Théologie Musulmane*, Paris, 1981, 3ª ed., pp. 211, 395-400; R. Arnaldez, *Grammaire et théologie chez Ibn Hazm de Cordue*, Paris, 1956, pp. 26-27.

137. Cf. I. Madkour, *La Place d'al-Fārābī dans l'école philosophique musulmane*, pp. 181-196; L. Gardet, "Le problème de la philosophie musulmane", *Mélanges offerts à Etienne Gilson*, Paris, 1959, pp. 261-284. A distinção entre conhecimento filosófico e conhecimento religioso vai se estender no "averroísmo latino". Cf. F. Lucchetta, *op. cit.*, p. XXV, n. 4.

Parte II

O Conhecimento

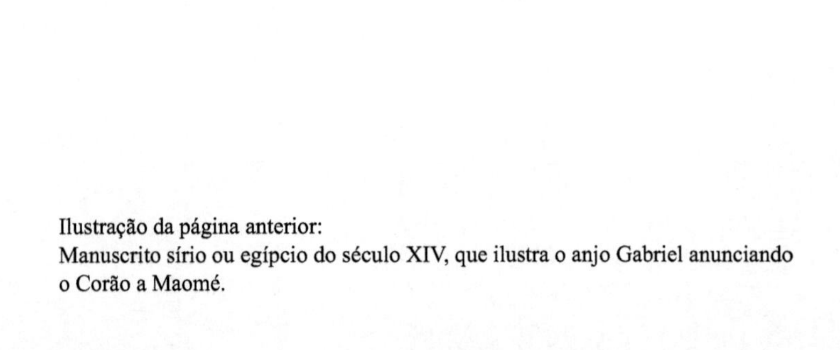

Ilustração da página anterior:
Manuscrito sírio ou egípcio do século XIV, que ilustra o anjo Gabriel anunciando o Corão a Maomé.

Para aquele que segue o rumo em busca da sabedoria, Deus remove os obstáculos do caminho que conduz ao Paraíso.

Hadīth do Profeta

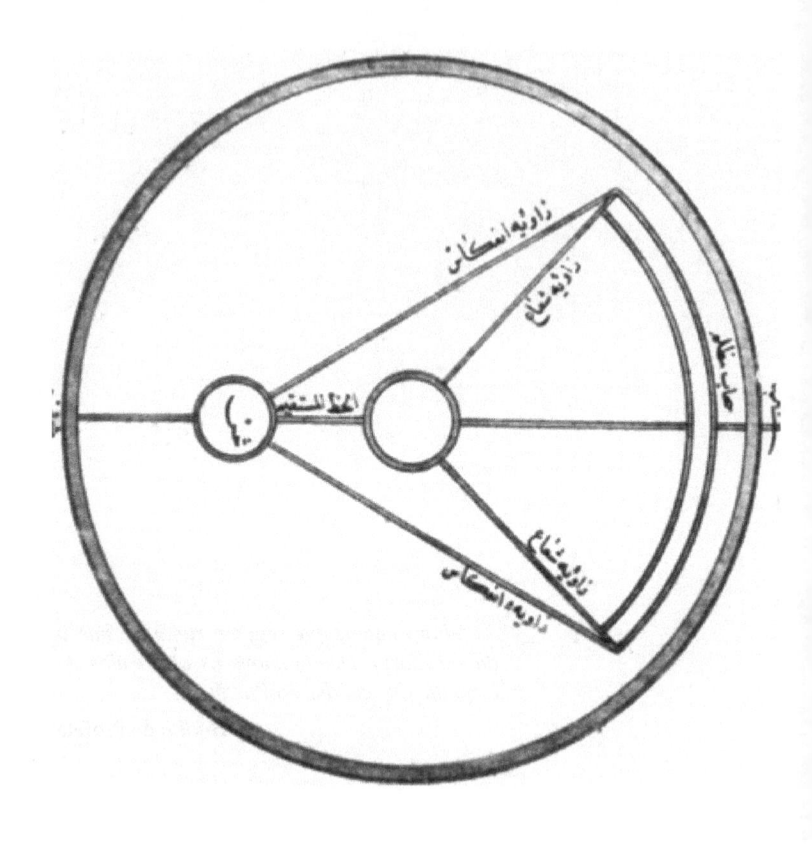

Ilustração da explicação do arco-íris, de Avicena. Manuscrito turco do século XVI.

1. Classificação das Ciências

Os séculos IX e X viram o nascimento e o desenvolvimento da ciência árabe sob o impacto da influência de Aristóteles. A noção de ciência formou-se entre os árabes após a circulação dos livros aristotélicos *Física* e *Da Geração e Corrupção*, seguidos por *De Caelo* e *Os Meteorológicos*. O *corpus* aristotélico fora traduzido em Bagdá por uma equipe dirigida por Hunayn ibn Ishāq (m. 893) e da qual participaram sobretudo seu filho Ishāq (m. 911), Yahyā ibn al-Bitrīq, 'Abū Bishr Mattā ibn Yūnis, Thābit ibn Qurrah al-Harrānī, 'Abū 'Uthmān Sa'īd ibn Ya'qūb al-Dimashqī, Ibrāhim ibn 'Abd Allāh al-Kātib, Qūsta ibn Lūqā e Yahyā ibn 'Adī, segundo o catálogo de al-Nadīm, *Fihrist*. Assim, com a divulgação dos tratados de Aristóteles, foi introduzido em ambiente islâmico o método de composição científica, aceito até hoje, pois até então as composições em língua árabe inclinavam-se apenas para a expressão literária com grande ênfase na exaltação da musicalidade da língua. Anterior à difusão dos textos aristotélicos em terra do Islão, não é constatada a existência de uma literatura voltada para a sistematização e classificação de dados, tampouco é registrada qualquer organização do pensamento na chave do método indutivo. Al-Jāhiz (m. 868), autor de uma copiosa obra, *O Livro dos Animais*, ilustrou o estilo de composição em voga, caracterizado pela exuberância e pelo ecletismo[1].

Na tradição clássica, a sistematização das ciências gerada na

1. Cf. Majid Fakhri, "Aristote et l'avènement de la science arabe", *Penser avec Aristote*, ed. M. A. Sinaceur, Unesco, 1991, p. 809; cf. Abdurrahmān Badawi, *La Transmission de la Philosophie Grecque au Monde Arabe*, Paris, J. Vrin, 1987.

escola de Aristóteles cristalizou-se a partir do século I a.C., quando Andrônico de Rodes editou o conjunto das obras aristotélicas. Para ordenar os manuscritos do Estagirita, Andrônico seguiu o critério taxionômico concebido por Aristóteles para distribuir as ciências e deu como pressuposta a correspondência da divisão das obras com a divisão do saber.

A partir da tradução do comentário de João Filopono da *Isagogé* de Porfírio[2], a codificação aristotélica das ciências ingressou no mundo árabe e dominou as discussões entre seus letrados, desde al-Kindī (800-870) até Ibn Khaldūn (m. 1406).

Com a edição das obras aristotélicas por Andrônico de Rodes, configura-se o *tratado* – gênero de composição adotado pelo mestre de Estagira para expor suas idéias, substancialmente diverso daquele de seus predecessores. O tratado é uma obra autônoma organizada em livros ou segmentos, cada qual com título e tema específicos. A sistematização do saber, e conseqüentemente do discurso científico, levou Aristóteles a inventariar as ciências de acordo com o objeto específico de cada uma delas. Porém, como frisa Augustin Mansion em *Introduction à la Physique Aristotélicienne*, o espírito flexível de Aristóteles levou-o a considerar o mesmo objeto de estudo sob diferentes pontos de vista, o que lhe permitiu adotar esquemas distintos para organizar os diversos ramos do saber. Nas obras do Estagirita, as referências taxionômicas às ciências são poucas e, assim mesmo, divergentes[3]. Mais adiante nos deteremos na divisão tradicional que prevaleceu – ciências teoréticas, práticas e poéticas –, exemplificada em diferentes épocas[4] e obras.

Historicamente, a influência de Aristóteles na concepção científica do saber entre os árabes tem um outro fator de relevância: a introdução de uma conceituação verdadeiramente científica da natureza[5]. Até então, os fenômenos naturais eram interpretados como resultantes de forças transcendentes e invisíveis, e sua significação e compreensão pertenciam ao domínio da magia, da astrologia, da teurgia e da teologia. Em razão da obscuridade inerente a alguns fenômenos naturais, o

2. Cf. Harry Austryn Wolfson, "The Classification of Science in Medieval Jewish Philosophy", *Studies in the History of Philosophy and Religion*, USA-London, Harvard Univ. Press, 2ª ed., 1979, p. 494.

3. A divisão tripartite da ciência em ética, física e lógica surge de maneira indireta em *Tópicos*, I, 14, 105b 19-25: "[...] dizemos haver três espécies de proposições e de problemas. As proposições são, umas, proposições éticas, outras, proposições físicas e outras, proposições lógicas." No mesmo tratado (VI, 6, 145a 15-18), Aristóteles menciona a divisão "tradicional": a ciência "diz-se teorética, poética e prática" e (VIII, 1, 157a 10-11): "[...] umas ciências são teoréticas, outras práticas, e outras poéticas". Zeller propôs uma divisão quadripartite correspondente aos quatro grupos principais dos escritos filosóficos deixados por Aristóteles, cf. A. Mansion, *Introduction à la Physique Aristotélicienne*, Louvain-Paris, J. Vrin, 1945, p. 39, n. 3.

4. Aristóteles, *Metafísica*, VI, 1, 20; sobre as diferentes ciências, cf. *Met.*, XI, 7.

5. Cf. Majid Fakhri, *op. cit.*, p. 810.

exame desses sinais incompreensíveis atribuía sua origem a poderes extraterrenos e sobrenaturais. Assim, estrelas, anjos, *jinns* e até mesmo o próprio Deus eram considerados os "produtores" desses fenômenos. É de se crer que a concepção fatalista da realidade física esteja sob o signo dessa visão de mundo.

Com a conceituação de ciência da natureza (*physiké epistéme*) como ciência que trata da "substância que tem em si mesma o princípio do movimento e do repouso"[6], Aristóteles concebe a noção de causalidade física e impõe a busca dos princípios de explicação e sua submissão a leis gerais. Inaugura-se, assim, o modelo de investigação científica e racional dos fenômenos naturais atribuídos a uma causa, modelo válido por dois milênios até ser desmontado pela física dos séculos XIX e XX[7].

Porém, continuaram existindo – e existem até nossos dias – limites indefinidos entre uma concepção científica da realidade física e a atribuição dos fenômenos naturais à esfera do sobrenatural. Como veremos, o próprio Avicena esforça-se por conceder em sua taxionomia das ciências um espaço generoso aos ramos do conhecimento que lidam com o desconhecido.

1.1. A CLASSIFICAÇÃO DAS CIÊNCIAS EM ARISTÓTELES

Resumimos aqui algumas linhas sobre o complexo tópico da divisão das ciências, apenas para apresentar um quadro referencial da tradição filosófica recebida pelos árabes.

Nas primeiras linhas da *Metafísica*, Aristóteles afirma a predisposição "natural" (*phýsei*) da totalidade dos homens para o conhecimento (*toû eidénai*). O prazer que os sentidos nos proporcionam, em especial a visão, desperta a evidência da diversidade das coisas. Observar o mundo à sua volta, espantar-se e admirar-se com a multiplicidade das coisas, levou os gregos a perceber a necessidade de escapar da ignorância e a buscar, na filosofia, as respostas às suas indagações. Dirigir o pensamento para algo que excedia os limites do que era apenas útil, contemplar o maravilhoso (*thaûma idésthai*), adquire, no espírito investigador de Aristóteles, o sentido da genuína curiosidade jônica para conhecer as causas (*aitíai*) das coisas e dos acontecimentos. Embora o desejo de conhecer seja natural nos homens, o que os conduz a filosofar é o impulso brotado em suas almas para resolver uma contradição inicialmente insolúvel (*aporía*)[8]. Do espanto e admiração iniciais,

6. Aristóteles, *Metafísica*, VI, 1, 1025b 19-21.

7. No século XIX, com a noção de probabilidade aplicada à teoria cinética dos gases, devida a Maxwell e Boltzmann; no século XX, o princípio de causalidade sofre o golpe decisivo com o desenvolvimento da física subatômica e com a descoberta do princípio de indeterminação por Heisenberg.

provocados pela observação direta das coisas[9], surgem espantos e admirações que se sucedem no movimento do pensar "constrangido pela força da verdade e pela necessidade de acompanhar os fenômenos"[10]. No diálogo de Aristóteles com seus predecessores, na seqüência de respostas às diferentes aporias, surgem novas informações que, por sua vez, apresentam outras aporias. Nesse movimento incessante da procura da verdade, o mestre estagirita constrói o modelo da investigação científica, que, mais tarde, foi transformado pelos alexandrinos da Antigüidade tardia na classificação das ciências como totalidade do saber.

Platão não menciona a distinção entre ciências teoréticas e práticas. Muitas vezes empregada no sentido de dialética, na filosofia platônica a lógica é ainda sinônimo de metafísica[11]. No *Político* 258e, Platão faz menção à divisão bipartite da ciência em prática (*praktiké*) e teórica (*gnostiké*), o que, provavelmente, influenciou seu jovem discípulo Aristóteles[12]. Este, em seus escritos mais antigos, divide as ciências em produtivas ou práticas, disciplinas que têm por objeto o estudo da ação independentemente da produção de um efeito exterior[13], contrapostas ao grupo das ciências teoréticas. Na divisão aristotélica que se tornou clássica, o grupo de ciências que estudam a ação foi cindido em dois, passando a vigorar a divisão tripartite correspondente à divisão das ordens do pensamento discursivo (*diánoia*): prática (*praktiké*), poética (*poietiké*) e teórica (*theoretiké*).

Aristóteles fundou a concepção de ciência que perdurou até o final do século XIX, princípios do século XX. A filosofia é o conjunto dos saberes e tem o mesmo significado da ciência. A filosofia – ou ciência – investiga os princípios, as causas e a natureza dos seres, seus objetos de estudo. A finalidade do conhecimento ou da ciência (*epistéme*) e da

8. Cf. Pierre Aubenque, *O Problema do Ser em Aristóteles*, *in* Marilena de Souza Chaui, *Introdução à História da Filosofia*, vol. I, São Paulo, Brasiliense, 1994, p. 232.

9. Aristóteles, *Metafísica*, II, 2, 982b, pp. 13 ss.

10. Cf. Marilena de Souza Chaui, *op. cit.*, p. 232.

11. Cf. Harry Austryn Wolfson, "The Classification of Science in Medieval Jewish Philosophy", *op. cit.*, p. 493.

12. Sobre a influência de Platão na classificação aristotélica das ciências, ver Augustin Mansion, *Introduction à la Physique Aristotélicienne*, Louvain-Paris, J. Vrin, 1945, pp. 127 ss.

13. Aristóteles, *Ética a Eudemo*, I, 5, 1216b 10-19: "Em verdade, isto verifica-se nas ciências contemplativas: de fato, não há nenhum outro objetivo da astrologia, nem da ciência da natureza, nem da geometria além do conhecer e observar a natureza dos argumentos especiais das ciências; no entanto, nada impede que, acidentalmente, essas ciências possam nos ser úteis em muitas necessidades. Entretanto, o objetivo das ciências práticas é diverso dos da ciência e do conhecimento: por exemplo, a saúde é o objetivo da medicina, o bom governo ou algo semelhante o é da política"; no mesmo tratado, II, 11, 1227b 28-33, Aristóteles menciona a divisão bipartite em ciências noéticas ou teoréticas e as práticas. A mesma divisão aparece em *Ética a Nicômaco*, VII, 5, 1147a 26-31; *Metafísica*, I, 2, 982b 11-21; XII, 9 1075a 1-3.

ação (*práxis* e *poíesis*) é apresentada em conjunto com os princípios de cada ciência. Os princípios e as causas dos objetos investigados diferem na medida em que a natureza dos seres e dos objetos investigados são distintos. Sobre essa diferença básica, a classificação dos ramos do saber vai se consolidar, com Aristóteles, em ciências teoréticas, práticas e produtivas.

Na *Metafísica* VI, 1, 1025b 25, Aristóteles parte do princípio de que todo pensamento discursivo (*diánoia*) é de ordem prática (*praktiké*), produtiva (*poietiké*) ou teórica (*theoretiké*). Dependendo do objeto ao qual o pensamento discursivo se dirige, este pertencerá a uma das três ordens, a saber, será *poiético* se dirigir-se às coisas que resultam da atividade produtiva do homem; será prático, se considerar as ações do homem realizadas por desejo e escolha deliberados[14]. Aristóteles não define o pensamento teórico, mas menciona a física como ciência teórica, porquanto ela se ocupa das substâncias que têm nelas próprias o princípio de movimento[15]. As coisas que se referem à ordem *poiética* têm sua causa na inteligência, na arte ou em alguma outra faculdade do homem, desde que se originem da ação produtiva humana, o que as faz diferir das coisas de ordem prática, pois estas são derivadas da livre escolha de sua vontade. Segundo Augustin Mansion, nessa argumentação Aristóteles visa "a identidade real ou simplesmente possível entre o agente – que tem o poder de fazer aparecer os fenômenos (de ordem *poiética* e prática) – e o sujeito pensante que os considera"[16]. Os conhecimentos prático e *poiético* dirigem-se respectivamente à ação e à produção que o homem realiza ou não. Quanto ao conhecimento teórico, ele visa à coisa que existe independentemente do sujeito que a estuda e restringe-se à contemplação da verdade[17].

O grupo das ciências teoréticas, subdividido em três "filosofias", compreende a física, as matemáticas e a metafísica, sendo esta última denominada por Aristóteles "filosofia primeira" ou "ciência teológica".

14. Aristóteles, *Ética a Nicômaco*, VI, 1139b: "[...] A origem da escolha está no desejo e no raciocínio dirigido a algum fim. [...] O pensamento por si mesmo, todavia, não move coisa alguma, mas somente o pensamento que se dirige a um fim e é prático; realmente, esta espécie de pensamento dirige também a atividade produtiva, já que qualquer pessoa que faz alguma coisa a faz com vistas a uma finalidade."

15. Aristóteles, *Metafísica*, VI, 1, 1025b 18-28.

16. Cf. Augustin Mansion, *op. cit.*, p. 42. O autor afirma que a tripartição da filosofia teorética em física, matemática e teologia só tem sentido se compreendida no interior da estrutura platônica, e dificilmente mantém seu sentido na fase não platônica da filosofia de Aristóteles, cf. *ibidem*, pp. 122-195.

17. Aristóteles, *Ética a Nicômaco*, VI, 2, 1139a-b: "quanto ao pensamento contemplativo, que não é nem prático nem produtivo, o bom e o mau funcionamento são respectivamente a percepção da verdade e a impressão da falsidade [...] enquanto o bom funcionamento da inteligência prática é a percepção da verdade conforme ao desejo correto." Cf. *Metafísica*, II, 1, 993b 20-21: "E também é justo que a filosofia seja denominada ciência da verdade; pois o fim da ciência teórica é a verdade, e o da ciência prática, a obra".

O princípio condutor para determinar essas ciências é o movimento, e Aristóteles afirma que os seres se diferenciam pela presença ou ausência de movimento[18]. Assim, a física ocupa-se dos entes suscetíveis de movimento, cuja essência, concebida pelo pensamento, não pode ser separada da realidade física; as ciências matemáticas ocupam-se dos entes imóveis, que, todavia, não podem existir separados da matéria, e, por fim, a metafísica ou filosofia primeira investiga os entes que são, ao mesmo tempo, imóveis e separados da matéria.

O que distingue a física das matemáticas, visto que ambas tratam de entes que se relacionam com a matéria? Conquanto as matemáticas tratem dos entes imóveis, elas tratam apenas das formas desses entes que, de fato, estão presentes somente em potência na matéria, isto é, embora esses entes não tenham uma existência física separada, eles podem ser estudados ao serem abstraídos da matéria. Fazem parte das ciências teoréticas matemáticas: a aritmética, a geometria, a música e a astronomia[19].

A lógica ficou excluída desse esquema, pois era considerada uma disciplina propedêutica, ou seja, empregada como instrumento auxiliar para todas as outras ciências.

A classificação das ciências em Aristóteles, no entanto, é um tema bem mais complexo. Não pretendemos desenvolver aqui a problemática da divisão aristotélica do conhecimento teorético, pois este é um objeto que justifica um estudo à parte. Entretanto, faz-se necessário indicar alguns pontos importantes, em razão de sua transmissão.

A clássica divisão tripartite do conhecimento especulativo em teologia, matemática e física que encontramos na *Metafísica* VI, 1, 1026a 6-19 e XI, 7, 1064b 1-3, e a distinção entre as matemáticas e a física exposta na *Física* II, 2, 193b 22-36[20], remetem à tripartição platônica da essência (*ousía*) em idéias (inteligíveis), entes matemáticos e entes sensíveis. Na *Metafísica* IV, 2, 1004a 2, Aristóteles afirma existirem tantas partes da filosofia quantas são as substâncias (*ousíai*), afirmação que aproxima o Estagirita de Platão[21]. Já na *Física* II, 7, 198a 29-31, Aristóteles indica três ordens de conhecimento: "uma sobre as coisas

18. Cf. Marilena de Souza Chaui, *op. cit.*, p. 247.

19. Amônio Hérmias (século V-VI d.C.), discípulo de Proclo e comentador da Escola de Alexandria, dividiu as matemáticas em aritmética, geometria, astronomia e música, classificação adotada pelos escolásticos e conhecida por *quadrivium*. Cf. Harry Austryn Wolfson, "The Classification of Science in Medieval Jewish Philosophy", *op. cit.*, p. 493.

20. *Ética a Nicômaco*, VI, 9, 1142a 17-18: Aristóteles indica que "os objetos da matemática existem por abstração, enquanto os primeiros princípios relativos às outras esferas do conhecimento mencionadas vêm com a experiência".

21. Para uma análise detalhada sobre o lugar das matemáticas no sistema de Aristóteles e sua relação com o platonismo, ver Philip Merlan, *Dal Platonismo al Neoplatonismo*, Milano, Vita e Pensiero, 1990, pp. 119 ss.

imóveis, a outra sobre as coisas móveis e incorruptíveis, e a outra sobre as coisas corruptíveis", o que significa que à primeira ordem relacionam-se os "objetos" da teologia, eternos e imóveis; a segunda esfera de conhecimento trata dos "objetos" da astronomia, eternos e móveis, e a terceira estuda os "objetos" da física, corruptíveis e móveis. Essa divisão corresponde à divisão apresentada na *Metafísica* XII, 1, 1069a 30; 6, 1071b 3, na qual Aristóteles descreve as três espécies de substância (*ousía*): "duas são sensíveis, sendo uma eterna e a outra perecível" e "a terceira é a substância imóvel", que "pertence a uma ciência distinta" da física, pois a esta pertencem os "objetos" das duas primeiras, aqueles que "contêm movimento"[22]. Note-se que a astronomia – ciência que trata dos "objetos" cuja substância é "sensível e eterna" – permanece aqui subordinada à física.

Contudo, Philip Merlan afirma que, nessa passagem, assim como na *Física* II, 7, 198a 29-31, Aristóteles indica a astronomia como ciência intermediária entre a teologia e a física[23], e o intérprete vienense utiliza-se do comentário de Alexandre de Afrodísia (século II-III d.C.) sobre a passagem da *Metafísica*, IV, 2, 1004a 2, em que Aristóteles afirma que "deve haver tantas partes da filosofia quantas são as espécies de substância (*ousía*)", para, enfim, concluir que é a astronomia, antes da matemática, a ciência intermediária da filosofia teorética. Merlan vai mais adiante em sua análise, pois afirma que Alexandre de Afrodísia, "lá onde pode, elimina do sistema de Aristóteles a matemática como ramo da filosofia teorética"[24], e ainda observa que Averróis, o Comentador, "procurou preservar o caráter aristotélico da tripartição da filosofia completada por Aristóteles, concedendo, porém, preferência à passagem da *Física*, evidentemente porque era conhecedor do fato de que a tripartição, apresentada na *Metafísica*, era de cunho platônico"[25].

1.2. A CLASSIFICAÇÃO DAS CIÊNCIAS EM ALEXANDRIA

A Escola de Alexandria inscreve-se numa tradição diversa da de Atenas. Quando o Egito se tornou reino autônomo em 305 a.C., Ptolomeu I Sôter, interessado em recolher a tradição cultural do antigo império de Alexandre Magno, fundou em Alexandria o vasto centro de estudos que, a exemplo dos pitagóricos, ficou conhecido por *Museu* (*Musaíon*) em honra às musas inspiradoras[26]. Chamou à sua corte

22. Aristóteles, *Metafísica*, Ed. Globo, pp. 249-250.

23. Philip Merlan, *op. cit.*, p. 121.

24. *Ibidem*; ver H. A. Wolfson, "The Classification of Science in Medieval Jewish Philosophy", *op. cit.*, p. 513: o autor indica que Gershon ben Solomon de Arles lida com as três partes da filosofia teorética de Aristóteles, física, matemática e metafísica, porém, "na matemática ele se restringe à astronomia".

25. Philip Merlan, *op. cit.*, p. 122.

homens célebres pela cultura e, aconselhado por Demétrio de Falero (século IV a.C.), discípulo de Teofrasto, procurou seguir o exemplo do Perípato em Atenas. O *Museu* oferecia oportunidades aos pensadores, e muitos peripatéticos transferiram-se de Atenas para Alexandria, trazendo consigo o material que, mais tarde, formou a famosa biblioteca com 700.000 volumes. Do período entre o século III e a primeira metade do século II a.C., desenvolveu-se no *Museu* uma intensa atividade que se propagou nas regiões dominadas pela civilização helênica, nas quais, procurando imitar a escola alexandrina, construíram-se importantes centros e bibliotecas como os de Pella, na Macedônia, de Antioquia, na Síria, e de Pérgamo[27], na Ásia Menor.

Talvez, por razões políticas que na época não permitiam a discussão filosófica nos mesmos termos em que era conduzida em Atenas, o espírito de investigação em Alexandria tivesse favorecido o desenvolvimento de um determinado tipo de conhecimento voltado para as ciências particulares como a matemática, a geometria, a medicina, a astronomia, a geografia, a mecânica, e assim por diante[28]. Nessa escola desenvolveram-se descrições e classificações de dados recolhidos da observação direta, inaugurou-se a "filologia" que se ocupava da gramática e da edição de textos; no domínio das ciências "exatas" e das ciências da natureza, Alexandria deve ao *Museu* o fato de ter sido o mais rico centro de sábios da Antigüidade[29]. A despeito de ter sofrido diversos reveses – o saque durante a guerra civil de 145 a.C., o incêndio de 48 a.C. durante a campanha de César no Egito, o fechamento provisório após a conquista definitiva de Roma – a Escola de Alexandria

26. De acordo com o geógrafo Estrabão de Amásia (século I a.C.), o *Museu* "compreende um passeio, uma sala de reuniões e outra grande sala onde os filólogos, membros do *Museu*, fazem suas refeições em comum. Para a manutenção dessa coletividade, há um fundo comum e um sacerdote preposto ao *Museu*, antigamente pelos reis e agora por César." Cf. René Taton, *La science antique et médiévale*, Paris, PUF, 1994, p. 308.

27. Cidade natal de Galeno (séculos II-III d.C.), que, depois de Hipócrates, foi o maior médico da Antiguidade.

28. Ver Francesco Adorno, *La filosofia antica*, Milano, Feltrinelli, 1987, 8ª ed., p. 504: o autor faz um extenso estudo com muitas informações e dados sobre o desenvolvimento das ciências no mundo greco-romano. Cf. René Taton, *op. cit.*, p. 309: nos períodos de grande atividade, o número dos membros residentes no *Museu* parece ter atingido a centena, e os sábios eram divididos entre "filólogos" e "filósofos". Os primeiros dedicavam-se à gramática e ao estudo dos textos, sendo indiscutível o fato de a ciência da filologia ter sido fundada em Alexandria. Aos "filósofos" era dado o epíteto de "peripatéticos" ou "aristotélicos", o que sugere sua dedicação às ciências propriamente ditas, como as matemáticas, a astronomia, a geografia e a medicina. Alguns eruditos, tal como Eratóstenes de Cirene (séculos III-II a.C.), sucessor de Apolônio de Rodes na direção da biblioteca, brilharam por seu espírito enciclopédico e eram considerados tanto "filólogos" como "filósofos".

29. Consultar a obra de Francesco Adorno *supra* indicada para um maior aprofundamento do tema. Ver em René Taton, *op. cit.*, pp. 309-310, a lista dos sábios que floresceram em Alexandria, entre eles, o mais conhecido, o astrônomo Ptolomeu (século II d.C.).

manteve-se viva com a produção científica de nomes notáveis até o final do século IV d.C., quando sobreveio o seu encerramento definitivo no início do século V[30].

Na Antigüidade tardia, os alexandrinos seguiram as diretrizes anunciadas por Aristóteles na *Metafísica* VI, 1, e elaboraram o esquema da classificação das obras do Estagirita, no qual cada tratado correspondia a um campo determinado de estudo. O resultado dessa elaboração foi uma taxionomia correlata ao conjunto das ciências como totalidade do saber. Inicialmente, essa classificação teve uma função pedagógica e eminentemente descritiva. No processo de transmissão do saber, adquiriu valor normativo e passou a refletir a realidade ontológica. Em grande parte, foi transmitida para os árabes por meio das traduções siríacas e se organizou como base da instrução do Islão medieval. O sistema de educação islâmico funda-se, portanto, na tradição grega iniciada com Aristóteles, que, retomada pelos alexandrinos, foi desenvolvendo-se até chegar a constituir um elaborado sistema de classificação das partes da filosofia. Uma das mais importantes conexões entre a última geração dos sábios alexandrinos e a filosofia dos árabes foi Paulo, o Persa, um cristão nestoriano que floresceu em meados do século VI, cujas obras conhecidas em siríaco foram parcialmente traduzidas para o árabe[31].

1.3. A CLASSIFICAÇÃO DAS CIÊNCIAS NO MUNDO ISLÂMICO

No mundo islâmico, a classificação das ciências foi consolidada numa hierarquia que dominou o sistema de educação ao longo de vários séculos. O Islão tem, como intuição primeira e central, a idéia de unidade ao redor da qual se organizam as várias ciências concebidas como ramos de uma só árvore[32]. O conhecimento exclusivo de uma ciência era entendido pelos sábios muçulmanos da Idade Média como inútil ou, mesmo, ilícito[33]. Seria como destruir a harmonia e a proporção justa de um organismo. Essa harmonia foi preservada graças aos diferentes sistemas de classificação das ciências, cuja importância é

30. Hipátia, filha do matemático Teón, é a última interna do *Museu* de que temos notícias, cf. Francesco Adorno, *op. cit.*, p. 506; seu vasto saber, apoiado sobretudo em Platão e Aristóteles, deu impulso à Escola, o que provocou a ira dos cristãos, que a martirizaram em 415 d.C., cf. Giovanni Reale, *História da Filosofia Antiga*, vol. IV, Loyola, 1994, p. 599.

31. Cf. Dimitri Gutas, *Avicenna and the Aristotelian Tradition*, Leiden, Brill, 1988, p. 205.

32. *Ibidem*, p. 149, n. 1: com o emprego da metáfora dos ramos da árvore (*mushajjar*), Ibn Farīghūn (século X) elaborou uma classificação das ciências.

33. Cf. Seyyed H. Nasr, *Sciences et Savoir en Islam*, Paris, Sinbad, 1979, p. 59.

atestada pela ênfase concedida ao tema na obra dos grandes filósofos muçulmanos.

Os sábios do Islão concordavam com uma divisão básica em ciências árabes e ciências estrangeiras. No que se refere a estas últimas, os muçulmanos utilizaram, principalmente, os cânones do helenismo tardio com suas classificações, que remontam a Aristóteles e à sua escola[34]. Em terra do Islão, a tendência era subdividir cada disciplina particular em campos especializados, o que gerava a produção de incontáveis classificações. Todavia, era essencial estabelecer uma conexão lógica entre as disciplinas particulares, para que, com isso, fosse demonstrada sua inserção na estrutura do mundo[35]. Nessa perspectiva, o problema que se impunha era a relação entre as ciências oriundas de uma cultura estranha e a religião islâmica, cuja profissão de fé impunha a aceitação da existência de uma sabedoria contida nos textos religiosos. O acordo entre a fé e a filosofia determinou o desenvolvimento das ciências no mundo islâmico, cujo sistema educacional soube retirar da herança grega o necessário para seguir uma orientação original, visto que a educação voltada para assuntos religiosos exigia formas diferentes daquelas da Antigüidade clássica.

Com 'Abū Yūsuf Ya'qūb ibn 'Ishaq al-Kindī (c.796-c.873), os árabes viram surgir sua primeira classificação das ciências. A filosofia, definida pelo primeiro filósofo de língua árabe como o "conhecimento da realidade das coisas segundo a capacidade humana"[36], foi por ele dividida em dois ramos: o que serve à experiência sensível e o que emprega o conhecimento racional.

Nascido em Kūfah, no atual Iraque, entre o final do século VIII e o início do século IX, al-Kindī é considerado o primeiro filósofo muçulmano e um dos poucos filósofos de etnia árabe. Reconheceu o valor do conhecimento filosófico de seus predecessores, embora não pertencessem à fé islâmica. Foi um exímio tradutor para o idioma árabe das obras gregas existentes em siríaco, e seu mérito maior foi haver tentado um primeiro esboço de uma terminologia filosófica[37].

Al-Kindī subdividiu os tratados do *corpus* aristotélico segundo o esquema que permaneceria constante entre os filósofos do Islão: i) tratados lógicos (compreendem a *Retórica* e a *Poética*); ii) tratados físicos; iii) tratados psicológicos (compreendem os *Parva Naturalia*);

34. Cf. Franz Rosenthal, *The Classical Heritage in Islam*, London-New York, Routledge, 1992, p. 52: "Este cânone [...] deriva da divisão das ciências, familiar aos árabes, em teoréticas (matemáticas, ciências naturais, metafísica) e práticas (ética, economia, política), sendo que a definição do primeiro grupo remonta ao próprio Aristóteles, e a do segundo, à sua escola".

35. *Ibidem*, pp. 52-53.

36. Cf. Carmela Baffioni, *Storia della Filosofia Islamica*, Milano, Mondadori, 1991, p. 128.

37. *Ibidem*, p. 129.

iv) metafísica; v) ética (*Ética a Nicômaco*, *Ética a Eudemo* e *Magna Moralia*). Seguidor de Pitágoras, de cujas teorias recebeu grande influência, al-Kindī considera a matemática uma ciência propedêutica ao estudo da filosofia.

A filosofia especulativa foi por ele subdividida em quatro partes: lógica, física, psicologia e metafísica. Enquanto a lógica mantém sua qualidade de *órganon*, a série física-psicologia-metafísica corresponde à tripartição aristotélica e indica a substituição da matemática pela ciência que estuda a alma[38], pois, para al-Kindī, a psicologia é uma ciência assimilada às esferas incorruptíveis.

Al-Kindī procurou conciliar sua fé na providência divina com seus interesses e fama de astrólogo, visto que era um profundo conhecedor das doutrinas herméticas professadas pelos "adoradores dos astros", os sabeus (*sābi'ūn*) harranianos[39]. Procurou fundir o pensamento de Platão e o de Aristóteles, assim como mais tarde seria realizado por seu sucessor, al-Fārābī.

Entre os sábios muçulmanos que dividiram as ciências em dois grandes grupos, mencionemos 'Abū 'Abd 'Allāh Muhammad ibn Mūsā al-Khawārizmī (m. 980-81), célebre por sua vasta enciclopédia, *Mafātīh al-'Ulūm* (*Chaves das Ciências*), dividida em dois livros: o primeiro, dedicado às "ciências da Lei islâmica e às ciências árabes a ela relacionadas", isto é, o direito canônico (*fiqh*), a teologia especulativa (*kalām*), a gramática, a escrita, a tradição histórica, a poesia e a prosódia; o segundo, que discorre, sucessivamente, sobre a filosofia, a lógica, a medicina, a aritmética, a geometria, a astronomia e a astrologia, a música, a mecânica e a alquimia[40].

Todavia, a classificação cuja influência foi decisiva pertence a 'Abū Nasr al-Fārābī (c. 870-c. 950 d.C.): *Ihssā al-'Ulūm* (*Enumeração das Ciências*), conhecida no Ocidente na versão latina de Gerardo de Cremona[41] por *De Scientiis*. Esse tratado é de capital importância para

38. Cf. Philip Merlan, *op. cit.*, p. 149.

39. Cf. Carmela Baffioni, *op. cit.*, p. 128. Sobre a identificação entre os sabeus do *Corão* e os harranianos, ver nossa exposição na seção dedicada à *Transmissão do hermetismo na cultura árabo-islâmica medieval*.

40. Cf. Franz Rosenthal, *op. cit.*, p. 54; Cf. Henry Corbin, *Histoire de la Philosophie Islamique*, Paris, Gallimard, pp. 213-214.

41. Personagem central na transmissão da ciência árabe ao mundo latino, Gerardo de Cremona aparece, em Toledo, com o título de cônego entre 1157 e 1176. Morreu em 1187 aos setenta e três anos, conforme indica o elogio redigido por seus colegas ou alunos após a sua morte. Nesses manuscritos, após o elogio, há uma lista de setenta e uma traduções, nas mais variadas áreas, que tem sido ampliada com a descoberta de novas traduções atribuídas ao mestre. No capítulo toledano, foi colega do arcediago Dominicus Gundisalvi, um dos tradutores do *De Anima*, de Avicena. Sobre as traduções medievais em Toledo, ver Danielle Jacquart, "A escola de tradutores", *Toledo, séculos XII-XIII*, Rio de Janeiro, Jorge Zahar Editor, 1992, pp. 155 ss. Sobre a recepção das ciências árabes pelo mundo latino, ver *supra* o capítulo de nosso trabalho dedicado às traduções das obras avicenianas, *Avicena no Ocidente Latino*.

a compreensão da concepção da filosofia em relação às outras ciências e da concepção que o conjunto da escola filosófica islâmica teve da relação entre as classificações gregas e islâmicas. Exerceu grande influência nos pensadores muçulmanos posteriores, e, com poucas alterações, essa taxionomia foi adotada por Avicena, al-Ghazzālī e Averróis.

A *Enumeração das Ciências* de al-Fārābī apresenta um estudo detalhado de todas as ciências conhecidas na época. O filósofo as classifica sob oito itens principais: as ciências da linguagem ou lingüística, a lógica, as matemáticas, a física, a metafísica, a política, a jurisprudência e a teologia. A lingüística subdivide-se em dois principais grupos, a poesia e o uso da língua com as regras que o regem, isto é, sintaxe, gramática, pronúncia e dicção. Assim, a lingüística abrange quer o estudo das regras que regem os termos isolados quer as proposições, a elocução, a prosódia, a arte da escrita e as subdivisões desses campos específicos.

A lógica compreende o conteúdo da *Isagogé* de Porfírio. Difere das ciências lingüísticas no que trata dos conceitos e das regras que regem tais conceitos, além dos meios adequados para a precaução contra o erro. O conhecimento, o "critério da prova" instituído na lógica e sua observação são indispensáveis, pois a lógica, conquanto ciência universal, difere do conhecimento da gramática, visto que pode ser aplicada à totalidade das línguas humanas. Al-Fārābī subdivide a lógica em oito partes, correspondentes ao *Órganon* aristotélico da Antigüidade tardia: as *Categorias* examinam as regras que regem os conceitos e o uso dos termos isolados que lhes correspondem; o *Tratado da Interpretação* estuda as afirmações simples e as proposições compostas de dois termos ou mais; os *Primeiros Analíticos* deliberam sobre as regras do silogismo e seu uso nos cinco tipos de argumento: o demonstrativo, o dialético, o sofístico, o retórico e o poético; os *Segundos Analíticos* consideram a natureza do conhecimento científico e as regras da prova demonstrativa, acompanhadas das condições necessárias às premissas do silogismo na aquisição do conhecimento; os *Tópicos* expõem as provas dialéticas; as *Refutações Sofísticas*, tal qual em Aristóteles, estudam os meios para evitar a "falsa sabedoria" e seus erros nas demonstrações; a *Retórica* celebra a arte da oratória e os tipos de silogismos para persuadir um grande público; e, por fim, a *Poética* desenvolve as regras de composição dos versos e os variados gêneros de enunciados poéticos.

As ciências matemáticas são consideradas propedêuticas: cada uma delas contém uma parte teórica que trata dos conceitos abstratos ou dos princípios nela instituídos, e uma parte prática que trata de sua aplicação a uma arte ou a um ofício. São elas: a aritmética, a geometria, a óptica ou a perspectiva, as ciências celestes referentes à astronomia e à astrologia, a música, a estática ou ciência dos pesos e, por fim, a mecânica ou ciência dos instrumentos, que trata da fabricação de máquinas e instrumentos empregados nas artes e nas ciências. Como exemplo da diferenciação entre ciência prática e teórica, al-Fārābī distingue a astronomia como ciência teórica, porquanto refere-se ao estudo dos corpos terrestres e celestes, suas figuras, suas massas, as distâncias relativas entre eles, seus movimentos e suas posições em relação à Terra. A astronomia prática, identificada à astrologia, estuda a influência dos movimentos planetários nos acontecimentos humanos, o que permite fazer prognósticos e possibilita a compreensão de eventos passados e presentes.

No exame das ciências, a física e a metafísica ocupam lugar de destaque. A física, definida como a investigação dos "corpos naturais e dos acidentes a eles inerentes"[42], trata das causas materiais, formais, eficientes e finais das coisas e, assim como na física aristotélica, comporta oito divisões principais que estudam os acidentes e os princípios comuns às substâncias físicas. O estudo da física segue as obras de Aristóteles[43], mas, para o estudo da metafísica, al-Fārābī afirma ser necessária sua divisão em três partes: ontologia, teologia e uma parte que lida com os princípios primeiros da demonstração. Al-Fārābī conhece a *Pseudo-Teologia*[44], explicitamente atribuída por ele a Aristóteles na sua conhecida obra que busca o acordo entre Platão e Aristóteles, *A Conciliação dos Dois Sábios*, o que o levou a desenvolver uma cosmologia de cunho neoplatônico. Nesse tratado, al-Fārābī reflete a influência recebida de Numênio, Plotino, Simplício, Siriano, Porfírio e outros filósofos neoplatônicos.

Com a ética e a política, que, para a tradição peripatética, compreende, de um lado, o estudo das virtudes e sua relação com a felicidade, e, de outro, o estudo dos regimes políticos mais apropriados para a preservação das virtudes, al-Fārābī conclui sua classificação das ciências sedimentada na tradição helênica. No entanto, acrescenta a seu estudo duas outras ciências, a jurisprudência e a teologia escolástica: a primeira determina as crenças e as práticas religiosas corretas, e a segunda descreve a arte de defender tais crenças e práticas, além de ensinar a arte da refutação dos argumentos que contestam sua verdade.

Na história da taxionomia islâmica das ciências, merecem destaque os Irmãos da Pureza, *Ikhwān al-Safā'*. Essa sociedade filosófico-

42. Cf. Majid Fakhry, *Histoire de la Philosophie Islamique*, Paris, Cerf, 1989, pp. 136-137.

43. Os tratados *Do Céu*, *Da geração e Corrupção*, os *Meteorológicos*, o *Tratado das Plantas*, a *História dos Animais* e o *Tratado Da Alma*.

44. Acreditada pertencer a Aristóteles, a *Teologia* compunha-se de uma paráfrase das *Enéadas* IV-VI, de Plotino, de alguns fragmentos de Proclo somados a outros de Alexandre de Afrodísia, projeto concebido e dirigido por al-Kindī para completar a *Metafísica* de Aristóteles, segundo o erudito Friedrich W. Zimmermann, *The Origins of the so-called Theology*, cit. *in* Cristina d'Ancona Costa, *Recherches sur le Liber de Causis*, Paris, Vrin, 1995, p. 167.

-religiosa secreta modificou e aperfeiçoou o sistema, e suas doutrinas estão expressas nas célebres *Epístolas* (*Rasā'il*).

Foi durante o reinado da dinastia būyida (946-1055 d.C.) que os Irmãos da Pureza surgiram em Basra, atual Iraque, provavelmente oriundos de uma seita menor *ismā'īlita*, porquanto dedicavam-se à propaganda política[45]. Consideradas a *summa* do saber islâmico medieval, as cinqüenta e uma *Epístolas*[46] constituem uma enciclopédia das ciências filosóficas, muito divulgada durante o século X no mundo islâmico, do Oriente à Espanha, cujo aperfeiçoamento e sistematização precedem de alguns séculos as enciclopédias ocidentais. Apresentadas em linguagem mais popular que as teorias dos filósofos profissionais, as *Epístolas* estão impregnadas de um neopitagorismo particular, carregado de idéias físico-matemáticas[47].

As *Epístolas* desenvolvem uma estrutura particular do *curriculum* de ciências que permite a integração nele de uma visão religiosa do mundo, pois os Irmãos da Pureza abraçam o ideal islâmico segundo o qual o fim supremo do homem é atingir a felicidade, quer neste mundo, quer no outro. A finalidade de toda experiência religiosa é, ao purificar a alma, desvinculá-la da matéria, para garantir a vida na beatitude divina. Os Irmãos da Pureza pregam a possível purificação da alma no exercício da razão, prática que veio a ser o denominador comum no conjunto da filosofia islâmica. Foi o conceito de ciência que "cura" a alma, de grande importância na filosofia do Islão, que levou Avicena a intitular sua enciclopédia das ciências de *Al-Shifā'*, termo árabe que significa *A Cura*.

Os Irmãos da Pureza procuraram derrubar a barreira que havia entre a filosofia e o dogma, trazendo a metafísica e as ciências para uma discussão livre da especulação pura e inacessível. Professavam haver três categorias de crenças: a que é acessível somente aos eleitos, a que é destinada às massas e uma crença própria aos dois grupos. Esta última, fundada na razão e sustentada pela revelação divina, era, segundo a doutrina dos Irmãos, a mais louvável porque acessível a todas as classes[48]. Porém, os níveis mais altos do conhecimento podiam ser atingidos apenas pelos "eleitos", categoricamente diferenciados do "vulgo", este o segmento ao qual pertenceriam ainda todas as mulheres e crianças.

45. Dieterici e Massignon propõem seu florescimento entre os anos 961 e 986, cf. Carmela Baffioni, *op. cit.*, p. 180. Para uma exposição histórica da Sociedade dos Irmãos da Pureza, ver *ibidem*, pp. 178 ss. e Majid Fakhry, *Histoire de la Philosophie Islamique*, pp. 185 ss.

46. A *Epístola* 52 trata da magia e é considerada espúria por A. Bausani, cf. Carmela Baffioni, *op. cit.*, p. 186.

47. Cf. Majid Fakhry, *Histoire*, p. 188.

48. *Ibidem*, pp. 203-204.

A ascensão da alma é uma progressiva aquisição das diversas ciências, e cada epístola, dedicada a uma ciência particular, é propedêutica em relação à seguinte. A preparação para a sabedoria tem início com o conhecimento das ciências mais simples e concretas, e, na medida em que o discípulo evolui, os conhecimentos apreendidos se tornam mais abstratos até culminar na metafísica, de todas as ciências a mais abstrata.

Para os Irmãos da Pureza, as ciências "são de três gêneros": propedêuticas, legais e filosóficas. As ciências da educação ou propedêuticas ensinam a escrita, a língua e a gramática, o cálculo e os negócios, a poesia e a prosódia, a magia, o vaticínio e os sortilégios, a química e a mecânica, os ofícios e as artes, o comércio e o civismo e, por fim, a história e as tradições[49]. As ciências legais, por sua vez, ensinam a revelação divina e a sua exegese, as narrativas e as notícias, o direito, as tradições e as normas, as indicações e admoestações espirituais, o ascetismo e o sufismo[50], bem como a interpretação dos sonhos. "As ciências filosóficas são de quatro espécies: as matemáticas[51], as lógicas[52], as físicas[53] e as metafísicas"[54].

Segundo Alessandro Bausani[55], a Sociedade dos Irmãos da Pureza, cuja origem provavelmente é persa, teve acesso ao conhecimento da filosofia e ciência gregas. A herança helênica parece ter sido recebida dos sabeus de Harrã, pois observa-se nas *Epístolas* uma forte influência das teorias matemáticas e musicais dos pitagóricos[56] junto às influências culturais de outras matrizes como as astrologias babilônica, indiana e persa, as referências ao Novo Testamento e à gnose cristã, além de citações bíblicas e cabalísticas[57]. Não faltam, outrossim, referências a Galeno, aos matemáticos Nicômaco de Gerasa e Euclides, a Porfírio e a Ptolomeu, o astrônomo. É inegável a influência neoplatônica

49. Cf. Carmela Baffioni, *op. cit.*, p. 183.

50. Prática esotérica do islamismo.

51. As matemáticas se subdividem em: aritmética, geometria, astronomia e música.

52. As lógicas se subdividem em: analítica, retórica, tópica, política e sofística.

53. As ciências naturais ou físicas se subdividem em: princípios físicos (matéria, forma, tempo, espaço, movimento e suas conotações), céu e mundo, geração e corrupção, meteorologia, mineralogia, botânica e zoologia.

54. As sabedorias metafísicas se subdividem em: conhecimento do criador, ciência da espiritualidade ou das formas abstratas da matéria como os anjos, ciência das entidades anímicas, a política (também subdividida em cinco espécies, sendo uma delas a profecia) e a ciência do retorno (que compreende a ressurreição dos corpos, a congregação dos mortos, a passagem para o outro mundo, a reunião, a recompensa e o castigo de acordo com as ações praticadas durante a vida terrena). Cf. Carmela Baffioni, *op. cit.*, p. 184.

55. A. Bausani, *L'Enciclopedia dei Fratelli della Purità*, Napoli, 1976, *in* Carmela Baffioni, *op. cit.*, cap. IV, *passim*.

56. Pitágoras é suposto ser "um sábio monoteísta vindo de Harrã", segundo os Ikhwān al-Safā', *Rasā'il*, III, *in* Majid Fakhry, *Histoire*, p. 190; cf. Carmela Baffioni, *op. cit.*, p. 190.

57. Cf. Carmela Baffioni, *op. cit.*, p. 190.

da *Teologia Pseudo-Aristotélica* e do *Liber de Causis*, este último atribuído a Proclo, que apresenta a concepção de uma cosmologia na base de emanações, tópico já examinado anteriormente. De Platão, os Irmãos da Pureza emprestaram a representação da alma prisioneira na matéria (*República* VII, 514a-519d) e o mito do cocheiro (*Fedro* 246a-249b), e de Aristóteles, a maior influência que receberam foi no plano "técnico" das ciências[58].

Na tradição islâmica, a descrição das ciências cresceu em importância com a elaboração das disciplinas particulares até chegar a Ibn Khaldūn (1332-1406 d.C.), que fez, na sua célebre *Al-Muqaddimah (Introdução à História)*, a melhor descrição e classificação do universo do conhecimento. Nos *Prolegômenos Históricos*[59] – título que a obra recebeu em português – está resumida a ordem mediante a qual as escolas muçulmanas estudavam as artes e as ciências. O princípio classificatório das ciências em Ibn Khaldūn pode ser considerado a versão definitiva da divisão das ciências no Islão. Esse princípio se resume em: i) ciências filosóficas e intelectuais que podem ser aprendidas naturalmente pelo homem por meio de sua razão inata; ii) ciências que se transmitem e que pertencem à tradição, cujo estatuto exige o retorno à fonte de transmissão ou ao pensador que fundou uma determinada ciência, ou ainda, no caso das ciências religiosas, à revelação divina. As ciências filosóficas ou intelectuais, cada qual com suas subdivisões, compreendem a lógica, a aritmética, a geometria, a astronomia, a música, a física e a metafísica – o saber a ser conquistado, nessa ordem. As ciências da tradição abrangem a interpretação e a recitação do *Corão*, e o conhecimento dos *āhādīth* (Tradição dos *Ditos* e *Feitos* do Profeta); a Lei sagrada e a jurisprudência; a teologia e o sufismo; por último estão as ciências da linguagem, também pertencentes ao grupo de ciências transmitidas, que reúnem a gramática, a lexicografia e a literatura.

1.4. A CLASSIFICAÇÃO DAS CIÊNCIAS EM AVICENA

A preocupação de Avicena com o conhecimento está diretamente vinculada à concepção neoplatônica do retorno da alma à sua origem. A viagem da alma, para *re-unir-se* ao uno, deve ser preparada durante o tempo de vida no mundo sensível, preparação que só pode ser concluída com a assimilação do conhecimento. Dentro do sistema hierarquizado de Avicena a alma adquire, por etapas sucessivas, o conhecimento necessário para a realização de sua perfeição potencial.

A *Epístola de Hayy ibn Yaqzān*, objeto de nosso estudo, descreve em linguagem simbólica o percurso da alma para chegar a sua perfeição.

58. *Ibidem*, pp. 187 ss.
59. Trad. port., São Paulo, 1958-1960.

Uma possível interpretação da *Epístola* identifica as etapas dessa jornada ao itinerário do aprendizado segundo o cânone da classificação das ciências: o discípulo principia o estudo com a lógica, ciência que depura a mente e prepara o raciocínio para a compreensão dos termos médios; em seguida, abraça a física para conhecer as coisas do mundo sensível. Preparado nessas duas ciências, o discípulo inicia o estudo da matemática, a ciência intermediária entre o mundo físico e o mundo dos inteligíveis, para, finalmente, ser introduzido à metafísica e abordar os princípios primeiros.

De acordo com Jean Jolivet, Avicena "meditou sobre a classificação das ciências de modo profundo e original"[60], tal qual sua filosofia é usualmente adjetivada. Sobre esse tópico, dois textos de Avicena são de capital importância: *Epístola sobre a Divisão das Ciências Intelectuais – Rissālat fi Aqssām al-'Ulūm al-'Aqlīya*, e o texto sobre as ciências, que é parte integrante do *Kitāb al-Shifā'*, Livro VI, encontrado sob o título que os tradutores lhe conferiram de *Al-Burhān* (*A Demonstração*), livro inspirado nos *Segundos Analíticos*, de Aristóteles. Na segunda parte do capítulo 7, ao expor as relações existentes entre as ciências, Avicena especifica o que as aproxima e as distancia uma da outra. A pequena e condensada *Epístola sobre a Divisão das Ciências Intelectuais*, um texto de estrutura bastante formal, demonstra rigorosamente a epistemologia aviceniana.

Do ponto de vista de uma classificação nos moldes tradicionais, isto é, do legado grego e alexandrino, Avicena inova ao agrupar as ciências segundo os seus objetos de estudo em um intrincado sistema de relações, de acordo com a posição ontológica e lógica que tais objetos ocupam.

Inicialmente, as diversas disciplinas estão agrupadas conforme o gênero e a espécie, ou a semelhança e a diferença. Assim, a medicina e a ética estudam, ambas, as potências da alma no ser humano do gênero animal: a medicina dedica-se ao estudo do corpo humano e suas partes, ao passo que a ética celebra a alma pensante e suas potências práticas[61]. Na *Shifā'*, Livro VI, p. II, cap. 7, Avicena apresenta a classificação cuja influência foi determinante na Idade Média latina[62]: subdivide as ciências nas suas relações quanto aos princípios, quanto aos objetos de estudo e quanto às questões relativas aos objetos.

A primeira separação (em gênero e espécie) considera as relações que os objetos mantêm entre si: ou há uma relação da generalidade com a particularidade, ou há uma universalidade de atributos, inseparáveis no objeto, tais como o uno e o ente. Há uma segunda subdivisão,

60. Jean Jolivet, "Classification des Sciences", *Histoire des Sciences Arabes*, vol. III, Paris, 1997, p. 264.

61. *Ibidem*.

62. Ver Henri Hugonnard-Roche, "La Classification des Sciences de Gundissalinus et l'Influence d'Avicenne", *Études sur Avicenne*, Paris, 1984, pp. 41-75; Edouard Weber, "La Classification des Sciences selon Avicenne à Paris vers 1250", *ibidem*, pp. 77-101.

segundo a qual algumas ciências pertencem a uma espécie e outras pertencem ao gênero dessa espécie, como é o caso dos cones em relação aos sólidos; ou, ainda, quando uma ciência estuda o gênero e a outra, o acidente de uma espécie agrupada sob esse gênero, como é o caso da física em relação à música. Isso significa que o objeto particular pode estar compreendido na totalidade do gênero e seu estudo ser uma parte do estudo de conjunto do gênero, como no estudo dos cones em relação à geometria; ou, ainda, quando o particular se separa do universal e a ciência se ocupa dos acidentes que lhe conferem sua diferença específica; assim, na relação entre física e medicina, esta, ao ocupar-se apenas da saúde do corpo humano, não é parte da física, mas está a ela subordinada. A relação de subordinação de uma ciência a outra deve-se à consideração dos atributos vinculados a seu objeto, conforme eles sejam acidentais, ou essenciais ou não-essenciais: no primeiro caso, a relação da medicina com a física; no segundo, o estudo das esferas em movimento, que pode ser considerado quer da alçada da geometria quer da ciência dos sólidos. Uma ciência poderá ocupar-se de um acidente de uma das espécies do objeto tratado por outra ciência na sua generalidade, como é o caso da música agrupada sob a aritmética: assim, a ciência das melodias poderá encontrar-se sob a música e não sob a física, pois a melodia, embora acidente de um corpo, depende do número.

Quando há uma universalidade de atributos, como no caso do uno e do ente, a ciência que investiga essa universalidade não está subordinada a nenhuma outra ciência, e todas as ciências que estudam o particular estarão agrupadas sob essa ciência do universal. No entanto, esta última se subdivide em duas partes: a que estuda o princípio de todo ente e a que estuda o princípio das ciências. Desse ponto de vista, há três ciências universais, não obstante difiram quanto a seu sujeito, seus princípios e suas finalidades: a filosofia primeira, a dialética e a sofística.

Na subdivisão da primeira separação segundo o gênero e a espécie, Avicena propõe o exemplo de duas ciências que podem tratar do mesmo objeto, tal qual a física e a medicina: embora pertençam ao mesmo gênero de ciência, ambas se dedicam ao estudo do homem, seu objeto comum. Contudo, a primeira estuda o homem em sentido absoluto, enquanto a segunda aborda o mesmo objeto "sob uma certa relação". Ainda, as ciências podem igualmente estudar um objeto comum sob uma relação diferente, como no caso da física e da astronomia: a primeira estuda os entes do mundo sublunar e a segunda, os entes das esferas celestes.

A classificação poderá ser feita de quatro modos, a saber: i) quando os princípios são comuns entre ciências diversas, como por exemplo na geometria e na aritmética, cujo princípio comum afirma que duas coisas iguais a uma terceira são iguais entre si; ii) quando o princípio de uma é anterior ao da outra, como são o caso da geometria em relação à perspectiva e o da aritmética em relação à música; iii) quando numa dada ciência há um princípio que passa a ser uma questão em outra: isso pode acontecer quando os sujeitos dessas ciências estiverem situados em níveis diversos de generalidade e particularidade, o que faz com que algo demonstrado numa determinada ciência possa vir a ser princípio ou de uma ciência inferior ou de uma ciência superior; iv) finalmente, quando as questões de uma ciência forem estabelecidas como princípios de outra.

Nesse último item, as ciências estarão relacionadas entre si quando o que buscarem for o atributo de um objeto comum a ambas. Nesse caso, há distinções a fazer: por exemplo, consideradas duas ciências, quando um dos objetos for mais geral e o outro, mais particular, como exemplificam as relações entre a física e a medicina, entre a geometria e o estudo dos cones; quando cada uma das ciências tiver algo de particular ou de comum com outra, por exemplo, a relação da medicina com a ética; ou quando o estudo for de um mesmo objeto considerado sob distintos ângulos, por exemplo, os corpos celestes que podem ser objetos de estudo tanto da física quanto da astronomia.

Até aqui, apresentamos apenas o essencial quanto à taxionomia das ciências apresentada no *Livro da Cura*, com o objetivo de indicar sobretudo o sistema de relações que Avicena estabelece entre elas. Assim, o que nos interessa é destacar a divisão das ciências segundo suas relações ontológicas e lógicas emprestadas do sistema de Aristóteles: gênero e espécie, acidente, universal e particular. Quanto a Avicena, ele classifica as ciências de acordo com o nível da realidade que ocupam: quando a diferença entre seu caráter acidental ou essencial for considerada, a classificação parte do inferior para o superior; e quando forem estudados os seus fundamentos em relação ao todo, as ciências serão consideradas parciais ou universais. Em tal conjunto, faz-se necessário ressaltar a hierarquização das ciências, ou melhor, a subordinação de uma ciência a outra[63].

Para a finalidade de nosso trabalho, escolhemos expor a *Epístola*, pois pudemos constatar o interesse de Avicena por disciplinas consideradas estranhas à noção tradicional de ciência. Segundo nosso ponto de vista, Avicena tem uma real preocupação com o ser humano, em decorrência de sua prática médica. Com a experiência vivenciada junto aos enfermos aliada à vivenciada junto às cortes dos príncipes aos quais sempre serviu, com sua prática profissional somada à sua vida de errante, perseguido possivelmente por suas crenças independentes e por um comportamento que não se enquadrava nos moldes

63. O resumo que aqui apresentamos do texto sobre a classificação das ciências que se encontra na *Shifa'* segue o ensaio de Jean Jolivet, "La Classification des Sciences", *op. cit.*, pois não tivemos acesso ao texto original de Avicena.

tradicionais islâmicos, o filósofo-médico-vizir parece buscar, além das categorias abstratas, respostas a suas indagações na ordem de um cotidiano mais prosaico. É provável que, em suas variadas atividades, um contato mais direto com o ser humano o tenha levado a considerar as práticas teúrgicas e talismânicas como parte integrante da vida dos indivíduos e, por conseguinte, considerá-las ciências. Não há nenhuma explicação racional para a inserção de práticas que promovam prodígios ou sortilégios no interior de uma taxionomia das ciências, a não ser que tais práticas fossem muito difundidas e tidas em grande consideração no contexto da época. No entanto, transparece uma grande estima do filósofo pelas artes (*téchnai*) em razão de elas contribuírem para a "perfeição da alma".

1.5. *EPÍSTOLA SOBRE A DIVISÃO DAS CIÊNCIAS INTELECTUAIS – RISSAʁLAT FIʁ AQSSAʁM AL-'ULUʁM AL-'AQLIʁYA*

A *Rissālat fi Aqssām al-'Ulūm al-'Aqlīya* ou *Epístola sobre a Divisão das Ciências Intelectuais* (ou *Racionais*) é um pequeno tratado composto para responder às indagações de alguém que pedira ao filósofo um sumário sobre as ciências racionais. A *Epístola* é concisa, completa, clara, e ordenada para uma fácil compreensão.

Nela, o conceito inaugural é o de filosofia, e Avicena inicia o tratado com a definição da essência da sabedoria[64], para, em seguida, proceder à divisão primária da ciência ou sabedoria (*al-hikma*) na clássica separação aristotélica entre ciências teoréticas e práticas. Das subdivisões internas, as teoréticas correspondem às ciências especulativas e aos diferentes ramos da sabedoria que devem dar conta da ciência natural (a física), da matemática, da metafísica e da lógica. No interior da metafísica ou teologia (*al-'ilm al-ilāhī*), ciência superior, teorética ou especulativa por excelência, Avicena oferece suas teorias sobre a revelação e a profecia, embora seja sabido que o filósofo considerou o estudo da Lei divina e da profecia como parte integrante da política, esta última enumerada entre as ciências práticas[65].

64. Para uma compreensão da evolução do pensamento aviceniano, ver A.-M. Goichon, "L'Unité de la Pensée Avicennienne", *Archives Internationales d'Histoire des Sciences*, n. 20-21, 1952, Unesco, pp. 290-308, em que a autora aponta para o lugar da *definição* nos tratados de Avicena: na sua juventude, a *definição* vinha depois da *demonstração*, seguindo os moldes aristotélicos do *Órganon*; nas obras do final de sua vida, *'Ishārāt* e *Mantiq al-Mashriqīya*, Avicena coloca a *definição* logo no início do texto com o objetivo de esclarecer a formação do conceito, cf. p. 302.

65. Cf. Muhsin Mahdi, "Avicenna: On the Divisions of the Rational Sciences", *Medieval Political Philosophy: A Sourcebook*, edited by R. Lerner and M. Mahdi (with the collaboration of E. L. Fortin), Collier Macmillan, Canadá, 1963, p. 96.

Para o estudo dessa taxionomia em Avicena, fizemos uso de três traduções integrais da *Rissālat fi Aqssām al-'Ulūm al-'Aqlīya* para o francês[66] e de uma versão parcial para o inglês[67].

Avicena inicia sua pequena *Epístola* com a definição da sabedoria (*al-hikma*):

> É uma disciplina racional por meio da qual o homem adquire o conhecimento do que é a totalidade do ser em si mesmo (*fi nafsihi*)[68] e do que é necessário à sua ação para que sua alma se enobreça, se aperfeiçoe e venha a ser um mundo inteligível correspondente ao mundo existente e <também> para que ela (a alma) se prepare <assim> para a felicidade suprema; e tudo isso <deve ocorrer> segundo a capacidade humana.

Contida na própria definição de sabedoria, a necessidade de se apropriar do conhecimento para a realização do aperfeiçoamento da alma é imprescindível para conquistar a felicidade no mundo espiritual, após o desaparecimento do corpo físico.

A *Epístola* mantém o esquema herdado das teorias gregas da separação das ciências em estratos sucessivos. Inicialmente, Avicena considera duas espécies de sabedoria e, partindo do conceito de filosofia, divide-a em: especulativa (ou "parte teórica abstrata") e prática. A finalidade da sabedoria especulativa é a verdade e a da sabedoria prática é o bem. A lógica é considerada ora como parte das ciências, seguindo Platão (segundo Cícero), os peripatéticos e os estóicos (segundo Sexto Empírico)[69], ora como instrumento, como o fez Aristóteles.

Nesse texto, cujo enfoque aristotélico é bastante acentuado, encontramos as três ciências teoréticas em sua ordem original. As principais seções dedicadas à física e as dedicadas à lógica seguem de perto os textos do próprio Aristóteles e os a ele atribuídos (tais como os tratados sobre as *Plantas* e *Do Mundo*), além dos textos de seus sucessores, como a *Isagogé*, de Porfírio.

66. Georges C. Anawati, "Les Divisions des Sciences Intellectuelles d'Avicenne", *MIDEO*, t. 13, Dar al-Maaref, Le Caire, 1977, pp. 323-335; cf. Rabia Mimoune, "Épître sur les parties des Sciences intellectuelles d'Abū 'Alī al-Husayn Ibn Sīnā", *Études sur Avicenne*, pp. 143-151; cf. Jean Michot, "Les Sciences Physiques et Métaphysiques selon la Risāla fi Aqsām al-'Ulūm d'Avicenne. Essai de traduction critique", *Bulletin de Philosophie Médiévale*, 22, Louvain, 1980, pp. 64-71. Esta tradução é parcial e se refere à *Física* e à *Metafísica*.

67. M. Mahdi, "Avicenna, On the divisions of the rational sciences", *Medieval Political Philosophy: a Sourcebook*, pp. 95-97. Esta tradução é parcial: refere-se somente à seção que trata da divisão das ciências em teoréticas e práticas, bem como à seção que trata das ciências práticas.

68. Cf. A.-M. Goichon, *Lexique de la Langue Philosophique d'Ibn Sīnā*, verbete 712, n. 11, p. 402.

69. Cf. Jean Jolivet, "Classification des Sciences", *Histoire des Sciences Arabes*, p. 268.

De Platão, Avicena retoma as quatro ciências propedêuticas da *República* VII, 524d-531d, na sua ordem original e não na pitagórica[70]: as "filosofias matemáticas", isto é, a aritmética ou ciência do cálculo, a geometria, a astronomia e a música, as quais preparam o espírito para a contemplação do ser.

Quanto à metafísica, corresponde ao texto da *Shifā'*, I, 4, que expõe suas partes principais e secundárias:

1) A sabedoria especulativa tem por finalidade adquirir um conhecimento verdadeiro dos seres cuja existência não depende da ação humana e difere da opinião (*ra'y*)[71], pois esta última é uma idéia recebida, admitida por costume, mais próxima da ordem moral que da intelectual. A sabedoria especulativa serve-se das premissas universais, normalmente premissas maiores, quando delas participam os silogismos, ao passo que os dados da consciência moral e as opiniões referem-se a "opiniões louváveis", como, por exemplo, "julgar detestável a pilhagem do bem alheio". Os princípios primeiros, objeto de estudo da sabedoria especulativa, estão contidos na ciência da unidade divina e na astronomia. Lembre-se que, na cosmologia aviceniana, os astros são emanações das inteligências e pertencem ao mundo celeste.
2) A sabedoria prática não pretende adquirir a certeza dos seres existentes, mas uma opinião (*ra'y*) verdadeira sobre uma coisa que resulta da ação humana para alcançar o bem. Todavia, a finalidade da sabedoria prática não é buscar somente uma opinião, porém chegar a esta com o intuito de realização. Conceber corretamente o que for necessário para a vida na comunidade humana é parte das ciências práticas, que consideram a conduta do indivíduo isolado, na sua associação doméstica e no seu papel civil.

As ciências práticas visam ao encaminhamento da ação humana. Porém, como sua finalidade não se esgota em si mesma, essas ciências não bastam para a felicidade suprema, pois estarão sempre subordinadas ao saber teórico, este sim, o único a propiciar o bem. As ciências práticas estão classificadas da seguinte maneira:

1) Ética (inspirada na *Ética a Nicômaco*[72] de Aristóteles): para que a vida presente e futura do ser humano seja feliz, faz-se necessário que ele conheça como devem ser seus hábitos e ações. Esse tópico lida com a conduta individual.

70. *Ibidem*.

71. Cf. A.-M. Goichon, *Lexique de la Langue Philosophique d'Ibn Sīnā*, "ra'y", verbete 269, p. 141.

72. Somente a tradução de M. Mahdi para o inglês faz referência à *Ética a Nicômaco*; as traduções para o francês se referem apenas à *Ética* ou *Livro da Moral*.

2) A economia[73] (inspirada na obra aristotélica sobre a *Economia*[74]) examina a conduta do ser humano no âmbito familiar a fim de lhe proporcionar uma vida feliz.

3) A política (inspirada nos livros de Platão, as *Leis*, e de Aristóteles, a *Política*) delibera sobre o poder civil; todavia, Avicena parece reduzir o estudo da política a dois livros contidos nas *Leis (Al-Nawāmīs)* que versam sobre a profecia e sobre a Lei religiosa. Essa parte da filosofia prática faz conhecer aos homens o modelo estabelecido pela tradição, a existência da profecia e a necessidade de haver uma Lei religiosa para regular a existência humana, sua perenidade e sua vida futura após a morte do corpo físico. Estuda os dados comuns às diversas Leis religiosas e as verdades que se aplicam aos diferentes povos nas diversas épocas. Permite, outrossim, distinguir a Lei verdadeira das falsas profecias.

Avicena distancia-se de Aristóteles quando estuda a política, pois a carga teológica conferida ao profeta está longe do "homem da prudência", concebido pelo Estagirita. Para Aristóteles, não há a idéia do bem como objetivo único, como finalidade última, assim como o é para Platão. O bem aristotélico se diz de vários modos, como, por exemplo, na categoria do tempo, em que o bem é a oportunidade (*tò kairós*), na da medida, em que ele é a medida justa (*tò métron*) etc. Nesse sentido, a ética aristotélica supõe a escolha justa e oportuna para cada situação, pois visa à harmonia entendida como felicidade. Como não é a ideia abstrata do bem a orientar a conduta dos homens, estes precisam apoiar-se num indivíduo que faça boas escolhas para que a vida em sociedade atinja o estado de harmonia desejável. O homem prudente (*tò spoudaíon*) representa o dirigente responsável pela condução da política.

No que se refere ao cumprimento das leis, a Lei revelada impõe deveres e obrigações e se distancia, mais uma vez, da ética aristotélica que não é de deveres (deôntica), mas de harmonia.

Aqui, Avicena não se detém nas ciências práticas; em compensação, subdivide detalhadamente a sabedoria especulativa em três ciências:

A) A física (ciência inferior), ainda conhecida por sabedoria natural.

São oito as divisões no interior da física que investigam os princípios ou fundamentos:

73. A tradução de G. C. Anawati diz o seguinte: "[...] contida no Livro de Aronus (?)"; a tradução inglesa de M. Mahdi diz o seguinte: "[...] contida no Livro de Bryson, *No Governo dos Negócios Domésticos*, e em livros de muitos outros".

74. A tradução para o francês de R. Mimoune é a única que faz referência à obra aristotélica. É bom salientar que essa tradução não traz nenhuma referência ao manuscrito original, assim como fazem todas as outras traduções.

1. A primeira parte trata dos princípios gerais, comuns ao conjunto dos seres físicos, (*Fīl-Samā‘ al-Tabī‘ī*): “como a matéria, a forma, o movimento, a natureza (*al-tabī‘a*), as causas, a finitude e a infinitude, a dependência dos movimentos em relação aos motores”, que por sua vez dependem de um “motor primeiro e único, imóvel, e de uma potência infinita que não é corpo e não está num corpo”[75]. Esses fundamentos estão todos contidos no livro da *Física*.
2. O livro *Do Céu e do Mundo* (*Fī l-Samā‘ wal-‘Aʁlam*) revela os princípios que regulam as bases do mundo: “os céus e o que eles contêm, os quatro elementos, suas naturezas, seus movimentos e suas posições; inclusive revela a sabedoria d’Aquele que os fabricou e ordenou”[76].
3. A terceira divisão corresponde ao livro *Da Geração e Corrupção* (*Fī l-Kawn wal-Fasād*). Nele se aprende o que são a geração e a corrupção dos corpos, “a procriação e a reprodução, o crescimento e o declínio, as alterações, de modo absoluto e sem detalhes”. Nesse livro também está relatado “o número dos corpos primeiros que recebem esses estados, assim como a sutileza da arte divina” que liga “as <coisas> terrestres às <coisas> celestes” e “a perpetuação das espécies, malgrado a corrupção dos indivíduos”. Essa ocorrência existe em função de dois movimentos celestes, o oriental e o ocidental, este oposto àquele, e, no final, verifica-se que tudo depende da determinação da providência divina[77].
4. A quarta divisão analisa os quatro elementos em seus diversos estados puros, antes de sua mistura: seus movimentos, condensação e rarefação, e a influência sobre eles dos seres celestes. Desenvolve o estudo dos signos (*‘alāmāt*), das estrelas cadentes, das nuvens, das chuvas, dos raios e trovões, do halo e do arco-íris, dos ventos, dos terremotos, dos mares e das montanhas. Tudo está contido nos três tratados do *Livro dos Meteorológicos*[78] ou *Livro dos Meteoros*[79] ou *Livro dos Corpos Superiores* (*Al-Aʁthār al-‘Ulwīya*)[80].
5. O quarto tratado do *Livro dos Meteoros* traz junto o título do *Livro dos Minerais* (*Fī l-Aʁthār al-‘Ulwīya wa fi l-Ma‘danīyāt*), quinta divisão da física, que analisa os seres inanimados e os minerais.
6. O *Livro das Plantas* (*Fī l-Nabāt*) aborda o estudo dos vegetais.

75. Cf. trad. J. Michot, pp. 64-65.
76. Cf. trad. R. Mimoune, p. 145.
77. Cf. trad. J. Michot, pp. 64-65 e *ibidem*.
78. Cf. trad. R. Mimoune, p. 146.
79. Cf. trad. J. Michot, p. 66.
80. Cf. trad. G. C. Anawati, p. 328.
81. Cf. trad. J. Michot, p. 66 e *ibidem*.

7. A sétima divisão contém o estudo dos animais, cujo tratado é conhecido por *Das Naturezas dos Animais*[81] ou *História dos Animais*[82] (*Kitāb al-Hayawān*).
8. A oitava seção compreende o estudo da alma e das faculdades sensíveis e motoras nos animais e no homem. Demonstra a imortalidade da alma humana, ao considerar que esta constitui uma substância espiritual e divina. Tal exposição encontra-se no *Livro da Alma* (*Fī l-nafs*) e no *Livro do Sentido e do Sensível*, acerca das ações e das paixões (*Al-af'āl wal-infi'ālāt*).

Sete são as divisões derivadas, secundárias ou subalternas da *Física*:

1. A medicina, cujo objetivo é conhecer os princípios do corpo humano, a saúde e a enfermidade, suas causas e sintomas, essencialmente para a prevenção das doenças.
2. Ciência conjetural, a astrologia (*ahkām al-nujūm*) celebra as estrelas e fundamenta a relação de distância dos astros entre si, da Terra e do Zodíaco. Assim, deduz por essas relações o futuro que é reservado aos Estados e ao poder, o ciclo de transformações do mundo, os nascimentos, as mudanças, as escolhas e as indagações individuais e sociais.
3. Deduzir o caráter (*akhlāq*) das pessoas a partir dos traços de seu rosto é o alvo da fisiognomonia.
4. A oniromancia – ou ciência da interpretação dos sonhos – propõe-se a estudar as representações ou imagens (conteúdos imaginais – *al-mutakhayīlāt*) de sabedoria (*al-hikmīya*)[83] ou oníricas (*al-hulmī ya*)[84] que a alma produz após "contemplar o mundo do mistério, e que a faculdade imaginativa (*mutakhayīlat*) imaginou (*khayyalathu*) em uma imagem (*mithāl*) diversa dele"[85].
5. Mesclar as forças celestes a algum corpo terrestre para que surja uma potência capaz de realizar um prodígio ou sortilégio no mundo dos homens, tal é o propósito da ciência dos talismãs.
6. A teurgia ou ciência dos amuletos (*nīranjāt*) visa misturar forças encontradas nas substâncias terrestres para que delas se extraia algum prodígio.
7. Finalmente, a ciência da alquimia tem por finalidade retirar propriedades das substâncias minerais ou imprimir nelas propriedades que não lhes pertencem, enriquecer umas e outras até que se concretize a partir de outros minerais a produção da prata e do ouro, principal alvo dessa ciência.

82. Cf. trad. R. Mimoune, p. 146.
83. Cf. trad. G. C. Anawati, p. 328 e *ibidem*.
84. Cf. trad. J. Michot, p. 67, n. 45: Michot optou por "oniriques".
85. *Ibidem*.

B) A matemática (ciência intermediária), cujas partes principais se subdividem em quatro:

1. A ciência dos números ou aritmética nos ensina "os modos das espécies dos números, a propriedade de cada espécie em si mesma e o estado de suas relações recíprocas"[86].
2. A geometria nos faz conhecer "a posição das linhas, as figuras das superfícies e dos sólidos, e a relação de todos com todas as grandezas"[87], suas relações com as medidas e com o espaço, tal qual a expõe Euclides em *Os Elementos*.
3. Ainda na trilha de Euclides, o *Almagesto* é a inspiração para o estudo da astronomia, que nos desvenda o universo e suas porções, a posição e a relação dessas partes entre si, suas grandezas e distâncias, o movimento das esferas e dos astros, o cálculo das revoluções, das conjunções e das órbitas.
4. Sobre a melodia, sua harmonia e desarmonia, e sobre a maneira de compor as canções, a música não apenas nos ajuda como ainda nos conduz a encontrar as diretrizes do conhecimento dos lazeres e do modo de obtê-los.

As partes secundárias ou subalternas da sabedoria matemática são as seguintes:

1. Da aritmética, depreende-se:
   a) a arte da somatória, da separação e da divisão, segundo o cálculo indiano;
   b) a álgebra;
2. À geometria, vinculam-se[88]:
   a) a topografia ou arte da mensuração;
   b) a mecânica ou arte dos procedimentos engenhosos;
   c) a tração dos pesos pesados;
   d) a ciência dos pesos e das balanças;
   e) a ciência dos instrumentos ou máquinas particulares;
   f) a óptica ou ciência das perspectivas e espelhos;
   g) a hidráulica;
3. À astronomia pertencem:
   as tábuas astronômicas e os calendários;
4. À música associa-se:
   o emprego de instrumentos estrangeiros como o órgão e seus análogos.

86. Cf. trad. G. C. Anawati, p. 329 e trad. R. Mimoune, p. 147.
87. *Ibidem*.
88. Cf. trad. G. C. Anawati, p. 330 e trad. R. Mimoune, p. 147.

Bastante curiosa a observação do filósofo quanto aos instrumentos "estrangeiros". Por arte no manejo desses instrumentos, Avicena talvez entenda o estudo dos instrumentos empregados em outras culturas e incorporados no Islão, além dos utilizados na execução musical de seu próprio contexto cultural. Assim nomeia o órgão, instrumento acústico de provável origem indiana. Não se sabe ao certo a origem do órgão, sabe-se que é um instrumento bastante antigo, já conhecido dos gregos e dos romanos[89]. A incorporação de instrumentos estrangeiros na música, em geral, pode contribuir para novas técnicas e sonoridades, e talvez seja este o objetivo de Avicena quando sugere o estudo de instrumentos "estrangeiros".

A classificação das partes secundárias da *Física* e da *Matemática* indica um problema, pois, como podemos notar, essas partes dizem mais respeito à prática. No entanto, são consideradas ciências pelo filósofo.

Nas ciências secundárias da *Física*, Avicena menciona sua finalidade, exceção feita à medicina, pois esta está subdividida em duas partes: a primeira refere-se ao conhecimento do corpo, seus estados e suas causas, e a segunda diz respeito à ação de conservar a saúde e de manter à distância a enfermidade. Segundo Jean Jolivet, o fato de essas ciências parecerem " 'falsas ciências' corresponde a um estado histórico dos conhecimentos"[90] e o capital interesse do "princípio formal de divisão adotado por Avicena (o principal, o secundário) permite-lhe repartir mais judiciosamente as ciências não compreendidas no *quadrivium* antigo"[91]. Assim, na enumeração das partes secundárias das *Matemáticas*, Avicena considera a álgebra não mais um simples procedimento, e sim relacionada à ciência do número; a óptica passa a fazer parte da geometria, e a mecânica, descrita como uma série de artes referidas à geometria, está definida como a ciência das "posições" e das "figuras".

Há duas importantes diferenças entre a classificação aviceniana e a classificação das ciências de al-Fārābī: o precursor de Avicena não menciona quase nada sobre a medicina e tampouco sobre essas estranhas artes que, na *Epístola sobre a Divisão das Ciências Intelectuais*, são classificadas como partes secundárias da física. Entretanto, no conjunto, Avicena permanece mais preso ao quadro aristotélico[92] do que o "Segundo Mestre"[93].

89. A arqueologia moderna encontrou estátuas e baixos-relevos do órgão hidráulico (movido à água) em ruínas da antiga Cartago (século II. d.C.) e em Bombaim, na Índia.

90. Jean Jolivet, *op. cit.*, p. 268; ver Philip Merlan, *Dal Platonismo al Neoplatonismo*, Itália, 1994, p. 147: "Uma inteira *Weltanschauung* pode ser condensada em uma classificação das ciências".

91. Jean Jolivet, *op. cit.*, p. 268.

92. *Ibidem*.

93. Al-Fārābī era conhecido entre os árabes como o "Segundo Mestre", depois de Aristóteles.

C) A metafísica, ciência divina ou teologia (*al-'ilm al-ilāhī*): é a ciência superior conhecida por argumentos verdadeiros. Exposta no livro *Da Metafísica* (*Matāfūsiqā*), apresenta cinco principais divisões:

1. A primeira seção compreende o estudo de noções gerais comuns a todos os seres, como a identidade ou *ipseidade* (*al-huwīya*), a unidade e a multiplicidade, a convergência ou concordância, a diferença ou divergência, a contrariedade, a potência, o ato, a causa e o efeito.
2. A segunda abrange as bases e os princípios da física, da matemática e da lógica, bem como a refutação das falsas ideias que lhes são atribuídas.
3. A terceira inclui a demonstração da existência da verdade primeira (*al-haqq al-'awwal*), sua unicidade, sua singularidade, seu domínio e a impossibilidade de outro ser participar de sua ordem. Demonstra sua necessidade em si e demonstra ser necessária toda e qualquer outra existência somente por seu intermédio. Estuda seus atributos e revela como os diversos atributos de um ser único devem ser compreendidos, pois o ser designado como uno, existente, eterno, sábio, poderoso não comporta pluralidade sob forma alguma. Todos esses atributos e seus diferentes significados não conduzem a uma multiplicidade e tampouco alteram a verdadeira essência do ser único.
4. A quarta estuda as substâncias espirituais primeiras, as criaturas hierarquicamente mais próximas do princípio primeiro. Faz conhecer sua multiplicidade, a diversidade de suas ordens e classes, e sua contribuição ao conjunto do todo. Trata-se da ordem dos anjos querubins. Em seguida, vêm os anjos guardiães dos céus, os anjos portadores do trono, os anjos que ordenam a natureza e se ocupam da geração e corrupção do mundo, todos estes constituindo substâncias espirituais segundas e, portanto, inferiores aos anjos querubins.
5. A quinta demonstra como as substâncias corporais celestes e terrestres estão submetidas às substâncias espirituais, sendo que algumas delas conferem o movimento e outras ordenam e transmitem a revelação e o comando do Senhor dos mundos. Esta seção ainda trata do

[...] vínculo entre as coisas terrestres e celestes, as coisas celestes e os anjos ativos, os anjos ativos e os anjos transmissores e representantes (*al-muballigha, al-mumaththila*), assim como do vínculo do todo com a ordem divina que é uma só ordem, instantânea como o piscar de olhos (*irtibat al-kull bil-amr al-ladhī mā huwa illā wāhida ka 'atmah al-basar*). É o lugar que indica como o todo criado não comporta nem discordância nem interrupção (*futūr*) em si mesmo ou nas partes, e seu curso verdadeiro faz-se segundo a exigência do bem puro, pois o mal encontrado não é puro, mas existe em razão de uma sabedoria e de uma utilidade emanada do bem[94].

94. Cf. trad. G. C. Anawati, pp. 331-332; cf. trad. R. Mimoune, p. 148; cf. trad. J. Michot, pp. 68-69.

Essa seção, cujo enfoque está nas relações entre os seres terrestres e celestes, poderia ser o que conhecemos por "teodiceia". Como veremos mais adiante, nos parágrafos XXI-XXIII do relato de *Hayy ibn Yaqzān*, representa o Oriente das luzes na elaboração metafórica de Avicena.

Tal taxionomia é a base sobre a qual a Idade Média latina se apoiou para construir a sua metafísica. Quando foram descobertos alguns livros de Aristóteles, muitas vezes foram lidos com olhos avicenianos, de maneira que o filósofo persa pode ser considerado o responsável pela estrutura de algumas das obras de metafísica e teologia medievais.

Quanto à metafísica, suas principais ramificações são:

1. A revelação e a profecia: essa seção da metafísica nos abre o conhecimento de como a revelação desceu da substância espiritual que a transmitiu e de como se tornou visível e audível, no plano físico, embora originada do transcendente; estuda a capacidade de realização de milagres naquele que recebeu o dom e a maneira como este se converte em conhecedor das coisas invisíveis; concebe o modo como os justos e piedosos recebem uma inspiração comparável à revelação e passam a realizar prodígios análogos aos milagres; estuda o conhecimento do espírito fiel, que faz parte da classe das substâncias espirituais segundas e do espírito santo, que pertence à classe dos anjos querubins.
2. A ciência da vida futura: ciência que ensina o que cabe à alma receber como recompensa ou punição não corporais após sua separação do corpo físico, mesmo que este não ressuscite[95]. A alma justa e piedosa se beneficiará de uma felicidade suprema – mais elevada e superior à declarada na Lei religiosa –, cuja obtenção somente pode ser atingida pela razão. Quanto à ressurreição dos corpos, a Lei religiosa e a revelação determinam se ao corpo ressuscitado serão infligidas penas ou recompensas. Não cabe à razão e à especulação determinar a sorte do corpo físico após sua morte. A razão completa a profecia, e a existência ou necessidade do que a razão não pode demonstrar cabe à profecia fazê-lo. "Com efeito, tudo aquilo cuja existência ou necessidade não pode ser determinada por demonstração racional, mas o intelecto sabe que é possível, a profecia informa existir ou não"[96] e isso será verda-

95. Cf. trad. J. Michot, p. 70 : este é um dos textos em que resulta claro o ponto de vista de Avicena quanto à ressurreição dos corpos físicos, isto é, o filósofo parece não concordar com o dogma islâmico da ressurreição dos corpos, mas procura ser cauteloso em suas afirmações.

96. Cf. trad J. Michot, p. 71.

deiro para a razão. "A razão estabelece que a profecia é verdadeira e a verdade da profecia se realiza para a razão: assim, realiza-se para a razão o que é verdadeiro, mas que ela não pode obter por conhecimento"[97].

A última parte da *Divisão das Ciências* concentra-se no estudo da lógica, definida por Avicena como "o instrumento que conduz à sabedoria especulativa e prática" porque preserva o homem do "esquecimento e do erro, na sua busca e na sua visão" da verdade, guiando-o no

> caminho que é preciso seguir em toda investigação e conhecimento da natureza do que é verdadeiro, da natureza da prova correta que é o argumento, da prova dialética que se aproxima da demonstração, da prova persuasiva que não atinge as duas precedentes, da prova sofística que é uma falsificação das precedentes e da prova poética que faz crer por meio da imaginação: é a arte da lógica[98].

1. A primeira seção segue a *Isagogé*, de Porfírio, e igualmente trata dos termos e noções singulares, que são três: gênero, espécie (ou diferença) e definição. É conhecida por *Introdução* (*Madkhal*).
2. A segunda acompanha Aristóteles nas *Categorias*, ou seja, "os predicados" (*al-Maqūlāt*), e compreende noções singulares e essenciais; examina todos os seres enquanto noções, sem considerar se tais seres existem realmente ou se subsistem apenas no intelecto.
3. A terceira parte do livro de Aristóteles, *Peri Hermeneias* ou *Da Interpretação* (*Al-'Ibāra*), e apresenta a composição das noções por negação ou afirmação, as quais se agrupam em proposições e predicados que devem ser verdadeiros ou falsos.
4. A quarta inspira-se em *Os Analíticos*, de Aristóteles, na composição das proposições, isto é, silogismos (*qiyās*), de maneira a resultar em argumentos que revelem algo desconhecido.
5. A quinta nos faz conhecer as condições do silogismo na composição das proposições, isto é, das premissas, com o propósito de obter um resultado isento de qualquer dúvida.
6. A sexta privilegia os silogismos persuasivos nas questões gerais; empresta do livro de Aristóteles *Tópicos*, ou seja, "verdade dos lugares" (*sihhat al-mawādi'*), ainda conhecido por *Dialética*, isto é, "A Controvérsia" (*Al-Jadal*). Contém a definição dos silogismos úteis para a discussão dialógica com os que são incapazes "de apreender a demonstração apodítica [...] para prescrever" seja a aceitação de um bem seja a prevenção de um mal; ainda, indica aos participantes da controvérsia como munir-se de argumentos e provas necessárias.

97. Cf. trad. R. Mimoune, p. 149.
98. Cf. trad. G. C. Anawati, p. 333.

7. A sétima apresenta os sofismas e se inspira no livro a *Sofística* ou a "refutação das ilusões dos sofistas", de Aristóteles. Proporciona o conhecimento dos "sofismas que entram nas provas, os argumentos, a metáfora, a distração e o obstáculo que aí podem ser encontrados, sua completa enumeração <e> a maneira de evitá-los"[99].
8. A oitava está contida no livro de Aristóteles sobre a *Retórica* e mostra os silogismos empregados na arte oratória e literária quando alguém se dirige

> em panegíricos ao público, sob forma de consulta e discussão, de elogio, de reprovação, com artifícios úteis para solicitar a benevolência ou fazer com que as pessoas se inclinem para o seu lado, seduzir, subestimar ou superestimar algo, desculpar-se, fazer censuras, e conhecer os modos por meio dos quais qualquer história e qualquer discurso devem ser encadeados[100].

Avicena termina a *Epístola* afirmando que nada nas ciências contradiz a Lei religiosa, e a arte da lógica só faz provar que ambas são necessárias. Critica aqueles que registram nas ciências uma contradição à Lei revelada, quando afirmam que ao se aproximarem das ciências estarão se afastando da Lei, em decorrência de seu "próprio movimento, sua incapacidade e deficiência".

1.6. LÓGICA E PENSAMENTO CIENTÍFICO EM AVICENA

Ao se defrontar com a vasta obra de Avicena e seus temas tão díspares como a medicina, a religião e a filosofia, bem como algumas epístolas que abordam temas científicos, o pesquisador indaga sobre o que confere unidade a seu pensamento nesse conjunto aparentemente fragmentado.

Exímia conhecedora da obra de Avicena, A.-M. Goichon indica a preocupação do filósofo por descobrir um critério de certeza mais propício às exigências científicas do que a demonstração silogística de Aristóteles. Apoiando-se na *Autobiografia* de Avicena, Goichon recusa a interpretação "mística" de partes da obra aviceniana que tanta polêmica suscitou e aponta a lógica como o fio condutor na construção de seu sistema.

Ainda muito jovem, Avicena dedicou-se aos estudos com paixão, e os traços de sua personalidade indicam um espírito cuja amplidão e equilíbrio permitem apreender problemas tão diversos como a realidade concreta da medicina e a abstração metafísica.

Envolvido na vida política desde a juventude, pois fora nomeado ministro aos vinte e dois anos de idade, e sempre no exercício da medi-

99. Cf. trad. G. C. Anawati, pp. 334-335.
100. Cf. trad. R. Mimoune, p. 150.

cina, Avicena manteve um vivo interesse pelos problemas metafísicos durante toda a vida. Até na diversidade de exigências que a vida lhe impunha, o pensador não se contentou com as conhecidas soluções aristotélicas. Seus afazeres políticos, seus adversários, as viagens e até mesmo a prisão não o impediram de pensar e escrever as 265 obras[101] que sobreviveram, testemunho da efervescência do pensamento deste incansável espírito. Dedicava-se aos afazeres de Estado durante o dia, e à noite, em companhia de amigos e discípulos, discutia os problemas filosóficos.

Como se processa em seu espírito a unidade de raciocínio em temas do conhecimento tão díspares? Que caminho percorre seu pensamento na elaboração de um método que se mantém o mesmo em todas as obras?

Goichon nos indica as etapas que marcaram seu trajeto intelectual[102].

Com a leitura da *Metafísica*, de Aristóteles, que só compreendeu após ter lido o comentário de al-Fārābī que o acaso lhe fez chegar às mãos, o pensamento de Avicena converge para a noção mais fundamental e abstrata da filosofia, a ideia do ser. Apresenta-se em toda a sua magnitude o problema do conhecimento e seu fruto, isto é, a *certeza* do conhecimento.

À influência de Aristóteles, acrescentou-se aquela de Plotino por meio da obra atribuída ao Estagirita pelos árabes, a *Teologia Pseudo--Aristotélica*, obra composta pelas *Enéadas* IV, V, VI, somadas a alguns fragmentos de Proclo e outros de Alexandre de Afrodísia[103]. Na trilha de Aristóteles, o ser do criador e os das criaturas podem ser nomeados somente por analogia. Mas como vimos anteriormente, a cosmologia plotiniana professa que todo ser criado emana do uno, o que faz com que o ser das criaturas seja o mesmo ser daquele do princípio. A teoria das emanações destrói, portanto, a ideia de analogia do ser e elimina

101. Cf. M.-M. Anawati, O. P., "La tradition manuscrite orientale de l'oeuvre d'Avicenne", *Revue Thomiste*, II, 1951, pp. 407-440. Estão classificadas 276 (duzentas e setenta e seis) obras, porém onze delas são falsamente atribuídas a Avicena, segundo o próprio Anawati.

102. Cf. A.-M. Goichon, "L'Unité de la Pensée Avicennienne", *Archives Internationales d'Histoire des Sciences*, n. 20-21, 1952, pp. 292 ss.

103. Cf. L.Gardet, "Quelques aspects de la pensée avicennienne", *Revue Thomiste*, 1939, n. 4, p. 732, n. 1: "Os trechos são passagens das *Enéadas* IV-VI, recortados e dispersos através da obra, com omissões e retoques (cf. Paul Krauss, "Un fragment prétendu de la recension d'Eustochius des oeuvres de Plotin", *Revue de l'Histoire des Religions*, março-junho 1936, p. 211). Essa compilação, falsamente atribuída a Aristóteles, parece ser o trabalho "de um autor siríaco pertencente ao meio jacobita-neoplatônico do séc. VI" [...] Este conjunto teria sido traduzido do siríaco para o árabe, com algum rigor, por 'Abd al-Masīh ibn Nā'ima de Homs, tradução retocada, em seguida, por al-Kindī. A origem da compilação e sua primeira tradução árabe explicam certas paráfrases, com ressonância cristã, acrescentadas ao texto de Plotino". Cf. A.-M. Goichon, tradução das *'Ishārāt*, p. 10, n. 1. Com notícias mais recentes sobre a origem da *Teologia Apócrifa*, ver Cristina d'Ancona Costa, *Recherches sur le Liber de Causis*, p. 167.

a noção de contingência, pois o que emana do uno é segundo sua mesma natureza.

Habituado à observação, Avicena defronta-se com um dilema. Conforme Plotino, tudo é necessário, porém, diante do real, do concreto, Avicena constata que um determinado fato pode ser alterado de acordo com as circunstâncias. O real impõe-se à observação, portanto existe uma *certeza* diversa daquela estudada por Aristóteles, fundamentada no raciocínio dedutivo, no silogismo.

Na evolução do pensamento de Avicena, outro caminho se impõe, ignorado pelo ocidente medieval: a lógica que parte da observação do real.

Desde cedo Avicena tem consciência de que "as ideias de ser, de coisa, do necessário esboçam-se na alma, em primeiro lugar"[104]. Como já vimos, a alegoria pré-cartesiana do argumento do "homem voador" demonstra sua preocupação com a necessidade do conhecimento e com a autonomia do pensamento no ser humano: a alma só *é* se ela se conhece independente do corpo e anterior a ele.

Avicena elaborou a teoria da distinção entre essência e existência, que mais tarde receberia de Tomás de Aquino sua forma definitiva. De maneira bastante sucinta, essa teoria diz o seguinte: todos os seres nesse mundo, com suas diversas naturezas, mais ou menos perfeitas, têm um traço em comum, ou seja, nenhum deles contém a causa de sua própria existência. Todos são apenas possíveis, dado que foram levados à existência por uma causa exterior a eles próprios, o que pode indicar a existência de dois princípios, o primeiro relacionado à causa e o outro, aos seres causados. Entretanto, as causas não podem encadear-se ao infinito. O ser não causado é o início da cadeia causal; não é necessário por outro, porque é necessário por si mesmo e não tem início. Seu ser não depende de nada. Ao contrário, todos os outros seres, dele derivados, dependem da causa primeira e, por conseguinte, contêm em sua própria essência uma dependência do ser primeiro. Todos os seres causados têm essências diversas porque são seres diversos entre si que, no entanto, possuem um denominador comum, isto é, não são seres por si próprios, pois dependem da causa inicial. Sua essência não contém sua existência, já que a existência lhes é conferida pela causa necessária, exterior aos seres causados.

O ser primeiro não recebe sua existência de outro ser. Ele a contém em si mesmo, não como parte de sua essência, mas como sua essência mesma. No ser necessário, sua existência é sua própria essência, ao passo que nos seres causados, possíveis e não necessários, sua existência é recebida de fora, posto que não é parte de sua essência. São

104. *Shifā'*, II, 291; *Metafísica*, I, 6, fº 72, r. 2; cit. *in* A.-M Goichon, "L'Unité de la Pensée Avicennienne", p. 293, n. 3.

chamados "seres" por analogia com o ser necessário, sem contudo ter a mesma essência da causa primeira.

Esta foi a grande descoberta metafísica de Avicena, a distinção entre essência e existência em todos os seres criados. Não há univocidade entre o ser criador e os seres criados, há, sim, uma analogia entre o ser primeiro e os seres causados.

Todavia, a cosmologia de Avicena está fundamentada em Plotino, o que introduz um dilema na teoria da analogia do ser. Avicena procurou o acordo da teoria das emanações com a metafísica aristotélica, pois, como todos de seu tempo, acreditava que a cosmologia plotiniana pertencesse ao Estagirita. Goichon demonstra, em *Distinction de l'Essence et de l'Existence*, o quão sofridos foram seus esforços. Avicena apresenta a origem da criação ligada à ciência divina. Por intermédio das inteligências puras, inclusive elas próprias criadas, tudo emana até o mundo terreno, onde os espíritos dotados recebem o conhecimento da última inteligência, a que concede à matéria as formas substanciais e, por conseguinte, concede o ser ao mundo sublunar. A criação ou emanação é, dessa maneira, a transmissão do ser e da inteligência.

Paralelamente à concepção metafísica do ser, há um outro traço característico do pensamento de Avicena que se afirma ao longo de toda sua vida.

Muito jovem, antes do encontro com os textos de Aristóteles, Avicena iniciou sua prática médica e, aos dezesseis anos, já era conhecido por sua superioridade. Ele próprio escreve, na sua *Autobiografia*:

> Dediquei-me ao estudo dos textos – originais e comentários – de ciências naturais e metafísica, e começaram a abrir-se para mim as portas da sabedoria. Em seguida, dediquei-me à medicina e me pus a ler os livros compostos dessa ciência. Como a medicina não é uma ciência difícil, em pouco tempo distingui-me a ponto de eminentes médicos virem estudá-la sob a minha supervisão. Dediquei minha atenção aos enfermos, e por isso se me abriram, de maneira indescritível, as portas do tratamento que somente a experiência pode conceder-nos. Ao mesmo tempo, dedicava-me à jurisprudência e envolvia-me em controvérsias legais, contando eu, nessa época, dezesseis anos de idade[105].

Mais tarde, envolvido em funções políticas, pois foi ministro de diversos príncipes, dedicou-se ao conhecimento das ciências naturais. Dirigiu um observatório e superou em muito os conhecimentos de geologia da época. A observação foi um hábito de sua prática médica, caracterizada pela atenção conferida à psicologia, o que passou a ser uma regra na sua conduta de cientista. Sua profunda intuição do ser

105. Cf. W. E. Gohlman, *The Life of Ibn Sina*, USA, State Univers. of New York Press, 1974, pp. 25-27; cf. Avicenne, *Le Livre de Science*, trad. M. Achena e H. Massé, Paris, Belles Lettres, 1986, pp. 13-14.

fez dele um fecundo pensador metafísico que procurou fazer ciência conduzido pela experiência dos dados reais.

Pensamento abstrato e pensamento empírico associam-se na elaboração de suas teses, e a lógica assume um papel importante na construção de seu sistema. Do que se depreende de sua *Autobiografia*, tornou-se um mestre nessa ciência, superando até mesmo seu preceptor[106].

Segundo Goichon, as hipóteses de alguns comentadores que insistem no "misticismo" de Avicena contradizem o conjunto de sua obra. A intérprete questiona como pode ser *A Lógica dos Orientais* um livro "esotérico" se o capítulo inicial que chegou até nós é dedicado à lógica? O "Prólogo" dessa obra inacabada (ou perdida) de Avicena produziu diferentes interpretações: chegou-se até a afirmar que é uma obra iniciática de mística neoplatônica. No entanto, de acordo com os intérpretes mais tradicionais, a biografia de Avicena deveria esclarecer tal controvérsia.

No "Prólogo", Avicena critica o peripatetismo – que alguns comentadores afirmam referir-se aos filósofos de Bagdá[107] – e concentra sua atenção no que foi negligenciado por esses pensadores, cuja consequência seria a grande incompreensão da obra do mestre estagirita. Compreender o que Aristóteles descobriu e preencher algumas lacunas com adições ou correções não requer negar os princípios de sua doutrina. Avicena jamais pensou em negar a obra do mestre. Seu propósito foi acrescentar à filosofia aristotélica os conhecimentos adquiridos da prática médica e da observação do concreto, tal qual a seguinte passagem revela:

> E faltou pouco para que recebêssemos as ciências sem a mediação dos gregos. Nós nos ocupávamos delas em nossa primeira e ardente mocidade. Mais tarde, pela graça de Deus, encontramos o que nos faltava em virtude dessa juventude, refletindo longamente na herança transmitida. Em seguida, confrontamos tudo aquilo, letra por letra, conforme a ciência que os gregos nomeiam "lógica" – que não está longe de levar outro nome entre os orientais. Retivemos o que correspondia e o que permanecia irredutível, e procuramos uma razão para cada coisa. Por conseguinte, era certo aquilo que foi estabelecido, e de baixa condição o que soava falso. Mas, quanto àqueles que se ocupavam de ciência, cujo testemunho representava uma grande paciência em relação aos peripatéticos gregos, desagradou-nos entrar em dissidência e contradizer todo mundo[108].

Faz-se necessário destacar que Avicena menciona "ciência" e não há nada que indique "misticismo". Desde sua mocidade, Avicena estudou medicina – ciência que então pertencia à glória persa há mais

106. Cf. W. E. Gohlman, *op. cit.*, pp 21-23; cf. Avicenne, *Le Livre de Science*, p. 13.

107. Cf. A.-M. Goichon, "L'Unité de la Pensée Avicennienne", pp. 304-305; ver S. Pines, "La 'Philosophie orientale' d'Avicenne et sa polémique contre les bagdadiens", *Archives d'Histoire Doctrinale et Littéraire du Moyen Âge*, 1952, Paris, J. Vrin, 1953.

108. Avicena, "Prólogo" da *Lógica Oriental – Mantiq al-mashriqīya*, cit. *in* A.-M. Goichon, "L'Unité de la Pensée Avicennienne", p. 305.

de sete séculos, pois, praticada em Antioquia já no século II d.C., chegara à Pérsia no século V d.C. com os cristãos nestorianos que lá se refugiaram das perseguições. Avicena conheceu a medicina sem a intermediação dos mestres gregos e essa formação científica marcou-o sobremaneira quando ainda jovem, sem que ainda pudesse desenvolver um método próprio. Mais tarde confrontou os dados empíricos de sua prática diretamente com as exigências da lógica recebida dos gregos. Segundo Goichon, os "orientais" nomeados na obra inacabada de Avicena seriam os médicos ou, num sentido mais amplo, os cientistas da tradição persa que não se prendiam aos limites da lógica aristotélica. A passagem supracitada demonstra sua prudência em não desafiar os filósofos que permaneciam à margem da experiência científica. Ou talvez a virulência de seus inimigos políticos lhe impusesse uma certa cautela em tornar público seu pensamento, como pode ser constatado em algumas passagens em que o filósofo adverte que sua obra destina-se a um círculo restrito de amigos e irmãos. É somente quando decide "fazer a divergência pública"[109], depois de um longo debate interior, que redige a *Filosofia Oriental*, cuja parte supérstite é dedicada à lógica. Segundo Goichon, tudo faz crer que seu propósito era expor um pensamento, cuja lógica e metafísica seriam profundamente marcadas pelo espírito científico.

Alguns pontos cruciais de sua doutrina são indicados por Goichon como determinantes da influência da experiência científica na elaboração de seu pensamento. A começar pela noção de *contingência*, que, num primeiro momento, sob a influência de Plotino, distancia Avicena de Aristóteles. O mestre estagirita admite na lógica quatro modos: o necessário, o possível, o impossível e o contingente, sendo este último expressão de algo que é e que poderia não ser. Na cosmologia aviceniana, de origem neoplatônica, tudo é necessário, e a ideia de possível é introduzida nos seres criados, os quais, procedentes do uno, não são por si próprios necessários, o que faz deles portadores de uma natureza possível. No entanto, na expansão criadora que os põe na existência, fazem-se necessários. E o contingente? Por definição, o que é não pode não ser. A essência que recebe do exterior sua existência é um contingente em essência. Porém, na ordem do ser, não há lugar para o contingente. Como na ordem das razões o contingente não cabe nesse sistema, Avicena foi conduzido a moldar sua lógica na ordem ontológica com os três modos: o necessário, o possível e o impossível.

O pensamento científico de Avicena, marcado por sua prática médica, percebe a existência de circunstâncias variáveis, o que restitui a necessidade "real", diversa da necessidade lógica ou "absoluta", como ele próprio afirma nas *'Ishārāt*[110]. Diante do real pragmático dos fatos,

109. *Ibidem*, pp. 306-307.
110. Cf. trad. A.-M Goichon, *Kitāb al-'Ishārāt wa l-Tanbīhāt*, pp. 134-138.

Avicena se vê forçado a considerar o contingente, e seu gênio responde: uma necessidade pode ser momentânea, como o é uma necessidade fatual, o que não muda a natureza das coisas[111]. A necessidade cambiante, instável e momentânea é a contingência, cumprindo-se, assim, o acordo entre Aristóteles e Plotino.

O outro ponto marcante da diferença entre o pensamento de Avicena e o de Aristóteles refere-se à indução. Aristóteles define o silogismo indutivo[112] que consiste em enunciar numa única fórmula, relativa a uma classe ou a um conjunto, a propriedade afirmada separadamente em cada um dos termos de uma mesma classe ou em cada um dos elementos que compõem um conjunto. Sabemos que, para Aristóteles, a indução[113] é o enunciado de uma propriedade de coisas particulares correspondentes, levado à condição de universal, obtido mediante um raciocínio que parte do exame de todos, ou quase todos, os casos particulares para chegar a uma constatação universal. Avicena aponta para o risco da generalização a partir de alguns elementos particulares. Assim, ao se observar o ser humano, alguns animais e pássaros, poder-se-á induzir que todos os animais mastigam movendo o maxilar inferior, quando o inverso é verdadeiro para o crocodilo[114].

Avicena também se utiliza de outro tipo de indução e relaciona, no *Cânone de Medicina*, as regras da observação com os métodos de concordância, de diferença e de variações concomitantes. Como não é possível inventariar todos os casos particulares para intervir na cura de um paciente, e como se faz necessária a experimentação de diferentes remédios em diferentes doses segundo o caso, constata-se que os casos particulares diferem entre si. Ao verificar essa diversidade, o médico Avicena enumera sete regras, nas palavras de A.-M. Goichon:

> O remédio estará em estado puro, desprovido de modalidades acidentais: é preciso isolar a ação desta causa para prevenir toda confusão, experimentar-se-á o remédio nos diversos casos, por exemplo, em temperamentos opostos, e sua força será acrescida àquela da enfermidade que o remédio deve combater. Cuidadosamente será observado o

111. *Ibidem*, pp. 135-137.

112. Aristóteles, *Primeiros Analíticos*, II, 23, 68 b: "A *epagogé*, ou silogismo indutivo, consiste em concluir, com apoio num dos termos, que o outro é predicável do termo médio, por exemplo: sendo B o termo médio entre A e C, demonstraremos por C que A se predica de B. É assim que procedemos para efetuarmos induções." (Trad. de Pinharanda Gomes)

113. Cf. *Tópicos*, I, 12, 105 a 13 5-6: "Quanto à indução, é a passagem dos particulares ao universal"; cf. *Segundos Analíticos*, I, 18, 81 b 5-7: "Ora, a demonstração efetua-se a partir dos universais, e a indução, a partir dos particulares". (Trad. de Pinharanda Gomes)

114. Cf. Avicena, *'Ishārāt*, trad. A.-M. Goichon, pp. 191-192. Obs.: hoje sabe-se que isso é falso, pois o crocodilo também move o maxilar inferior.

115. Cf. A.-M. Goichon, "L'Unité de la Pensée Avicennienne", p. 299; "Introdução", trad. *'Ishārāt*, p. 58.

tempo da produção do efeito, desde a primeira aplicação ou não, dissociando os efeitos acidentais do efeito essencial, por exemplo, a água quente introduzida no corpo traz o calor, mas, em seguida produz o desejado esfriamento. Se um efeito não se produzir sempre, ou se ocorrer apenas na maior parte do tempo, ele será acidental "pois as coisas naturais vêm de seus princípios, ou sempre, ou o mais das vezes". Enfim, a experiência deverá ser efetuada no corpo humano, pois o remédio poderá ser mais apropriado a tal homem ou a tal animal, e ainda conduzir a resultados distintos nos temperamentos mais ou menos quentes dos animais[115].

Como frisa Goichon, o papel da hipótese, apesar de ela não ser nomeada, está subentendido nos experimentos médicos. Avicena procura realizar ciência ou obter a certeza por meio de proposições "possíveis": "A ciência é <fundada> por sua possibilidade que se apresenta a maior parte do tempo e isto é uma certeza"[116].

As proposições "possíveis" são assim designadas por oposição à necessidade lógica do raciocínio dedutivo[117], a necessidade "verdadeira" na expressão do próprio Avicena. O médico conclui que, na maioria dos casos, a experiência exige tanto julgamentos decisivos como julgamentos aplicáveis. Isso significa que as experiências não têm sempre o mesmo valor, sejam provocadas ou não provocadas. Tampouco ele aceita o método indutivo[118], no qual a repetição e o número são indispensáveis. Avicena concede valor à observação. Ao passar a admitir outros elementos de prova e de certeza, o médico-filósofo sai da ordem da essência para entrar na ordem do real:

Não dê atenção àquele que diz que o autor da demonstração emprega apenas as proposições necessárias e as possíveis na maior parte das vezes, sem se servir de outras coisas. Ao contrário, se ele quiser chegar à verdade de um possível raro, ele se servirá de um possível raro; empregará em cada categoria o que lhe convier[119].

Mudam, portanto, os elementos que compõem o silogismo.

Avicena aceita o fato e a causa do fato[120] como objetos de ciência. Considera o fenômeno como objeto de ciência quando sua causa é

116. Avicena, *Najāt*, 117, cit. *in* A.-M. Goichon, trad. *'Ishārāt*, p. 59.

117. Raciocínio demonstrativo para a prova de uma verdade que parte do universal e vai ao particular.

118. Do particular ao universal, por exemplo, das espécies aos gêneros.

119. *'Ishārāt*, trad. Goichon, p. 226; v. Aristóteles, *Segundos Analíticos*, I, 6, 74b: "[...] o conhecimento demonstrativo descansa em princípios necessários [...] a demonstração tem por objeto uma conclusão necessária [...] o silogismo deve assentar-se em premissas necessárias [...] Isto mostra bem como são ingênuos os que julgam ser suficiente tomar por princípios proposições simplesmente prováveis e mesmo verdadeiras, como é o caso da seguinte proposição sofística: conhecer é ter o conhecimento. Ora, o provável e o não provável não são princípios [...] para se constituir o silogismo temos de partir de premissas necessárias [...]." (Trad. de Pinharanda Gomes)

120. Na linguagem aristotélica *tò hóti* e *tò dióti*; na linguagem medieval latina, *quia* e *propter quid*; o "quê" e o "por quê", o primeiro pergunta pela existência do ente e o segundo, pela sua causa.

conhecida. Sempre utilizando o silogismo como modo de raciocínio, passa a admitir a causa empírica como termo médio. Quando explica que "as próprias causas fazem parte da demonstração", Avicena serve-se de exemplos retirados de ciências como a meteorologia, a medicina, as ciências naturais, a formação de nuvens, terremotos, febres etc.[121]. Se aplicarmos a demonstração silogística ao fenômeno da febre, diríamos que a febre tem por causa a infecção. Porém, existem febres sem infecção; como o "gênero" infecção nem sempre é causa da existência da "espécie" febre, no caso da febre sem infecção, a febre também pode ser "gênero". Assim, Avicena conclui ser necessária a demonstração do caso particular ou individual. Quando então afirma que a causa da febre no homem é uma infecção, procura a demonstração de um fato singular, método muito empregado nas ciências. Essa demonstração transpõe a função causal do termo médio para a ordem dos fatos:

> [...] Os termos médios apenas podem ser empregados com os sujeitos menores que o termo maior, portanto não podem ser causa da existência do termo maior *stricto sensu*, mas <apenas> causa daquilo que existe para o termo menor[122].

Isso significa que, no famoso silogismo aristotélico, Sócrates (termo menor) existe porque, antes dele, já existe o homem (termo médio).

Avicena refletiu sobre "a modalidade de realização da ciência pelas proposições possíveis"[123]. As causas podem apresentar-se fornecendo, na maior parte das vezes, o termo médio necessário para a formação do silogismo. Assim fundada, a ciência constitui "uma certeza" por oposição à opinião, esta última incluindo sempre uma certa dúvida sobre a causa daquilo que está sendo investigado. A reflexão do médico apreende que há quase sempre "alguma necessidade sob alguma relação", o que conduz a resultados obtidos na investigação da necessidade de um fato, independentemente da investigação de uma causa necessária no nível ontológico. A presença do efeito denuncia a presença da causa, o que inaugura o signo como efeito da causa, típico do pensamento médico. Causa e certeza são buscadas nos fatos e não mais na essência, e a certeza científica aviceniana passa a ser de uma ordem diversa da de Aristóteles.

O silogismo aviceniano sofre portanto uma transformação. O filósofo continua admitindo, com Aristóteles, que a certeza silogística está acima da dialética, da opinião e da persuasão, e considera o raciocínio silogístico como natural do espírito humano[124], isto é, constitui o movimento espontâneo do pensar. Sem jamais invalidar as posições de seu antecessor, o filósofo persa persegue, porém, uma maior precisão

121. Cf. A.-M. Goichon, trad. *'Ishārāt*, p. 59.
122. Avicena, *Najāt*, 135, cit. *in* A.-M. Goichon, trad. *'Ishārāt*, p. 59.
123. Avicena, *Najāt*, 117, cit. *in* A.-M. Goichon, trad. *'Ishārāt*, pp. 58-59.
124. Cf. A.-M. Goichon, trad. *'Ishārāt*, pp. 57 e 177.

para completar a obra do Estagirita. Conhecedor das *Categorias,* de Aristóteles, Avicena procura acrescentar um raciocínio mais abrangente à distinção do tempo nas categorias de *hábito* e *estado.* Às categorias de tempo, de espaço, de quantidade, ele acrescenta atributos mais complexos e os designa "condições". Devem ser consideradas as "condições" de tempo, de lugar, de circunstâncias:

"Todo móvel sofre uma mudança"[125] que é preciso ter em mente enquanto ele está em movimento. Do mesmo modo, é preciso considerar o estado da parte e do todo, o estado da potência e do ato:

> Se alguém te diz: o vinho embriaga, trata-se de uma embriaguez em potência ou em ato? Considera-se uma pequena ou grande quantidade <de embriaguez>? A indeterminação destas ideias conduz a muitos erros[126].

Com esses argumentos, as proposições universais passam por um novo crivo de considerações. Uma coisa pode ser verdadeira quando de fato ela não é verdadeira, como no exemplo citado por Avicena: um homem poderá ser branco ou negro na sua essência de homem. Mas, se não houvesse mais negros no mundo, ainda seria verdadeiro afirmar "todo homem é branco". Avicena separa a proposição que ele nomeia "verdadeira" (*wujūdīya*) e que se aplica ao ser concreto na específica circunstância em que ele se encontra. Esse tipo de proposição é uma sua descoberta[127]. As consequências dessas novas considerações constituem o objeto da exposição apresentada no capítulo dedicado à *Lógica*, nas *'Ishārāt.*

Outra noção que preocupou o pensamento de Avicena, possível de ser constatada no amadurecimento de seu pensamento, é a ideia de *definição* (*hadd*). Desde o início de sua carreira até seus meados, o exame da ideia de *definição* ocupa o pensamento de Avicena. Porém, sua exposição é apresentada no final da obra, conforme a ordem que nos deixou Aristóteles no *Órganon*. Assim é no tratado dedicado à *Lógica*, depois de estudados o conceito, o julgamento e o silogismo. Todavia, em suas últimas obras, *'Ishārāt* e *Mantiq*, a *definição* surge, desde o início, para esclarecer a formação do conceito. Na *Najāt*, Avicena enuncia que: "A definição não se obtém nem por demonstração, nem por divisão, tampouco por definição do contrário, sequer por indução"[128].

Aristóteles pergunta-se se uma coisa existe antes de se perguntar o que ela é. Como será a demonstração a provar que a coisa existe, a *definição* deverá seguir a demonstração. Para Avicena, nos seus anos

125. Avicena, *'Ishārāt*, pp. 132 e 135, cit. *in* A.-M. Goichon, "L'Unité de la Pensée Avicennienne", p. 301.

126. *Ibidem.*

127. Cf. A.-M. Goichon, trad. *'Ishārāt*, pp. 137-138.

128. Avicena, *Najāt*, p. 120, cit. *in* A.-M Goichon, "L'Unité de la Pensée Avicennienne", p. 302.

de maturidade, a demonstração não estabelece a *definição*. Antes, é preciso definir desde o início os conceitos que compõem o silogismo. Duas funções possíveis são atribuídas à *definição* e enunciadas na *Najāt*: "Não há definição apenas em função do nome; ela se diz de algo em função de sua essência, seja a conclusão do silogismo, seja o princípio do silogismo"[129].

Em outra passagem, no *Poema da Lógica* (*'Urjūza fi l-Mantiq*), a *definição* ainda possui duas funções: "[...] Faz conhecer o conceito e <faz> dar o assentimento a uma coisa anunciada"[130].

O conceito tem grande importância porque esclarece a natureza das coisas, e o conceito verdadeiro obtém-se por meio da *definição*. Avicena passa a inserir a *definição* no início do tratado da *Lógica dos Orientais* (*Mantiq al-Mashriqīyūn*), renunciando desse modo ao método dedutivo. Em suas obras iniciais, quando ainda apenas seguia o percurso de Aristóteles, a *definição* era deduzida. Tal como ensina o tratado aristotélico das *Categorias*, o objeto a ser estudado era inicialmente incluído em uma das categorias. Somente após analisados seus atributos constitutivos de gênero e espécie, chegava-se a discernir seus particulares e encontrava-se o atributo, que é o princípio da especificidade do objeto analisado, como por exemplo a razão no homem. Depois de concluir que o método dedutivo pode apresentar possibilidades de erro, Aristóteles renuncia a ele em *De Anima*, I, 1, e Avicena, na *Lógica dos Orientais*, conclui que a coisa a ser definida possui propriedades que emergem de sua própria essência e que se apresentam conforme o estado no qual a coisa se encontra. No momento em que o pensamento apreende algo constitutivo do objeto, apreende sua essência e se debruça sobre a verdade da coisa, apreendida em sua existência.

Avicena converte a prova da definição, buscada por Aristóteles na demonstração silogística, em prova derivada da causa, o que, segundo Goichon, é o prenúncio do signo desvelando a essência. Em sentido absoluto, renuncia à definição que se obtém do gênero e da diferença específica, para adotar definições descritivas, mais incompletas, mas que, todavia, distinguem o objeto descrito com maior certeza[131]. Em suas últimas obras, o critério de verdade passou a ser buscado no real, movido pela certeza da observação científica em detrimento da certeza procurada no abstrato. Seu pensamento mais genuíno certamente pertence a suas duas últimas obras, as *'Ishārāt* e a *Mantiq al-Mashriqīya, pouco conhecidas na atualidade e completamente desconhecidas do Ocidente latino medieval.*

129. Avicena, *Najāt*, 131, cit. *in* A.-M. Goichon, "La Place de la Définition dans la Logique d'Avicenne", *Millénaire d'Avicenne*, nº spécial, 1951, p. 99.

130. *Ibidem*.

131. Cf. A.-M. Goichon, "L'Unité de la Pensée Avicennienne", pp. 303-304.

2. Gnose e Hermetismo

O conjunto da obra de Avicena tem sido analisado e interpretado à luz do aristotelismo nas cores do neoplatonismo. Amélie-Marie Goichon, conhecedora e intérprete dos principais textos filosóficos avicenianos, mantém-se fiel à herança escolástica ocidental, e, por conseguinte, sua interpretação da *Narrativa de Hayy ibn Yaqzān* colide com a de Henry Corbin. No entanto, o pensador da "hermenêutica espiritual" oferece uma análise bastante sugestiva e rica que, ao reconhecer no texto de Avicena traços marcantes de um pensamento gnóstico, permite o recurso a fontes distintas da filosofia tradicional.

Que influências são essas e o que vem a ser um pensamento gnóstico? O que significa *gnôsis*?

O conceito de *gnôsis* sofreu alterações de significado ao longo dos séculos. Em sentido absoluto, *gnôsis* significa "conhecimento". No grego clássico, o termo *gnôsis* e seu correspondente verbo *gignôskein* referem-se à aquisição do verdadeiro conhecimento do ente (*tò on*), em oposição à ordem puramente sensível da percepção (*aísthesis*). No vocabulário filosófico grego, o sentido de *gnóstico* é epistemológico, próximo daquele que os autores medievais e modernos entenderão por *noético* ou em relação à "teoria do conhecimento"[1]. *Gnôsis*, ao con-

1. Em *Político*, 258e, Platão opõe o conhecimento científico, *epistéme*, à prática ou ação, *praktiké*, o que é adquirido por meio da *hé gnôstiké*, isto é, o conhecimento puro ou especulativo, que pode ser denominado "teoria" ou "contemplação". A faculdade de conhecer, *gnôsis*, aparece em *República*, 508d-e, 477a, 478c, e em *Filebo*, 58a. Cf.

trário de *epistéme*, raramente é empregado em sentido absoluto, pois exige um genitivo objetivo, ou seja, determina a existência de objetos da *gnôsis*, aquilo de que este "conhecimento" é conhecimento. Na gnose, há uma relação simbiótica da pessoa que conhece e do "objeto" a ser conhecido, e a ênfase é posta mais no próprio ato de conhecer do que no "objeto" de conhecimento.

Na Grécia clássica, a *gnôsis* apresentava-se como um conhecimento adquirido em base discursiva e dialética, a partir da observação direta. Os gregos tinham uma predileção pelo órgão da vista[2], e, no caso das realidades invisíveis, o conhecimento do mundo ideal seria adquirido mediante os olhos da mente, o que exigia apenas a aplicação coerente e sistemática de uma natural capacidade de visão, verificação e controle dos dados conseguidos[3]. Quanto ao termo *gnostikós*, parece ser um raro termo técnico que remonta ao tempo de Platão, cujo significado é algo como "dirigido ao conhecimento" ou "capaz de adquirir conhecimento", usualmente empregado para designar disciplinas de estudos, ou faculdades e capacidades humanas. Plutarco escreveu que "almas humanas possuem a faculdade que é *gnostikós* (conduz ao conhecimento) de coisas visíveis"[4].

Antes de relacionar o tema da *gnôsis* ao texto de Avicena, impõe-se definir alguns conceitos e noções para uma maior clareza e compreensão do eventual conteúdo gnóstico de *Hayy Ibn Yaqzān*. Respeitando os limites de nosso trabalho, serão apenas delineados alguns aspectos do tema da *gnôsis*, pois sabemos que este é um torvelinho de idéias, pensamentos, tópicos e argumentos que preenchem uma literatura gigantesca e que, por si só, justificariam anos de pesquisa.

2.1. GNOSTICISMO

Robert McLachlan Wilson, em "Gnosis, Gnosticism and the New Testament" – artigo publicado na coletânea que reúne os trabalhos do

Michel Tardieu e Jean-Daniel Dubois, *Introduction à la Littérature Gnostique*, Paris, Cerf-CNRS, 1986, p. 23.

2. Cf. Aristóteles, *Metafísica*, I, 1, 980a 20-25: "Todos os homens, por natureza, desejam conhecer. Sinal disso é o prazer que nos proporcionam os nossos sentidos; pois, ainda que não levemos em conta a sua utilidade, são estimados por si mesmos; e, acima de todos os outros, o sentido da visão. [...] entre todos os sentidos, é a visão que põe em evidência e nos leva a conhecer maior número de diferenças entre as coisas". (Trad. Leonel Vallandro, Porto Alegre, Globo, 1969)

3. Cf. Giovanni Filoramo, *L'attesa della fine. Storia della gnosi*, Roma, Laterza, 1987, p. 64. Para uma completa exposição dos vários significados do termo *gnôsis*, ver Rudolf Bultmann, *Bible Key Words*, vol. II, Harper & Row, 1958, com ênfase nos textos bíblicos.

4. Cit. *in* Bentley Layton, *The Gnostic Scriptures*, USA, Doubleday, 1995, p. 8.

Colóquio de Messina de 1966, *Le Origini dello Gnosticismo* –, afirma que "na definição tradicional gnosticismo é uma heresia cristã do segundo século, resultado do impacto do cristianismo no mundo gentio e dos conseqüentes esforços, de um e de outro lado, para assimilar o ensinamento cristão às idéias e ao pensamento do meio da época"[5]. Com o desenvolvimento das pesquisas, o problema das origens do gnosticismo passou a suscitar maior atenção dos pesquisadores, pois verificou-se que os movimentos filosófico-religiosos que surgiram nos séculos II e III de nossa era não eram simples desvios no *interior* do cristianismo, "mas o amálgama[6] de idéias cristãs com idéias oriundas de outras fontes"[7]. O cristianismo primitivo passou a ser reconhecido como parte de um mundo multicultural e sujeito às influências desse meio.

Palavra que surgiu somente no século XVIII[8], "gnosticismo" foi cunhada pela historiografia moderna para designar "um vasto e variado material documental relativo a doutrinas que, na maior parte dos casos, faziam apelo a um "conhecimento" – uma *gnôsis* – sobre a realidade oculta de Deus e do mundo, sobre o homem e sua salvação escatológica"[9]. Esse material, duramente criticado pelos Padres da Igreja entre os séculos II e IV, privilegiava a compreensão intelectual (racional) em relação à fé.

No século XX foram descobertos documentos de importância crucial para a compreensão do fenômeno gnóstico: inicialmente, os manuscritos maniqueus de Turfan, na Ásia Central, e de Medīnat Mādi, no Egito, e, mais tarde, em 1945, a descoberta da biblioteca de Nag Hammādi, também no Egito, permitiram concluir que o pensamento gnóstico tem uma história e um conteúdo que extrapolam os limites de uma simples "heresia" do cristianismo.

A descoberta dos códices coptas de Nag Hammādi, antiga Chenoboskion[10], no alto Egito, deu ao mundo um vastíssimo material que permitiu evidenciar uma compreensão do gnosticismo desvinculada das informações dos heresiólogos cristãos, assim como a inexistência

5. Robert McL. Wilson, "Gnosis, Gnosticism and The New Testament", *in* U. Bianchi (ed.), *Le Origini dello Gnosticismo, Colloquio di Messina*, Leiden, E. J. Brill, 1970, pp. 511 ss.

6. Ou, na expressão de H. Chadwick, uma "certa combinação de idéias", *in* R. McL. Wilson, *op. cit.*, p. 516, n. 1.

7. Cf. R. McL. Wilson, *op. cit.*, p. 512.

8. Cf. Aldo Magris, *La lógica del pensiero gnóstico*, Itália, Morcelliana, 1997, p. 24.

9. Cf. Aldo Magris, *op. cit.*, p. 9.

10. Em 4 de outubro de 1946, Togo Mina, curador do Museu Copta do Cairo, comprou um papiro em copta e mostrou-o a dois orientalistas franceses, François Daumas e Henry Corbin, os quais estabeleceram o caráter gnóstico do documento. Cf. Kurt Rudolph, *Gnosis: the Nature and History of Gnosticism*, USA, Harper San Francisco, 1987, p. 35.

de um denominador comum que conferisse uma identidade ao gnosticismo. Com variedade de pensamento, pois derivam de diferentes movimentos ou escolas, esses documentos movem-se num terreno em que reflexão filosófica e pensamento religioso estão estreitamente vinculados. Alguns textos apresentam um tratamento com fortes conotações cristãs, enquanto outros são nitidamente criações não-cristãs, o que parece indicar a interdependência da *gnôsis* e do cristianismo, mas, também, a desvinculação entre os dois[11].

Na primeira metade do século XX, estudiosos da *Religionsgeschichtliche Schule*[12] (Escola da Religião Histórica), como Bousset e Reitzenstein, e a escola de Rudolf Bultmann desenvolveram a teoria das origens não-cristãs da *gnôsis* e apontaram a contribuição de tradições judaicas e persas, além de reconhecer uma forte influência do pensamento filosófico grego. As duas escolas receberam críticas, pois afirmar que a origem do gnosticismo é o resultado de um sincretismo helênico-oriental faz com que a sua expressão seja celebrada mais como mitologia religiosa do que como pensamento filosófico-religioso. Passível da mesma crítica, a recente hipótese da origem judaica do gnosticismo vai ao encontro dos estudos anteriormente empreendidos entre as duas guerras, ou seja, o tratamento do gnosticismo como mitologia religiosa, só que, desta vez, no lugar de servir-se de mitos persas[13], privilegia mitos judaicos retirados da Bíblia Hebraica.

A pesquisa moderna sobre o gnosticismo centralizou-se sobre a questão de suas origens e, conseqüentemente, procurou dar-lhe uma definição que caracterizasse sua natureza. Como frisa Aldo Magris, em relação a essa postura, "por trás das duas questões fundamentais, não é difícil reconhecer a pedra angular da epistemologia aristotélica: a 'origem' do gnosticismo põe a exigência de conhecer a *causa* do fenômeno; a 'definição' pressupõe que o fenômeno seja conhecido na medida em que possamos individualizar sua *essência*"[14]. Na formulação de Aristóteles, a *essência* consiste na diferenciação específica de um determinado ente no interior de seu "gênero", o que permite defini-lo em termos lógicos. A definição, por sua vez, impõe estabelecer os atributos possíveis do ente, separando-os em predicados essenciais e predicados acidentais; estes últimos, porém, em nada contribuem para

11. Cf. Kurt Rudolph, *op. cit.*, p. 51.

12. Escola comparatista alemã do início do século XX, cuja posição defende a idéia de as origens e de a essência da gnose não se encontrarem no cristianismo nem no helenismo, mas nas antigas religiões orientais da Babilônia, do Egito e da Pérsia. Um de seus principais representantes é R. Reitzenstein, que defendeu em *Poimandres*, Leipzig, 1910, a tese das origens egípcias da gnose, tese ampliada a partir de 1917, quando passou a debater a idéia de sincretismo helenista para defender a tese das origens iranianas da gnose. A Escola da Religião Histórica alemã identifica *gnose* com *dualismo*.

13. A interpretação do pensamento gnóstico por meio de mitos persas é característica da escola de Bultmann e de seu célebre discípulo, Hans Jonas.

14. Cf. Aldo Magris, *op. cit.*, p. 17.

a especificidade do ente definido[15]. Foram tais os critérios emprestados da filosofia aristotélica e empregados no estudo do gnosticismo, os quais procuraram identificar os conteúdos da doutrina gnóstica, a fim de definir sua *essência* e, a partir destes, determinar suas origens para concluir sua *causa*[16]. Como expressão dessa metodologia, e na tentativa de pôr termo às intermináveis discussões sobre os significados de *gnôsis*, *gnosticismo*, *pré* ou *proto-gnosticismo*, o célebre congresso de Messina, em 1966, dedicado ao tema das *Origens do Gnosticismo*, propôs uma definição – embora não partilhada unanimemente por seus membros – que, todavia, pode ser considerada um ponto de partida para qualquer estudo sobre o tema: *gnôsis*, entendida como "conhecimento dos mistérios divinos reservados a uma elite", se distingue de *gnosticismo*, movimento identificado tipológica e historicamente, reservado a "um certo grupo de sistemas do século II d.C., habitualmente conhecidos por esta designação"[17].

Falar dos sistemas gnósticos que floresceram na era imperial romana impõe o estudo das origens do cristianismo, da influência exercida pelo judaísmo, da formação de um segmento judaico-cristão, sem mencionar a consideração dos vários sistemas filosóficos gregos que circulavam na época, dos quais se destacam o neo-estoicismo, o ceticismo, o peripatetismo, o médio e o neoplatonismo. Definir os conteúdos "essencias" das doutrinas gnósticas é outro problema, pois a grande maioria dos tratados conhecidos não pode ser desvinculada da cristologia, além do fato de esses conteúdos variarem muito no conjunto do material. Alguns conteúdos evidenciam uma matriz judaica, outros partem de uma matriz cristã, e há outros, ainda, que não pertencem a nenhuma das duas. Determinar um contexto único na origem do gnosticismo é estreitar o complexo da cultura filosófico-religiosa greco-helenística, época em que inúmeros fatores se entrelaçavam, originando outros tantos, um contínuo movimento de idéias que se formavam e se mesclavam gerando novas idéias.

Para que haja uma compreensão mais rica do fenômeno gnóstico, é conveniente estudar seus mecanismos internos, ou seja, o movimento desse pensamento, inserindo-o no interior de um movimento maior, o da trajetória das idéias. Falar das influências judaicas, iranianas ou

15. Aristóteles, *Analíticos Posteriores*, II, 6-11; *Tópicos*, VI.

16. Para uma discussão da metodologia empregada na definição do gnosticismo e de suas origens, ver Aldo Magris, pp. 16 ss.

17. No Colóquio de Messina, abril de 1966, in *Le Origini dello Gnosticismo*, Leiden, ed. E. J. Brill. 1970, pp. XX ss., ficou estabelecida a seguinte definição: "Para evitar o uso indiferenciado dos termos *gnôsis* e *gnosticismo*, parece útil identificar, com a ajuda dos métodos histórico e tipológico, um fato determinado, o 'gnosticismo', partindo metodologicamente de um determinado grupo de sistemas do século II d.C., os quais são assim comumente denominados. No entanto, propõe-se conceber a 'gnose' como 'conhecimento dos mistérios divinos reservados a uma elite' ".

cristãs não significa determinar que tais influências sejam as *causas* do gnosticismo. Determiná-las como *causas* seria "tipologizar" esses sistemas religiosos, fechando-os em compartimentos estanques e concebendo-os como se estivessem congelados ou embalsamados. Os sistemas religiosos têm vida própria que o olhar míope não enxerga. Não podem ser contidos em museus.

Do mesmo modo, estabelecer como "sistemas do século II" os grupos, seitas, escolas ou "igrejas" é reduzi-los a uma tipologia de contornos homogêneos, em um panorama decisivamente diversificado, em que circulavam indivíduos que, talvez, apenas se reunissem em volta de um mestre itinerante, formando pequenos grupos que podiam dissolver-se e reorganizar-se novamente, agregando a suas doutrinas novos mitos ou mesmo reestruturando os que já faziam parte de suas crenças. O horizonte extremamente variado em que floresceram as doutrinas gnósticas pode ser composto do judaísmo helenístico, de abordagens filosóficas à maneira de Filo de Alexandria, do cristianismo primitivo, das religiões mistéricas com elementos oriundos da Síria, Anatólia, Egito e Pérsia, de uma cultura filosófica proveniente sobretudo do platonismo e do estoicismo, de uma grande propensão para a incorporação dos aforismos de Heráclito e, enfim, de uma certa dose de ocultismo mágico, astrológico e alquímico. Os limites geográficos do Oriente Médio (e sua extensão à África setentrional) são extremamente fluidos entre os séculos I e II d.C., o que possibilita esse vaivém de idéias, essa trajetória do complexo cultural que acabamos de mencionar. Na aguda percepção de Aldo Magris, cuja abordagem hermenêutica do gnosticismo orientou nossas reflexões, "o gnosticismo é, portanto, um *material* que se desenvolveu a partir do 'terreno' do judaísmo, do cristianismo, do helenismo sincrético"[18].

A compreensão do desenvolvimento do gnosticismo como movimento religioso e, eventualmente, do cristianismo primitivo, permite ainda considerar outras influências, por exemplo, a literatura do *Corpus Hermeticum*, que até poderia ser considerada "semi-gnóstica"[19]. A partir do estudo dos manuscritos coptas de Nag Hammādi, observou-se que essa literatura poderia ter sido amplamente usada e estudada por escolas propriamente gnósticas[20].

18. Cf. Aldo Magris, *op. cit.*, p. 53. Por "terreno", o autor entende um *fundo* cultural de que surge e se alimenta o complexo da cultura filosófico-religiosa da era imperial romana, cf. p. 23; com relação ao significado de *material*, o autor se refere aos documentos representativos de um pensamento gnóstico, encontrados nas diferentes regiões e épocas, cuja *temática* (predominantemente judaica e cristã, mas também persa e helenística) é elaborada por certos grupos e reabsorvida pelo terreno cultural, que, por sua vez, reelabora e reúne a "pauta de certas *questões fundamentais*", cf. p. 24.

19. Cf. R. McL. Wilson, *op. cit.*, p. 513.

20. R. McL. Wilson aponta outras influências, tais como do médio platônico Numênio e de Plotino (em seu período mais antigo). O autor questiona se não teria

Diante de um cenário culturalmente tão diversificado, surge, pois, a questão das origens das idéias do pensamento gnóstico: seriam tais idéias já gnósticas em outras regiões? Ou, em que medida tornaram-se gnósticas quando apreendidas pelas seitas que se formaram sobretudo às margens do Nilo no século II d.C.?

A mais antiga referência à seita dos "gnósticos" data de 180 d.C., quando Ireneu de Lião atacou os heréticos em *Adversus Haereses*, 1. 29. 1[21]. Parece ter havido uma seita que se autodenominou *gnostikós*, mas as pesquisas nada concluíram sobre a época de seu surgimento. Todavia, algumas conclusões indiretas podem ser levantadas ao considerar-se o conteúdo filosófico de seus escritos em relação à filosofia grega. A formulação do mito gnóstico da criação tem suas raízes no *Timeu*, de Platão, combinadas com o livro bíblico do *Gênesis*. O período do medioplatonismo é rico em especulações derivadas de círculos filosóficos pagãos e dos judeus de língua grega habitantes de Alexandria. Se o mito gnóstico pressupõe a herança de duas tradições combinadas, platonismo e judaísmo, o aparecimento dos primeiros gnósticos poderia remontar à época de Filo de Alexandria (c. 30 a.C.-c. 45 d.C.), quando então era muito comum esse tipo de especulação. Nada, no entanto, pode provar tal datação, e os estudiosos são incapazes de afirmar a antigüidade dos primeiros *gnostikói*, anteriores a 180 d.C., quando Ireneu a eles se referiu por primeiro.

Os "gnósticos" continuaram a florescer nos séculos III e IV d.C. até a oficialização da ortodoxia católica do cristianismo pelo imperador romano Teodósio I, em 381 d. C., quando se iniciou o movimento de perseguição aos "heréticos". Apesar de perseguidos, os gnósticos deixaram vestígios no Oriente – Armênia, Síria, Mesopotâmia e Pérsia – e, mais tarde, na Europa medieval[22].

havido um desenvolvimento paralelo entre o hermetismo e o gnosticismo cristão, até que ambos viessem a representar as manifestações pagã e cristã do mesmo espírito da época (*Zeitgeist*); o autor levanta a hipótese da influência de idéias platônicas e estóicas, que, nos escritos gnósticos, receberam um novo significado; há, também, numerosos pontos em comum com Filo de Alexandria, se remontarmos ao primeiro século, cf. *op. cit.*, pp. 513-514.

21. Cf. Bentley Layton, *The Gnostic Scriptures*, p. 5.

22. São reconhecidos como "gnósticos" os seguintes grupos: gnosticismos cristãos ou aqueles mais ou menos cristianizados de natureza heterodoxa; gnoses pagãs exteriores ao cristianismo, tais como o hermetismo, doutrinas dos *Oráculos Caldeus*, certas passagens de papiros mágicos gregos e o mandeísmo, cujos centros tradicionais encontram-se, ainda hoje, na baixa Mesopotâmia e no sudeste iraniano; o nome "mandeus" (*mandaiia*) significa, na língua semítica mandea, "sapiente", "gnóstico" (de *manda*, saber); no passado, os "mandeus" se autodenominavam "nazoreus" (*nasuraya* da raiz *nsr*, que significa "observar") e foram denominados pelos árabes "sabeus" (*sābi'ūn* da raiz *sb'*, que significa "imergir") e reconhecidos como "batistas"; sobre a doutrina dos mandeus, ver Maria Vittoria Cerutti, *Dualismo e Ambiguità*, Roma, Edizioni dell'Ateneo, 1981, cujo "Apêndice" oferece uma detalhada descrição dos mandeus, sabeus e nasoreus; sobre as origens dos mandeus, sabeus e harranianos, ver o excelente estudo de Sinasi

2.2. *GNÔSIS*

No vocabulário das seitas gnósticas que surgiram no período imperial[23], o antigo termo grego *gnôsis* sofre uma profunda modificação[24]. Será a partir dos sistemas religiosos que constituem sua base e de seus ensinamentos que podemos extrair os principais conceitos constituintes da tradição gnóstica. A idéia de *gnôsis* é o núcleo em torno do qual se articulam os vários conceitos, pois a *gnôsis* passa a ser o ato de conhecimento que é em si e por si próprio a salvação.

De seus cursos ministrados nos anos sessenta no *Collège de France* e reunidos em dois volumes intitulados *En quête de la Gnose*, Henri-Charles Puech comprova seu pioneirismo no estudo do fenômeno gnóstico. No primeiro tomo, define: "Denomina-se ou pode denominar-se *gnosticismo* – e também *gnôsis* – toda doutrina ou atitude religiosa fundada sobre a teoria ou experiência de obtenção da salvação mediante o conhecimento". Nesse sentido, o fenômeno se circunscreve a uma especificidade que pode ser encontrada em diferentes doutrinas,

Gündüz, *The Knowledge of Life*, Oxford Univ. Press, 1994; sobre os harranianos, ver Tamara M. Green, *The City of the Moon God. Religious Traditions of Harran,* E. J. Brill, 1992; o maniqueísmo e suas derivações, como o priscilianismo (já criticado por Santo Agostinho nos *Libra* de Dictinio), o paulicianismo (movimento que surgiu na Armênia em meados do século VII), o bogomilismo (movimento que surgiu em território búlgaro, cujas fontes mais antigas datam dos séculos XII-XIII), e o catarismo medieval (séculos XII-XIV na Europa); as seitas dos peratas, dos naassenos e dos sabeus; a Kabala judaica e os diversos sistemas nascidos no seio ou às margens do Islão, cf. Henri-Charles Puech, *En torno a la Gnosis*, Madrid, Taurus, 1982, p. 236; para uma História das religiões dualistas ("dualismo" no significado histórico-religioso para indicar a noção, expressa em forma sistemática ou mítica, da dicotomia dos princípios dos quais derivam o mundo e o homem), ver G. Filoramo (org.), *Storia delle religioni*, vol. III, *Religioni dualiste. Islam,* Roma, Laterza, 1995.

23. Os termos *gnôsis* e "gnosticismo" estão relacionados às seitas que se desenvolveram durante os primeiros séculos após o surgimento do cristianismo. Cf. Jean Doresse, *The Secret Books of the Egyptian Gnostics*, USA, Inner Traditions International, 1986, p. 1, n. 1: "A denominação *gnôsis* ficou, legitimamente, ligada à religião dessas seitas. No entanto, outros movimentos místicos e filosóficos, não relacionados àqueles que competiam com o cristianismo em seus primórdios, também reivindicaram uma doutrina da salvação – uma *gnôsis* fundada em diferentes mitos. Será em relação aos distintos mitos que constituem o 'conhecimento' de nossos gnósticos, e não a um conceito geral de *gnôsis*, a que nós nos referiremos para uma mais exata definição".

24. Ver o interessante artigo de Geo Widengren, "Les origines du gnosticisme et l'histoire des religions", *Le Origini dello Gnosticismo*, pp. 28 ss.: o autor descreve as principais teorias desenvolvidas para explicar o complexo fenômeno do gnosticismo. Widengren enfatiza as teses da *Religionsgeschichtliche Schule*, que propunham relacionar o gnosticismo de fundo helênico na era cristã com os mitos derivados das religiões dualistas, tais como a tradição iraniana do zoroastrismo e do zervanismo, o mandeísmo, o maniqueísmo e os textos dos naassenos (ou ofitas, do hebraico *nākhāsh*). O sincretismo proposto por esta escola foi criticado por Henri-Charles Puech em *En quête de la Gnosis*, vol. I.

sistemas, movimentos ou teorias que receberam o nome ou se autodenominaram "gnósticos".

Contudo, diante dessa ampla diversidade de seitas e escolas, movimentos que à primeira vista parecem contradizer-se, predomina uma certa unidade de pensamento resultante do encontro e fusão de correntes de idéias e sentimentos que emergiram da expansão romana. *Gnôsis* é definida por Henri-Charles Puech não como "conceito abstrato" ou "aspecto de um sistema estritamente especulativo ou puramente mítico, mas como 'estilo de vida', como comportamento concreto e existencial". Suas análises permitem definir a *gnôsis* como "uma experiência ou o que se refere a uma eventual experiência interior" em razão da qual o "gnóstico" recebe a iluminação (ou revelação) que o regenera e diviniza, pois, ao atingir a consciência de si, rememora sua autêntica natureza e origem. Conhecendo-se, reconhece-se em Deus e se conhece como emanado de Deus e estrangeiro ao mundo que o cerca. Uma vez de posse de seu "eu", conhece seu destino e tem a certeza de sua salvação, pois descobre-se como ser já salvo. Conhecimento metarracional, a *gnôsis* é um dom da divindade que tem o poder de salvar quem o recebe.

Durante muito tempo a *gnôsis* foi erroneamente identificada com o cristianismo, pois era estudada a partir de doxografias e comentários dos antigos heresiólogos e dos autores da época da literatura patrística[25]. Com os estudos desenvolvidos pelos orientalistas e pela *Religionsgeschichtliche Schule* (Escola da Religião Histórica), ampliou-se o sentido que a palavra *gnôsis* tinha a princípio, pois tornou-se inevitável aceitar os gnosticismos não-cristãos[26]. Observou-se que o fenômeno do gnosticismo ultrapassava os limites e o âmbito do cristianismo antigo, podendo até ser anterior a este. Na definição de Hans Jonas, "o gnosticismo implica uma certa gnose, fundada no conceito antroposófico da consubstancialidade do *pneûma* que está no homem com o *pneûma* divino, isto é, a idéia do conhecimento (salvífico) por conaturalidade congênita com o divino; por conseguinte, implica, também, a polêmica anticósmica e antidemiúrgica"[27].

25. Do I ao V século surgiu o que pode ser denominado (no interior do cristianismo) "gnose herética" ou "gnosticismo histórico" no Oriente (Síria, Arábia, Egito, Mesopotâmia) e no Ocidente (Itália, Vale do Reno), que define um saber (*gnôsis*) de origem platônica. Trata-se de um saber proveniente de tradições secretas e não escritas e, posteriormente, "reveladas". A partir do II século, o termo é bastante utilizado pelos Padres da Igreja para rotular os heterodoxos ou hereges com relação aos dogmas cristãos, o que permite um abuso do termo e a conseqüente geração de confusões como, por exemplo, as ocasionadas pelo uso incorreto de termos como "maniqueísmo" e "arianismo". Para um esclarecimento preciso dos diversos sentidos do termo *gnóstico*, consultar o trabalho de Tardieu-Dubois, *op. cit.*

26. Cf. Henri-Charles Puech, *op. cit.*, p. 237.

27. Cit. *in* Ugo Bianchi, "Le Problème des Origines du Gnosticisme", *Le Origini dello Gnosticismo*, p. 3.

O gnosticismo heterodoxo passou a ser visto como a expressão do resultado do encontro e fusão entre as idéias que preexistiam à nova religião[28]. Nessa direção, A.-J. Festugière define a gnose como "um fenômeno pagão, de origem pagã, que afetou quer os mitos pagãos quer a revelação cristã. Não nasceu da reflexão sobre os dados dessa revelação cristã, mas, independentemente de qualquer revelação, <nasceu> de uma reflexão sobre o problema do mal, tal qual este se apresentava aos olhos da filosofia helenística, de um lado, Deus, e de outro, a matéria"[29]. Na análise de Festugière, conceber a matéria como um mal em si impõe as conseqüências lógicas que derivam dessa posição inicial. A pergunta que os gnósticos se faziam, "o que é o mal?", está relacionada com outra, "de onde procede o mal?". Nessa relação elaborou-se um pensamento dualista que opunha Deus à matéria ou ao princípio do mal[30].

O pensamento gnóstico das várias escolas ou seitas é construído com idéias mitológicas e religiosas retiradas das mais variadas religiões e culturas: grega, judaica, persa, cristã e, por intermédio do maniqueísmo, traços da Índia[31]. À primeira vista, os mitos gnósticos parecem ser uma compilação de mitos mais antigos, o que poderia transformar a tradição gnóstica em algo um tanto artificial. Este, porém, não é o caso, embora essa tradição, nas palavras de Kurt Rudolph, vincule-se "à corrente de um imaginário religioso mais antigo, quase como um bem sucedido parasita no solo de 'religiões hospedeiras'." Rudolph conclui que para os gnósticos, todavia, a mitologia criada com material retirado de outras tradições é uma confirmação de sua verdade que pode remontar a uma revelação recebida em tempos primitivos.

Para uma melhor compreensão do fenômeno gnóstico, cabe frisar que algumas idéias fizeram do gnosticismo um movimento específico que não pode ser desvinculado de seu contexto histórico, visto que determina uma forma de visão de mundo característica do período da Antigüidade tardia.

28. Os trabalhos de W. Kohler, *Die Gnosis*, Tübingen, 1911, indicam que a gnose não é um mero ecletismo tentando conciliar diferentes correntes, mas constitui a simbiose de elementos hebraicos, gregos, cristãos, iranianos, egípcios e babilônicos que, ao formar um sincretismo, inaugura uma nova religião com um novo saber e método de salvação nascidos da história social e política do Oriente, a partir da conquista macedônica. Cf. Tardieu-Dubois, *op. cit.*, p. 35.

29. Cf. A.-J. Festugière, *Hermétisme et Mystique Païenne*, Paris, Aubier-Montaigne, 1967, p. 84.

30. Para uma definição da *gnôsis*, ver: Sasagu Arai, "Zur Definition der Gnosis", *Le Origini dello Gnosticismo*, pp. 181 ss.; para que seja definida com clareza, "a *Gnose* necessita três elementos essenciais, *a liberação enquanto autoconhecimento*, o *dualismo* e a *manifestação da divindade mediante Reveladores/Salvadores*", Sasagu Arai, cit. *in* A. Bausani, "Letture Iraniche per L'Origine e la Definizione Tipologica di Gnosi", *Le Origini dello Gnosticismo*, p. 252.

31. Cf. Kurt Rudolph, *op. cit.*, p. 54.

A partir de uma interrogação do homem sobre si mesmo e sobre sua condição num mundo onde se sente alienado, estranho, mal-adaptado, os gnósticos articulam três questões que inicialmente se apresentam como sucessivas, mas que são, de fato, simultâneas: "De onde vim?", "Onde estou?" e "Aonde vou?"[32]. A resposta a essa tríplice indagação procura desvendar ao homem seu passado, "o que era", seu presente, "o que sou agora", e seu futuro, "o que serei", ao mesmo tempo que lhe revela sua verdadeira natureza fazendo-o conhecer ou reconhecer "quem é", apesar de se encontrar neste mundo, palco de suas desventuras. Conhecer sua origem, saber que não pertence a este mundo por mais que nele se encontre, saber que voltará a seu lugar de origem, não bastam para devolver-lhe seu estado originário, pois a *gnôsis* não é um conhecimento intelectual ou especulativo com soluções teóricas e abstratas.

O que a *gnôsis* ensina é a libertação de sua situação, presente e acidental, no mundo e no tempo, com a tomada de consciência de sua natureza transcendente. De posse de seu "eu" verdadeiro e intemporal, a *gnôsis* concede (ou pretende conceder) ao homem sua situação definitiva, ou seja, a situação de ser divinizado. Às questões nascidas da angústia e da inquietude, a revelação gnóstica oferece uma solução e infunde sentido à existência humana. Partindo da nostalgia de uma situação inicial, o gnóstico vai em busca de sua salvação, que se efetua no regresso à sua origem. Exilado num mundo dirigido pela fatalidade (*heimarméne*) e preso a um corpo, companheiro mal-intencionado e causa de desordens e transtornos, o mal não se impõe ao gnóstico como conceito, mas como realidade concreta e diretamente vivida. Dessas reflexões acerca do mal, a *gnôsis* desenvolveu a concepção de um demiurgo, criador do universo, absolutamente distinto de um Deus acima e estranho ao mundo, este, sim, o Deus do bem e da salvação. Sendo o mal inerente ao cosmo, a responsabilidade da criação – e portanto do mal – não pode provir de um Deus identificado com o

32. Michel Tardieu chama a atenção para o que ele define como "sentido psicológico", "fenomenológico" ou "existencial" da gnose, cuja característica é uma espécie de análise interior. Nessa perspectiva, a gnose é a expressão de uma experiência humana de alienação (no sentido fenomenológico e não marxista) com relação ao mundo. Nesse sentido, serão *gnósticos* o hermetismo, as religiões de mistérios, Filo, o neopitagorismo, Plotino e o neoplatonismo, cujo conjunto compõe o grupo pagão ou egípcio das gnoses helenísticas. O teórico do sentido psicológico foi Hans Jonas, que rotulou de *gnósticos* todos aqueles que procuram uma resposta às três questões atinentes à origem: "de onde viemos, onde estamos, para onde iremos?". O gnosticismo propriamente dito conheceu os Padres da Igreja e as fontes diretas apócrifas do Antigo e do Novo Testamento, partes não sinóticas do Novo Testamento, correntes monásticas e o Pseudo-Dionísio, os quais formam o grupo cristão ou sírio-palestino das gnoses helenísticas; há o grupo oriental não-cristão que inclui certas partes recentes do *Avesta*, o maniqueísmo, o mandeísmo, o montanismo, o profetismo samaritano, a *kabbalah*, os apocalipses hebraicos e as seitas batistas. Cf. Tardieu-Dubois, *op. cit.*, pp. 35-37.

bem. O mal proveniente de um demiurgo criador permanece assim reduzido à existência *no* mundo, a sua principal causa[33]. Escapar do mal, libertar-se dele equivale a fugir deste mundo. As imagens descritas na literatura gnóstica reforçam essa idéia de "evasão" de uma "prisão", de um "cativeiro em uma fortaleza rodeada de muros e fossos intransponíveis", de "águas tenebrosas" ou "fossas", de um "deserto", de uma "noite"[34]. Em virtude de sua agitação desordenada e absurda, o mundo é uma "ruína" que desmorona sobre si mesma[35]. Para o gnóstico, o mal consiste essencialmente em sua presença no mundo; por mais que se encontre e viva no mundo, o gnóstico sabe que não é do mundo, que não pertence ao mundo, que é apenas um exilado no mundo. Ao descobrir-se estrangeiro no mundo, ao adquirir a consciência de sua natureza e origem transcendentes, o gnóstico afirma-se radicalmente estranho diante desse mundo com o qual mantém uma relação contingente e acidental, e almeja esperançosamente encontrar sua salvação dentro de si próprio.

No conjunto do *Corpus Hermeticum*, distinguem-se duas correntes opostas no tocante ao problema do mal: há um certo número de textos que afirmam a natureza e a origem do mal cósmico, como atesta o *Tratado* VI, 4, acerca do *pléroma* ou totalidade do mal. Essa corrente, mais aparentada com o gnosticismo propriamente, é dualista, pessimista e orientada a conceber Deus absolutamente transcendente, sem qualquer relação direta com o mundo. A outra tendência, mais otimista, monista porque dominada pela noção de um Deus cósmico, provém diretamente da filosofia e da religiosidade helênicas[36]. Henri-Charles Puech sustenta que essa contradição não diz respeito à atitude da *gnôsis* em relação ao mundo, mas aponta uma contradição no interior do próprio hermetismo, entre a tendência "filosófica" e um hermetismo propriamente "gnóstico", isto é, com características marcantes do pessimismo inerente a qualquer gnosticismo "por pouco conseqüente que seja"[37]. As duas doutrinas, irreconciliáveis, engendram atitudes opostas. E, Festugière salienta que as duas tendências conduzem a duas morais antagônicas[38], fator suficiente para impedir sua pertinência a uma mesma seita religiosa.

33. A noção de um segundo Deus é corrente em todas as gnoses dos séculos II e III, cf. A.-J. Festugière, *Hermétisme et Mystique Païenne*, p. 48.

34. Tais imagens são particularmente vivas entre os mandeus e os maniqueus, cf. Henri-Charles Puech, *En torno a la Gnosis*, p. 250.

35. Comparar com o *Poema da Alma*, de Avicena: quando a alma, depois de descer dos céus e se unir ao corpo, "habituou-se a estar em contato com a deserta ruína".

36. Cf. Henri-Charles Puech, *op. cit.*, p. 253.

37. *Ibidem*.

38. Cf. A.-J. Festugière, *Hermétisme et Mystique Païenne*, p. 37: são os seguintes os tratados do *Corpus Hermeticum* que mencionam o fato de o mundo ser penetrado por uma divindade boa e bela, além de pregar a contemplação do mundo para atingir a

Não cabe aqui fazer um estudo exaustivo ou uma análise mais apurada do gnosticismo ou dos gnosticismos. A temática do gnosticismo (ou gnosticismos) é por demais complexa e exigiria um estudo à parte, o que não é possível no âmbito de nosso estudo. Podemos apenas indicar a influência de alguns temas gnósticos, sem, contudo, esquecer que o movimento gnóstico dos II e III séculos d. C. recebeu influências orientais dos mandeus[39] e dos maniqueus[40], seguidores de seitas originárias da Mesopotâmia e do antigo Irã, respectivamente. Em nosso estudo, talvez seja mais apropriado falar em *gnôsis* que em gnosticismo, tal como parece ser a tendência da pesquisa moderna[41], a qual tende a situar o gnosticismo no movimento histórico ligado às heresias cristãs, enquanto a *gnôsis* propriamente seria, em todos os seus desdobramentos, um fenômeno mais amplo[42].

Na exegese do apócrifo *Evangelho de Tomé*, H.-C. Puech indica alguns temas que se repetem com poucas variantes nas diversas narrativas com acentuados contornos gnósticos. O primeiro a chamar a atenção, obediência ao aforismo contemplado no oráculo de Delfos, é a proposição "eu me conheço a mim próprio". Essa assertiva conduz a uma distinção básica entre o "eu", sujeito conhecedor, e o "mim", objeto conhecido ou re-conhecido. Puech sublinha essa separação e explica: o primeiro "eu" está cativo e limitado na experiência quotidiana do mundo fenomênico, no imediatismo da percepção sensível determinante do sujeito. O segundo termo (mim) é o "eu" real, acima dos fenômenos aparentes e das contingências existenciais. Conhecer sua própria alma, substancial e permanente, com existência objetiva na eternidade, este "eu" é representado por figuras arquetípicas tais quais o anjo individual, o guia, o homem de luz, o duplo ou gêmeo celeste, o *daímon*. "Aquele que se conhece, conhece ao Senhor", ou nas variantes, "conhece ao *Imām*", na gnose iraniana, "conhece a Natureza Perfeita", no *Corpus Hermeticum*. Explorado nas diversas gnoses, o tema do autoconheci-

Deus: *C. H. V, VIII, IX*; os tratados *C. H. I, IV, VI, VII, XIII* falam de um mundo do qual é preciso fugir porque aqui somos estrangeiros; este mundo não pode ser obra de um Deus Primeiro, o qual está infinitamente acima de qualquer matéria, oculto no mistério de seu ser, inalcançável.

39. Também chamados *nasoreus* (*nasuraiyī*), isto é, "guardiães" ou "possuidores" do conhecimento e dos ritos secretos. "Mandeus" (*mandayī*) é uma denominação mais recente e vem de *manda*, que significa "percepção, conhecimento, gnose". Os mandeus consideram João Batista representante de sua fé, o que lhes facilitou o convívio com os muçulmanos e cristãos. As origens dessa seita batista remontam a tempos pré-cristãos.

40. Mani, fundador do maniqueísmo, era originário da vizinhança de Selêucia-Ctesiphon, na época capital da antiga Pérsia, situada às margens do Tigre, e residiu na corte sassânida durante algum tempo, pois seus pais teriam pertencido a uma linhagem nobre iraniana. Cf. Kurt Rudolph, *op. cit.*, pp. 211 e 329.

41. Cf. R. McL. Wilson, *op. cit.*, p. 515.

42. Cf. R. McL. Wilson, "Addenda et Postscripta", *Le Origini dello Gnosticismo*, p. 697.

mento conduz aos temas seguintes, o retorno à origem e a re-união do "eu" aparente ao "eu" transcendente. No "eu" celeste, o "eu" aparente se contempla como num espelho e, ao conhecer-se, reconhece-se parte do numinoso. Enquanto tal, reconhece ainda a plenitude de seu próprio ser, seu *pléroma* individual imanente ao *pléroma* universal. O tema da ascendência espiritual ou revelação da origem, isto é, conhecer sua raça, sua filiação, sua estirpe traduz-se para o gnóstico no conhecer sua verdadeira pátria. Os tópicos da identidade entre origem e fim, e da decorrente certeza da salvação deságuam no tema da preexistência da alma, confirmação de uma existência temporal "entre duas eternidades".

As noções acima indicadas propõem-se a auxiliar a relação entre *gnôsis*, como "visão de mundo", e o hermetismo helenista, além de apontar no texto *Hayy ibn Yaqzān*, de Avicena, suas prováveis influências. Contudo, parece inadequado afirmar que o texto aviceniano seja "gnóstico", pela evidente razão de seu autor professar a religião do *Corão* – como ele próprio informa em sua *Autobiografia* –, fundamentada na absoluta negação de qualquer possível dualismo acerca de *Allah*. Entretanto, frisamos que a concepção dualista, característica dos temas gnósticos, surge no *Poema da Alma* – atribuído a Avicena e cuja tradução para o português publicamos no Apêndice – quando o poeta faz o elogio à pomba (a alma) cuja "queda [...] do mais profundo dos céus" precipitou-a no mundo "contra a sua vontade" e, estando a ele unida, "habituou-se ao contato com a ruína deserta":

> E, longe do perfeito centro, juntou-se a esse mundo dos sentidos,
> sobre as areias áridas;
> e, presa no pesado corpo, ela permanece
> entre destroços e míseros escombros.

O poeta continua, acentuando os temas gnósticos: a alma, que até então estava dormente, finalmente percebe a realidade do "universo do espírito – o que os olhos do corpo, em sua noite, não enxergavam":

> Sua queda foi causada pelo destino, [...]
> para que conhecesse todos os segredos do universo, [...]

E, com a "verdadeira sabedoria [...] ela se refunde ao cimo do monte".

Muito se discutiu acerca dos significados ocultos das figuras metafóricas na epístola de *Hayy ibn Yaqzān*, se de prevalência filosófica ou mística, como já foi dito em páginas anteriores. Nossa pesquisa levou-nos a rastrear alguns temas gnósticos ou aparentados com os diversos gnosticismos, cristãos e pagãos[43], e concluímos que há um denomina-

43. Hans Jonas, em seu estudo clássico *The Gnostic Religion,* 1958, aponta a existência de um gnosticismo judaico-pré-cristão e de outro helenístico-pagão, além das

dor comum entre todas essas doutrinas mencionadas até aqui: o tema do retorno da alma à sua origem. A idéia central dos mitos gnósticos e herméticos pressupõe a presença no homem de uma centelha divina cuja queda na matéria, sujeita à fatalidade (*heimarméne*), impele para um necessário despertar, a fim de que essa porção divina retorne a seu lugar de origem. O retorno ao divino está ontologicamente fundamentado na concepção neoplatônica dos desdobramentos das emanações desde o uno até a matéria do mundo sensível. O movimento inverso do retorno ascensional à origem, espinha dorsal dos sistemas gnósticos e do hermetismo, impõe apenas uma condição, isto é, a aquisição de um conhecimento específico, a *gnôsis*, aceito como o único meio de libertação da prisão da matéria. De que tipo de conhecimento a alma necessita para inverter o movimento da queda?

No período da Roma imperial, *gnôsis* significou, sobretudo, conhecimento de um Deus transcendente e *absconditus*, não cognoscível naturalmente, pois o sujeito supremo de tal conhecimento não é um mero objeto, não podendo, portanto, ser alcançado por meios racionais. A *gnôsis* é o conhecimento da ordem e da história do mundo divino, e o ato mesmo desse conhecimento transforma o gnóstico quando este se conhece parte da essência divina. É um conhecimento eminentemente prático, pois está estreitamente ligado à salvação do gnóstico, seja por meio do recebimento da revelação da doutrina sagrada e secreta, seja por meio de uma iluminação interior. No caso da *theoría* grega, o "objeto" do conhecimento é o universal e, como sublinha Hans Jonas, trata-se de uma "relação cognoscitiva 'ótica', ou seja, análoga a uma relação visual com uma forma objetiva que permanece inalterada não obstante a relação". No caso da *gnôsis*, estabelece-se uma relação mútua de conhecimento, pois conhecer a Deus implica simultaneamente conhecer a si próprio. O sujeito gnóstico é "transformado" mediante a união com a realidade que tem em Deus e no mundo divino seu sujeito

fontes mandaicas, cf. trad. italiana, *Lo Gnosticismo*, Torino, SEI, 1991, p. 53. Em relação ao dualismo, Hans Jonas define a corrente do "tipo iraniano", sobretudo o mandeísmo e o maniqueísmo (O *Hino da Pérola* e *Odes de Salomão* também pertencem a esse tipo), que professa a existência de dois princípios mitologicamente descritos como o reino da Luz e o reino das Trevas, cujas origens remontam a Zoroastro. O *Fihrist*, de al-Nadīm, descreve a doutrina da gênese adotada por Mani, segundo o qual havia, no princípio, dois seres, "um de Luz e outro de Trevas", cf. Hans Jonas, *op. cit.*, pp. 76-77. O outro tipo, definido por Hans Jonas como "sírio-alexandrino" em virtude de sua distribuição geográfica, pressupõe o dualismo como "derivado de um processo interno de uma única divindade", cf. H. Jonas, *op. cit.*, p. 123; fazem parte deste último tipo a maior parte dos textos gnósticos cristãos (no valentinianismo aparece mais claramente) descritos na literatura heresiológica, a tradição copta conhecida antes da descoberta de Nag Hammādi, o tratado do Poimandres e os gnósticos combatidos por Plotino, cf. G. Widengren, "Les Origines du Gnosticisme et l'Histoire des Religions", *Le Origini dello Gnosticismo*, p. 38; Cf. Kurt Rudolph, *op. cit.*, p. 65.

supremo. Concedido o acesso aos mistérios, a *gnôsis* retira do homem o "véu da ignorância" e lhe garante a salvação eterna.

Tal conhecimento não é oferecido indiscriminadamente a todos[44]: poucos são os que têm acesso à *gnôsis* de sua contrapartida divina, o *sotér* (salvador ou redentor), figura central nos mitos gnósticos e herméticos cujas doutrinas são eminentemente soteriológicas. A *gnôsis* é o veículo da salvação, dádiva de um ser divino, pois o ser humano é incapaz de apreender por si mesmo o conhecimento dos mistérios.

O termo *gnôsis* tem um valor predominantemente soteriológico e pressupõe a idéia da redenção ou salvação[45]. O ato de autoconhecimento, a *gnôsis* da natureza divina no homem, garante a "libertação" da centelha divina (luz) aprisionada na ignorância (trevas):

> Mas, porque aquele que conheceu-se a si próprio vai para si [...] Porque [...] o Pai de todas as coisas e de quem o homem nasceu é constituído de luz e de vida [...] Pois, se aprendes a te conhecer como sendo feito de vida e de luz, e que estes são os elementos que te constituem, retornarás à vida. Eis o que me disse Poimandres[46].

Trevas ou ignorância impedem o homem de conhecer sua natureza divina; antes de tudo, ele deverá livrar-se desta roupagem, como prescreve o *Tratado* VII, 2, do *Corpus Hermeticum*:

> Mas, antes de tudo, deverás rasgar a túnica que te cobre, o tecido da ignorância, o suporte da malícia, a corrente da corrupção, o calabouço tenebroso, a morte viva, o cadáver dos sentidos, a tumba que carregas sempre contigo, o ladrão que em ti habita, o companheiro que te odeia por meio das coisas que ele ama e te inveja por meio das coisas que ele odeia. Assim é o inimigo que colocaste como túnica, que te puxa pela garganta com ele para baixo, com medo de que, se olhares para cima e contemplares a beleza da verdade e o bem que nela reside, venhas a odiar a malícia do inimigo, uma vez compreendidas todas as emboscadas que te foram armadas, tornados insensíveis os órgãos dos sentidos que se julga serem assim[47] <e não deveriam ter este uso>, tendo-os obstruído com a massa da matéria e preenchido de volúpia repugnante, para que nem ouças o que deve ser ouvido, nem vejas o que deve ser visto.

E não haverá salvação fora do ato de autoconhecimento:

> Eu te imploro, que nenhuma queda me faça perder o conhecimento (*gnôsis*) de nossa essência: concedei-me esta súplica e dai-me potência. Com esta graça iluminarei aqueles que permanecem na ignorância (*agnói*), meus irmãos, teus filhos[48].

44. Cf. *Corpus Hermeticum*, I, 22: "Eu, *Noûs*, estou com aqueles que são santos e bons, e puros e misericordiosos, junto dos piedosos e a minha presença torna-se um socorro [...]"

45. O axioma délfico "Conhece-te a ti mesmo" é empregado de diversos modos, principalmente nos textos gnóstico-herméticos. Cf. Kurt Rudolph, *op. cit.*, p. 113.

46. *Corpus Hermeticum*, I, 21.

47. Cf. *Corpus Hermeticum*, VII, 2, trad. A. J. Festugière, Paris, Belles Lettres, tomo I, p. 84, n. 15: "Os verdadeiros órgãos dos sentidos não são aparentes e o homem grosseiro não os reconhece".

48. *Corpus Hermeticum*, I, 32.

Retirar das trevas a centelha de luz aprisionada é um processo que se realiza, mitologicamente, com a viagem da alma para além do mundo da matéria. Para o gnóstico, a ascensão se faz necessária em virtude da queda na matéria daquela substância espiritual que é necessário recuperar. *Gnôsis*, entendida como ato de autoconhecimento salvífico, é um ato solitário que o gnóstico realiza no interior de si mesmo, representado mitologicamente pela ascensão de sua própria alma através das esferas celestes. No entanto, se assim é, a salvação seria confiada unicamente à sua própria decisão e ação subjetiva. E, do ponto de vista prático, como conseguiria o gnóstico realizar sozinho sua viagem (ou *gnôsis*)?

A concepção soteriológica gnóstica resolve o dilema com a intervenção de uma figura mediadora, o *noûs* libertador, contraparte necessária da ascensão da alma. O movimento que vem do alto, traduzido no mito da "chamada" e da descida do *sotér* (salvador), gera o movimento ascendente, traduzido na ascensão da alma. Os dois movimentos são partes de um mesmo processo que simultaneamente manifesta os dois movimentos. Na lógica gnóstica não podem ser desvinculados, um não existe sem o outro, pois não há razão para a descida de um ser celeste se não for para cumprir um destino maior, e o homem, "aprisionado na matéria", não é capaz de se salvar sem o necessário auxílio do domínio divino.

Porém, a viagem da alma pode ser pensada enquanto visão do que se realizará no futuro, "quando será chegada a hora"[49]. A ascensão da alma *post mortem* (futuro), identificada com a aquisição da *gnôsis* (presente), elimina o espaço e o tempo que separam os dois eventos.

E quanto à figura do "salvador", o que significa na prática gnóstica?

A documentação relativa ao *sotér* é extremamente variada nas diversas doutrinas e escolas, mas, de acordo com Kurt Rudolph, do ponto de vista funcional, a doutrina do salvador é bastante uniforme, pois sempre tem início com o "chamado", para em seguida cumprir-se a revelação.

No cristianismo, o Cristo Redentor realiza, com seu sacrifício, a salvação do conjunto da humanidade. Seu ato salvífico é identificado com a sua pessoa, e, na doutrina oficial cristã, a fé em sua morte e ressurreição representa o núcleo da esperança na redenção. Alguns escritos gnósticos cristianizados mantêm essa mesma concepção, mas não é essa a forma mais encontrada da representação do salvador gnóstico.

Nos textos gnósticos[50] e herméticos[51], o que caracteriza a figura do salvador (*sotér*) é sua descida para revelar o conhecimento da

49. Como afirma o Sábio no relato de *Hayy ibn Yaqzān*, § VII.

50. Os textos "gnósticos" que servem de suporte para essa concepção do *sotér* são os escritos coptas de Nag Hammādi, cf. Kurt Rudolph, *op. cit.*, pp. 113 ss.

51. O gnosticismo hermético, não obstante sua conotação platonizante, exige o conhecimento revelado para a salvação das almas, pois a cultura filosófica (grega) nada

via de libertação do *cósmos*. O *sotér*, portador da revelação, é um emissário do mundo divino que traz a mensagem sagrada que salvará o gnóstico. Como vimos, a salvação gnóstica consiste no ato de conscientizar-se de sua parte divina. Ao se tornar consciente de sua condição (centelha divina aprisionada na matéria), o homem passa a "recolher" sua parte celeste perdida ou esparsa. Na visão de mundo gnóstica, a possibilidade de salvação não está disponível neste mundo: exige uma revelação que venha do exterior do *cósmos*, pois aqui o homem é "prisioneiro", está "adormecido" e "embriagado"[52]. Para acordá-lo deste "pesado sono", surge "um ser imenso" que o chama pelo nome[53] ou o conclama a abandonar a "embriaguez da ignorância"[54]. O "chamado" que vem do exterior constitui, nas doutrinas gnóstica e hermética, a representação do *sotér*. Na exortação inicial do *Tratado* VII do *Corpus Hermeticum*, o apelo é feito àqueles que puderem "lançar âncora no porto da salvação" para que procurem "um guia" que lhes indique a via do conhecimento.

A identidade entre salvador e o que deve ser salvo levou Richard Reitzenstein[55] a cunhar o termo "salvador a ser salvo" (*salvator salvandus*) e a defender essa noção, junto com a escola de Rudolf Bultmann, como central no gnosticismo. Reitzenstein observou que o mandeísmo e o maniqueísmo são religiões predominantemente soteriológicas, ancoradas na doutrina da salvação da alma. Os textos dessas duas religiões descrevem situações semelhantes em que um ser divino desce para recuperar sua parte celeste aprisionada na matéria, ou é "acordado" por um mensageiro celeste que o conduz de volta a seu domicílio nas alturas. O "salvador a ser salvo" abrange a idéia do homem primordial, caído nas trevas, onde deixou suas partes celestes ou de luz; a parte que escapou da escuridão volta e desce na matéria para libertar as partes aprisionadas, representações da alma coletiva. Mas, as partes caídas nas trevas são partes dele próprio que ele vem salvar. E ao salvar a alma coletiva, salva-se a si próprio[56]. Nessa soteriologia,

mais é do que "barulho de palavras", cf. *Corpus Hermeticum*, XVI, 2.

52. Cf. *Corpus Hermeticum, Tratados* I, 1; 27 e VII, 1. A tradução do título em português do texto de Avicena *Hayy ibn Yaqzān* é *Vivente, filho do Vigiante*, ou *Vivente, filho do Desperto*, por oposição ao "adormecido" ou "embriagado" que não tem a consciência despertada.

53. Cf. *Corpus Hermeticum*, I, 1.

54. Cf. *Corpus Hermeticum*, VII, 1.

55. *Das iranische Erlösungsmysterium*, 1921.

56. Kurt Rudolph critica a extensão ao gnosticismo desse mito tipicamente maniqueísta, cf. *op. cit.*, p. 121; ver o *Hino da Pérola*, em que a idéia do salvador (*salvator*) se confunde com a do ser a ser salvo (*salvandus*) e a do ser salvado (*salvatus*).

57. Segundo os críticos desse conceito, a identidade entre salvador e salvado aparece com uma representação coerente somente no sistema maniqueu, cf. Aldo Magris, *La Logica del Pensiero Gnostico*, pp. 379 e 426.

salvador e salvado são "conaturais e congênitos com o divino", nas palavras de Hans Jonas[57].

2.3. HERMETISMO

Hermes surgiu na alvorada, diz o hino homérico e, sem fazer barulho, saiu discretamente da caverna onde nasceu. Com suas formas simultaneamente móveis e definitivas, tem traços que permanecem constantes desde a Antigüidade até os tempos modernos: "sua função de guia, ligada a sua extrema mobilidade", e "seu domínio do discurso e da interpretação, <é> garantia de um certo tipo de saber"[58]. Voa através do vento e das nuvens como mensageiro dos deuses, sem, contudo, percorrer uma "estrada que liga dois pontos", pois o objetivo geográfico não importa; faz do caminho, enquanto aquisição do saber, "um mundo em si"[59]. "Reivindica a glória de haver descoberto as ciências e as artes" e converte-se em "mestre de um certo saber, ou melhor, de uma maneira de alcançar o conhecimento, divino, gnóstico, eclético..."[60]

As origens do hermetismo são obscuras. Alexandria, onde surgiu a doutrina hermética, foi fundada em 332 a.C. e conheceu um rápido desenvolvimento até se converter numa das cidades mais importantes da Antigüidade. Confluência de várias culturas, é o berço de quatro doutrinas novas e mesmo rivais, que surgem entre os séculos II e IV: o hermetismo, o gnosticismo, o neoplatonismo e o cristianismo, cada uma delas possuindo pontos em comum com as outras três. O conjunto de textos conhecido por *Hermética* é o *corpus* fundamental para a inspiração do esoterismo, e sua influência atravessa o Renascimento e chega até os tempos atuais.

58. Cf. Antoine Faivre, *Dicionário de Mitos Literários*, direção de Pierre Brunel, verbete "Hermes", Univ. de Brasília, José Olympio, 1997, pp. 448 ss.

59. *Ibidem*.

60. *Ibidem*.

61. Cf. A. J. Festugière, *La Révélation d'Hermès Trismégiste*, vol. II, *Le Dieu Cosmique*, Paris, Belles Lettres, reimpressão, 1986, p. 1: os escritos filosóficos que compõem a revelação de Hermes dividem-se em três grupos: 1) *Corpus Hermeticum*, coletânea de dezessete *lógia*, diálogos que retratam uma conversação na qual Hermes transmite seu conhecimento a uma elite de discípulos: dentre os mais conhecidos, o primeiro, *Poimandres*, relata a criação do mundo, em parte reminiscência do *Génesis*, e o tratado IV, *Cratera*, ensina os meios de ascender a Deus e purificar a alma, com a ascese e o batismo na cratera.; 2) *Asclepius* ou *Discurso Perfeito*, este último, o título correto divulgado por Lactâncio, que lhe dá o nome de *Sermo Perfectus*, gnose otimista, (cf. F. A. Yates, *Giordano Bruno e a Tradição Hermética*, São Paulo, Cultrix, 10ª ed., 1995, p. 47), do qual subsiste uma tradução latina falsamente atribuída a Apuléio de Madaura (c. 125 d.C.- c. 170 d.C.) que descreve a pretensa religião dos egípcios e seus ritos para atraírem as forças do cosmo; as citações de Lactâncio, atestam a existência, no início do século IV, do original grego do *Asclépio*, e os extratos dos parágrafos 23, 24 e 37 do

A *Hermética* compõem-se de vários pequenos tratados esparsos, e sua célebre coleção, conhecida por *Corpus Hermeticum*, deixará uma influência marcante no pensamento ocidental. Essa coleção de dezessete tratados[61] ou *lógia*, quase todos redigidos em grego[62], datam talvez do período entre os séculos II e III d.C., e é plausível que sejam uma propagação de doutrinas originárias do Egito ptolomaico. Contudo, não é possível saber quando, como e quem compilou ou compôs esses textos. Desse conjunto, fazem parte os diálogos conhecidos por *Poimandres* e *Cratera*. Completam a *Hermética* os *Fragmentos de Estobeu*, antologia de excertos compilada por volta do ano 500, e o *Asclépio* latino, este apresentando fragmentos traduzidos do grego de um texto intitulado *Discurso Perfeito* e talvez ainda de outras obras desaparecidas[63]. Por cinco séculos, os textos atribuídos à revelação de Hermes desaparecem por completo do mundo greco-romano para reemergirem na acusação de Miguel Psello contra o patriarca de Constantinopla, Miguel Cerulário, autor do cisma que separou a Igreja do Oriente da Igreja do Ocidente em 1054[64].

Hermes Trismegisto é uma *interpretatio graeca* do deus egípcio Toth, pois, desde o século IV a.C., surge a tendência em fazer de Hermes um personagem histórico que teria sido divinizado, tendência

tratado foram conservados por Santo Agostinho em *De civitate Dei*, VIII, 23-24 e 26, o que confirma a autenticidade do manuscrito, cf. Giulia Sfameni Gasparro, *Gnostica et Hermetica*, Roma, Ateneo, 1982, p. 288, n. 5; 3) *Anthologion* (ou *Stobaei Hermetica*), excertos compilados por Estobeu no século VI que descrevem a ascensão da alma através das esferas planetárias e narram o processo de regeneração da alma, quando esta rompe com as amarras materiais e se salva no divino. Quatorze tratados, provenientes de uma antologia bizantina do século XI, foram traduzidos para o latim por Marsílio Ficino em 1463, cf. Jean Doresse, "El hermetismo egipcianizante", *in* Henri-Charles Puech (org.), *Las Religiones en el Mundo Mediterraneo y en el Oriente Próximo-II, Historia de las Religiones*, vol. VI, Siglo Veintiuno, 1986, p. 85. Os editores modernos seguiram a numeração dos tratados do *Corpus* de I a XIV e de XVI a XVIII das edições de 1554 (que reúne no tratado XV alguns fragmentos de Estobeu) e de 1574; esta última edição, depois de acrescentar alguns outros extratos, publicou o conjunto como *lógoi* XV, cf. Paolo Scarpi, "Introdução", *Poimandres*, Veneza, 1987, pp. 33-34.

62. Giovanni Firolamo, *L'attesa della fine. Storia della gnosi*, p. 15, afirma que a coleção de textos atribuídos a Hermes Trismegisto, o *Corpus Hermeticum*, foi redigida em grego entre os séculos VI e XI, mas que, com grande probabilidade, data do século III, não obstante ser admitido ter sido composta no século II.

63. A biblioteca gnóstica de Nag Hammādi contém um *codex* do século IV com uma antologia hermética que apresenta uma boa parte do *Asclépio*, escrita na língua do Alto Egito, o copta. Cf. Jean Doresse, "El hermetismo egipcianizante", pp. 85-86; o *Asclépio* seguiu um caminho diverso do *Corpus Hermeticum*: em *De civitate Dei*, Santo Agostinho condena o hermetismo e cita numerosas partes desse tratado, cf. Paolo Scarpi, *op. cit.*, p. 32. A tradução latina erroneamente atribuída a Apuléio permaneceu em circulação durante a Idade Média, cf. Paola Zambelli, *L'ambigua natura della magia*, pp. 256 ss.

64. Cf. Paolo Scarpi, *op. cit.*, p. 33.

reforçada no paganismo greco-romano de Alexandria. Atribui-se a ele a "revelação" contida na coleção de textos que parece derivar de uma literatura de caráter cosmogônica, astrológica e escatológica que se desenvolveu no Egito. O caráter soteriológico que transparece nos escritos é de época tardo-antiga e aproxima-se mais do gnosticismo cristão e da especulação neoplatônica. A tendência ao monoteísmo é atribuída a um remanejamento tardio dos textos. Não é possível estipular em qual ocasião a literatura hermética entrou em contato com o pensamento filosófico grego. O *Corpus Hermeticum* parece ser o resultado do encontro de elementos platônicos, aristotélicos e estóicos, dos quais não é possível excluir uma influência judaica, tampouco determinar uma dependência em relação a essas correntes de pensamento. Os especialistas atribuem as analogias entre esses diversos sistemas às necessidades espirituais do período conhecido por *época imperial*.

2.4. *POIMANDRES*

No tratado que traz o título de *Poimandres*[65], o narrador é o próprio Hermes[66]. O tratado tem início (I, §§ 4-5) com Hermes relatando que, depois de um êxtase em que seus sentidos estavam entorpecidos[67], surgiu diante dele um enorme ser que lhe perguntou "o que queria conhecer". À indagação de Hermes sobre quem era, o ser respondeu:

65. Foram consultadas as seguintes versões do *Poimandres*: 1) francês: A. D. Nock-A.-J. Festugière, *Corpus Hermeticum*, t. I, Paris, Belles Lettres, 1983; 2) italiano: Paolo Scarpi, versão bilíngüe, Venezia, Marsilio, 1987; 3) espanhol: Muñoz Moya, versão bilíngüe, Espanha, M. M. y M. ed., 1985; 4) inglês: Walter Scott, *Hermetica*, Great Britain, Solos Press, 1993; Brian P. Copenhaver, *Hermetica*, Cambridge Univ. Press, 1992; 5) há ainda uma versão antiga para o francês de Louis Ménard, reimpressa em Paris, de la Maisnie, reedição 1977.

66. Cf. A.-J. Festugière, *Hermétisme et Mystique Païenne*, pp. 51 ss.

67. A perda da sensibilidade física é uma das condições que permitem o acesso ao conhecimento de Deus e caracteriza o estado de êxtase. As literaturas hebraica e judaico-cristã apresentam um certo número de "revelações" sobre o destino individual ou coletivo, sobre a estrutura do cosmo e os meios para escapar do cruel destino reservado aos ímpios. Para obter a "revelação", três esquemas recorrentes são utilizados: 1) o sonho ou visão; 2) o rapto, mais representativo dos apocalipses hebraicos; e 3) a busca pessoal, forma de êxtase voluntário que se desenvolve a partir do século I de nossa era; cf. Ioan Couliano, *Experiencias del Éxtasis*, Espanha, Paidós, 1994, p. 153. O fenômeno do êxtase é encontrado em numerosas biografias de místicos cristãos, tais como Santa Catarina de Siena, São João da Cruz e Santa Tereza d'Ávila. No mundo islâmico, a lenda da ascensão celeste do Profeta Maomé, *mi'rāj*, e de sua viagem noturna, *isrā'*, e no mundo hebraico, a *kabbalah*, são textos representativos do fenômeno do êxtase para receber a "revelação". A "revelação" mediante uma visão é uma estrutura típica do gnosticismo do período helenista (cf. Giovanni Firolamo *L'Attesa della fine. Storia della gnosi*, p. 168). Faz-se necessário mencionar o exemplo oferecido por Apuléio, a propósito dos Mistérios de Ísis, *Metamorfoses*, XI, 29. Cf. Paolo Scarpi, *op. cit.*, pp. 73-75.

"Eu sou *Poimandres*, disse ele, o *noûs* do domínio absoluto. Conheço o que queres e estou a teu lado em todo lugar".

Após o diálogo inicial, o desconhecido muda de forma e Hermes tem uma visão "sem limites". Principia assim a verdadeira revelação a que aspira Hermes Trismegisto, que se realiza por intermédio da luz e que tem na luz o objeto próprio do conhecimento. *Poimandres* relata os temas característicos da cosmogonia à qual Hermes deve assistir para atingir o conhecimento. Hermes enamora-se desse ser, de início transformado em "luz serena e alegre". Eis que de repente surgem, na parte inferior do ser, trevas amedrontadoras que giram em espiral e se transformam numa "espécie de corpo úmido" que emite um som doloroso e do qual exala um vapor semelhante ao produzido pelo fogo. Subitamente, da luz surge o *lógos* que encobre a natureza úmida e dela faz elevar-se um fogo puro até a zona superior. Em seguida, o ar também se eleva, ao passo que a terra e a água continuam agitadas na zona inferior.

O relato de *Poimandres* descreve a luz que havia no princípio, e, sem que haja nenhuma causa eficiente, a oposição fundamental da concepção hermética entre luz e trevas é marcada pela inalterabilidade da luz e pela divisão interna da matéria, fator que produz os quatro elementos e faz a natureza úmida arremessar, de dentro dela própria, o fogo e o ar, enquanto se mantém o amálgama de terra e água[68].

Poimandres explica a primeira visão de Hermes (I, § 6): a luz é o deus *noûs*, "aquele que é anterior à natureza úmida saída da escuridão". O *lógos pneumatikós*[69] e luminoso, emanado do *noûs*, é filho do deus.

No segundo momento, descortina-se para Hermes a visão do mundo luminoso (I, §§ 7-8) que se distribui em um número infinito

68. No eixo cosmológico vertical, a terra e a água estão no pólo oposto ao fogo. O espaço que separa esses elementos é ocupado pelo ar. Na cosmologia estóica, há um espaço vazio entre o fogo e a matéria, região da terra e da água. Cf. Paolo Scarpi, *op. cit.*, n. 19, p. 81.

69. A tradução de Nock-Festugière oferece "sopro de fogo" para *pneûma*. O *pneûma* a que se refere o *Poimandres* está, talvez, mais próximo do elemento natural referido por Platão em *Timeu,* 49c (quando o princípio da água se condensa, essa mesma coisa dilata-se e se rarefaz para tornar-se ar e vento), do que a um princípio vivificador do cosmo. Hans Jonas afirma que, nos escritos herméticos, *pneûma* é mais empregado no sentido estóico do termo, ou seja, no sentido de um elemento físico, e, para referir-se a um significado espiritual, os textos apresentam o termo *noûs*. Cf. Hans Jonas, *Lo Gnosticismo*, p. 175.

70. Segundo os especialistas, o termo *boulé* deve ser entendido como "vontade" ou como "conselho"; segundo R. Reitzenstein (*Poimandres*, Leipzig 1904, Darmstadt 1966) *boulé*, terceira pessoa de uma tríade, é identificado com *phýsis*, natureza, e ainda com *génesis*, geração. Reitzenstein identificou *boulé* a *Ísis*, depois de havê-lo identificado a *sophía*; no entanto, Festugière e Hans Jonas criticam essa interpretação; Hans Jonas sugere que o termo se refere a uma variante da treva infernal e, como tal, é um elemento isolado, do tipo siríaco de especulação, introduzido na exposição do *Poimandres.* Cf. Hans Jonas, *op. cit*, p. 187; cf. Paolo Scarpi, *op. cit.*, p. 85, n. 32.

de potências. O fogo que sobe permanece sob a região da luz, e os elementos da natureza emergem da "vontade de Deus" (*boulé Théon*[70]), a qual, recebendo o *lógos*, produz o cosmo e as almas numa imitação do maravilhoso modelo.

Configura-se a idéia fundamental do hermetismo, isto é, a separação de um Deus supremo e bom que deve permanecer absolutamente separado do mundo mau da matéria. Festugière aponta a dualidade na solução que o autor do *Poimandres* oferece: de um lado, a suposição de uma dualidade na origem do Deus supremo, entre o *noûs* e a *boulé*, e, de outro, a intervenção dos princípios ativos na organização do *cósmos* representados por hipóstases desse Deus que não pode participar da criação do mal. A *boulé* separa-se do *noûs* luminoso, o mundo ordenado das formas. Tomada pelo desejo de imitar o mundo das idéias, a *boulé* oferece-se como potência passiva para transformar-se, ela também, num mundo ordenado. Todavia, como potência passiva, necessita de um princípio ativo para organizar-se. Tal princípio ativo não pode ser o primeiro *noûs*. Será com o *lógos*, seu filho ou hipóstase, que a *boulé*, princípio da escuridão, vai dividir-se internamente, formar os quatro elementos e reparti-los onde convém[71].

Na continuação da cosmogonia descrita por *Poimandres* (I, §§ 9-11), surge um segundo filho de Deus ou hipóstase, o *noûs* demiurgo, deus do fogo e do sopro, cujo papel é ordenar as sete esferas planetárias que, com seu movimento, envolvem o mundo sensível e a *heimarméne*[72], o destino. O *lógos* e o *noûs* demiurgo se unem na região dos astros para criar a rotação das sete esferas, movimento que produz, na parte inferior do mundo material, os animais irracionais ("sem razão", *áloga*) da água, da terra e do ar, pois o *lógos*, tendo migrado para a região planetária, estava ausente[73]. Os sete círculos planetários pertencem à ordem do mal; sua matéria é feita de fogo, elemento que procede diretamente da natureza úmida cuja essência é o mal.

Dessa cosmogonia, de caráter essencialmente dualista, provém uma soteriologia. Explicada a oposição entre os dois mundos, de luz e de matéria tenebrosa, a alma humana, caída na matéria, terá como

71. As influências dos diferentes sistemas são evidentes: o mundo arquetípico vem de Platão, o *Gênesis* da Bíblia hebraica é reconhecível no sopro que cobre o caos originário, e o *lógos* faz lembrar o *pneûma* estóico.

72. *Heimarméne* aqui tem o sentido de "destino" do qual falam os estóicos, isto é, a série imutável e ininterrupta das causas, que não pode ser mudada sequer por um deus. No *Poimandres* I, § 19, *heimarméne* é indicada como um instrumento da *prónoia*, a "providência"; cf. Paolo Scarpi, *op. cit.*, p. 86, n. 37.

73. Festugière anota que a dualidade aqui apresentada parece mais devedora à multiplicidade das fontes emprestadas pelo autor do tratado que a uma necessidade lógica, pois bastaria um único demiurgo, ainda que com dois nomes – *noûs* e *lógos* –, para realizar até aqui as diferentes etapas da criação. Cf. A.-J. Festugière, *Hermétisme et Mystique Païenne*, p. 55.

única possibilidade de salvação escapar dessa mesma matéria. É na ótica dessa doutrina da salvação que *Poimandres* revela a antropogonia (I, §§ 12-19), isto é, a origem dos primeiros homens.

Depois do *lógos* e do *noûs* demiurgo, surge um terceiro ser divino engendrado pelo primeiro *noûs*, o *ánthropos*, o homem celeste que reproduz a imagem de seu Pai. Como viu a obra do *noûs* demiurgo, o *ánthropos* quer igualmente produzir uma obra, e, com a permissão do Pai, entra na esfera do fogo. Cada um dos *daímones* das esferas planetárias, os governadores, concede-lhe a participação em seu reino: assim, o *ánthropos* absorve e passa a possuir em si mesmo a natureza da *harmonía*[74], isto é, o poder de cada esfera. Todavia, cabe lembrar que governantes e suas esferas foram plasmados pelo *noûs* demiurgo com o fogo, que, embora o mais puro dos elementos físicos, é sempre originário das trevas primordiais. O *ánthropos* atravessa todos os círculos planetários, munido das potências dos sete governadores, até chegar à esfera da Lua, de cuja abertura ele vê a natureza no mundo inferior. Vê sua própria forma refletida na água e sua própria sombra projetada sobre a terra, e, apaixonado por esse reflexo de si mesmo[75], tem o desejo de unir-se à natureza. Esta, tendo visto nele a beleza do *noûs* supremo e a potência das esferas, entrega-se ao homem celeste.

Segue-se a explicação da duplicidade[76] do homem (I, § 15): mortal por meio de seu corpo plasmado na natureza e imortal porque engendrado pelo *noûs* primeiro. Assim, apesar de sua parte imortal, o homem padece da condição dos mortais e está submetido à fatalidade (*heimarméne*): embora gerado acima da região das esferas, em sua descida através delas o homem passa a revestir-se de uma parte de cada astro e transforma-se em escravo no interior do complexo da harmonia planetária.

A natureza, fecundada pelo *ánthropos*, dá nascimento aos sete primeiros homens (sete em referência aos sete astros) cujos corpos são

74. A palavra grega *harmonía*, que exprime o vínculo geral entre as coisas, é aplicada para o "aqui" do mundo físico, cf. Louis Ménard, *Hermès Trismégiste*, Paris, Éditions de la Maisnie, 1977, p. 8, n. 1.

75. Hans Jonas assinala que o tema de Narciso no pensamento gnóstico-hermético não tem nada a ver com o mito grego. A queda da alma no processo cosmogônico, ou seja, o movimento do princípio divino em direção à região inferior, indica, no *Poimandres*, a combinação de três idéias recorrentes no pensamento gnóstico: a treva que se enamora da luz e se apropria de uma parte desta; a luz que se enamora da treva e mergulha voluntariamente nela; o reflexo ou imagem da luz projetada e aprisionada na treva. A primeira versão é, geralmente, mais encontrada no sistema maniqueu; a segunda versão, encontrada na tradição árabe dos harranianos, refere-se principalmente à descida cosmogônica da alma primordial. A terceira versão é encontrada nas especulações dos setianos, dos peratas, dos gnósticos atacados por Plotino e é citada por Basílides como pertencente aos "bárbaros", os quais, provavelmente, são pensadores persas. Cf. Hans Jonas, *op. cit.*, pp. 177-178.

76. A duplicidade do homem, conseqüência de sua união com a natureza, retomada no *Asclepius* (§7), já era encontrada em Platão, *Timeu* 42a.

formados dos elementos de sua genitora e cuja alma e intelecto são, respectivamente, vida e luz do *noûs* primeiro. Inicialmente, são todos bissexuados[77] e, depois de um certo tempo, todos se dividem, homens e animais, e obedecem à vontade divina para crescer e se multiplicar[78]. Assim termina a história da criação do mundo e dos seres vivos, todos gerados de uma oposição inicial entre luz e trevas. Entrevê-se, portanto, a idéia central do *Poimandres*, a da salvação da parte espiritual do homem, que deverá ocorrer por meio de um desprendimento de sua parte material.

A salvação hermética consiste, essencialmente, em *reconhecer-se* como parte da luz, do intelecto divino. Não se trata de seguir os ensinamentos de um salvador que viveu no mundo, tal como ocorre no cristianismo, cuja doutrina prega a promessa de um futuro reino, recompensa celeste depois da morte física. *Reconhecer-se* como parte da essência divina e livrar-se da parte material que aprisiona a luz é o objetivo último da gnose[79]: conhecer Deus é conhecer a si próprio, saber-se assim como parte do divino. *Poimandres* ensina a Hermes que todos aqueles que se reconhecerem como possuidores de um intelecto e, portanto, como imortais serão considerados "eleitos"; e todos aqueles que se entregarem ao corpo permanecerão na obscuridade (I, § 18). Haveria assim no mundo duas categorias de seres humanos, os que, de posse do conhecimento, estarão em Deus e serão imortais, e os meros mortais que, por permanecerem na ignorância, padecerão os suplícios da morte. Aquele que se reconhecer como parte da luz divina irá em direção "a si próprio", em direção a seu verdadeiro eu. A gnose consiste, pois, em fazer o homem aprender a se conhecer como ser composto de "vida e luz" para que "retorne à vida" (I, § 21).

Separar a humanidade em duas categorias, os eleitos e os condenados, é tema apresentado ainda em outros dois textos do *Corpus Hermeticum*, o *Tratado* da *Cratera* e o *Tratado* XII. Todos recebemos um intelecto em potência e cabe a cada um de nós pô-lo em ato, o que

77. O empréstimo do *Banquete*, de Platão, parece evidente.

78. O empréstimo é do *Génesis*, 8, 17.

79. "Gnose" é aqui entendida como doutrina de um período histórico (Antigüidade tardia), cujo princípio doutrinário é a "revelação" de mistérios para a obtenção de um certo tipo de conhecimento que conduz à salvação do gnóstico. Em nossa análise do hermetismo, procuramos ficar distantes das diversas correntes gnósticas cujo estudo exige um aprofundamento. A gnose-hermética é uma doutrina pagã e dualista que difere dos gnosticismos cristãos, como, por exemplo, do gnosticismo valentiniano, para o qual a crença num demiurgo mau é estranha. Para Valentino, como já o era para Basílides, a influência platônica é grande: há um segundo demiurgo, abaixo do mundo eterno, que, à imitação deste, elabora a imagem imperfeita que se traduz no mundo visível, cf. Simone Pétrement, *Le Dieu séparé*, Cerf, Paris, 1984, p. 498. O Colóquio de Messina estabeleceu a diferença entre "gnose" e "gnosticismo", cf. *Le Origini dello Gnosticismo*, p. XXIX.

será feito de acordo com a maneira de viver de cada um. O hermetismo encerra uma moral piedosa e postula que, ao viver uma vida ascética, o homem piedoso e puro atinge o conhecimento. *Poimandres*, "o guardião das portas" (I, § 22), impede o acesso à alma de "ações malvadas e vergonhosas, extirpando as fantasias que possam perturbar" os eleitos. O intelecto divino estará sempre junto dos que se enveredarem pela via do conhecimento e se afastará dos que forem insensatos e dominados pelos apetites sensoriais, os quais concedem ao demônio (*daímon*) vingador a capacidade de torturar suas almas por meio de seus desejos jamais satisfeitos. Como os eleitos, também estes, ao nascerem, recebem o intelecto, porém, como vivem sem exercer sua função (reconhecer-se como parte divina), perdem a oportunidade de receber a direção do intelecto divino.

No tratado da *Cratera* há uma distinção entre "intelecto" e "razão": todos recebem a razão, mas o intelecto é o presente concedido às almas. Deus preencheu de intelecto uma grande cratera, e todos os que mergulharem nela regressarão aos céus e a quem enviou a cratera. O mergulho na cratera simboliza a aquisição do conhecimento. Na realidade, todos possuem o intelecto, porém apenas alguns conhecem a presença desse intelecto mediador para o uso do intelecto divino[80]. A fatalidade é reconhecida ao atuar sobre o corpo físico, que, sempre sujeito ao desgaste provocado pelo tempo, sucumbe fatalmente à morte. Porém, quanto à alma, é possível escapar da fatalidade se o intelecto souber controlar as paixões (*pathé*). No hermetismo, o intelecto humano é uma emanação do intelecto divino. Basta, portanto, pô-lo em ato para escapar da *heimarméne*.

Retomando *Poimandres*, o deus passa a descrever a *psicánodia*[81], a viagem de retorno da alma à morada celeste (I, § 24-26). Em sua queda, o *ánthropos* revestiu-se das características de cada esfera e agora deverá percorrer o caminho inverso para libertar-se das influências astrais. Induzido pela visão que foi despertada por um sentimento de amor, Hermes percorre em sentido oposto o caminho do homem primordial, arquetípico, cuja queda na natureza inferior foi determinada por um sentimento de amor (pela natureza) e por uma visão (de sua imagem refletida) (I, §§ 14 ss.).

O gnóstico do hermetismo deve abandonar o corpo físico e seus sentidos recebidos de sua mãe, a natureza. Com a morte, o corpo regressa à natureza, e os sentidos transmutam-se em elementos para formar novos seres. De igual modo, retornam à natureza irracional (*áloga*) o irascível (*thymós*) e o concupiscível (*epithymía*).

80. Essa passagem indica o problema da "escolha" que cada um é livre para fazer e seguir.

81. Empregado por Ioan Coulianu, o termo foi cunhado do grego para significar a viagem da alma de regresso à sua origem (*psiké* + *ánodos*).

Livre da parte que cabe à natureza, portanto de seu componente irracional, tem início a *psicánodia* para o desatamento da parte que cabe aos astros. Na queda, o *ánthropos* foi coberto por sete roupagens distintas, as quais são, como vimos, necessariamente de ordem material porque procedem das esferas criadas do fogo. Essas "armaduras" constituem a metade material da alma (pois a outra metade é espiritual porque procede diretamente do *noûs* primeiro) e simbolizam a esfera das paixões humanas. No hermetismo, a alma não é inteiramente espiritual, contém essa parte material, isto é, o revestimento dado pelos astros na travessia cósmica. A natureza, responsável pelo corpo físico, e os astros, responsáveis pelas paixões e vícios humanos, correspondem ambos à ordem material do ser humano.

Na *psicánodia*, a alma ascende através das regiões planetárias e, em sua passagem, deixará a paixão que corresponde a cada astro[82]. No percurso, os astros são facilmente reconhecíveis e seguem a ordem caldaica (ou mesopotâmica), que se tornou canônica na época alexandrina[83]. Assim, a primeira região pertence à Lua, onde a alma abandona a capacidade de "crescer" e "decrescer"; na segunda região, esfera de ação de Mercúrio, são abandonadas a malícia e a astúcia da maldade; no império de Vênus, terceira esfera, permanecem as ilusões da sedução; na quarta região, atribuída à esfera do Sol, a alma deixa a vaidade do poder; Marte, a quinta esfera, é o lugar onde audácia e temeridade devem ser abandonadas; em Júpiter, a sexta região, a alma deixa os apetites produzidos pelas riquezas e honras; e, finalmente, na sétima esfera, domínio de Saturno, a alma abandona a mentira e as traições.

Depois de atravessar os sete céus e de ter-se livrado da roupagem que "o complexo harmônico" das esferas produziu, o intelecto penetra na natureza octoádica, o oitavo céu, puro éter e pura luz. A essa altura, o *noûs* do primeiro homem é pura potência. Não permanece nessa região, pois quer subir mais. Segue "as vozes melodiosas" das potências divinas, cuja morada encontra-se acima da natureza octoádica. Na nona região encontram-se as formas arquetípicas que foram mencionadas no início do tratado, e, uma vez alcançado esse céu, o intelecto se converte em potência e entra em Deus, "pois esse é o fim bem-aventurado para aqueles que possuem o conhecimento: tornar-se Deus" (I, § 26).

Após ter sido instruído "sobre a natureza do todo e sobre a visão suprema", Hermes parte em missão para transmitir aos homens a beleza e a piedade do conhecimento (I, § 27-29). O texto termina com uma oração (I, § 31).

82. Na sociedade helenística, é bastante comum o motivo da influência dos astros no comportamento dos homens. Ptolomeu admitiu a influência dos astros nos homens (*Tetrabiblos* I, 4) e procurou desenvolver uma astrologia nos limites de uma ciência.

83. Para as distintas ordens dos planetas nos antigos sistemas astronômicos e astrológicos, cf. Ioan Couliano, *Experiencias del Éxtasis*, pp. 119 ss.: há quatro diferentes ordens dos planetas estudadas pelo autor.

2.5. GNOSE HERMÉTICA

Na sequência de nossos estudos acerca do possível conteúdo gnóstico que a *Narrativa de Hayy ibn Yaqzān* encerra, cabe uma breve exposição sobre o hermetismo alexandrino. Para isso, foram de grande utilidade os estudos de A. J. Festugière sobre o *Asclepius* e o *Corpus Hermeticum*. A monumental obra do estudioso francês que contempla o hermetismo ocupa-se de uma vasta literatura filosófica e mística produzida sob o império romano. O trabalho de Festugière limita-se à gnose pagã, porém, como ele próprio afirma, certas "condições psicológicas são indispensáveis a qualquer mística, grega ou oriental, pagã ou cristã" e "dirigem, ainda, desde então, a mística helenista [...] fenômeno extraordinariamente complexo"[84]. O autor nos informa haver, no período que vai do I século a.C. ao final do paganismo, um marcante "amálgama, não apenas de todas as tradições filosóficas e religiosas da Grécia, mas ainda de todas essas tradições com tantas outras de diversos países do Oriente, sobretudo do Egito, da Caldeia e do Irã"[85]. E acrescenta que tais tradições, tão diferentes na origem, se interpenetram e se fundem à medida que avança o período helenista.

Os mais remotos documentos que se nutrem das crenças do antigo Egito e que chegaram até nossos dias pertencem à primeira metade do século II a.C. Parte do saber dos sacerdotes egípcios e as doutrinas astrológicas recebidas dos antigos caldeus recheiam tais textos. Essas crenças, combinadas a uma atitude mais científica, característica do espírito grego, passaram a ser redigidas em língua grega e ganharam assim o prestígio de uma certa universalidade. Consideradas em seu conjunto, as observações científicas e pseudocientíficas contidas na *Hermética* pretendem ser fundadas numa revelação e se apresentam como ciência oculta. Os textos denunciam inclusive uma intimidade com o divino, prerrogativa daquele que possui o conhecimento revelado, mas refletem uma filosofia e um misticismo que se inspiram, na sua quase totalidade, em fontes não egípcias[86]. À elaboração e sistematização dos mitos e das cosmogonias, acrescenta-se a fé na vida futura, sendo a tendência ao monoteísmo um dos traços marcantes nessa literatura. Fala-se de Deus sem, contudo, opô-lo ao politeísmo.

O quadro da revelação hermética apresenta, na forma de diálogo, temas da filosofia grega, tais como uma doutrina da divindade, do mundo e do homem, além de lições morais permeadas por uma grande piedade. Os personagens são retirados do panteão egípcio: com o epíteto "três vezes grande", Hermes, convertido à divindade da sabedoria,

84. Cf. A. J. Festugière, *Hermétisme et Mystique Païenne*, 1967, p. 13.

85. *Ibidem*; e ver Hans Jonas, *op. cit.*, pp. 23-47: o autor analisa o sincretismo das idéias e imagens das diferentes correntes de pensamento que possibilitou o surgimento de um "hipotético princípio gnóstico".

86. Cf. A. D. Nock, "Prefácio", *Corpus Hermeticum*, t. I, pp. II ss.

corresponde ao deus egípcio Thot, a quem a tradição atribui o papel de escriba dos deuses; Asclépio é identificado com Imhotep, e *noûs*, o intelecto, corresponde a Ptah, que adquire um caráter determinado por ideias próprias do hermetismo. Tais noções pertencem ao pensamento popular grego mesclado ao platonismo, ao aristotelismo e ao estoicismo, bem como contêm empréstimos do judaísmo, mais especificamente da literatura sapiencial do Antigo Testamento. É possível que tenham sofrido influências de uma literatura religiosa de origem persa[87]. A. D. Nock sugere a influência do hermetismo no neoplatonismo e, principalmente, no gnosticismo cristão, em razão das marcantes semelhanças que seus escritos apresentam[88]. M. W. Bloomfield discorda dessa posição quando afirma que tais escritos "são, em sua maior parte, produto dos neoplatônicos egípcios, grandemente influenciados pelo estoicismo, pelo judaísmo, pela teologia persa e, possivelmente, pelas crenças nativas do Egito, assim como certamente por Platão e, em especial, pelo *Timeu*"[89].

Contudo, o hermetismo, assim como os *Oráculos Caldaicos*, procedem de um mesmo fundo intelectual[90] e respondem às necessidades da época: "desejo de certeza e de revelação, gosto pelo esoterismo, tendência às abstrações, inquietação da alma e sua salvação, tendência a considerar o mundo em relação ao destino da alma e o destino da alma em relação ao mundo"[91]. A literatura hermética redigida em língua

87. Para uma análise do contexto histórico que possibilitou, no período da Antigüidade tardia, o sincretismo religioso entre diversas correntes de pensamento orientais e ocidentais, ver Hans Jonas, "Introduzione", *Lo Gnosticismo*, pp. 23 ss.

88. Cf. A. D. Nock, *Corpus Hermeticum*, t. I, p. V: "Salvo o quadro, eles (os textos do *Asclepius* e do *Corpus Hermeticum*) contêm extremamente poucos elementos egípcios. As idéias são aquelas de um pensamento filosófico grego popular, sob uma forma bastante eclética, com essa mescla de platonismo, de aristotelismo e de estoicismo, na época tão divulgada; aqui e ali surgem traços de judaísmo e, provavelmente, ainda de uma literatura religiosa cuja fonte última é o Irã: pelo contrário, nenhum sinal evidente de cristianismo ou de neoplatonismo." *Ibidem*, p. VII: (Os textos *supra* indicados) "nos ajudam a compreender a inclinação do neoplatonismo [...] oferecem surpreendentes semelhanças com diversos escritos do gnosticismo cristão".

89. Cf. M. W. Bloomfield, *The seven deadly sins*, Michigan, 1952, p. 342, cit. *in* Frances A. Yates, *op. cit.*, pp. 14-15, n. 4. A citação continua: "Compunham, talvez, a Bíblia de uma religião egípcia de mistério, cujo espírito provavelmente remonta ao século II a.C."

90. Cf. F. A. Yates, *op. cit.*, pp. 13-14: os textos que compõem a *Hermética* foram redigidos no século II ou III d.C.: não se tratava da antiga "sabedoria egípcia, um pouco posterior à dos patriarcas e profetas hebreus, e muito anterior a Platão e aos demais filósofos da Antigüidade grega", pois suas concepções estavam fundadas "no substrato pagão do cristianismo primitivo, aquela religião fortemente tingida de magia e de influências orientais, versão gnóstica da filosofia grega e refúgio de cansados pagãos que buscavam respostas para a vida, diferentes das oferecidas pelos primitivos cristãos".

91. A. D. Nock, *Corpus Hermeticum*, t. I, p. VII; ver A. J. Festugière, *La Révélation d'Hermès Trismégiste*, t. I: *L'Astrologie et les Sciences Occultes*, obra que analisa o estado de espírito da época, por volta do século II d.C., quando então foram redigidos os tratados que compõem o *Corpus Hermeticum*. Cf. F. A. Yates, *op. cit.*, pp. 15 ss.

grega[92] encerra textos "consagrados à astrologia, às ciências ocultas, às virtudes secretas das plantas e das pedras, e à magia simpática, fundamentada no conhecimento de tais virtudes e interessada ainda na fabricação de talismãs para atrair o poder das estrelas etc."[93]. Concomitantemente a esses receituários de magia astral, desenvolveu-se um pensamento filosófico associado ao reverenciado Hermes.

Para tentar rastrear uma provável influência do hermetismo no pensamento de Avicena, procuramos circunscrever os temas da gnose hermética à *theoría* filosófica, mantendo distância do domínio de um misticismo popular.

* * *

Na definição de Festugière, a "gnose hermética é o conhecimento de Deus como hipercósmico, inefável, não suscetível de ser conhecido apenas por meios racionais, além do conhecimento de si próprio como proveniente de Deus"[94]. Nesses termos, o fenômeno místico, no período helenista, e em qualquer outro, é de ordem religiosa e diz respeito à alma. Os textos gnóstico-herméticos procuram responder às duas questões que fundamentam suas doutrinas: qual é a natureza desse Deus *agnôstos* e como aproximar-se dele? Sendo de origem divina, como a alma humana cai na matéria?[95]

Fenômeno religioso cuja mística está circunscrita aos fatos anímicos, o hermetismo tem seus princípios fundados nas necessidades da alma, e, a partir da apreciação dessas mesmas necessidades, surgem as crenças herméticas, que dirigem as diferentes formas de religiosidade típicas do período helenista. Em face das deficiências do mundo sensível, procura-se um princípio que transcenda a ordem da matéria, um princípio que seja separado do ser que se manifesta nas coisas mutáveis do mundo terreno. Todavia, o ser que se manifesta nos inteligíveis pode também ser deficiente, pois, desde que cada inteligível está limitado para exprimir apenas sua própria essência,

92. Dentre os textos encontrados em Nag Hammādi, há um *Asclepius* em língua copta.

93. Cf. F. A. Yates, *op. cit.*, p. 14.

94. Cf. A. J. Festugière, *La Révélation d'Hermès Trismégiste*, vol. III, *Les Doctrines de l'Âme*, Paris, Les Belles Lettres, 1986, p. IX. Em *Hermétisme et Mystique Païenne*, p. 84, Festugière adverte para a não identificação da gnose com o cristianismo e define: "A gnose é um fenômeno pagão, de origem pagã, que afetou tanto os mitos pagãos como a revelação cristã. Não nasceu de uma reflexão sobre os dados desta revelação cristã mas, independentemente de qualquer revelação, <nasceu> de uma reflexão sobre o problema do mal, tal como este se apresentava aos olhos da filosofia helenista, Deus de um lado, a matéria de outro. Consistiu, essencialmente, em conceber a matéria não mais como um não-ser relativo, mas como um não-ser absoluto, um mal em si. Todo o resto é conseqüência lógica dessa posição inicial".

95. Cf. A. J. Festugière, *La Révélation*, vol. III, p. IX.

exprime uma essência limitada, não podendo portanto exprimir toda a extensão do ser. Logo, trata-se de procurar um princípio que defina um ser que transcenda a própria ordem dos inteligíveis[96]. Festugière definiu tal princípio como "hipercósmico" ou "supraessencial". Buscado nas necessidades da alma, esse princípio origina uma mística do ser que iria desenvolver-se mediante os meios empregados para atingi-lo.

O ser a ser atingido é duplamente *agnôstos*: escapa a qualquer percepção sensível, pois é um ser imaterial, e foge a qualquer apreensão intelectual, pois ultrapassa todos os inteligíveis. Assim, a ascensão a esse ser exige a transposição da ordem dos inteligíveis e, nesse processo, não pode limitar-se à purificação da matéria, ou seja, a uma ascese. Como aproximar-se de um princípio inefável, indefinível, inominável? Retirada toda e qualquer determinação inteligível, aproximar-se dele só seria possível mediante a via da negação, isto é, a negação de qualquer determinação inteligível.

Embebida do sentimento de desordem e deficiência que imperam no mundo, a consciência gnóstica passa a ser dominada pelo anseio por uma ordem alheia às coisas materiais, verdadeira, que não admite os sofrimentos e as injustiças físicas e morais encontradas na ordem terrena. Passa então a buscar a contemplação de um princípio dessa ordem, e, ao unir-se a esse princípio, o gnóstico escapa à desordem que o faz sofrer.

Na busca de união com o princípio ordenador, Festugière indica duas atitudes contrárias que conduzem os espíritos mais sensibilizados com os sofrimentos humanos: uma otimista e outra pessimista. A primeira restringe a desordem às coisas propriamente terrenas e poupa da maldade o resto do universo. Por meio da contemplação de uma ordem imutável do cosmo que se traduz na regularidade dos movimentos planetários, o homem adquire a sabedoria, nela se refugia e escapa da desordem material traduzida pelas injustiças e sofrimentos do mundo terreno. Os astros são vistos como a forma mais elevada do divino, e acredita-se que seus movimentos comandam os acontecimentos do mundo sublunar. O homem volta-se para os astros, considerados deuses, e os adora. Estabelece com eles um vínculo e, desse modo, eleva-se ao plano divino e se resigna a seus desígnios. Celebra-se uma "mística astral"[97] que possibilita ao homem elevar-se e escapar das desordens que o arrastam. A vertente racional da atitude otimista conduz o homem a refletir sobre o *lógos* imanente ao cosmo para chegar, mediante o pensamento, à razão universal. Submetidos ao *lógos* ordenador, os astros apontam para a possibilidade de conhecer a razão universal. Esta, não podendo ser apreendida com a percepção sensível, poderia ser conhecida apenas por analogia, e o mundo passaria a servir de instrumento para atingir seu criador.

96. *Idem*, *Hermétisme*, p. 15.
97. Franz Cumont, cit. *in* A. J. Festugière, *Hermétisme*, p. 16.

A atitude pessimista responsabiliza a ordem imutável dos astros pela desordem e sofrimento materiais e procura uma divindade num princípio que não esteja ligado à *heimarméne* (*fatum*) cósmica. A salvação consiste em se unir a essa divindade. Como o mundo governado pela *heimarméne* é mau, o homem não poderia salvar-se apoiando-se apenas na razão ou na alma. Embora capaz de conhecer, sua porção imaterial é incapaz de elevar-se por seus próprios meios e apreender um Deus supracósmico. Necessita da ajuda externa ou da graça divina, ambas manifestas na ordem do conhecimento. Todavia, a razão humana só seria capaz de atingir Deus se ele se revelasse. O conhecimento de Deus ultrapassa o plano lógico e místico, e ingressa no domínio da gnose, o conhecimento de fé obtido graças à revelação. Aqueles que creem na revelação seriam protegidos durante suas vidas, o que por si já é uma manifestação da graça divina. No entanto, a realização máxima é o retorno a Deus após a morte do corpo físico, quando o crente, após a travessia das regiões supralunares, alcança o Deus abscôndito. A revelação passa a ser considerada um segredo cuja divulgação só pode ser desfrutada por alguém digno dela. Desse modo, forma-se uma elite que, ao receber a verdade e nela acreditar, passa a se distinguir do resto da humanidade. Nessa acepção, conhecer Deus é o mesmo que iniciar-se nos mistérios contidos no cosmo. Tal conhecimento pertenceria, portanto, ao domínio da teurgia.

Pode-se dizer que a doutrina da salvação gnóstica, presente nos textos herméticos, resume-se a três pontos essenciais: o conhecimento de Deus como salvador, o conhecimento de si como procedente de Deus e capaz de retornar a ele, e o conhecimento dos meios e do modo para efetuar o regresso a Deus. Na gnose-hermética, o postulante vivencia a redenção participando do processo cósmico; deve ser realizada no mundo terreno mediante a viagem interior que atualiza o conhecimento gnóstico.

2.6. INICIAÇÃO GNÓSTICO-HERMÉTICA

Na tradição hermética, a revelação (*apokálypsis*) do deus a seu discípulo é qualificada como uma espécie de "mistério" ao qual têm acesso somente os que já experimentaram a iniciação que os distingue dos demais. Cirilo de Alexandria, responsável pela difusão das doutrinas herméticas no século IV d.C., escreve em *Contra Juliano*: "Em seu terceiro *Discurso a Asclépio*, Hermes diz: 'Não é permitido apresentar tais mistérios diante dos não iniciados' "[98]. Já nos textos da doutrina do Trismegisto que se conservaram, o conhecimento salvífico e místico, valor principal do hermetismo, é expresso por meio de uma simbolo-

98. *Fragmento* 23, *Introduction aux fragments de Cyrille*, cit. *in* A. D. Nock- A.-J. Festugière, *Corpus Hermeticum*, Paris, Belles Lettres, t. IV, 4ª ed., 1983, p. 127.

gia "mistérica" acessível apenas aos iniciados[99]. A doutrina enfatiza a separação e a distinção entre os que participam do conhecimento e os que, por indiferença, permanecem excluídos[100]. Assim, no *Tratado* IV (*Hermou prós Tat ho Kratèr he Mónas*), conhecido por *A Cratera*, Tat pergunta a seu pai, Hermes, por que Deus não concedeu igualmente um intelecto a todos? "[...] Ele quis que o intelecto fosse presenteado às almas como prêmio merecido"[101]. A revelação não é dada sem que haja uma preparação inicial ao recebimento dos mistérios[102]. Os que receberam o "batismo do intelecto"[103] [...] "tornaram-se homens perfeitos (*teleiói*)" e participam do conhecimento "porque receberam o intelecto", enquanto os que negligenciaram a recepção do conhecimento, os *logikói*, ignoram sua origem e a finalidade de seu nascimento. Estes últimos permanecem prisioneiros de suas paixões e não são dignos da contemplação, pois creem que o homem veio para satisfazer os apetites do corpo[104]. O *Tratado* IV ou da *Cratera* demonstra que o *noûs*, no sentido de faculdade de intelecção, não está presente em todos os seres humanos. O tratado, já mencionado em páginas anteriores, descreve como Deus preencheu uma grande cratera e a enviou para o mundo confiando-a a um arauto, cuja missão foi anunciar aos "corações dos homens" sua imersão nela a fim de receber o "batismo do intelecto". Os que prestaram atenção ao chamado "teriam parte na gnose e se converteriam em homens perfeitos"[105]. O "batismo do intelecto" exemplifica um rito iniciático que confere ao homem a possibilidade de realizar sua perfeição ao se converter. O *noûs* divino brinda os gnósticos com o dom que assente na participação do conhecimento após o "batismo". A revelação desvela ao "homem perfeito" sua verdadeira natureza e origem: identificada com o "batismo do intelecto", a revelação é o próprio rito iniciático que concede plenitude e perfeição àquele que, mediante esse processo, realiza-se como gnóstico. O rito conferido ao gnóstico

99. Ver *Asclepius*, 1: Hermes adverte sobre o conteúdo sagrado da revelação; um colóquio sobre assuntos de tão elevada natureza não deve ser profanado pela intromissão e pela presença de muitos, pois "é coisa ímpia divulgar às massas um ensinamento pleno de majestade divina." Cf. Nock-Festugière, *Corpus Hermeticum*, t. II, 4ª ed. 1983, p 297.

100. Ver *Corpus Hermeticum*, V, 1: Hermes se dirige a seu filho e o exorta com as seguintes palavras: "Eis, ainda, uma doutrina, ó Tat, que quero te expor por inteiro a fim de que não permaneças não iniciado aos mistérios do Deus que é muito grande para ser nomeado." Cf. Nock-Festugière, t. I, p. 60.

101. *Corpus Hermeticum*, IV, 3, Nock-Festugière, t. I, p. 50.

102. Assim, em *Hayy ibn Yaqzān*, § 2, Avicena sugere que a alma, ao efetuar os movimentos preparatórios descritos pelo "andar em círculos", está preparada para receber a visão reveladora do Sábio.

103. Em *Hayy ibn Yaqzān*, § XI, o batismo é feito na "Fonte de água corrente", vizinha à "Fonte da Vida".

104. Cf. *Corpus Hermeticum*, IV, 4-5, Nock-Festugière, t. I, pp. 50-51.

105. *Ibidem*.

não é uma cerimônia exterior, cultual; é um processo que resulta numa disposição interior que o próprio gnóstico atinge na sua viagem solitária em direção à pátria de origem. Na iniciação hermética, o guia é Hermes. Não há nada nos textos que indique uma ajuda espiritual de outro homem; o auxílio vem sempre do plano divino nas palavras do deus Hermes, que confere "ao coração" do iniciado um conhecimento mais místico e intuitivo que racional. Desse modo, a experiência da iniciação separa os iniciados dos profanos, pois, no hermetismo, quem a vive tem um destino diverso daquele que não a vivenciou.

Os textos do *Corpus Hermeticum* não fazem qualquer referência a ritos materiais e permanecem, no seu conjunto, em conformidade com o caráter espiritual da religiosidade hermética. As doutrinas da revelação hermética são expostas ao discípulo em forma de diálogo, pois esse é o uso comum entre seus autores. Receber os mistérios do deus é a experiência sentida pelo discípulo como a iniciação que se traduz no próprio processo da gnose. A gnose hermética não é um conhecimento racional[106], uma vez que celebra uma iluminação[107] do intelecto que permite ao gnóstico perceber a realidade divina apresentada como uma visão. Assim, no *Poimandres*, a revelação "se desvela" numa visão (*théa*)[108] almejada por todo hermetista no seu processo iniciático[109].

Tema constante no hermetismo, a equação entre gnose e visão da iluminação salvífica representa o processo iniciático. Centralizada na revelação da doutrina, a visão interna[110] do gnóstico é simultânea à experiência por ele vivenciada: enquanto "ouve" as palavras de Hermes, Tat "vê" a revelação e experimenta a iniciação ao mistério. A equação visão-revelação-gnose coincide com outro tema clássico das gnoses, ou seja, a crise (em seu aspecto de morte) e o renascimento do discípulo para a sua nova condição. Com o "ver" a revelação e tornar-se gnóstico, o iniciado morre para as coisas mundanas e renas-

106. Ver *Corpus Hermeticum*, V, 2: Dirigindo-se a seu filho Tat, Hermes pede que ele reze para o "Senhor e Pai e Único", que se mostre benevolente com ele e possa "apreender pelo pensamento (*diánoia*) este Deus" e que sobre sua inteligência "faça resplandecer ainda que apenas um de seus raios." Cf. Nock-Festugière, t. I, pp. 60-61.

107. O simbolismo da luz é central no hermetismo: a propósito da visão que o hermetista tem, Poimandres responde: "Esta luz [...] sou eu, Noûs, teu Deus, aquele que é anterior à natureza úmida surgida da obscuridade. Quanto ao Verbo luminoso emanado do Noûs, é o filho de Deus". Cf. *Corpus Hermeticum*, I, 6, Nock-Festugière, t. I, p. 8.

108. Ver *Corpus Hermeticum*, I, 6: "E Poimandres: 'Compreendeste o que esta visão significa?' ", Nock-Festugière, t. I, p. 8.

109. Ver *Corpus Hermeticum*, X, 4: "Assim é para aquele que pode 'ver' ", Nock-Festugière, t. I, p. 114; o conhecimento como ato de "ver" também está presente em *Hayy ibn Yaqzān*, quando o narrador se depara com a visão de um Sábio resplandecente que vai propiciar sua iniciação.

110. Ver *Corpus Hermeticum*, XIII, 20: Tat, o iniciado, exclama: "Eu vi, por teu querer, esse panegírico pronunciado" (*eídon thelémati tô sô tèn eulogían taúten legoménen*). Cf. Nock-Festugière, t. II, p. 208.

ce no plano divino. Sair da forma mortal e corrupta, ingressar num plano estranho às dimensões materiais são movimentos da alma que suspendem as atividades dos sentidos e cuja finalidade é a purificação dos vícios aos quais o corpo físico está submetido. Tal estado, alheio à materialidade, exemplifica a vivência da gnose inteiramente no intelecto. No *Tratado* XIII, 3, Tat, sentindo-se um estranho "à raça do Pai", pede a Hermes que lhe revele "o modo da regeneração"[111]. Hermes responde ter-se convertido ele próprio numa "visão imaterial", graças à misericórdia divina: "[...] escapei de mim mesmo para entrar num corpo imortal e não sou mais aquilo que eu era, mas fui engendrado no intelecto." Ao término da iniciação, surge uma nova condição, a de divindade.

A experiência gnóstica conhece três estágios sucessivos[112]: o primeiro refere-se à tarefa inicial do discípulo, o domínio das paixões e a purificação dos vícios, sem a qual o iniciado está impedido de seguir os outros estágios. O segundo diz respeito à crise, ou, tal qual é expressa em termos gnósticos, à morte para o mundo, preparatória da alma para a terceira fase, isto é, a realização do nascimento de um novo homem cuja vida é garantida na dimensão divina. A experiência pertence ao homem presente no mundo, visto que o *Tratado* XIII não menciona a origem e o destino da humanidade, tal qual no *Poimandres*, tratado que discute a escatologia numa perspectiva inteiramente gnóstica. Assim, a iniciação do *Tratado* XIII descreve a gnose por meio de um "ver" interior, que consiste na iluminação do intelecto que recebe a palavra divina.

Movimento análogo às correntes do gnosticismo, a visão da revelação hermética é um "conhecer-se a si próprio" pois, como vimos, do momento em que o iniciado adquire consciência de sua natureza divina, passa a ter participação em Deus.

2.7. TRANSMISSÃO DA LITERATURA HERMÉTICA NA CULTURA ÁRABO-ISLÂMICA MEDIEVAL

Aproximadamente um século após a morte do Profeta Maomé em 632 d.C., o vasto império islâmico estendia-se dos Pireneus ao vale do Indo. Em 641 d.C., ano da queda de Alexandria nas mãos do

111. *Corpus Hermeticum*, XIII, 3, ed. Nock-Festugière, t. II, p. 201.

112. Não confundir os três estágios da *experiência* gnóstica com as três fases do *drama* gnóstico: 1ª) a situação atual de degradação em relação à situação original no transtemporal e transespacial; 2ª) a alma atravessa uma série de etapas vinda de um "antes" e de um "alhures"; e 3ª) a salvação consiste em retornar à situação original e verdadeira percorrendo, em sentido inverso, o mesmo itinerário. A gnose, propriamente, é o conhecimento desse itinerário e demanda três estágios sucessivos na experiência do gnóstico: 1) o domínio das paixões, 2) a crise e 3) a visão.

general árabe 'Amr ibn al-'Aʁsh, a conquista do Oriente Próximo já fora virtualmente concluída. A tomada de Alexandria submeteu à autoridade dos árabes o Egito, a Síria e o atual Iraque, que durante séculos estiveram sob o domínio de Bizâncio e da Pérsia. Assistiu-se a um fenômeno cultural de importância capital que pode ser definido como a assimiliação por parte do Islão das culturas que o precederam de leste a oeste. O Islão herdou a cultura grega – obras autênticas e pseudoepigráficas –, e a amplidão das traduções iniciais do grego ao siríaco, do siríaco ao árabe e, por fim, do árabe ao latim é atestada graças ao trabalho de traduções das escolas de Toledo no século XII, responsável pelo retorno ao Ocidente desse patrimônio gigantesco.

No século VII, Alexandria era o mais importante centro de estudos de filosofia e teologia gregas, mas não o único. Na Síria e no Iraque, floresciam outros centros onde o grego era estudado desde o século IV. O estudo da língua grega desenvolveu-se nesses países para permitir aos sábios de língua siríaca o acesso aos textos que provinham de Alexandria. Os debates cristológicos da época alimentaram as traduções de obras de lógica que serviram para examinar em profundidade os conceitos teológicos. A conquista árabe em nada impediu que tais centros se mantivessem produtivos, o que é atestado pela imensa produção teológica e filosófica do mosteiro nestoriano de Edessa[113] nas últimas décadas do século VII[114].

Os principais centros de estudos das ciências gregas localizados nessa porção do mundo que acolheu o Islão pertenciam a cristãos: aos nestorianos[115] (Edessa, Nísibe, Ğundishāpūr[116] e Selêucia, próxima

113. Hoje Şanli Urfa, na Turquia.

114. Cf. Majid Fakhry, *Histoire de la philosophie islamique*, pp. 25-26.

115. Os nestorianos, cristãos liderados por Nestório, antioquino e patriarca de Constantinopla a partir de 428, ensinavam que há duas naturezas distintas em Cristo (diofisismo): uma pessoa humana, Jesus de Nazaré, e uma pessoa divina, o Verbo em Cristo, ambos unidos por uma vontade, o que proveio que o Filho de Deus tivesse sido unido a um homem criado, nascido da Virgem, que não se *tornara* um homem. Maria não deveria ser chamada a "Mãe de Deus", mas sim a "Mãe de Jesus". Os nestorianos foram banidos da Igreja pelo Concílio de Éfeso em 431, quando a população da cidade manifestou-se de maneira violenta contra os "oponentes da Mãe de Deus". Perseguidos, estabeleceram-se de início em Edessa, no norte da Mesopotâmia, na época parte do Império Romano oriental. Da Síria, recém-cristianizada, foram expulsos em 489 por decreto imperial e seguiram para Nísibe, ainda na Mesopotâmia, e para Ğundishāpūr, na Pérsia, onde desenvolveram uma grande escola de medicina. Apesar do nestorianismo ter desaparecido como escola de pensamento já no século V, ainda hoje existem Igrejas nestorianas no Iraque e no Irã. Cf. Joan O'Grady, *Heresia*, São Paulo, Mercuryo, 1994, pp. 117 ss.; Cf. Ana Maria A. Goldfarb, *Da Alquimia à Química*, Edusp, 1988, p. 84; sobre a Igreja nestoriana ver Henri-Charles Puech (ed.), *Historia de las religiones*, vol. 7: *Las religiones constituidas en Occidente y sus contracorrientes – I*, pp. 210 ss.

116. Ou Djoundichapour ou Joudaysāboūr.

de Ctesifon) e aos jacobitas, sírios seguidores do monofisitismo[117] (Antioquia, na Ásia Menor, e Amida, na Mesopotâmia). Esses grupos, condenados pela ortodoxia da Igreja cristã como hereges em 451 d.C. e expulsos do mundo greco-romano, foram responsáveis pela divulgação no Oriente dos escritos filosóficos greco-romanos. Em sua peregrinação no exílio rumo à Ásia central, sofreram a influência das crenças dos "magos" e teriam "helenizado" o pensamento autóctone[118], o que fez dos textos e traduções recebidos pelos árabes após dois séculos "uma composição híbrida, na qual seria difícil dizer quem influenciou quem"[119].

Antes da investida árabe, podemos distinguir dois núcleos de trabalhos das traduções separados por tendências distintas: o primeiro compreende a obra realizada pelos habitantes do que outrora fora a Grande Síria, os quais se localizavam mais a oeste e ao sul do império persa dos sassânidas. Essas traduções voltavam-se sobretudo para os textos de filosofia e de medicina. O segundo núcleo dirigiu-se para a tradição greco-oriental, cujos trabalhos versavam sobre filosofia e ciências da natureza, alquimia, astronomia e textos com notável ênfase nas "ciências secretas". Tais núcleos concentravam-se mais ao norte e a leste do império sassânida[120].

Os sírios foram os introdutores da filosofia grega no mundo islâmico. A célebre "Escola dos Persas" em Edessa foi fechada pelo imperador bizantino Zenão em 489 d.C. em decorrência das tendências nestorianas de seus mestres e alunos, que, permanecendo fiéis ao nes-

117. Os monofisitas eram seguidores de Êutyques, o superior de um mosteiro perto de Constantinopla que pregava uma doutrina antinestoriana ao extremo, pois enfatizava a divindade em Cristo a ponto de negar sua humanidade; as duas naturezas, de Deus e do homem, fundiam-se numa única, inteiramente divina. Foram banidos da Igreja pelo Papa Leão I no Concílio de Calcedônia em 451, quando foram declarados hereges tanto o monofisitismo como o nestorianismo. Cf. J. O'Grady, *op. cit.*, p. 121. Para uma interpretação de como o Islão com sua doutrina de Deus único foi bem aceito no Oriente Próximo, onde predominavam os monofisitas, ver Paul Johnson, *A History of Christianity*, USA, Penguin Books, 1990. Cf. A. M. A. Goldfarb, *op. cit.*, p. 84: "Por serem profundamente ligados a questões espirituais, eles (os monofisitas) trazem consigo uma grande quantidade de textos esotéricos, que traduzem para o siríaco e, mais tarde, para o aramaico". Perseguidos, seguiram em seu exílio uma rota bastante semelhante à dos nestorianos. Os monofisitas organizaram-se na Igreja jacobita (constituída contra a ortodoxia bizantina), título recebido no final do século VI, e hoje são conhecidos por "sírio-ortodoxos" por oposição à Igreja sírio-católica, esta também formada por antigos jacobitas; seu patriarca tem o título de "patriarca de Antioquia e Síria", porém os jacobitas nunca alcançaram a unidade nacional conseguida pelas outras Igrejas monofisitas – Egito, Armênia e Etiópia. Cf. Henri-Charles Puech (ed.), *op. cit.*, pp. 218 ss.

118. Cf. A. M. A. Goldfarb, *op. cit.*, pp. 84-85.

119. *Ibidem.*

120. Cf. Henry Corbin, *Histoire de la philosophie islamique*, Paris, Gallimard, 1986, p. 38.

torianismo, fugiram para Nísibe e lá fundaram uma nova escola, que se tornou um grande centro de filosofia e de teologia. Foi em Nísibe que surgiu Probo, o primeiro tradutor das obras filosóficas gregas para o siríaco. Em Ğundishāpūr, ao sul do império persa, foi fundada, por volta do início do século VI, uma importante escola de medicina cujos mestres eram, em sua maioria, nestorianos de origem síria. Essa escola destacou-se como importante centro de estudos helenísticos na Ásia ocidental e sua influência se estendeu no mundo islâmico durante toda a época abássida. Quando, em 529 d.C.[121], o imperador Justiniano fechou a escola de Atenas, os últimos sete filósofos neoplatônicos foram acolhidos na corte dos persas[122]. Nessa época, Gundishāpūr florescia com sua escola de medicina, seu observatório e sua academia.

O segundo núcleo, que, com a expansão do Islão, passará a ser também responsável pela transmissão de textos gregos aos árabes, compreende os sabeus (*al-sābi'ūn*), um grupo de "in-fiéis"[123] que habitava em Harrã, importante centro situado ao norte da Síria mesopotâmica, perto de Edessa, na estrada que ligava Babilônia ao Oeste, e último reduto do encontro das civilizações suméria, hitita e babilônica. Seus habitantes, os harranianos, mantinham uma seita de adoradores dos astros e atribuíam sua ascendência a Hermes e a Agathodaimôn (*Agathós Daímon*)[124]. Na época abássida, foram erroneamente assimilados aos

121. 525 d.C., segundo R. Arnaldez, L. Massignon e A. P. Youschkevitch, autores do capítulo "La science arabe" *in* René Taton (org.), *La science antique et médiévale*, Paris, PUF, 1994, p. 462.

122. Cf. Henry Corbin, *Histoire de la philosophie islamique*, p. 39.

123. Quando os árabes invadiram a Síria e a Mesopotâmia (633-643 d.C.), grande parte dos habitantes de Harrã ainda era pagã. Durante os dois séculos seguintes, praticamente nada se ouviu falar deles. Em sua campanha contra Bizâncio (830 d.C.), o califa abássida al-Ma'mūn (filho de Hārūn al-Rashīd) passou por Harrã, interessou-se por algumas pessoas estranhamente vestidas e perguntou-lhes a qual religião pertenciam, se seguiam um Livro sagrado ou um profeta. Recebeu como resposta uma negativa evasiva. O califa, irado, depois de chamá-los de "infiéis" e "idólatras", ameaçou-os de morte se não se convertessem a uma das religiões do Livro. Alguns se converteram ao cristianismo, outros, ao islamismo, e alguns deles permaneceram fiéis ao paganismo que professavam. Depois de consultarem um jurista muçulmano, passaram a autonomear-se "sabeus", pois estes são mencionados no *Corão*, fato que lhes garantiria a vida. Assim, como "sabeus", os pagãos de Harrã foram oficialmente reconhecidos pelos muçulmanos. Cf. Walter Scott, *Hermetica*, Great Britain, Solos Press, 2ª ed., 1993, p. 245.

124. Como os harranianos mantinham cultos de adoração dos astros, não possuíam textos religiosos. Para fundamentarem sua nova "religião" na legalidade de uma escritura recebida de um profeta, buscaram nos textos filosóficos gregos o que mais poderia traduzir um sentimento religioso. Escolheram a *Hermética* grega, cujo profeta era *Hermes Trismegisto*, que recebera a instrução de Agathodaimôn. Hermes foi identificado a Idrīs, o Enoque dos muçulmanos (*Corão* XIX, 57, e XXI, 85), e Agathodaimôn foi identificado a Seth, filho de Adão. Cf. Walter Scott, *Hermetica*, pp. 246-247. O fato de os harranianos pagãos terem escolhido a *Hermética* por Escritura levou W. Scott a concluir que em 830 d.C. os textos herméticos já eram conhecidos na Síria, e ainda é plausível que os sábios de Harrã, já no século IX, conhecessem os textos herméticos no

sabeus mencionados no *Corão*. Seu culto era composto de influências helenísticas, gnósticas e herméticas, e suas doutrinas agregavam a antiga religião caldeia dos astros, a matemática e a astronomia, o neopitagorismo e o neoplatonismo. Do século VIII ao século X mantiveram ativo o trabalho das traduções, sendo o mais célebre dentre seus expoentes Thābit ibn Qurrah al-Harrānī (836-901)[125], autor e tradutor de obras de matemática e de astronomia[126]. A partir do início do século IX, os astrólogos da corte abássida já eram os sabeus[127]. Depois da morte de Thābit ibn Qurrah, viveram como seita separada em Bagdá, promovendo traduções de antigos textos, quer de cultura oriental, quer da tradição greco-romana, "privilegiando os de matemática e astronomia, mas sem deixar de lado a magia operativa e a alquimia"[128].

Não se pode contudo esquecer a influência dos sábios persas (iranianos) na corte dos abássidas, principalmente no que se refere à astronomia e à astrologia. A existência de numerosos termos técnicos iranianos, sobretudo nos tratados de alquimia, sugere ter havido uma tradição greco-oriental no Irã que serviu de ponte entre a alquimia grega e a do célebre alquimista árabe Jābir ibn Hayyān (Geber para os latinos)[129]. E, Henry Corbin assinala que a existência desses termos técnicos é anterior à conquista islâmica, sendo originários dos territórios do nordeste iraniano. Por volta da metade do século VIII, astrônomos, astrólogos, médicos e alquimistas da antiga Pérsia encontraram no Islão uma acolhida que permitiu a continuação de suas práticas, proibidas pela ortodoxia da Igreja cristã. No Oriente, as

original grego. Embora tais textos possam ter sido traduzidos para o siríaco muito antes dessa data, é certo que foram lidos pelos harranianos e por seus vizinhos, os habitantes de Edessa. Cf. Walter Scott, *Hermetica*, p. 247. Sobre os harranianos e suas tradições religiosas, ver o estudo de Tamara M. Green, *The City of the Moon God*, E. J. Brill, 1996.

125. Cf. al-Nadīm, *The Fihrist*, trad. Dodge, p. 647.

126. Cf. Henry Corbin, *Histoire de la philosophie islamique*, pp. 41-42; e na p. 183, Corbin afirma ter Thābit "escrito em siríaco e ter ele próprio traduzido para o árabe um livro das *Instituições de Hermes"*. Bar Hebraeus lista 150 obras em árabe e 16 em siríaco de Thābit ibn Qurrah. Parece que Thābit traduzia diretamente do grego e diz-se que "ninguém traria qualquer benefício dos escritos em grego não fossem as traduções de Thābit"; além das obras clássicas de Aristóteles, de Platão e dos neoplatônicos, Thābit parece ter tido interesse nas "ciências ocultas" e nos livros que tratam dos ensinamentos de Hermes. Seu filho Sinān foi versado nas ciências e reputado médico em Bagdá. Cf. W. Scott, *op. cit.*, pp. 248-250.

127. Cf. Majid Fakhry, *Histoire de la philosophie islamique*, p. 27. Walter Scott vincula o desaparecimento dos sabeus de Harrã em Bagdá (por volta de 1050 d.C.) ao desenvolvimento da ortodoxia islâmica formulada por al-Ash'arī (m. 935 d.C.), de cuja escola saiu al-Ghazzālī, fervoroso oponente dos *falāsifa*, pensadores que seguiam a filosofia grega. Cf. W. Scott, *op. cit.*, pp. 251-252.

128. Cf. Ana Maria A. Goldfarb, *op. cit.*, p. 85.

129. Nasceu provavelmente em Tusa, na antiga Pérsia, durante a terceira década do século VIII; teria origens árabes, segundo seus biógrafos. Cf. Ana Maria A. Goldfarb, *op. cit.*, pp. 91 ss.; cf. Jean-Paul Corsetti, *Storia dell'esoterismo e delle scienze occulte*, pp. 87 ss.

condições sociopolíticas eram diversas daquelas do império romano (do Oriente e do Ocidente) e a influência da Igreja cristã era pequena, o que pode explicar a acolhida dada aos nestorianos[130].

Parece haver consenso entre os historiadores de que, a partir do final do século VIII, os tradutores dos textos gregos já pertenceriam à própria comunidade islâmica[131]. É certo que, por essa época, os árabes já possuíam textos filosóficos e religiosos que permitiram a eclosão das discussões que levaram à formação de um pensamento teológico e filosófico próprio. Os sábios muçulmanos não esperaram as traduções das grandes obras gregas para empreender uma reflexão jurídico-teológica no interior da fé corânica. A influência do pensamento grego sobre essa reflexão fez-se inicialmente pela via difusa antes de ser exercida pela via direta do saber científico. As traduções vieram somente reforçar, explicitar e codificar as tendências de alguns espíritos reveladores, tais como os primeiros *mu'tazilitas*. A exploração da herança grega para responder às questões levantadas pela fé islâmica foi simultânea ao empreendimento das traduções. O *mu'tazilismo* foi uma corrente filosófico-teológica que surgiu no interior do *kalām* sunita, a escolástica do Islão cuja característica consistia no emprego de uma dialética racional pura para operar os conceitos teológicos. Seus seguidores eram conhecidos por *mutakallimūn* e foram, antes de mais nada, apologistas que não se prendiam a uma verdade demonstrada ou demonstrável, pois sustentavam, com recursos teológicos, seu credo religioso tradicional. Houve ainda um *kalām* xiita, cujos discípulos eram advertidos contra o método do *kalām* sunita. Os conhecidos por *mu'tazilitas* foram os mais antigos *mutakallimūn* e surgiram na primeira metade do século VIII na cidade de Basra, atual Iraque. Tiveram uma rápida expansão, conquistando a elite culta do Islão. Na primeira metade do século IX, vivia-se em Bagdá, capital do império abássida, um entusiasmo cultural que propiciou o movimento das grandes traduções das obras de Platão, Aristóteles, Proclo, Porfírio, Simplício etc. Bagdá passou a ser o centro dos *mu'tazilitas*, cuja doutrina chegou a se tornar oficial no Islão sunita durante alguns califados. A denominação *mu'tazil*, significa "aquele que se isola" e parece ter sido a alcunha dada a um dos fundadores do movimento, Wāsil ibn 'Atā, quando ele se afastou das acirradas controvérsias entre os teólogos em Basra. Todavia, há várias interpretações sobre a origem do termo[132].

Em 762 d.C., o califa abássida al-Mansūr fundou Bagdá, próxima a Gundishāpūr, sede da importante escola de medicina. Foi a partir des-

130. Cf. Henry Corbin, *Histoire de la philosophie islamique*, pp. 44-46.

131. Cf. Ana Maria A. Goldfarb, *op. cit.*, p. 85.

132. Cf. Henry Corbin, *Histoire de la philosophie islamique*; Majid Fakhry, *Histoire de la philosophie islamique*; 'Abdurrahmān Badawi, *Histoire de la Philoso-*

sa escola que o desenvolvimento científico e intelectual propagou-se através do império islâmico, e deveu-se a um persa, Yahyā al-Barmakī (m. 857), o interesse que o califa Hārūn al-Rashīd (786-809) – de quem al-Barmakī fora vizir e mentor – desenvolveu pelos estudos helênicos, fator que contribuiu significativamente para o empreendimento, em Bagdá, das traduções de obras gregas para o árabe. Em 832, o califa al-Ma'mūn fundou a "Casa da Sabedoria" (*Bayt al-Hikma*) e confiou sua direção a Yūhannā ibn Māsawayh (m. 857), mestre de Hunayn ibn Ishāq (809-873), o primeiro tradutor de renome das obras gregas para o árabe e o siríaco. Hunayn, que pertencia à tribo árabe cristã dos 'Ibād, manteve uma verdadeira oficina de traduções, que, mais do que traduzir diretamente do grego para o árabe, adaptava termos do siríaco para a língua árabe. Já no século VIII os árabes sabiam ler o grego[133], e foi a partir do século IX que elaboraram a terminologia filosófica e teológica em língua árabe[134].

Supõe-se que o hermetismo tenha-se difundido nos países muçulmanos a partir do século VIII. Segundo o autor de o *Kitāb al-Fihrist*[135], al-Nadīm (c. 935-990), a autoridade mais antiga e confiável, o príncipe omíada Khālid ibn Yazīd (m. 704) convidou alguns sábios do Egito para que traduzissem do grego alguns tratados de alquimia, de medicina e de astrologia. Nesses livros, faz-se menção a um texto do alquimista alexandrino Zózimo[136]. As traduções encomendadas por Khālid ibn Yazīd pertencem às primeiras obras de alquimia que surgiram no Islão[137]. Os especialistas afirmam que, "de 656 ao século XII, a literatura hermética árabe era abundante, embora uma recente pesquisa tenha cadastrado apenas um número exíguo de obras que sobreviveram

phie en Islam; Albert N. Nader, *Le système philosophique des Mutazila*; Miguel Cruz Hernandez, *Historia del pensamiento en el mundo islámico*, 3 volumes. Dominique et Janine Sourdel, *Dictionnaire historique de l'islam*, Paris, PUF, 1996.

133. Cf. Jean-Paul Corsetti, *Storia dell'esoterismo e delle scienze occulte*, p. 87.

134. Cf. Henry Corbin, *Histoire de la philosophie islamique*, pp. 40-41.

135. O *Kitāb al-Fihrist* (por volta de 987 d.C.) menciona 22 títulos de obras de Hermes seguidos de um grande número de autores e obras herméticas pagãs e muçulmanas. A primeira parte foi estudada por Julius Ruska, *Tabula Smaragdina*, Heidelberg, 1926, p. 64. Cf. Louis Massignon, "Inventaire de la littérature Hermétique Arabe", *in* A.-J. Festugière, *La Révélation d'Hermès Trismégiste*, vol. I, *L'Astrologie et les Sciences Occultes*, p. 390.

136. Cf. A. J. Festugière, *La Révélation d'Hermes Trismégiste*, vol. I, p. 239: Zózimo nasceu em Panópolis (Ajmīm, no alto Egito) e parece ter vivido em Alexandria por volta do final do século III ou no início do século IV. Sua obra tem caráter religioso, impregnado de misticismo e de gnose, em parte sob a influência do hermetismo filosófico.

137. Cf. Ana Maria A. Goldfarb, *op. cit.*, p. 90: o príncipe Khālid ibn Yazīd foi discípulo de um monge cristão, Morieno ou Mariano, provável discípulo de Estêvão de Alexandria. Atribui-se ao príncipe a autoria de diversas obras alquímicas: *O Livro dos Amuletos*, *Livro de Testamento sobre a Arte* e *Paraíso da Sabedoria*. Parte de suas obras foi traduzida na Europa medieval, no século XII.

até nossos dias: dezoito tratados de alquimia, vinte e três obras de astrologia e três de filosofia mística, cujos originais gregos parecem perdidos"[138]. É fato que os árabes tiveram acesso ao *corpus* alexandrino, embora o tenham adaptado ou substituído em parte pelo saber oriental[139].

Louis Massignon[140] considera que, para os árabes, são textos herméticos os que diretamente se referem aos "três Hermes". Inicialmente, Hermes é identificado com o profeta Idrīs mencionado sucintamente no *Corão* (XIX, 56; XXI, 85). A tradição posterior descreveu a existência de "três Hermes": o primeiro, Hermes o maior, viveu no Egito antes do Dilúvio e construiu as pirâmides a fim de nelas serem depositados e preservados da destruição das águas os segredos da ciência; o segundo viveu na Babilônia, depois do Dilúvio, e foi o responsável pela iniciação de Pitágoras; e o terceiro, mais tarde, no Alto-Egito, foi o iniciador da alquimia. Graças a seu caráter simultaneamente uno e múltiplo, Hermes é ainda identificado com Enoque (*Gênese*, V, 18-24), que não morreu mas foi levado por Deus[141]. Admitir Hermes não significa para os autores muçulmanos uma adesão ao paganismo, tal qual o seguido pelos sabeus de Harrã de língua siríaca, para os quais o Trismegisto permaneceria identificado com Toth e seria o deus de todas as invenções instrutivas e educativas. A representação de Hermes-Idrīs era a de um profeta que veio iniciar os homens, oferecendo-lhes uma revelação direta, diversa da revelação indireta recebida por um anjo, característica dos profetas legisladores. Sua função inicial consiste em organizar as cidades e conceder a técnica, ou arte, a seus habitantes. De início, o hermetismo penetrou no pensamento xiita, cuja concepção cíclica do tempo histórico facilitou a adesão de seus seguidores[142], e permitiu aos sabeus de Harrã, ameaçados de extermínio em decorrência de seu paganismo, anunciar aos muçulmanos o retorno de Hermes ao mundo como um *mahdi*. A profetologia xiita (*shī'ita*) prevê a classe dos

138. Cf. Jean-Paul Corsetti, *op. cit.*, p. 87.

139. Cf. Ana Maria A. Goldfarb, *op. cit.*, p. 86.

140. Louis Massignon, "Inventaire de la littérature hermétique arabe" *in* A.-J. Festugière, *La Révélation d'Hermès Trismégiste*, vol. I, pp. 385 ss.

141. Cf. Henry Corbin, *Alchimie comme art hiératique*, Paris, L'Herne, 1986, p. 134, n. 30.

142. Ver Henry Corbin, *Histoire de la philosophie islamique*, p. 51: "O pensamento *shī'ita* alimentou, com precisão, desde sua origem, a filosofia de tipo profética correspondendo a uma religião profética. Uma filosofia profética postula um pensamento que não se deixa encerrar, seja pelo passado histórico, seja pela letra que fixa o ensinamento sob forma de dogmas, tampouco pelo horizonte que os recursos e as leis da lógica racional delimitam. O pensamento *shī'ita* está orientado pela espera, não da revelação de uma nova *sharī'at* (a letra da religião positiva), mas da Manifestação *plenária* de todos os sentidos ocultos ou sentidos espirituais das revelações divinas. A espera dessa Manifestação está tipificada na espera da *parusía* (presença, chegada) do 'Imām oculto' [...]. Ao ciclo da profecia já encerrado (Adão, Noé, Abraão, Moisés, Jesus e Maomé, o "selo dos profetas") sucedeu-se um novo ciclo, o ciclo de *walāyat* no qual essa *parusía* será o desfecho. Uma filosofia profética é essencialmente escatológica." E

profetas – à qual Hermes poderia pertencer – enviados para organizar a vida sedentária dos homens porque possuidores de um conhecimento específico. Compreende-se assim como o hermetismo ingressou no Islão por meio dos xiitas, cuja gnoseologia estabelece um modo de conhecimento comum aos profetas anteriores a Maomé, exemplificado pelo próprio Hermes.

Os muçulmanos passaram a aceitar a utilização de certos instrumentos de utilidade para a sua religião, tais como o astrolábio fabricado em Harrã, que servia para fixar os horários das cinco preces cotidianas. Porém, essa era uma prática condenada pela ortodoxia sunita, que exige a observação direta do céu para a fixação das horas de oração, dos meses e dos dias sagrados. Cabe acrescentar que os textos de teurgia hermética circulavam no Islão, dado o conhecimento da difusão de uma polêmica contra a astrologia, a alquimia e a magia talismânica, ciências que não se conciliavam com o dogma islâmico[143]. Embora a querela indique ter havido uma circulação de ideias e práticas do hermetismo em regiões sob o Islão, não é possível afirmar ter circulado nesse período um pensamento hermético organizado.

A influência maior do hermetismo entre os muçulmanos permaneceu restrita às práticas da alquimia e da astrologia. Isso se deve à incompatibilidade da teodiceia herdada da filosofia helenista com a letra do Islão. Em relação à tese helenista que professa a ascensão do espírito aos céus, a descida do anjo portador da mensagem divina é dispensada, e a teoria da emanação da essência divina que, por meio de preces, funde-se ao ídolo ou ao santo provocou a condenação que atingiu diretamente o hermetismo[144].

nas pp. 53-54: "A idéia de *walāyat* sugere, pois, essencialmente a direção iniciática do Imām ao se iniciar nos mistérios da doutrina; engloba, de um lado e de outro, a idéia de conhecimento (*ma'rifat*) e a idéia de amor (*mahabbat*), um conhecimento que por si próprio é um conhecimento salvífico. Sob esse aspecto, o *shī'ismo* é bem a *gnose* do Islão". A palavra *walāyat*, de difícil tradução, significa "amizade, proteção" e, *stricto sensu*, refere-se aos profetas e *Imāms*, considerados a elite da humanidade, a quem a inspiração divina revela seus segredos. A profetologia culmina com a imamologia cujo ciclo de "proteção, amizade", *walāyat*, é sua expressão mais acabada.

143. Al-Kindī e Avicena polemizaram contra a alquimia, e Avicena escreveu um tratado, *Refutação dos Astrólogos*, cuja paráfrase foi publicada por A. F. Mehren: *Vues d'Avicenne sur l'Astrologie et sur le rapport de la responsabilité humaine avec le destin*, Estudios de Erudición Oriental, Zaragoza, 1904. Todavia, um discípulo de al-Kindī, Sarakhshī (m. 899), afirma ter seu mestre tido conhecimento de textos "nos quais Hermes ensinava a seu filho" (referência ao *Poimandres*) e admirado a exatidão neles contida, observando que um filósofo muçulmano não teria podido exprimir-se melhor, pois o silogismo não permite atingir a inefável transcendência divina. Cf. Louis Massignon, *op. cit.*, pp. 386-387; cf. Henry Corbin, *Histoire de la philosophie islamique*, pp. 184-185; cf. Walter Scott, *Hermetica*, p. 253.

144. Cf. Louis Massignon, *op. cit.*, pp. 387-388; Henry Corbin assinala que, para caracterizar o pensamento hermético no Islão, há que notar as seguintes observações: em teologia, há a convicção de que a divindade é inacessível ao silogismo pois procede das emanações e só pode ser alcançada por meio de preces, de prática ascética e de

Muitos são os títulos de obras árabes que pertencem à tradição hermética, principalmente os concernentes à alquimia. Cabe aqui mencionar os mais importantes: o *Livro das Sete Estátuas* (ou *Ídolos*) – atribuído a Apolônio de Tyana, pitagórico do século I e conhecido entre os árabes por Balīnās –, cuja importância é capital, porque, em primeiro lugar, transmite um texto grego do qual dispomos apenas da versão árabe e, em segundo lugar, representa, segundo Henry Corbin, um testemunho da tradição hermética no Islão[145]. Ainda atribuído a Apolônio-Balīnās, o *Livro do Segredo da Criação e Técnica da Natureza* (*Kitāb Sirr al-Khalīqa wa sun'ta al-tabī'a*)[146] é um importante testemunho da tradição hermética no Islão, e, finalmente, o *Livro de Crates*, atribuído originalmente ao príncipe omíada Khālid ibn Yazīd, que, composto entre os séculos IX e X, apresenta semelhanças com a "Introdução" do *Livro do Segredo da Criação* (*Kitāb Sirr al-Khalīqa*)[147]. No califado ocidental surgiu um trabalho sobre magia, *Objetivo do Sábio* (*Ghāyat al-Hakīm wa'āhaqq al-nafījatayn bi al-taqdīm*), falsamente atribuído a 'Abū al-Qāsim Maslamah ibn 'Ahmad (pseudo al-Majrītī, ou de Madri, m. 1007). O tratado contém informações sobre as liturgias astrais dos sabeus e um ensinamento sobre a "natureza perfeita". Foi traduzido no século XIII, por ordem de Alfonso, o Sábio, e sua versão latina recebeu o título de *Picatrix*, arabização de Hipócrates. Mencionemos ainda as obras científicas de cunho hermético, consideradas autênticas e atribuídas a Ibn Wahshīya, e a *Agricultura Nabatea* (*Al-Fillāhatu al-Nibtīyūn*), de 'Abū Tālib Ahmad ibn al-Zayyāt (m. por volta de 951)[148]. De inspiração gnóstica, há um texto árabe posterior, anterior a 1270 e traduzido para o latim, *De Castigatione Animae*, atribuído a Hermes, que contém ensinamentos que desenvolvem uma temática atinente à salvação da alma[149].

O espaço aqui impede uma análise mais ampla da influência do hermetismo alexandrino na filosofia árabe. Procuramos apenas indicar algumas informações recolhidas na literatura pesquisada que nos pa-

súplicas. Há, também, a idéia de tempo cíclico, que pode ser coerente com a concepção astrológica hermética. E há ainda a idéia que afirma a unidade do universo, "donde o princípio e a ciência das *correspondências*, fundada sobre a *simpatia* de todas as coisas". Cf. H. Corbin, *Histoire de la philosophie islamique*, pp. 185-186.

145. Cf. Henry Corbin, *Alchimie comme art hiératique*, p. 63.

146. Foi composto na época do califa Ma'mūn (m. 833). É desse tratado que faz parte a célebre *Tabula Smaragdina* (Tábua de Esmeralda). Ana Maria A. Goldfarb levanta a hipótese de essas obras serem fruto da região de Balkh, na Pérsia, cuja cultura teria traços da antiga religião zoroástrica, cf. *op. cit.*, p. 87. Lembre-se que o pai de Avicena era natural de Balkh.

147. Julius Ruska sugeriu a hipótese de o *Livro de Crates* ter sido composto por um copta de cultura grega, cf. *Hermès Trismégiste*, *La Table d'Émeraude*, Prefácio de Didier Kahn, Paris, Belles Lettres, 1995, p. XXI.

148. Cf. Miguel Cruz Hernandez, *Historia del pensamiento en el mundo islámico*, vol. I: *Desde los orígenes hasta el siglo XII en Oriente*, p. 133.

149. Cf. Walter Scott, *Hermetica*, p. 254; cf. Françoise Bonardel, *L'Hermétisme*, p. 10.

receram relevantes à difusão do hermetismo na esfera da civilização islâmica. Embora rarefeita, a atmosfera hermetista tem na literatura árabe seu mais venerável representante, Avicena. Sua trilogia visionária contempla essa herança.

2.8. AVICENA E O HERMETISMO

Paul Kraus, na sua monumental obra sobre o alquimista Jābir Ibn Hayyān[150], alude à semelhança entre o início de *Hayy ibn Yaqzān* de Avicena e as primeiras linhas do *Livro dos Sete Ídolos* (*Asnām*)[151], cuja autoria, como vimos, é atribuída a Apolônio de Tyana, o Balīnās dos árabes e conhecido na tradição latina por Bonellus[152]

150. Paul Kraus, *Jābir et la Science Grecque*, Paris, Les Belles Lettres, 1986.

151. Esses ídolos ou estátuas, designados em árabe pela palavra *asnām*, são representações viventes que falam e afiguram, cada uma delas, o sacerdote do templo ao qual pertencem. Trata-se dos sete sacerdotes de sete templos correspondentes às sete divindades planetárias. Corbin nos faz lembrar os sete templos dos sabeus de Harrā que mantiveram no Islão um foco hermetista até o século X. Essas estátuas são viventes porque confeccionadas não de metal comum, mas de "metal filosófico", resultado de operações alquímicas, o que lhes permite desempenhar suas funções sacerdotais. O ensinamento alquímico é posto na boca dos sete sacerdotes-estátuas formados dos sete metais que falam diante dos altares dedicados aos sete planetas. O tema da estátua vivente ocupou a escola neoplatônica que questionava a possibilidade da relação entre as estátuas e os deuses que elas representavam: como poderiam estar os deuses presentes em seus simulacros nos santuários? Plotino consagrou ao tema uma passagem das *Enéadas* (IV, 3, 11; trad. E. Bréhier, p. 78): "Os antigos sábios que quiseram tornar os deuses presentes construíram para eles templos e estátuas, parece-me que bem viram a natureza do universo [...]. A representação com imagens de uma coisa está sempre disposta a sofrer a influência de seu modelo; é como um espelho capaz de apreender a aparência." Esta célebre passagem foi retomada por Porfírio e pelos neoplatônicos. Cf. H. Corbin, *L'Alchimie comme art hiératique*, p. 64.

152. Um dos interlocutores do sínodo alquímico da *Turba philosophorum*. Cf. H. Corbin, *L'Homme et son Ange*, Paris, Fayard, 1983, p. 19; durante a Idade Média era costume apoiar-se na autoridade de iniciados que serviam de referência; a *Assembléia dos Filósofos* surgiu pela primeira vez no século XIII com o título latino *Turba philosophorum*. A obra parece ter sido composta entre os séculos IX e X e contém inúmeros indícios reveladores do pensamento árabe, além de serem encontrados traços dela na obra do alquimista árabe Ibn Umail, século X. Segundo as pesquisas de Martin Plessner, sua composição data do ano 900 aproximadamente. Plessner identificou nove filósofos que participam do debate, não obstante as deformações das traduções: Anaximandro, Anaxímenes, Anaxágoras, Empédocles, Arquelau, Leucipo, Pitágoras e Xenofante, todos pré-socráticos. A *Turba* é constituída de sessenta e três discursos sobre a origem, o movimento e os elementos do universo. Enuncia três verdades irrefutáveis: Allah é o criador do mundo, o mundo é homogêneo na sua natureza e todas as criaturas, superiores e inferiores, são compostas dos quatro elementos. Plessner conclui: "O autor do texto conhece muito bem a coleção dos fragmentos de autores gregos, tal qual Olimpiodoro (alquimista bizantino), prova de que a doxografia penetrou no Islão e soube conferir à sua obra um colorido inteiramente islâmico". A *Turba philosophorum* traça uma ponte sobre mais de um milênio entre a tradição greco-egípcia do período helenista e a nova fé islâmica. Cf. Jean-Paul Corsetti, *op. cit.*, pp. 90-91.

ou Belinus[153]. A passagem atribuída a Apolônio-Balīnās é a seguinte:

> Encontrava-me na cidade situada no centro da terra da Harmonia. Apressei-me, então, em direção ao templo do Sol, banhado de raios e de luzes. Acompanhava-me um grupo de sábios de coração puro. Ao redor desse templo havia águas correntes e fontes jorrantes, canteiros de verduras e de flores. Vi que tal paisagem era a mais bela de todas as paisagens. Passamos nosso dia da maneira mais agradável e, à noite, instalamo-nos em um suntuoso aposento no templo[154].

Em *L'Homme et son Ange*, H. Corbin assinala o denominador comum em todas as narrativas herméticas árabes e árabo-persas, quer dizer, a transposição da personagem a uma paisagem incomum, geralmente durante a noite, o que simboliza o sono das faculdades sensíveis para facilitar a visão. A expressão "cidade situada no centro" evoca o mundo intermediário entre o sensível e o inteligível puro, o *mundus imaginalis* de Corbin, esse mundo das ideias individuais, da atualização dos arquétipos nos indivíduos (*muthūl mu'āllaqa*).

Em *Avicenne et le Récit Visionnaire*, Corbin admite a possibilidade da influência direta do hermetismo no pensamento de Avicena. Como vimos nos capítulos precedentes, o ciclo visionário, composto da *Narrativa de Hayy ibn Yaqzān*, de *O Pássaro* e da *Narrativa de Salāmān e Absāl*, são textos representativos de uma viagem iniciática com conteúdo nitidamente gnóstico[155]: o ciclo abre-se com *Hayy ibn Yaqzān*, registro do encontro entre o "estrangeiro"[156] e seu guia para o aprendizado da *orientação* ou itinerário da alma rumo à pátria original. Na continuação, a alma, simbolizada na figura do *Pássaro* prisioneiro, atende ao convite do Sábio, anunciado nas últimas linhas da narrativa anterior, e cumpre sua "viagem ao Oriente". O terceiro episódio, *Narrativa de Salāmān e Absāl*, de cujo original perdido dispomos apenas do resumo de Nasīroddīn Tūsī no seu comentário às *'Ishārāt*, encerra o ciclo. Porém, o próprio Avicena faz menção às figuras de *Salāmān e Absāl* num dos capítulos finais das *'Ishārāt*:

> [...] se chegou a teus ouvidos a história de Salāmān e de Absāl, saiba que Salāmān é uma figura que representa a ti mesmo[157], ao passo que Absāl representa o grau que atingiste na ciência secreta[158].

153. Cf. H. Corbin, *Alchimie comme art hiératique*, p. 68.

154. Cit. *in* H. Corbin, *L'Homme et son Ange*, p. 20.

155. Entendido aqui como uma *Weltreligion*, não sendo a gnose considerada fenômeno particular de uma religião, cf. Henry Corbin, *Avicenne et le Récit Visionnaire*, p. 23.

156. No sentido neoplatônico e das diversas gnoses, do exílio da alma no mundo terreno.

157. Em árabe: *matal duriba laka*, que A.-M. Goichon traduz como "uma alegoria que representa a ti mesmo", cf. *'Ishārāt*, trad. A.-M. Goichon, p. 485.

158. Em árabe '*irfān*, que Henry Corbin traduz como "gnose mística", cf. H. Corbin, *Avicenne et le Récit Visionnaire*, p. 223.

Na literatura árabe, há notícia de uma *Narrativa de Salāmān e Absāl* traduzida do grego pelo célebre Hunayn ibn Ishāq (m. 873), cujo original desapareceu. Segundo Corbin, trata-se de um texto proveniente dos círculos herméticos helenistas. Nasīroddīn Tūsī testemunha a existência dessa versão e afirma tê-la conhecido somente após ter terminado seu comentário às *'Ishārāt*, sem, contudo, precisar quando. E acrescenta que, vinte anos depois de concluído seu comentário às *'Ishārāt*, teve acesso ao texto homônimo de Avicena e inseriu em seu comentário um resumo imperfeito dessa narrativa.

Ainda na literatura árabe, foi da versão hermetista e não do texto aviceniano que o poeta Jāmī (m. 1492) tirou inspiração para compor sua célebre epopeia mística *Salāmān e Absāl*.

Teria Avicena conhecido o texto grego traduzido por Hunayn ibn Ishāq? ʃegundo çorbin, a exata forma dos nomes dos her!is repeṭi da por ɑvicena faz supor uma resposta ȁrmativa, embora os dois relatos ďiram profundamente. çom a perda do original aviceniano, | imposs‖vel uma resposta conclusiva.

Isrā', viagem noturna do profeta Maomé de Meca para Jerusalém, cavalgando Burāq, esfinge ou centauro alado com rosto humano. Miniatura de 1583, período Otomano.

3. Henry Corbin e a Hermenêutica Espiritual

Impõe-se uma pequena introdução às concepções teóricas de Henry Corbin em razão da complexidade e erudição de seu pensamento e, sobretudo, ao quase desconhecimento entre nós do fecundo pensador cuja obra conta mais de trezentos títulos. Inicialmente, cabe uma breve exposição dos significados conceituais de alguns termos-chave no desenvolvimento das teses de Corbin que dizem respeito ao nosso trabalho.

Escrito em princípios de 1971, o "Prólogo" de um de seus principais trabalhos, *En Islam Iranien*, publicado em quatro volumes, esclarece o significado exato de alguns termos, "fonte de mal-entendidos e reticências", a começar pelas expressões "esotérico" e "exotérico". Que todo leitor "repense" etimologicamente os termos em questão, é o desejo inicial de Corbin. Do grego *tà exô*, para designar as coisas exteriores, e *tà esô*, as coisas interiores, derivaram as expressões adjetivadas "exotérico" e "esotérico". Os termos árabes *zāhir* e *bātin* correspondem exatamente às expressões mencionadas e registram os sentidos opostos, embora complementares, de aparente e oculto, de fenomênico e numinoso. O sentido esotérico abrange o "mundo interior" ou "realidade interior", porém, sem que tais expressões tenham qualquer conotação subjetiva ou insinuem um psicologismo característico da atualidade. Nos escritores da gnose iraniana, material estudado por Corbin, os universos interiores são rigorosamente espirituais com objetividade ontológica própria, definidos nos termos do autor por "espaços visionários" e "geografias imaginais".

O segundo termo de importância capital na construção teórica de Corbin é a palavra "gnose". O pensador frisa não tratar-se dos sistemas gnósticos dos primeiros séculos da era cristã, pois estes não cobrem o amplo significado do fenômeno em pauta. Como já vimos, a gnose enquanto tal resume-se num conhecimento salvífico que se atualiza no renascimento espiritual. Com caráter sacramental, é inseparável de um conhecimento místico. Pode ser encontrada em vários sistemas religiosos: há gnose judaica, cristã, islâmica, budista, todas com afinidades temáticas que tipificam a verdade gnóstica das etapas da viagem do retorno.

Para Corbin, a hermenêutica possui um conceito rigoroso.

Interpretados à luz de uma aparente verdade alegórica, os significados ocultos perdem seu valor simbólico. Assim, uma narrativa lida e compreendida na perspectiva da alegoria anula o vínculo simbólico que une o aparente ao oculto. Contra a mera interpretação alegórica, o fecundo pensador propõe a hermenêutica do símbolo.

Do verbo grego *symbaleîn*, que significa reunir, juntar, aproximar, derivou o termo "símbolo", merecedor de uma ampla literatura dedicada a teorizar sobre suas tantas acepções na história do pensamento ocidental. Corbin parte do significado original de "reunião" para construir a teoria do vínculo entre o que é aparente, a letra, e o que é oculto, o sentido espiritual.

Pertencentes a um plano superior, os significados simbólicos revivem e "aparecem" na sua real natureza no ato exegético. A exegese tem por finalidade desvelar o vínculo indissolúvel que une o aparente ao oculto, pois, tal qual é afirmado por Corbin, "o aparente simboliza *com* o oculto". Subir e alcançar o significado simbólico, em seguida descer até o seu significado aparente para imprimir-lhe toda sua potência adquirida na ascensão exegética, são o movimento da exegese do texto. O ato exegético permite passar do registro de uma humanidade sensível e imperfeita para o registro de uma humanidade divinizada.

À primeira vista, um relato histórico prende o pensamento no significado da letra e esconde um outro significado. Porém, em que difere uma exposição profana da história do relato da palavra sagrada? Que finalidade teriam, na história sagrada, descrições de acontecimentos exteriores se neles não estivessem contidos arcanos celestes?

3.1. MÉTODO DA HERMENÊUTICA ESPIRITUAL

Corbin elaborou o método da hermenêutica espiritual a partir das teses de Swedenborg (1688-1772), que se resumem no seguinte:

No mundo espiritual há três céus: céu supremo, céu médio e céu inferior, e a cada um deles corresponde respectivamente um sentido da palavra divina, sentido celestial, sentido espiritual e sentido natural.

A essa tríade conforma-se uma estrutura geral desenvolvida por Swedenborg. A palavra sagrada se apresenta, no exterior, com um sentido natural ou literal e corresponde ao "envelope" que contém e sustenta o sentido interior ou espiritual. O sentido espiritual contém em si um outro sentido, mais profundo e interior, este último correspondente ao sentido celestial. Sentido espiritual e sentido celestial estão ambos contidos no sentido literal. Em tudo que é divino, há três níveis: o original, o intermediário e o último. O que é original avança no intermediário e, por meio deste, chega ao último, o que faz com que o original exista nos três níveis. Cada coisa no mundo, se estiver completa, é constituída por essa tríade constitutiva da palavra sagrada. No sentido literal está oculto o sentido espiritual, que por sua vez contém um sentido mais "íntimo", o sentido celestial[1].

Para compreender como os dois sentidos superiores – espiritual e celeste – estão contidos no sentido literal, as teses de Swedenborg nos ensinam que há dois tipos de ordem. Na primeira, as partes se ligam sucessivamente umas às outras, partindo da mais alta à mais baixa, que o autor nomeia ordem *sucessiva*. Na segunda, nomeada *simultânea*, as coisas estão justapostas do interior para o exterior, como círculos concêntricos em direção à periferia. A ordem *sucessiva* é comparada às secções de uma coluna cujo contorno superior, mais estreito, vai-se alargando de cima para baixo. Na secção do topo está o que corresponde ao original e primeiro. Essa secção mais estreita da ordem *sucessiva* correlaciona-se ao que é interior e central na ordem *simultânea*. É como se a coluna se achatasse sobre uma superfície plana e o topo ocupasse o centro da nova imagem. A base da ordem *sucessiva* correlaciona-se ao que é exterior na ordem *simultânea*. O *simultâneo* é formado do *sucessivo*. O que está no alto, o topo da ordem *sucessiva*, é primordial e tende ao centro, e o que está embaixo, a base, é inferior e tende ao exterior. No caso da palavra divina, os sentidos celestial, espiritual e natural procedem em ordem *sucessiva* e se apresentam, na segunda ordem, *simultaneamente* em seu sentido literal, ou melhor, no texto do qual dispomos. Desse modo, os sentidos superiores estão contidos na letra.

1. Cf. Swedenborg, *Vera Christiana Religio*, *in* H. Corbin, *En Islam Iranien*, t. I, Paris, Gallimard, 1971, pp. 139 ss. Para corroborar suas análises, Corbin cita algumas linhas de Kant: "O outro mundo não é um outro lugar, mas apenas uma outra intuição. Quanto aos objetos, o outro mundo permanece este mesmo mundo. Quanto às substâncias, não é diferente; é somente percebido por uma intuição espiritual". "O conhecimento intuitivo do outro mundo pode apenas ser atingido ao se abdicar de algo do entendimento necessário para o mundo presente". E, sobre o significado da beatitude e da danação no mundo espiritual, Kant declara literalmente que "o pensamento de Swedenborg sobre esta questão é absolutamente sublime". Retirado de *Kants Vorlesung über Psychologie*, *in En Islam Iranien*, t. IV, p. 150.

O sentido literal é o "envelope" protetor contra qualquer violação do texto sagrado. A simultaneidade dos três sentidos não é percebida pelo profano, que dessacraliza o sentido natural, único a ele acessível. Conhecida a simultaneidade dos três sentidos, realiza-se uma transmutação, seja no iniciado, seja na própria letra que se faz transparente. O sentido natural tende sempre a ser um "corpo espiritual"[2] no qual estão contidos os sentidos espiritual e celeste.

A pluralidade dos sentidos das revelações divinas permite entrever o sincronismo do sentido literal ou exterior com o sentido espiritual ou interior. Nessa perspectiva, Henry Corbin indica a possibilidade de conceber uma "outra história", como veremos mais adiante.

3.2. *MUNDUS IMAGINALIS*

Os "acontecimentos do céu" sugerem um espaço próprio, aberto à "visão interior" própria do místico, espaço não acessível à visão empírica e nomeado por Corbin de *mundus imaginalis*. Esse espaço, que não é físico, ordena a cena em que se desenrolam os "acontecimentos", classificados de *históricos*. Não se trata do mundo do imaginário, e sim do *imaginal*, termo cunhado pelo autor para designar o espaço em que o acontecimento não é nem "histórico", no sentido habitual, nem "imaginário", tal como é entendido nos mitos[3]. Nas palavras de Corbin:

> Existe para eles (os sábios espirituais estudados por Corbin), "objetivamente" e realmente, um triplo mundo: entre o universo apreensível mediante a pura percepção intelectual (o universo das inteligências querubínicas) e o universo perceptível dos sentidos, existe um mundo intermediário, aquele das ideias-imagens, das figuras-arquétipos, dos corpos sutis, da "matéria imaterial". Mundo tão real e objetivo, consistente e subsistente quanto o universo inteligível e o universo sensível, o universo intermediário "onde o espiritual toma corpo e onde o corpo se faz espiritual" é constituído de uma matéria e de uma extensão, apesar do seu estado sutil e imaterial em relação à matéria sensível e corruptível. É o universo no qual a imaginação ativa é o órgão; é o *lugar* das visões teofânicas, a cena onde ocorrem na sua realidade verdadeira os *acontecimentos* visionários e as histórias simbólicas. [...] a palavra *imaginário*, [...] no equívoco usual, pressupõe uma realidade atingida ou a ser atingida, trai a impotência diante desse mundo ao mesmo tempo intermediário e mediador. Nós diremos *mundus imaginalis*[4].

O *mundus imaginalis*, assim designado porque traduz do árabe *'ālam al-mithāl*, é a instância ontológica na hierarquia de um universo metafísico de estrutura neoplatônica, no qual o uno se desdobra no

2. Cf. Henry Corbin, *Face de Dieu, Face de l'Homme*, Paris, Flammarion, 1983, pp. 69-72; *En Islam Iranien*, Paris, t. I, pp. 139 ss.

3. Cf. H. Corbin, *En Islam Iranien*, t. I, p. 45, n. 16.

4. Cf. Henry Corbin, *L'Imagination créatrice dans le Soufisme d'Ibn 'Arabī*, Paris, Flammarion, 1977, 2ª ed., p. 12.

múltiplo e no qual intervém uma hipóstase entre o intelecto e a alma do mundo[5], entre o mundo suprassensível e o mundo das coisas físicas. O *mundus imaginalis* transforma a ideia de alma e a apreensão que esta tem das inteligências e da natureza, para criar uma realidade *imaginal*. A ideia de alma passa a ser concebida como *imaginação criadora*, assim nomeada porque é criação universal em si mesma, pois rompe a unidade de um mundo homogêneo não obstante hierarquizado, uma vez que a homogeneidade possui sua unidade na totalidade das essências. Com a introdução da realidade do *mundus imaginalis*, criação da imaginação criadora, impõe-se "meditar uma metafísica do ser em que o sujeito e o objeto nascem juntos do mesmo ato criador da imaginação transcendental"[6].

O *intermundo*, conceito central para a meta-história corbiniana, é um *lugar*, um espaço onde o espiritual recebe corpo e forma, e no qual o físico se espiritualiza em formas e imagens que subsistem livres de qualquer matéria diversa da luz. Tal ontologia passa a ser, essencialmente, uma metafísica da luz, conhecida por teosofia da luz ou "sabedoria do Oriente", *hikmat al-'Ishrāq*, em clara referência ao duplo sentido qua a palavra *'ishrāqī* tem, pois é no Oriente que surge a luz.

3.3. FILOSOFIA ORIENTAL

Os termos *'Ishrāq* e *'ishrāqī* significam respectivamente "Oriente" e "oriental". *'Ishrāqī* qualifica quer o modo de conhecimento espiritual quer o grupo de sábios cujo objetivo é atingir o conhecimento hierático. Corbin nos adverte de que os termos "Oriente" e "Ocidente", na hermenêutica espiritual, não possuem nenhuma conotação geográfica ou étnica. Na teosofia das luzes, a "iluminação" tem significado diverso daquele comumente aceito na teologia cristã. Enquanto a "iluminação" cristã é uma dádiva de Deus, a "visão de luz" dos "orientais" é um fenômeno que pertence ao místico, é algo que brota de seu interior; não se trata da graça divina entendida como dom recebido do poder divino, pois significa a culminação dos esforços do *muta'allih*, o teósofo hierático, na sua peregrinação em direção ao conhecimento. Do ponto de vista da teosofia, o termo *'ishrāqī* designa os "orientais" quer do Ocidente quer do Oriente geográficos.

O sentido da palavra "Oriente" diz respeito à luz que no Oriente se eleva como:

5. A hierarquia neoplatônica é esta: da luz fazem parte o uno-bem, as inteligências-intelecto, o inteligível, a alma do mundo e os seres racionais (as almas); das trevas fazem parte os seres corporais e a matéria informe.

6. Christian Jambet, *La Lógica de los Orientales*, México, Fondo de Cultura Económica, p. 39.

[...] Manifestação ou epifania do ser; é a percepção espiritual produzindo-se nas consciências mediante a fulguração dessa luz, a qual lhes desvela o mistério das "transaparições" do ser, do mesmo modo que o *astro levante*, por meio da iluminação de seu elevar-se, revela a presença das coisas. O astro que se eleva no céu físico, a hora de seu *Oriente* no nível do mundo físico, corresponde ao instante no qual se eleva o conhecimento, um conhecimento mediante o qual eleva-se a si próprio, ao seu Oriente, o *sujeito* desse conhecimento[7].

O termo "Oriente" possui essa dupla significação, visto que, na correspondência com o esplendor da aurora, simboliza o instante epifânico do conhecimento de si. O sujeito do conhecimento chega ao Oriente no instante em que atinge o conhecimento. Apreender o conhecimento e alcançar o Oriente são sinônimos que designam o movimento com o qual o iniciado está comprometido e cujo objetivo último é receber a luz ou gnose.

Assim denominada, a imaginação criadora possui um papel ativo; não constitui uma expressão metafórica, pois como já dissemos, ela *cria* uma realidade *imaginal,* a qual se apresenta como *realidade efetiva*. A realidade é *imaginal*, e a imaginação criadora, a criação dessa realidade. Tal conceituação é a chave para a compreensão da filosofia *oriental*, núcleo da gnose *oriental* das luzes.

3.4. TEMPO E HISTÓRIA NA FILOSOFIA ORIENTAL

O ponto de partida de Corbin é questionar a existência *histórica* do homem, procurar determinar em qual condição surge o ser *histórico* que transforma o ser natural ou simplesmente *temporal*. Para os homens, não há um tempo neutro e retilíneo composto de ritmos naturais, pois estão todos submetidos a uma temporalidade que os insere na existência por meio de seus atos[8]. O tempo é temporalizado mediante

7. H. Corbin, *En Islam Iranien*, t. II, 1971, p. 48.

8. Cf. Louis Massignon, "Le temps dans la pensée islamique", *Parole donnée*, Paris, Seuil, 2ª ed., 1983, pp. 319-326; o artigo foi primeiramente publicado em *Eranos Jahrbuch XX*, Zurich, 1952. Massignon faz uma análise da noção de tempo no Islão e expõe como este é representado na gramática árabe, no direito canônico islâmico, na psicologia mística e na música árabe. O pensamento religioso islâmico tem uma visão do tempo diversa daquela entendida como "tempo enquanto 4ª dimensão". "Não se trata de inventá-lo, é o tempo que nos revela a ordem de Deus, esse 'fiat' que desencadeia nossos atos enquanto responsáveis. Por conseguinte, para o teólogo muçulmano, o tempo não é uma 'duração' contínua, mas uma constelação, uma 'via láctea' de instantes (assim como também não existe o espaço, mas somente pontos). [...] Esta percepção descontínua do tempo em 'instantes' não é pura subjetividade religiosa. O instante surge para toda a Comunidade muçulmana como uma chamada revestida da autoridade da Lei, tão inevitável quanto inesperado [...] o pensamento muçulmano ignora, por conseguinte, a 'duração' contínua e considera somente os átomos de tempo, os '*instantes*', *ānāt*. [...] é sem dúvida um 'toque' divino, [...] que transfigura, para sempre, nossa memória".

uma articulação simbólica dada pela própria realidade humana. Na origem do ser histórico há um mundo que é sempre um conjunto de símbolos. A história somente é possível por meio da interpretação dos sujeitos em si próprios e é dada pelos universos simbólicos. A existência humana deve ser concebida como uma "revelação", e a história dos homens é a história dos símbolos que a "revelação" apresenta. Henry Corbin constrói uma filosofia da meta-história cujo objeto são as figuras hierofânicas, figuras meta-históricas. Seu sistema opõe-se ao hegelianismo enquanto filosofia da história acabada e argumenta que, preso na existência de uma história material dos fatos empíricos exteriores, o homem se esquece da origem *historial* de sua existência. A meta-história impõe uma interrupção no tempo cronológico da história concreta, pois confere à subjetividade o papel de sujeito histórico de uma "hiero-história", graças à sua imaginação. A subjetividade cria uma "outra história"[9], em cujo interior o indivíduo se liberta. Em Corbin, encontram-se os dois temas fundantes da gnose: compreender[10] a origem para buscar a salvação e compreender a origem para retornar a ela. Compreender um texto "revelado" é o ato de realização da própria existência do gnóstico: "O modo de compreender está condicionado pelo modo de ser daquele que o compreende"[11].

Os Povos do Livro (*'Ahl al-Kitāb*), expressão corânica, designa uma comunidade que possui um livro santo que "desceu do céu", livro revelado a um profeta encarregado de transmiti-lo à sociedade. Judeus, cristãos e muçulmanos constituem os Povos do Livro[12]. Para essas comunidades, o livro santo é a regra de suas vidas, além de conter todo o saber acerca do mundo fenomênico e do futuro mundo espiritual. Como primeira obrigação, essas comunidades devem compreender o Livro cujo significado deve ser acreditado como o verdadeiro. Inaugura-se uma especificidade no comportamento humano que concerne a todas as suas ações. Qualquer conduta do crente advém da sua *compreensão*, e, como escreve Corbin, "a situação vivida é essencialmente uma situação *hermenêutica*"[13], situação na qual, a partir da compreen-

9. Cf. H. Corbin, *En Islam Iranien*, t. I, p. 140.

10. Escreve Corbin: "Tomemos a palavra latina *comprehendere* aqui na sua acepção exemplar: conter, *implicar*. Compreender um sentido é implicar (envolver) a si mesmo, de um modo ou de outro, no seu próprio modo de ser. Seja quem for que não se *implica*, isto é, não se com-preende, dificilmente poderia se *explicar* [...] Os versículos do Corão são designados como 'signos' (*āyāt*) e é exatamente disto que se trata: compreender os signos que lhes foram enviados. Todavia, isto postula que o ato de compreender se realize *no presente*; o *sentido* do signo está implicado naquele que o *compreende* porque ele é aquele para quem (o signo) se dirige". Cf. *En Islam Iranien*, t. I, p. 138.

11. *Ibidem*, p. 136.

12. Graças ao *Avesta*, aqueles que seguem o zoroastrismo também são considerados Povos do Livro, cf. *ibidem*.

13. *Ibidem*.

são do verdadeiro sentido do Livro, o crente passa a ter uma existência verdadeira. Como frisa Corbin, "o fenômeno do Livro não tipifica apenas uma antropologia particular mas, ainda, toda uma forma de cultura"[14].

Os livros sagrados narram acontecimentos apresentados como próprios de um passado. Personagens, fatos e gestos pertencem a figuras do passado, que, no entanto, na história sagrada adotam um sentido diverso daquele de um livro profano. Na medida em que as personagens exibem um sentido de vida e de morte para quem o lê, os acontecimentos do passado não são meras crônicas registradas. Se os versículos revelados tivessem apenas um sentido de registro histórico, diriam respeito somente aos que participaram da ação descrita, o que faria do livro sagrado um livro morto.

> O Livro santo, o Corão, está vivo, jamais morre; seus versículos se realizarão nos homens do futuro, tal como se realizaram naqueles do passado[15].

O estudo comparado das gnoses das religiões do Livro, judaísmo, cristianismo e islamismo, permitiu a Corbin fundar seu esquema, que concilia a filosofia com a exigência de veracidade da ciência. A obra de Corbin se levanta contra a solução hegeliana do conflito da história real. O devir histórico hegeliano fundamenta uma doutrina de unidade do mundo e de sentido, estreitando e limitando o horizonte existencial ao Estado moderno, cuja consequência é manter a historicidade circunscrita ao universal-concreto[16]. Corbin opõe à história sua própria origem e mostra como essa história glorifica suas aberrações em nome de seu destino.

Para o pensador francês, impõe-se um distanciamento da história para descobrir a verdadeira pátria, trata-se de transpor os limites impostos pela história do universal-concreto, entendida no sentido hegeliano, por meio da percepção visionária que possibilita o acesso à luz, ao "Oriente", no sentido metafísico e não no geográfico.

Henry Corbin notabilizou-se por sua intenção de reconciliar a filosofia dos "orientais" do Oriente com a dos "orientais" do Ocidente, procurando reviver no presente as gnoses das religiões do Livro por meio de suas figuras teofânicas ou hierofânicas. O autor esclarece que, para compreender os filósofos iranianos por ele estudados, é preciso

14. *Ibidem*.

15. Mohammad Bāqir, Vº Imām xiita, *Tafsīr Mir'at al-anwār*, *in* H. Corbin, *En Islam Iranien*, t. I, p. 137.

16. É interessante lembrar que, para Hegel, o percurso da história vai do Oriente para o Ocidente, do espírito petrificado na matéria ou na imobilidade do ser para o absoluto como espírito do espírito, forma pura. O Oriente é o começo, portanto, abstrato e sem o saber de si; o Ocidente – crepúsculo e pássaro de Minerva – é o término, portanto, concreto, com o saber de si absoluto; Hegel, "O Oriente e a Filosofia", *História da Filosofia*, vol. I. É contra esse Oriente hegeliano que Corbin escreve.

abandonar a "pueril" concepção de tempo em três dimensões, presente, passado e futuro. O fonema persa *nāmeh* pode ter distintas significações: letra, livro, carta, epístola[17], o que leva a crer que o conteúdo de um livro de filosofia poderia ser uma carta destinada quer a alguém em específico quer a todo e qualquer leitor disposto a compreender o seu ensinamento. Com isto, Corbin argumenta que os textos "revelados" são atemporais ou, como ele prefere designar, meta-históricos, visto se destinarem a quem os terá em mãos, não importando a época ou o lugar de sua origem. O que importa é o tempo *presente* no qual o texto é recebido, e o ato de presença do gnóstico que o recebe funda um tempo que ele nomeia *presencial*.

> [...] Nem a vida nem a morte – escreve Corbin – nem o futuro nem o passado são atributos das coisas. São atributos da alma. É a alma que confere tais atributos às coisas que ela declara presentes ou declara passadas. Não se trata de lutar contra um passado que morre ou encarregar-se de um passado morto. Trata-se de compreender que há questões que não cessaram e tampouco cessarão de se impor à humanidade. Trata-se de ser uma testemunha indomável; e por este testemunho *no presente*, ser *o futuro*[18].

Ao reviver no presente as figuras emblemáticas dessa "outra história", ultrapassa-se a própria finitude, que tem sua expressão na temporalidade tridimensional da existência. O passado só é possível se revivido como passado enquanto reativado no presente no ato *presencial* do gnóstico, o que traz à luz a dimensão de eternidade proposta pelos filósofos iranianos. O tempo *presencial* é a origem do passado, faz parte de uma temporalidade meta-histórica, pois remete a uma origem eterna. Às filosofias da história que conhecem um devir único, Henry Corbin opõe uma metafísica da pluralidade dos níveis do ser, dos tempos e dos espaços, construída com "figuras da subjetividade irredutíveis ao universal-concreto"[19]. Na sua teoria, o passado não pode ser separado do presente, pois não é uma coisa em si, está fora do devir e das representações.

3.5. HENRY CORBIN E A HERMENÊUTICA NO ORIENTE

O pensador não concebe a hermenêutica como interpretação do sentido aparente por meio de significados ocultos, como se estes se apresentassem sob as vestes de uma verdade *alegorizada*. Para Corbin,

17. O título em persa do *Livro de Ciência*, de Avicena, é *Dānèsh nāmeh 'Alā'ī*, cuja tradução literal é *O Livro de Filosofia para Alaodawla*.

18. Henry Corbin, *Philosophie Iranienne et Philosophie comparée*, Paris, Buchet/Chastel, 1985, p. 79.

19. Cf. Christian Jambet, *op. cit.*, p. 17.

a alegoria anula o vínculo simbólico que une o aparente ao oculto. O sentido oculto, *al-bātin*, diz respeito a um plano superior em que o que se manifesta em cores mundanas, ou nos versos da letra, revive e vivifica. O aparente, *al-zāhir*, encontra sua verdadeira natureza, a de aparecer, mediante a exegese que transporta o aparente aos planos superiores do ser. Como o próprio Corbin afirma, o aparente simboliza *com* o oculto, o que significa que a exegese possui a finalidade de desvelar o vínculo que une ambos, o aparente e o oculto. A exegese faz a letra ascender do plano aparente de significações semânticas para o plano superior do significado oculto. Esse primeiro movimento de ascensão, quando a letra se faz símbolo revestido de significado simbólico, é seguido de um segundo momento, a descida, quando a letra reveste o sentido aparente com toda a sua potência de símbolo.

A hermenêutica corbiniana nos conduz, portanto, de uma manifestação menor, registrada na imperfeição sensível, para uma manifestação maior, no registro de uma humanidade "divinizada". Ao construir sua hermenêutica na interpretação dos textos iranianos, Corbin segue os passos do antigo conhecimento gnóstico dos hermetistas e dos cristãos considerados heréticos pela ortodoxia da Igreja nos primeiros séculos de nossa era, para os quais o verdadeiro conhecimento se traduzia na *vivência* da alma em sua busca da verdade divina. A "situação hermenêutica" converte-se assim em "situação gnóstica"[20].

20. *Ibidem*, p. 15.

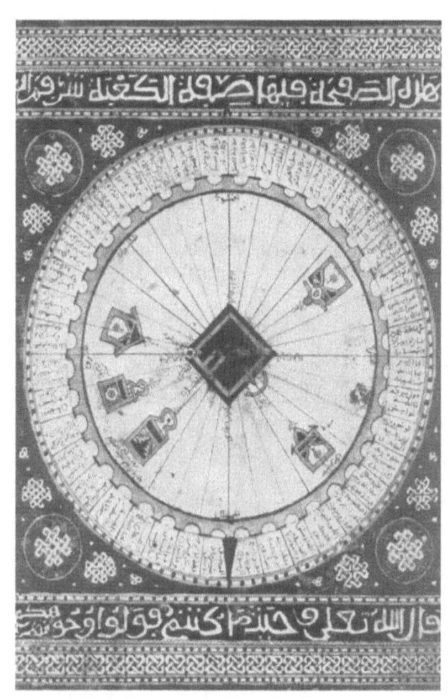

Parte III

Havy ibn Yaqzān: A Síntese Possível

Ilustração da página anterior:
Meca, o centro do mundo; frontispício de um atlas árabe de 1551.

toûtó esti tò agathòn télos toîs gnôsis eskhekósi, theothênai

Este é o fim bem-aventurado para aqueles que possuem o conhecimento, tornar-se deus.

Poimandres, 26

Frontispício de um volume do Corão, Egito, *ca* 1400. Motivos geométricos configuram o adrão da arte islâmica.

1. O Texto: Tradução para o Português

§ I. A vossa insistência, ó meus irmãos, em me exigir o relato da *Narrativa de Hayy ibn Yaqzān*, venceu minha obstinação em não fazê-lo <e> enfraqueceu minha decisão em mantê-la secreta. Deixo-me, portanto, conduzir para vos prestar auxílio. Que Deus me assista para ser bem-sucedido.

§ II. Certa vez, tendo fixado residência em minha terra, preparou-se para mim uma saída, com meus companheiros, a um desses lugares de recreio que circundam a região. Enquanto íamos e vínhamos, andando em círculos, eis que se apresentou a nós um esplêndido Sábio. Já era avançado em idade e os anos o haviam marcado. No entanto, mantinha o viço próprio da juventude. Seu grande porte não se havia curvado; nada nele alterava a graça de sua estatura. Seus cabelos brancos davam-lhe a bela fisionomia de alguém que envelhece.

§ III. Experimentei o desejo de com ele conversar. De meu âmago brotou uma exigência para alcançar sua intimidade e para dele me aproximar familiarmente[1]. Com meus companheiros, dirigi-me ao seu encontro. Assim que nos aproximamos, ele se antecipou numa saudação desejando-nos paz e longa vida, e depois, sorrindo, revelou-nos palavras que recebemos.

§ IV. Empenhamo-nos na conversa, falando alternadamente até chegar o momento em que o interroguei sobre sua pessoa, perguntan-

1. No misticismo *sūfi*, a "familiaridade" (*'uns*) é o último estágio da espiritualidade representada pelo contato com o amigo, Deus.

do-lhe sobre sua maneira de viver, seu ofício e mesmo seu nome, sua origem e seu país. Respondeu-me: "Meu nome e minha linhagem são *Vivente filho do Vigiante*[2]. Meu país é a Morada Sacrossanta[3]. Meu ofício é viajar por todas as regiões dos mundos a fim de conhecer exaustivamente todas as condições. Meu rosto está sempre voltado para meu Pai, o *Vigiante*. Dele recebi as chaves[4] de todos os conhecimentos. Ele indicou-me os caminhos que conduzem aos limites do mundo de maneira que, por meio de minha viagem, estão reunidos diante de mim os horizontes de todos os climas."[5]

§ V. Nossa conversa prosseguiu sem interrupção. Eu o questionava sobre as ciências e o interrogava sobre os mistérios a serem resolvidos e, de assunto em assunto, chegamos à ciência da fisiognomonia. Eu o vi atingir uma tal profundidade e sagacidade[6] nessa ciência que lhe dediquei toda minha admiração; pois, foi ele quem tomou a iniciativa ao chegarmos às informações sobre a fisiognomonia. Ele me disse: "A fisiognomonia é dessas ciências cujo benefício é pago à vista, pois ela

2. *Vivens filius Vigilantis* é a tradução latina da epístola homônima de Ibn Tufail, filósofo do século XII, nascido na Espanha e conhecido do Ocidente latino por Abubacer. O termo árabe *Yaqzān* significa "desperto", "velador", "vigilante" e "vigiante". Optamos pelo último, pois acreditamos que, em português, possa ser mais abrangente: "vigiante" é aquele que está desperto e vela pelos outros.

3. *Al-Bayt al-Muqaddas*, A Casa do Santificado, também conhecida por Jerusalém Celeste.

4. A título de curiosidade, o motivo da "chave" é empregado no Novo Testamento: Lucas, 11, 52: "Ai de vós, legistas, porque tomastes a chave da ciência! Vós mesmos não entrastes e impedistes os que queriam entrar!"; e, em Apocalipse 3, 7: "[...] aquele que tem a chave de Davi, o que abre e ninguém mais fecha, e fechando, ninguém mais abre". Orígenes, em *Philocalia*, 2, 2, referindo-se a uma tradução hebraica segundo a qual a chave do livro bíblico pode ser encontrada em um outro livro, diz que Deus dispersou as chaves da inteligência em todos os textos sagrados, *in* Jean Grondin, *L'universalité de l'herméneutique*, Paris, PUF, 1993, p. 19, n. 2. O motivo das "chaves do conhecimento" parece ter sido empregado na Antiguidade por diversas tradições.

5. Segundo a maior parte dos antigos cosmógrafos muçulmanos, o mundo habitado compreende uma faixa do hemisfério setentrional do globo terrestre, cuja extensão de aproximadamente 180 graus de longitude localiza-se entre 10 e 50 graus de latitude norte. Essa faixa está subdividida em sete zonas climáticas (*aqālīm*, plural de *iqlīm*, do grego *klíma*) numeradas progressivamente de sul a norte. Tal ideia de subdivisão em sete zonas climáticas é de origem grega. Na antiga subdivisão grega, que compreendia toda a superfície terrestre, atribuída por Posidônio a Parmênides, a Terra está dividida em cinco zonas climáticas, análogas às atuais: duas zonas polares, duas temperadas, uma equatorial. Posidônio introduz junto aos trópicos duas outras zonas com características diversas, o que resulta em sete zonas. A divisão de Políbio compreende seis zonas: duas polares, duas temperadas e duas equatoriais. Estrabão concorda com Posidônio (*Strabonis Geographica II*), *in Ibn Tufayl – Epistola di Hayy ibn Yaqzān*, Introd., trad., notas de Paola Carusi, Milão, Rusconi, pp. 52-53, n. 58.

6. O texto árabe, vertido para o francês por A.-M. Goichon, não contém as palavras "profundidade e sagacidade" que foram aqui emprestadas da versão de Henry Corbin para uma melhor compreensão.

revela as disposições naturais que cada um esconde em seu íntimo, de modo que podes abordar <qualquer um> de maneira disposta ou reservada segundo a situação."[7]

§ VI. "Na verdade, a fisiognomonia revela em ti a melhor das naturezas selecionada da argila e da terra não cultivada que recebe as impressões <dos temperamentos>; <ela te revela que vais para o lado que te atrai>. Se, <porventura>, a mão da repreensão te tocar, ela te aperfeiçoará. <Do contrário>, se um trapaceiro te seduzir, vais te iludir no caminho do erro. À tua volta, esses que jamais se afastam são más companhias. Sem dúvida, não conseguirás livrar-te deles; eles te seduzirão, a menos que uma força providencial te envolva e proteja."

§ VII. § 1. "Esse que vai adiante de ti é um mentiroso, um tolo, um ardiloso que embeleza o falso e forja mentiras. Ele te traz informações que não devem ser guardadas como provisões. O que elas contêm de verdadeiro é maculado pela falsidade e, embora ele seja tua visão e guia, engana a verdade com a mentira. É por seu intermédio que a ti chegam as notícias do que é desconhecido na tua vizinhança e afastado do lugar onde te encontras. És colocado à prova para separar o verdadeiro do falso, recolher a verdade, colocar à parte a mentira e separar o que for justo de seu solo de erros, pois não podes te separar dele. Às vezes, a graça divina te toma pela mão e te ergue acima de onde pisa o engano. Outras vezes, o estupor te imobiliza e outras, ainda, o testemunho da mentira te seduz."

§ 2. "O companheiro à tua direita é um violento. Quando sua cólera é estimulada, nenhuma advertência consegue submetê-lo. A doçura não o amansa, ele é como o fogo na lenha, uma torrente em declive, e mais se parece a um camelo reprodutor descontrolado ou a uma leoa que perdeu seu filhote.

Aquele à tua esquerda é um sórdido, glutão, libidinoso, seu ventre só se enche com terra e sua fome só é saciada com areia. Ele lambe, saboreia, devora <e> consome. É como um suíno faminto e jogado na imundície."[8]

§ 3. "E tu a eles foste unido, ó infortunado! e nada pode te livrar deles, exceto o exílio em algum lugar onde seus semelhantes jamais poderão pisar. Como ainda não é chegado o tempo desse desterro, e tu não tens nenhum refúgio onde estarás a salvo de seus golpes, que a tua mão os domine e que a tua autoridade os arrebate. Não deixes que se apoderem de tuas próprias rédeas, e não lhes permitas que te conduzam.

7. O texto árabe, na tradução de A.-M. Goichon, não contém a frase "segundo a situação". Seguimos a tradução de H. Corbin, que se apoia numa anônima versão persa acompanhada de um comentário, pois nos pareceu mais completa.

8. No Islão, o porco é considerado o animal mais impuro e nutrir-se de sua carne é uma das proibições mais rígidas.

Ao contrário, sobressai-lhes com maestria e conduze-os ao caminho do equilíbrio. A tua firmeza os obrigará <a te servirem> e eles não te submeterão. Tu os cavalgarás e não mais lhes servirás de montaria."

§ VIII. "Dentre os meios eficazes que tens para os burlar, <existe um>: tornar-se senhor desse <companheiro> indolente e glutão com o auxílio daquele que é violento e malvado, <obrigando-o> a afastar-se e então vencerás. <E inversamente>, abrandar gradualmente o impulso desse orgulhoso intratável por meio da sedução daquele que é dengoso e afável, assim o humilharás.

Quanto ao companheiro bem falante e hábil em ficções, não te inclines a ele, a menos que te forneça uma sólida garantia vinda de Deus. Nesse caso, confia nele e não hesites em dar-lhe ouvidos, ainda que sejam confusas as notícias que ele te traz. Assim, não eliminarás, dentre essas novidades, o que for digno de ser investigado e verificado."

<Assim> que me descreveu esses companheiros, encontrei-me disposto a acolher e apressado em confirmar o que me fez saber deles. Quando voltei a examiná-los e <desta vez> observando-os em profundidade, a experiência confirmou-me a veracidade do que me foi dito. E eis que me encontro lutando contra eles para dominá-los e tolerá-los. Ora sou eu quem os domina, ora são eles que me vencem.

Que Deus me ajude a manter uma boa vizinhança com estes companheiros até a hora da nossa separação.

§ IX. Em seguida, pedi ao Sábio que me guiasse no caminho da viagem e o fiz como alguém ávido de vontade e consumido pelo desejo.

Ele me respondeu: "Tu e todos aqueles cuja condição é semelhante à tua estão impedidos de empreender a viagem que eu próprio fiz. O caminho está fechado para ti e para eles a menos que a solidão te proteja <em te separando de teus companheiros>; mas, sendo esta hora fixada, não poderás antecipá-la. Contenta-te, pois, com uma viagem interrompida por paradas. Ora estarás na estrada, ora frequentarás teus companheiros. Quando de tudo estiveres despojado para te ocupares da viagem com profundo ardor, eu te encontrarei e deles estarás separado. Toda vez que deles sentires saudades, a eles voltarás e terás te separado de mim; <e assim será> até o momento quando deles terás te afastado completamente."

§ X. Finalmente, a conversação levou-me a interrogá-lo sobre cada um dos climas que ele percorreu, aqueles que ele encerrou em seu conhecimento e dos quais possuía plena informação. Disse-me: "Três são as regiões contíguas à terra: uma é intermediária entre o Oriente e o Ocidente. É aquela que melhor se conhece; numerosas informações <desta região> chegaram a vós e foram perfeitamente compreendidas. E as coisas maravilhosas que esse clima contém são muito apreciadas.

Em seguida, duas regiões estranhas: uma delas, além do Ocidente, e a outra, além do Oriente. Para cada uma delas há <uma eira que as separa do mundo do homem>[9], região interditada e somente transposta por uma elite de humanos que adquiriu uma força que não vem ao homem por disposição natural."

§ XI. "Entre as coisas úteis para <obter> esta força, <há> o banho[10] na fonte de água corrente[11] vizinha à Fonte Permanente da Vida[12]. Se o viajante for para lá conduzido, purifica-se e bebe de sua água muito doce. Em seus membros difunde-se uma força

9. Em sua versão para o francês, A.-M. Goichon acrescentou a frase em colchetes para uma melhor compreensão dessa passagem; Henry Corbin faz a seguinte versão: "Para cada uma há uma barreira que faz obstáculo entre este mundo e essa outra área", cf. H. Corbin, *Avicenne et le Récit Visionnaire*, Paris, Berg International, 1979, p. 157.

10. Ou, como traduz A.-M. Goichon, "ablução", em referência ao ritual islâmico de lavagem das mãos, pés e rosto, preparação para as orações.

11. O simbolismo das águas abrange uma totalidade de possibilidades. Mircea Eliade a elas se refere como "*fons et origo*, a matriz de todas as possibilidades de existência" (*Traité d'Histoire des Religions*, Paris, Payot, reimpressão 1990, §§ 63-65, p. 165). Um texto indiano sintetiza a tradição védica: "Água, tu és a fonte de todas as coisas e de toda existência" (*ibidem*). O simbolismo das águas aparece em diferentes épocas e culturas. Seu arquétipo é descrito como "substância onde nascem todas as formas e para onde elas retornam [...] (as águas) existem no princípio e retornam no final de cada ciclo histórico ou cósmico; existem sempre [...] encerram em sua unidade as possibilidades de todas as formas". "Na cosmogonia, no mito, no ritual, na iconografia, as águas preenchem a mesma função" em qualquer "estrutura de conjuntos culturais" a que se referem. "Precedem todas as formas, dão suporte a toda criação" e estão ligadas à fertilização, à fecundação da Mãe-terra, à criação. Entre os sumérios, o mesmo vocábulo *a* designava "água corrente", "esperma", "concepção" e "geração" (*ibidem*, p. 166). A imersão na água simboliza a regressão ao pré-formal, a regeneração total, o "novo nascimento, pois uma imersão equivale a uma dissolução de formas, uma reintegração no modo indiferenciado da pré-existência". O contato com a água implica sempre regeneração. A dissolução é seguida de um "novo nascimento" porque a purificação pela água "dissolve tudo, desintegra qualquer forma e apaga qualquer história." A imersão na água equivale a uma morte no plano individual e, no plano cósmico, a uma catástrofe como o dilúvio. Desintegrada qualquer forma e abolida qualquer história, as águas possuem a virtude de purificar, regenerar e fazer renascer. A água cura porque refaz a criação. A imersão fertiliza e aumenta o potencial da vida. Incorporando todas as possibilidades, a água passa a ser um símbolo de vida, "água viva" cujas fórmulas míticas fazem referência a uma mesma realidade metafísica e religiosa. A "água da vida", símbolo cosmogônico, cura, rejuvenesce e assegura a vida eterna. Nela reside o vigor, a vida e a eternidade. Todavia, não é acessível a qualquer um e, tampouco, de qualquer modo. Encontra-se sempre em regiões de difícil acesso, protegida por *daímones* ou divindades, e o caminho até a fonte de "água viva", repleto de obstáculos, obriga o peregrino a enfrentar uma série de provas; cf. Mircea Eliade, *ibidem*. No *Antigo Testamento* (*Gen.* 26, 19; *Lev.* 14, 5. 50) encontram-se as expressões "águas correntes" e "água viva". Nos ritos dos mandeus, os batismos eram efetuados nas águas dos riachos, que eram todos denominados "Jordão"; cf. Hans Jonas, *Lo Gnosticismo*, Torino, 1991, p. 114. Veja-se o Evangelho de João, 4, 10-15; 7, 37-38.

12. Cf. trad. Henry Corbin; A.-M. Goichon prefere traduzir "Fonte imóvel do ser vivente" vertendo a palavra árabe *rākida* para "imóvel" no lugar de "permanente", como faz H. Corbin, e argumenta que o sentido de "fonte imóvel" ajusta-se melhor para exprimir "a contemplação imóvel do inteligível, o repouso do pensamento na posse do inteligível", por oposição à "água corrente", metáfora empregada para "exprimir o movimento do pensamento que prepara a alma para receber o inteligível que sobre ela

criativa que o torna capaz de atravessar esses imensos[13] desertos. Ele não submerge nas águas[14] do Oceano, ultrapassa os obstáculos[15] da montanha de *Qāf*[16] e não será levado ao fundo do abismo pelos anjos guardiães do inferno."[17]

§ XII. Nós lhe pedimos que explicasse melhor o que era essa fonte. Ele, então, disse: "Talvez tenhas tido notícias das trevas que persistem na região do Pólo. A cada ano, o Sol nascente brilha sobre elas em um momento determinado. Aquele que, sem medo, não recua e se embrenha nessa região, chegará a um espaço ilimitado, preenchido de luz. A primeira coisa que a ele se apresenta é uma fonte de água corrente que, sobre o *barzakh*[18], derrama-se como um rio. Aquele que lá se banha torna-se mais leve que a água, seu peso não o faz afundar, e, sem fadiga, chega ao topo das alturas e, são e salvo, atinge uma das duas regiões das quais estava isolado."

deborda vindo do intelecto agente". A palavra *hayawān* pode significar "vida" no sentido do ser dotado de vida, animado pelo sopro vital, o que lhe confere um sentido "animal"; portanto, Goichon prefere traduzir o termo por "ser vivente" e argumenta que cada ser resulta da matéria e da forma que lhe são conferidas pelo intelecto agente; neste, faz-se a união íntima e ontológica das formas substancial e inteligível cujo resultado é o próprio inteligível, "fonte de toda vida".

13. H. Corbin acrescenta "imensos".

14. H. Corbin acrescenta "águas".

15. A.-M. Goichon traduz: "[...] a montanha de *Qāf* não o afasta por sua dificuldade".

16. O simbolismo da montanha sagrada ou cósmica está associado ao simbolismo do centro do mundo. É o lugar onde céu e Terra se encontram. Na tradição iraniana, *Hara berezaiti* (*Elburz* ou *Alborz*) estaria situada no ponto central da Terra ligada ao céu (Cf. Mircea Eliade, *Mito do Eterno Retorno*, São Paulo, Ed. Mercuryo, 1992, p. 23). Nas crenças mesopotâmicas, a montanha central, conhecida por Montanha das Regiões, une céu e Terra. A cidade da Babilônia tinha diversos nomes, tais como "Casa da base do céu e da Terra", "União entre céu e Terra". Babilônia era tida como uma porta (*bāb*) dos deuses (*ilāni*) que une a Terra e a região inferior, pois a cidade fora construída sobre as águas do caos antes da criação (*apsu*), donde seu nome *Bāb Apsi*, Porta da Criação. Toda cidade sagrada, templo ou palácio real são considerados um centro, uma montanha sagrada. Enquanto *axis mundi*, o centro é o ponto de encontro entre céu, Terra e inferno. Em *Hayy ibn Yaqzān*, no § XI, depois de mencionar a montanha de *Qāf*, Avicena faz referência aos "anjos guardiães do inferno", o que pode indicar ser a montanha de *Qāf* o ponto de união entre Terra e inferno. *Qāf* é ainda uma letra do alfabeto árabe e o título da surata 50 do *Corão*, cujo texto trata do Julgamento final e da ressurreição de "dois anjos enviados ao encontro do homem, sentados à sua direita e à sua esquerda, <que> recolhem seus propósitos [...]".

17. H. Corbin traduz: "[...] e os guardas não o fazem precipitar nos abismos do inferno".

18. *Corão*, XXIII, 100; XXV, 53: tem significado de barreira, limite, obstáculo; na teosofia especulativa xiita *barzakh* é o limite que separa e simultaneamente une o cosmo imaginal; é o intervalo, o intermundo da matéria imaterial e do incorpóreo corporalizado em corpo sutil, cf. Henry Corbin, *Corps Spirituel et Terre Céleste*, Paris, 1979, p. 105; em algumas gnoses xiitas, o *barzakh* é um mundo tenebroso onde os corpos esperam a luz do mundo dos inteligíveis, cf. Louis Gardet, *Dieu et la Destinée de l'Homme*, p. 249, n. 2

§ XIII. Então, pedi-lhe informações sobre a região ocidental, por ser mais próxima de nosso país[19]. Ele disse: "No extremo mais longínquo do Ocidente existe um vasto mar lodoso que, no Livro divino, é denominado 'uma fonte lodosa'[20]. O Sol lá se põe[21]. As correntes que desembocam nesse mar vêm de uma região inabitada[22] cuja extensão ultrapassa qualquer limite[23]. Não há habitantes à exceção de alguns estrangeiros que passam. Em sua superfície reinam, eternamente, as trevas. Somente aqueles que para lá emigram esforçam-se para doar-lhe um clarão de luz, toda vez que o Sol inclina-se em virtude da necessidade. Sua terra é um deserto de sal[24]; a cada vez que é habitada por aqueles que a cultivam, ela os expulsa e outros ali se instalam. Eles cultivam, e aquilo se destrói; eles constroem, e aquilo desmorona. Entre seus habitantes reina a disputa <e> o combate. Sempre que um grupo for mais forte, apodera-se dos lares e dos bens dos outros, obrigando-os a partir. Desejam fixar-se, mas recolhem apenas dissabores. Assim é seu costume, jamais descansam."

§ XIV. "Nesse país surge toda espécie de animal e planta. Porém, quando procuram se fixar e passam a pastar e a beber de sua água, <eis> que são encobertos por formas estranhas às suas próprias. Podes ver o homem coberto por um manto de pele de um animal recém-esfolado tendo, sobre ele, crescido uma luxuriante vegetação. O mesmo acontece a todas as outras espécies. Assim é esse país de ruína, um deserto de sal, cheio de perturbações, agitação, disputa e tumulto. Alegria e beleza são emprestadas de um lugar longínquo."

§ XV. "Entre essa região e a vossa, há outros climas. Entretanto, além dessa região, próximo ao lugar onde estão situados os pilares do céu, há uma região que mantém semelhanças com a vossa, entre elas, <o fato de ser> uma planície deserta cujos únicos habitantes são estranhos que entram furtivamente e, ainda, <o fato> de a luz aí se infiltrar oriunda <da fonte de> um povo estrangeiro, embora <essa região> esteja mais próxima da janela de luz que a <região> acima descrita.

19. Ou "nossa terra"; H. Corbin traduz "nossas cidades", cf. *Avicenne et le Récit Visionnaire*, p. 158.

20. H. Corbin traduz do texto persa "mar quente", cf. *Avicenne et le Récit Visionnaire*, p. 158; no *Corão*, XVIII, 86: "Até que chegou onde se punha o Sol: verificou que se punha detrás de uma fonte termal, junto da qual encontrou um povo." (trad. portuguesa de Américo de Carvalho). Essa passagem corânica menciona *Dhū al-Qarnāīn*, que, segundo os especialistas, é o nome que recebe Alexandre Magno no Livro sagrado; a "fonte termal" é a expressão que o tradutor português encontrou para "fonte lodosa" ou "fonte fervente".

21. A.-M. Goichon traduz "o Sol se põe somente em se unindo a ela".

22. Região do Maghreb, o Ocidente, lugar de privação das Formas.

23. Ou "cujos limites são impossíveis de determinar", o que está mais de acordo com a tradução do persa para o francês de Henry Corbin.

24. A imagem do deserto é muito utilizada nos textos gnósticos para simbolizar a aridez de uma alma que não encontrou nem a si própria nem a Deus.

Disso <resulta> ser essa região o lugar onde se fixam as fundações dos corpos celestes, do mesmo modo que a região precedente é o lugar onde se fixam as fundações desta Terra, seu fundo permanente. Todavia, o agrupamento neste país é sedentário. Não há guerra entre os que ali chegam para se assentar. Cada comunidade possui seu domínio definido que nenhum outro grupo conquista com luta."

§ XVI. § 1. "A região habitada mais próxima de nós é um país cujos habitantes são de uma raça de estatura exígua; são ágeis em seus movimentos[25]. Suas cidades são oito[26], em número.

§ 2. A esta região segue-se um reino cujos habitantes são de menor estatura que os anteriores e mais lentos. Dedicam-se com paixão às artes da escrita, às ciências dos astros, à teurgia e aos talismãs; <amam> as tarefas delicadas e os trabalhos profundos[27]. Suas cidades são nove[28], em número.

§ 3. Depois deste reino há um outro, cujos habitantes são extremamente belos e amáveis, amam a alegria e o deleite, isentos de tristeza; possuem um gosto refinado pelos instrumentos musicais, os quais conhecem em quantidade. Uma mulher reina sobre eles. Receberam uma disposição natural para o bem e para o belo. Quando ouvem falar do mal, tremem de desgosto[29]. Suas cidades são oito[30], em número.

§ 4. Em seguida, há um reino cujos habitantes são de tamanho muito grande e extremamente belos. A característica de sua natureza é cumular de dons quem longe deles permanece e prejudicar quem deles se aproxima[31]. Suas cidades são cinco[32], em número.

§ 5. Segue-se um reino onde está instalada uma raça que traz destruição[33] à Terra. Amam ferir, derramar sangue, matar, mutilar, punir, tudo ao som de música e como diversão. Reina sobre eles um <personagem> vermelho, inclinado a fazer o mal, a matar <e> a açoitar. Como relatam os narradores de suas crônicas, às vezes é seduzido pela bela rainha que acabamos de mencionar, pois ela lhe inspira um amor apaixonado[34]. Suas cidades são sete[35], em número.

25. Corresponde à descrição astrológica das qualidades lunares. A descrição que se segue – das características atribuídas aos habitantes de cada planeta – está relacionada à aparência física de cada astro e suas propriedades astrológicas tradicionais.

26. O texto árabe traduzido por Mehren indica "oito" cidades; ambas as traduções, de Goichon e de Corbin, indicam "nove" cidades. Nossa tradução segue o mesmo texto que serviu a Mehren.

27. Na astrologia, qualidades atribuídas a Mercúrio.

28. As traduções de Goichon e Corbin indicam "dez" cidades.

29. Qualidades atribuídas astrologicamente a Vênus.

30. Goichon e Corbin indicam "nove" cidades.

31. Sempre de acordo com a astrologia, as qualidades relativas ao Sol.

32. Todos os textos coincidem com o número cinco.

33. Literalmente "corrupção".

34. Descrição das características atribuídas a Marte.

35. Corbin e Goichon indicam "oito".

§ 6. Em seguida vem um vasto reino cujos habitantes são dotados, ao extremo, de temperança, justiça, sabedoria e piedade; distribuem todo o bem necessário a todas as partes do universo. Mantêm uma solicitude afetuosa em relação a todos, próximos e distantes, e fazem provar sua bondade quer àquele que a reconhece, quer àquele que a ignora. Enorme é seu lote de beleza e de esplendor[36]. Suas cidades são sete[37], em número.

§ 7. Depois deste, vem um reino habitado por um povo de pensamento abstruso, inclinado ao mal. Todavia, se porventura inclinar-se para o bem, chega ao extremo da perfeição. Se atacar um bando, não se lança com imprudência, mas procede com astúcia, à maneira do ardiloso. Não se apoia com impaciência sobre o que vem e o que germina[38]. Suas cidades são sete[39], em número.

§ 8. Segue-se um grande reino, de imensas regiões espaçadas, muito povoado, países onde os habitantes não residem nas cidades. Sua morada é uma planície deserta[40] dividida em doze regiões que contêm vinte e oito estações; nenhuma das estações sobe à estação seguinte, a não ser que a estação precedente tenha deixado sua morada; então, <a estação seguinte> apressa-se para substituí-la. Todas as nações dos reinos anteriores viajam até aqui, e fazem o vaivém[41].

§ 9. Limítrofe a este, há um reino cujo horizonte não foi jamais alcançado até nossos dias. Lá não há nem cidades nem países, nem ser visível algum pode nele se abrigar. Seus habitantes são anjos espirituais. Nenhum <ser> humano faz aí parada. De lá descem, sobre os reinos contíguos, a ordenação e o destino.

Além deste, não há mais terra habitada[42]. A estes dois climas[43] estão unidos os céus e as terras que estão do lado esquerdo do universo, aqueles que constituem o Ocidente."

§ XVII. "Quando, partindo dele, tu te diriges ao Oriente, deparas com um território onde não habitam seres humanos, não há estrelas,

36. Qualidades atribuídas a Júpiter.

37. Corbin e Goichon indicam "oito".

38. Características atribuídas a Saturno.

39. Corbin e Goichon indicam "oito".

40. *Corão*, XX, 106: No Juízo Final, Deus "deixará a Terra plana, deserta".

41. Descrição da esfera das Estrelas Fixas que contém as Casas Lunares (vinte e oito estações) e do Zodíaco (doze regiões).

42. Trata-se do *Empíreo*, "o céu situado acima do céu estrelado", segundo a expressão da *Pseudo-Teologia de Aristóteles*, cf. A.-M. Goichon, *Le Récit de Hayy ibn Yaqzān*, pp. 128-129; o *Corão* menciona "sete céus": II, 27-29; XLI, 11-12; LXV, 12; LXVII, 3; LXXI, 14-15; Avicena menciona em *Najāt*, 436: "a esfera exterior cingindo as estrelas fixas, não constelada".

43. As duas regiões são: aquela descrita no § 9, habitada pelos anjos, e aquela que não possui mais terra habitada.

nem árvores, nem pedras. É apenas uma imensidão de terra, água sem fim, ventos aprisionados, fogo flamejante. <Depois de> atravessar essa <região>, desponta à tua frente um território com montanhas firmes, rios de água corrente, ventos livres e nuvens chuvosas. Lá descobres ouro, prata, substâncias preciosas e outras sem valor, de toda espécie e qualidade. Mas não encontras nada que cresça. <Depois de> atravessá-la, alcanças um lugar repleto daquilo que foi mencionado e mais todo tipo de vegetação, estrelas, árvores frutíferas e não frutíferas, com sementes e grãos. Aí nada encontras que brilhe ou pie. Atravessas essa região para chegar a uma outra, onde para ti está reunido o que foi relatado, acrescido de toda espécie de animal que não articula palavra alguma, animais que nadam, trepam, caminham, planam e giram nos ares, nascem e se multiplicam, porém, lá não há ser humano algum. E tu foges para o mundo que é o teu, já instruído pela visão e audição do que lá está contido."

§ XVIII. "Se, em linha reta, seguires ao leste, encontrarás o Sol que se levanta entre os dois bandos[44] seguidores do Demônio. Pois, o Demônio possui dois bandos <seguidores>, um que voa e outro que anda. Entre os que caminham há duas tribos: uma com a ferocidade dos animais de rapina, a outra com a bestialidade dos quadrúpedes. Entre elas persiste uma guerra perpétua, e juntas habitam à esquerda do Oriente. Quanto aos demônios que voam, seus covis encontram-se à direita do Oriente. Não possuem todos a mesma constituição. Longe disso, dir-se-ia que cada um deles possui sua própria constituição distinta de todas as outras, de maneira que há os que são constituídos de duas formas <exteriores>, outros de três, outros de quatro, como seria um homem que voa ou uma víbora com a cabeça de um porco. Há os incompletos, como o indivíduo que seria uma metade de homem, ou-

44. Literalmente "os dois cornos": representam os dois impérios, do Ocidente e do Oriente. Alexandre Magno é nomeado em árabe *Dhū al-Qarnāīn*, o "Bicorne", pois suas conquistas chegaram aos "dois cornos do Sol", isto é, aos dois pontos onde o Sol se eleva e se põe; cf. Carmela Baffioni, *Storia della Filosofia Islamica*, p. 69; cf. Léon Gauthier, *Ibn Thofaïl, sa vie, ses oeuvres*; no *Corão*, XVIII, 83-98: as suratas falam de Alexandre Magno. Amélie-Marie Goichon fornece uma nota indicativa que transcrevemos aqui: "*Qarn* possui o segundo sentido de 'corno', que Mehren e outros escolheram aqui. Trata-se de um contrassenso, como é fácil cometer com palavras que apresentam diferentes significados. M. Corbin traduz bem 'os dois bandos do Demônio' (les deux troupes). [...] A raiz *qrn* possui o sentido geral de ligar: unir, ligar, no sentido próprio e figurado, atrelar dois animais de carga, atar dois prisioneiros, e ainda fazer duas coisas simultaneamente, estabelecer um paralelo, fazer sociedade com alguém. [...] *qirn*, o camarada, o competidor, o par, o igual; *qarīn*, o cônjuge, o amigo, o associado, o cúmplice, toda espécie de companheiro inseparável. O *Corão* ameaça aquele que quer viver longe da lembrança de Deus, atribuindo-lhe um demônio por *qarīn* (XLIII, 35-36). *Qarn*, no sentido de coletivo, diz-se dos 'sequazes de Satã', na expressão *qarn al-Shaytān*; no sentido corrente, diz-se daqueles 'que seguem sua opinião e são submetidos a seu império' ". Cf. A.-M. Goichon, *Hayy ibn Yaqzān*, p. 150, n. 1.

tro, a palma de uma mão ou um pé isolado, ou mesmo qualquer outra parte de animal. Dir-se-ia que as figuras compostas, desenhadas pelos pintores, vieram dessa região.

Aquele que rege os negócios nesse país dispôs, para o seu domínio, de cinco estradas para a correspondência, que são postos de observação guarnecidos de homens armados. Quando os homens deste mundo lá se apresentam, esses homens armados os fazem prisioneiros e todos os seus valores são inspecionados. Depois, os escolhidos são entregues a um dirigente responsável pelas cinco <estradas>, o qual mantém a guarda na entrada deste país. As notícias que os prisioneiros trazem são enroladas e seladas, sem que o guardião as examine, pois isso não lhe compete. Sua tarefa é entregar <o rolo de informações> a um tesoureiro que, por sua vez, o consignará ao Rei. Esse mesmo tesoureiro assume a guarda dos prisioneiros, e seus pertences serão confiados a um segundo tesoureiro.

E toda vez que são aprisionados os tipos de homens, animais ou outras criaturas do teu mundo, estes proliferam, seja por uma feliz combinação em que se conservam suas formas, seja por <formas> malogradas."

§ XIX. "Dos dois bandos seguidores do Demônio, um deles se pôs a caminho em direção à vossa região. Ele oprime os seres humanos, insinua-se em sua respiração, até ao âmago dos corações. Dos dois bandos que caminham, o grupo cuja figura parece-se à dos animais de rapina espiona o homem <e espera> o súbito aparecimento de uma pequena irritação. Então, dando-lhe um impulso, embeleza a seus olhos as piores ações como matar, mutilar, devastar <e> violar. Alimenta o ódio no íntimo de seu coração, incita-o a oprimir e a destruir.

Quanto à segunda tribo dos andarilhos, esta não cessa de sussurrar secretamente ao homem, embelezando torpezas e perversidades deliberadas; a devassidão permanece a seu lado, faz-se desejada, torna-se ávida. O grupo, aferrado à obstinação, atormenta o homem até conseguir arrastá-lo a isto.

O bando voador persuade o homem a negar aquilo que ele não enxerga com seus olhos corporais; apresenta-lhe como digno de culto apenas a beleza das obras da natureza e da mão do homem. Murmura secretamente no íntimo do homem que não há outra vida, nem retribuição das boas e más ações, nem o Ser eterno subsistente por si mesmo, que reina no Reino celeste."

§ XX. "Desses dois bandos, alguns deles assombram os confins de uma região situada além daquela habitada por anjos terrestres, e se deixam conduzir pela boa direção dada por esses anjos. <Esses bandos> libertaram-se do erro dos rebeldes e escolheram o caminho dos seres espirituais. Quando <esses *daímones*> se misturam aos homens, não é para corrompê-los nem desorientá-los; com bondade, eles (os *daímones*) os ajudam (aos homens) a se purificar. São os gênios, *jinn*[45] e *hinn*.[46]"

§ XXI. "Quem ultrapassar essa região penetra nas regiões dos anjos. Destas, a mais próxima à Terra é habitada pelos anjos terrestres. Estes anjos formam dois grupos. O primeiro ocupa o lado direito: são

45. Potências de natureza ctônica ou celeste, os *jinn* (raiz *jnn*: "obscuro, encobrir, esconder, estar sombrio") existem no imaginário árabe desde o tempo do paganismo pré-islâmico. Termo coletivo que designa uma multidão de potências sem individualidade, os *jinn* exprimem a força difusa e extraordinária no mundo que se confunde com tudo que provoca espanto. São seres invisíveis e misteriosos que habitam o solo ou o subsolo e se manifestam na escuridão da noite. O fabulário árabe apresenta-os como seres híbridos e esquisitos que podem ter múltiplas aparências, muitas vezes terrificantes. Às vezes, têm o busto de um homem com pernas de um asno, às vezes, apresentam-se com a cabeça de um gato e com uma língua de cão cortada ao meio sobre minúsculas pernas. Podem ainda ter formas normais de um animal ou de um ser humano, ou mesmo de uma mulher cuja sedução desvia os viajantes. Podem manifestar-se aos homens sob as mais diferentes formas sensíveis que representam seres misteriosos, invisíveis e geralmente maléficos. Contudo, podem ser amigos e revelar ao homem segredos do além. O termo pode designar simultaneamente anjos e demônios; ainda que habitantes do mundo subterrâneo, podem conhecer os mistérios do mundo celeste. O *Corão* (XXXVII, 158) ora lembra sua filiação a Allah, estabelecida pelos árabes da época pré-islâmica, ora se refere a eles como demônios: "[...] os que escutam às portas do céu e são incomodados por dardos flamejantes lançados pelos anjos" (LXXII, 8-9); ou, em XXXIV, 40-41, e em VI, 100, versículos que nos apresentam diferentes noções de *jinn*, pois ora são adorados por anjos, ora são associados a Allah; ou ainda são rebeldes e infiéis (LXXII, 14), ou são cúmplices de Satã e inimigos dos profetas (VI, 12) e serão castigados sem perdão (LXXII, 15), como, por exemplo, quando *Iblīs*, ou Satã, é posto no universo dos *jinn* (XVIII, 50) e tem a função de fazer o homem perder-se (VI, 128). Sob a influência das ideias judaico-cristãs ou, talvez, do maniqueísmo, o Islão acentua a oposição entre os dois polos do sagrado (cf. Joseph Chelhod, *Les Structures du sacré chez les arabes*, Paris, Maisonneuve & Larose, 1986, p. 81), de um lado o mundo divino, a santidade dos anjos, de outro, o mundo impuro das potências subalternas e dos demônios. Os *jinn*, enquanto habitantes do mundo subterrâneo, encontram-se entre os homens e os demônios. Podem estar submetidos à vontade divina, mas sempre prevalecem neles forças autônomas e incontroláveis. O Islão aceita suas características essenciais, concebidas na Arábia pagã, enquanto seres misteriosos, invisíveis, terríveis e temíveis, pois capazes de se manifestar aos humanos. O *Corão* menciona sua grande capacidade de arrebatar o homem (VII, 184; XXII, 25, 39, 40, 70; XXXIV, 46). Todavia, ainda no Livro sagrado islâmico, há os que estão submetidos à vontade de Allah (XLVI, 29, 31; LXXII, 1, 2, 14). É impossível atribuir-lhes uma natureza precisa, pois oscilam entre os homens e os demônios, sendo absorvidos por estes últimos. Enquanto entidades do mundo invisível, possuem funções fisiológicas, pois comem, bebem, casam-se e procriam; possuem uma constituição social calcada sobre a humana; o *Corão* menciona o desaparecimento de suas comunidades (XLI, 25). Ibn Zaylā interpreta os *jinn* como os sentidos e a imaginação que se envolvem e se ocultam (*ijtinān*) diante dos inteligíveis puros. Cf. Henry Corbin, *Avicenne et le Récit Visionnaire, Notes et Gloses*, t. II, 1954, p. 97, n. 156.

46. O vocábulo *hinn* (raiz *hnn*, "desejar, ansiar por algo") designa ora uma tribo de gênios, anteriores a Adão, ora gênios inferiores aos *jinn*. Segundo Ibn Zaylā, o sentido da raiz árabe *hnn* remete a "desejar", o que faz pensar nas faculdades da irascibilidade e da concupiscência, os dois braços do desejo ou os dois ramos da mesma potência do desejo (cf. Henry Corbin, *Notes et Gloses*, p. 97, n. 156); o outro sentido dessa mesma raiz tem o significado de compaixão, piedade, e convém aos gênios benévolos, cf. A.-M. Goichon, *Hayy ibn Yaqzān*, p. 194.

os anjos que conhecem e ordenam. Defronte a estes, do lado esquerdo, está o outro, que obedece e executa. Ambos os grupos descem às regiões dos gênios e dos homens, como um astro que se põe, mas, atentos, consideram o céu e se elevam gradualmente.

Conta-se que os Guardiães e os nobres Escrivães fazem parte dos dois <grupos de anjos>. Aquele que monta guarda à direita ordena, está encarregado de ditar <as ordens>. Aquele que monta guarda à esquerda executa sua missão, escrever."

§ XXII. § 1. "Aquele a quem se faz encontrar o caminho para atravessar essa região chegará são e salvo para além do céu. Então, ele entrevê furtivamente a posteridade da criação primordial, sobre a qual reina um Rei único, a quem se deve obediência.

A primeira das regiões demarcadas é habitada pelos servidores deste Rei sublime, assíduos na obra que os faz dele se aproximar em orientação. Constituem uma comunidade de justos que não atendem aos apelos da voracidade, da lascívia, da tirania, da inveja ou da preguiça. Foram incumbidos de manter em bom estado os arrebaldes desse império e a isto eles se prendem. Habitam em cidades; ocupam-se dos altos castelos e dos magníficos edifícios <construídos com uma> massa de argila luxuosamente forjada que não se compara a nenhuma argila do vosso clima. É mais resistente que o cristal de rocha e o jacinto, e todas as coisas sujeitas a uma mais lenta deterioração. Vida longa foi concedida a esse povo, foram preservados do prazo da morte, que poderá atingi-los somente depois dos mais extremados limites de tempo. Sua regra de existência consiste em conservar os arrebaldes na obediência.

§ 2. Acima destes, há uma comunidade <que mantém> com o Rei <uma união> mais íntima, pois serve com perseverança a assembleia, ao imitá-la; seu estado foi preservado de qualquer mudança, pois não trocam de ocupação. Foram postos à parte graças à intimidade do parentesco. Receberam o poder para contemplar a assembleia suprema e estar ao seu redor. Foram gratificados com a contemplação do rosto do Rei, em uma continuidade sem ruptura, sem jamais privar-se <da contemplação>. Receberam como ornamento a delicadeza em seu caráter, a beleza e a sabedoria penetrante em seus espíritos, o privilégio de ser o termo final ao qual se refere todo conhecimento. Foram dotados de um aspecto ofuscante, de uma beleza admirável, de uma grandeza que atingiu sua perfeição.

Para cada um deles um limite foi fixado como lugar próprio, uma grandeza devida e incontestada e não compartilhada. Pois há aquele mais elevado ou aquele que se contenta de uma perfeição menor.

Aquele cuja posição lhe permite estar mais próximo do Rei é único. É o pai de todos e todos são seus filhos e netos. Dele emana sobre todos a palavra e a ordem do Rei.

Uma das maravilhas de suas disposições é sua natureza não se apressar em arrastá-los à velhice e à decrepitude, e aquele que engendra todos os outros, ainda que mais antigo no tempo, é o mais forte e esplendoroso em juventude e beleza.

Todos estão no deserto e não necessitam de abrigo."

§ XXIII. "Por sua maneira de ser, o Rei é aquele mais retirado nessa solitude. Quem atribuir sua origem a uma linhagem perde-se; e divaga quem se assegura louvando-o o tanto que ele merece. Aqueles que lhe concedem atributos são impotentes em descrevê-lo, e as comparações desviam-se de seu objetivo. Quem as forja para dele falar, contenta-se de pouco. Ele não se divide em partes, longe disso, ele é inteiramente face por sua beleza, plenamente mão por sua generosidade. Sua beleza apaga os vestígios de <qualquer> outra beleza. Sua generosidade desdenha toda generosidade. Quando um dentre aqueles que cercam sua imensidão propõe-se a meditá-lo, um frêmito o faz baixar os olhos e ele se volta maravilhado. Quando <dirige> seu olhar a ele, por pouco sua visão não lhe é retirada. É como se sua beleza fosse o véu de sua beleza, é como se sua epifania causasse seu mistério, é como se ele estivesse dissimulado por seu esplendor. Assim é o Sol que, pouco encoberto, revela-se muito mais. Pois, quando emite um intenso fulgor, permanece escondido dos olhares. Sua luz é assim o véu de sua luz.

Na verdade, o Rei, com seu brilho, ergue-se qual um Sol sobre os seus. É clemente no encontro com eles, apenas eles não conseguem contemplá-lo atentamente em virtude das deficiências de suas faculdades. Sua generosidade transborda. Sua bondade é imensa. Suas graças inundam, vasta é sua corte e a todos espalha seus dons.

Quem quer que veja com seus olhos um rasgo de sua beleza, detém seu olhar e não mais o desvia, nem mesmo com um piscar de olhos."

§ XXIV. "Às vezes, alguns solitários dentre os homens emigram em sua direção. Encontram tantas de suas graças que a elas se submetem. Ele os torna conscientes da futilidade das vantagens deste vosso clima. E quando dele retornam, estão plenos."

§ XXV. O Sábio *Hayy ibn Yaqzān* diz: "Não fosse eu dele me aproximar por meio de minha conversa contigo, ao te despertar, a ele eu consagraria meus cuidados, o que me desviaria de ti.

Mas se quiseres, segue-me em direção a ele.

Paz."

1.1. RESUMO DA *NARRATIVA DE HAYY IBN YAQZAʁN*

Analisar um texto é separá-lo em partes a fim de examiná-las e compreender a relação que há entre elas. Para isso podemos escolher separar o texto em temas ou grupo de ideias para apreender seu sentido mais amplo. E, do mesmo modo, podemos continuar a desmembrá-lo em componentes temáticos ou ideias-noções até chegarmos a uma verdadeira exegese do texto. Para o objetivo proposto no presente trabalho, escolhemos dividir o texto em partes que correspondem à estrutura de um texto de iniciação gnóstico-hermética, cujo paradigma é a exposição que apresentamos na Parte II e que corresponde ao seguinte:

§ 1. Prólogo. – Anúncio da revelação de um conhecimento oculto

O narrador do relato, Avicena, cede à insistência de seus "irmãos" e aceita expor seu encontro com *Hayy ibn Yaqzān*, individualização do intelecto agente na interpretação de A.-M. Goichon, ou do anjo na teoria de Henry Corbin. Já de início, o prólogo indica tratar-se de uma narrativa iniciática, acessível somente àqueles que estão preparados para receber a mensagem velada e compreender seu significado oculto.

§§ 2, 3, 4. – Encontro com o *sotér*

Encontro com o Sábio *Hayy ibn Yaqzān*, apresentação e saudações de ambas as partes: enquanto o narrador passeia com seus companheiros nos arredores de seu país, depara-se com o Sábio, alguém já avançado em idade que, no entanto, conserva o viço da juventude. O narrador sente um enorme desejo de com ele conversar e, ao se aproximar, recebe dele uma afetuosa saudação. O Sábio se apresenta como alguém que possui as chaves do conhecimento; seu nome é *Vivente, filho do Vigiante* e vem da *Morada Sacrossanta*.

§§ 5, 6, 7, 8. – Revelação da natureza da alma humana: antropologia

A conversa entre eles prossegue até o Sábio mencionar a ciência da fisiognomonia, necessária para que tenha início o aprendizado, pois será com esta ciência que o homem poderá conhecer e separar os bons dos maus companheiros. Estes últimos representam as principais paixões humanas que impedem o homem de alcançar o conhecimento: a irascibilidade, a concupiscência e a imaginação. Para poder realizar a jornada iniciática em direção ao Uno, sua origem, antes de empreender a viagem, a alma terá de dominar suas paixões e vícios.

§ 9. – Interlúdio: o iniciado se apresenta preparado para receber a mensagem oculta

O narrador manifesta seu desejo de empreender a viagem guiado pelo Sábio, o qual lhe responde ser impossível percorrê-la em vida. Contudo, o homem poderá empreender partes do itinerário que muitas vezes será interrompido, pois a companhia de suas paixões e vícios desviam-no constantemente de seu caminho iniciático.

§§ 10, 11, 12. – Preparação para receber a revelação: aquisição do conhecimento

Inicialmente, é preciso saber que há três regiões: o Ocidente, o Oriente e uma região situada entre essas duas. Esta região intermediária é o mundo terrestre onde habitam os homens; o Ocidente é a figura para representar a matéria, lugar da escuridão, porque é lá onde a luz se põe; o Oriente representa o lugar dos inteligíveis, pois é lá que surge a luz. As regiões para além do Ocidente e do Oriente, difíceis de serem atingidas, representam os princípios da matéria e dos inteligíveis, respectivamente. Para atingir tais regiões é preciso adquirir o conhecimento da lógica, ciência que possibilita ultrapassar os obstáculos com os quais vai se defrontar a alma em sua viagem ao Oriente, pátria dos inteligíveis.

§§ 13, 14, 15, 16. – Revelação da ordem do universo: cosmologia

O sistema cosmológico passa a ser descrito em ordem ascendente. Do Ocidente da mais pura matéria, a alma passa ao mundo vegetal e animal, chega à região que anuncia o mundo celeste e finalmente atinge a região dos astros. Segue-se a descrição do sistema planetário segundo Ptolomeu. A viagem através das esferas significa libertar-se dos vícios e paixões que cada astro simboliza nos arquétipos astrológicos. Até aqui a descrição se limita ao mundo físico, terreno e celeste. Na divisão das principais ciências, o mundo material do Ocidente pode ser apreendido com o conhecimento da física.

§§ 17, 18, 19, 20, 21, 22, 23. – Revelação do destino da alma: escatologia

Após os sete climas, correspondentes aos sete planetas conhecidos na época de Avicena, surgem dois climas que já pertencem ao mundo dos inteligíveis. A narrativa passa então a descrever o mundo eterno, isto é, o mundo dos inteligíveis e Deus, finalidade da viagem da alma em seu retorno à pátria original. O mundo dos inteligíveis é apreendido pela metafísica, e a passagem do mundo físico para o mundo eterno representa um espaço intermediário que pode ser atribuído à matemática, ciência que apreende os elementos do mundo sensível com noções abstratas. A metafísica é a ciência que estuda as essências, as formas e os inteligíveis. Com o conhecimento da metafísica, a alma ingressa no mundo eterno.

§§ 24, 25. – Epílogo: missão de *Hayy ibn Yaqzān*.

O Sábio afirma que somente alguns poucos atingem o mundo dos inteligíveis. Esses poucos eleitos são preenchidos pelo conhecimento, única possibilidade para que se realize o regresso da alma à sua origem, isto é, a Deus. O Sábio confessa que já se aproxima de Deus ao descrever a região eterna, isto é, os inteligíveis. Termina sua mensagem com o convite ao narrador para acompanhá-lo nessa viagem em busca do conhecimento.

1.2. FORTUNA CRÍTICA DE *HAYY IBN YAQZĀN*

Depois de uma estada em Rayy, onde esteve a serviço da rainha regente al-Sayyida e de seu filho, o príncipe-infante Majd al-Dawla, Avicena foi a Qazwīn e em seguida a Hamadhān, para servir como médico ao príncipe Shams al-Dawla, o qual ofereceu-lhe o vizirato depois de curado de sua cólica crônica.

O filósofo-médico desentendeu-se com os militares que se amotinaram contra ele, prenderam-no, saquearam seus bens e pediram ao príncipe sua execução. Shams al-Dawla recusou-se, mas, para satisfazer aos militares descontentes, baniu Avicena, o qual refugiou-se durante quarenta dias fora da cidade. Todavia, a cólica crônica do príncipe trouxe o médico de volta à corte, onde lhe foi oferecido, pela segunda vez, o vizirato. Iniciou-se um período de intenso trabalho que se prolongou até a morte do príncipe.

Com a subida ao trono do herdeiro, Samā' al-Dawla, Avicena continuou no vizirato e, em decorrência das intrigas da corte, foi denunciado e encarcerado na fortaleza de Ferdedjān[47], onde permaneceu prisioneiro por quatro meses até o dia em que Hamadhān foi tomada por 'Alā' al-Dawla, príncipe de Isfahān. Por ironia do destino, o príncipe derrotado e seu vizir Tāj al-Mulk refugiaram-se na fortaleza onde se encontrava prisioneiro Avicena.

A narrativa de *Hayy ibn Yaqzān* foi composta durante os meses de sua prisão em Ferdedjān, em 1023 d.C. Segundo Henry Corbin, tal período de provação não significa um simples episódio bibliográfico. Basta ter presente o início da história e "pode-se medir qual profunda experiência traduz o narrador quando fala do tempo em que sua alma estava consigo mesma e podia sair até os lugares de lazer escondidos nos arredores de sua própria cidade; [...] a solidão clamava pela visita de *Hayy ibn Yaqzān*, preparando a acolhida do convite para sair de uma prisão cujos próprios carcereiros não se sabiam prisioneiros."[48]

O estilo do relato não é simples nem fácil. Segundo Henry Corbin, a tradução e o comentário na língua persa facilitaram-lhe a compreensão do texto uma vez que exploram melhor as intuições poéticas. Na confrontação de ambos os textos, o árabe e o persa, o último ajudou

47. Ferdedjān é um castelo nos arredores de Hamadhān, Irã, cf. W. E. Gohlman, *The Life of Ibn Sīnā*, p. 131, n. 79.

48. Henry Corbin, *Avicenne et le Récit Visionnaire*, pp. 140-141.

muito para a inteligibilidade dos arcaísmos, o que facilitou seu trabalho filológico.

Por volta de 1944, quando então dirigia o Instituto Francês de Arqueologia de Istambul, Henry Corbin encontrou por acaso na biblioteca de Santa Sofia (Aya Sofia) a versão e o comentário persa de *Hayy ibn Yaqzān*. Tratava-se de um manuscrito antigo, ainda desconhecido, mas que era um *unicum*. Felizmente, dois outros manuscritos do mesmo texto vieram à luz no Irã, o que permitiu empreender uma edição crítica da versão persa do texto de Avicena[49].

Até então, três comentários em árabe haviam sido assinalados[50]. Dois desses comentários foram utilizados por Corbin em *Notes et Gloses*, mas, segundo o próprio pensador francês, diferem sensivelmente em método e em espírito do comentário persa:

1) O primeiro é de autoria de Ibn Zaylā (Hossein ibn Tahir ibn Zaylā, m. 1048) de Isfahān, discípulo de Avicena e contemporâneo de Jūzjānī. Esse comentário foi publicado por A.-F. Mehren quase integralmente[51]. Corbin aponta para o fato, absolutamente incontestável, de não ser o mesmo comentário em língua persa por ele traduzido.

2) O outro comentário, também em árabe e pouco conhecido, é atribuído a 'Abdorra'ūf al-Monāwī al-Shāfi'ī (1545-1621), escritor egípcio, conhecedor das tradições e do sufismo; alguns raros manuscritos desse comentário foram cedidos a Corbin por dois colecionadores de Teerã[52].

Os dois textos avicenianos de *Hayy ibn Yaqzān* em árabe concordam com a versão persa.

Existe ainda uma carta de Mīr Damād (m. 1630) que comenta alguns símbolos da *Narrativa de Hayy ibn Yaqzān*[53].

Resta mencionar a autoria da versão e comentário persas, ambos atribuídos a Jūzjānī.

O prólogo do texto responde à demanda do príncipe 'Alā' al-Dawla de Isfahān, o que pode datar o texto. O príncipe morreu em 1041-1042, e Avicena já estava morto desde 1037. É certo que a versão e os comentários persas foram redigidos durante a vida do mestre ou, no máximo, durante os cinco anos que se seguiram à sua morte, o que nos

49. Malek al-Sho'arā (Bahār) assinala, em sua obra sobre a história da prosa persa, *Sabk shenasi*, Teerã, t. II, pp. 38 ss., a atribuição por diversos pesquisadores do texto persa a Jūzjānī, discípulo de Avicena; cf. H. Corbin, *Avicenne*, p. 142, n. 230.

50. Brockelmann, *Geschichte der arabischen Literatur*, I, p. 593, e Suppl. I, p. 817, n. 26, cit. *in* Henry Corbin, *Avicenne et le Récit Visionnaire*, p. 142, n. 231.

51. *Traités Mystiques d'Aboû Alî Al-Hosain b. Abdallâh b. Sînâ ou Avicenne*, Leiden, 1889-1899.

52. H. Corbin, *Avicenne et le Récit Visionnaire*, p. 143, n. 233.

53. *Ibidem*, p. 144, n. 234: o autor menciona a descrição do manuscrito da Biblioteca do Parlamento de Teerã, Fonds Tabātabā'ī n. 1284, em sua obra *Prolégomènes II aux oeuvres de Sohravardī*, p. 63, n. 130.

dá a certeza de tratar-se de um trabalho de alguém do círculo próximo de Avicena. Nada melhor para conferir a autenticidade do texto. No entanto, quem seria o discípulo persa? O comentário de Ibn Zaylā é diferente, o que descarta a possibilidade de ser ele o comentador persa. Henry Corbin indica, na *História dos Filósofos* de Baihaqī[54], a referência a Jūzjānī como sendo o autor do comentário da *Narrativa*, embora não seja mencionado se redigido em língua árabe ou persa. Baihaqī ainda se refere ao comentário de Ibn Zaylā, o que certifica a existência dos dois diferentes comentários.

Jamais foi posta em dúvida a autenticidade de *Hayy ibn Yaqzān*, graças à existência desses dois comentários, pois ambos remontam às suas fontes, isto é, ao círculo dos discípulos de Avicena em que o texto foi lido e compreendido.

54. *Tatimma Siwān al-Hikma*, *in* H. Corbin, *Avicenne et le Récit Visionnaire*, p. 145, n. 235.

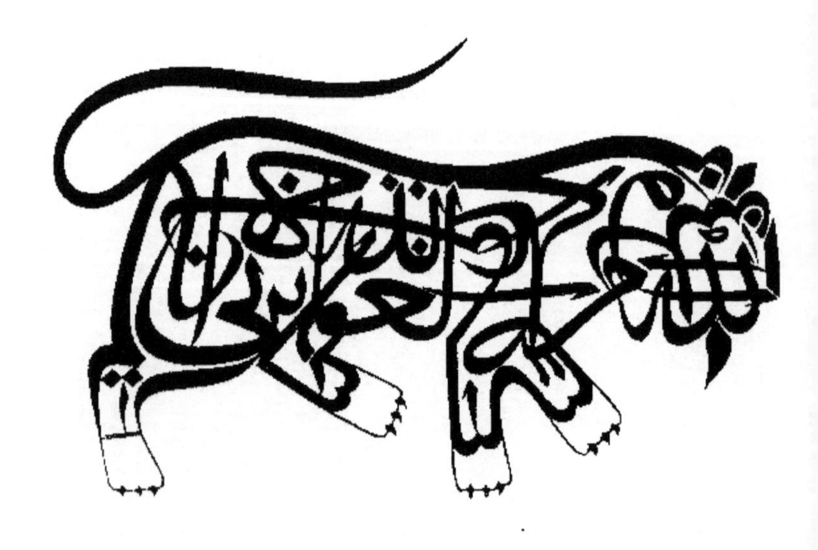

Ilustração turca do século XIX. O Leão representa 'Alī, genro de Maomé e fundador da seita xiita.

2. Interpretação: A Síntese Possível

2.1. A MENSAGEM SECRETA É ANUNCIADA AOS ELEITOS

§ I. *A vossa insistência, ó meus irmãos, em me exigir a exposição da* Narrativa de Hayy ibn Yaqzān, *venceu minha obstinação em não fazê-lo <e> enfraqueceu minha decisão em mantê-la secreta. Deixo--me, portanto, conduzir para vos prestar auxílio. Que Deus me assista para ser bem-sucedido.*

O prólogo (§ I) da *Narrativa de Hayy ibn Yaqzān* já oferece algumas indicações sobre a natureza desse relato permeado de símbolos que, decifrados, apresentam a temática recorrente no conjunto da obra de Avicena, ou seja, o destino da alma humana ou o *retorno* (*al ma'ād*) à sua *origem* (*al mabda'*). A lógica interna do texto conduz o leitor-ouvinte através do caminho que a alma necessita percorrer para realizar o sentido de sua existência. Os movimentos do texto indicam como as teses se produzem metaforicamente mediante os símbolos, e a narrativa, em seu conjunto, fornece a tese principal de seu autor, que frisa a possibilidade da realização do *retorno* apenas com a aquisição do conhecimento. Porém, o conhecimento não é acessível a qualquer um. Como todo texto iniciático, sua simbologia somente é compreendida por aqueles "preparados" para receber o significado nela contido.

Quem são os "irmãos" a quem o relato se dirige? Por que "insistem" em conhecer essa história? Por que o narrador reluta em torná-la conhecida? Como se justifica a mudança da atitude do narrador, quando este decide compartilhar o segredo que carrega com os que desejam conhecê-lo? Que segredo é este? E quais são os obstáculos que impedem torná-lo público? Todas essas são questões levantadas pelo leitor, desde o início da narrativa.

Estranhamente, os dois comentadores modernos da *Narrativa de Hayy ibn Yaqzān*, Amélie-Marie Goichon e Henry Corbin, não fazem qualquer alusão ao conteúdo do primeiro parágrafo, que não é propriamente um prólogo, mas parte integrante do relato. Corbin tem duas notas de caráter filológico, e Goichon inicia seu comentário a partir do segundo parágrafo. O comentário persa atribuído ao discípulo de Avicena, Jūzjānī, discorre sobre as substâncias que compõem o homem – corpo e alma –, para, em seguida, fazer uma longa exposição sobre a natureza e a constituição da alma. No entanto, ele nos adverte que

> sempre que qualquer obstáculo desviar a alma de sua atividade própria, ela procura as doutrinas de sabedoria e aspira compreender tudo aquilo que é objeto de ciência. Empenha-se em conhecer Deus e os anjos; deseja conhecer sua hierarquia, a conexão que os une uns aos outros (os anjos) e a que une o conjunto a Deus, o Altíssimo. Absorve-se completamente para compreender aquilo que do Mundo do Mistério deve vir ao ser[1].

A primeira questão que nos intriga conduz a identificar no interior dos textos avicenianos quem são os "irmãos" destinatários da mensagem contida no relato.

Na trilogia visionária editada por Corbin, no prólogo do segundo texto, *A Epístola do Pássaro*, obtemos uma indicação do próprio Avicena:

> "Irmãos" são aqueles que partilham o mesmo parentesco divino e cuja proximidade celestial tornou-os íntimos; contemplam as verdadeiras realidades com o olhar da visão interior; purificaram o fundo de seus corações de toda vileza e embotamento da dúvida. Uma tal sociedade de amigos pode se reunir somente mediante o arauto divino de uma vocação divina.

Avicena continua e faz a distinção entre o amigo verdadeiro, o irmão espiritual, e o falso amigo: um amigo é aquele que, ao purificar seu irmão nos bons e maus momentos, "preserva sua própria clareza do turvamento da tristeza".

Em outra epístola, *Mi'rāj Nāma – Livro da Ascensão do Profeta*, Avicena adverte: "É um erro divulgar segredos para um estranho; aquele que os relata torna-se culpado. Como é dito: 'Segredos, protejа-os dos outros'."[2]

1. *In* H. Corbin, *Notes et Gloses*, p. 5.

2. "The Translation of the *Mi'rāj Nāma*", *in* Peter Heath, *Allegory and Philosophy in Avicenna*, USA, Univ. of Pennsylvania Press, 1992, p. 111.

Em uma carta escrita a um discípulo anônimo, depois da pilhagem de seus livros em Isfahān em 1034, Avicena faz uma referência ao grupo de seus "irmãos": "Deixe que os membros de nosso grupo ajudem uns aos outros a encontrar a verdade nesses assuntos, e não percam a esperança do consolo divino"[3].

Em *Kitāb al-'Ishārāt wa l-Tanbīhāt – Livro das Direções e Admoestações*, no prólogo da segunda parte dedicada à física e à metafísica, Avicena faz a ressalva:

> Repito minha recomendação e imploro novamente que o conteúdo destes capítulos seja o mais resguardado possível daqueles que não preenchem as condições que estipulei no final destas *Direções*[4].

E, no epílogo dessa mesma obra:

> Ó amigo! Nestas *Direções*, para ti remexi o creme da verdade e te fiz saborear a iguaria dos reverenciados hóspedes: a sabedoria em palavras expressivas. Preserve-a dos profanadores, dos ignorantes, daquele que não é dotado de uma inteligência brilhante, daquele a quem falta a prática e o hábito, de quem quer que seja inclinado a pensar com a multidão, ou se encontre entre os caluniadores, entre os que se dizem filósofos e seus parasitas.
>
> Se, porém, alguém em cuja pureza de consciência e retidão de vida confiares, aquele que se abstiver de atos insinuados pelo Tentador e cujo olhar seja benevolente e sincero, então responda às suas perguntas gradual e parceladamente com intervalos. [...] Se divulgares esta ciência e a malbaratares, Deus <julgará> a ti e a mim[5].

O capítulo XVI, última seção da *Epístola dos Estados da Alma*, é particularmente esclarecedor quanto à natureza "secreta" que o filósofo confere ao tratado. Segue-se aqui sua tradução integral:

> O lugar desta epístola. Neste tratado, renunciei a pronunciar-me sobre as coisas evidentes da psicologia, exceção feita quando foi inevitável. Desencobri o envoltório, ergui o véu e indiquei os segredos ocultos no coração (*fībutūn*) dos livros, e sobre os quais nos reservamos a falar abertamente. Isto <foi feito> em consideração a meus irmãos. Com a certeza de que o nosso tempo está desprovido de pessoas que poderiam ou herdar estes segredos por meio de sua instrução ou ser capazes de concebê-los desvelando-os, junto à aflição daquele que deseja resgatar a ciência eterna e deixá-la em herança para seus seguidores, não havia outra maneira e meio a não ser redigir e consigná-la por escrito nos livros, pois, no que se refere a buscar suas passagens simbólicas, interpretar o que foi simbolizado e explicar a linguagem concisa do que foi abreviado, estou descrente quanto ao desejo de qualquer estudante realizar corretamente este discurso, conservá-lo e deixá-lo em herança e, tampouco, tenho confiança na gente desta época e nos seus semelhantes que a sucederão.
>
> Ademais, proibi àqueles dentre meus irmãos que lerem tal discurso de consigná-lo a qualquer alma maldosa ou rebelde, informá-la ou mesmo deixá-lo (o tratado) lá onde não é seu lugar.

3. *In* D. Gutas, *Avicenna and the Aristotelian Tradition*, p. 58.
4. *'Ishārāt*, trad. A.-M. Goichon, p. 246.
5. *Ibidem*, pp. 525-526.

Fiz de Deus, o Altíssimo, seu adversário em meu lugar. É a ele que se pede assistência para que o verdadeiro se realize por meio dele e para ser conduzido em sua direção. A ele, a glória em todo caso! Que suas bênçãos recaiam sobre seus eleitos dentre seus servidores e, principalmente, sobre o mestre de nossa Lei, Muhammad, e sobre sua família por ele guiada. Isto nos basta! Que excelente protetor!

Aqui termina a epístola, pela glória de Deus e com sua assistência[6].

Na Parte V da "Introdução" que a posteridade recebeu da controvertida obra perdida de Avicena, *A Filosofia Oriental*, há uma referência aos assuntos que seu autor impediu tornarem-se públicos:

Também, entre <estes> assuntos que preservamos de tornar públicos por um desejo de proteger as verdades contempladas a fim de que não sejam direcionadas e aceitas, exceto com o espírito aderente (*ta'assub*)[7].

Nas *Memórias de um Discípulo de Rayy*, o autor faz menção à "relação entre o nosso grupo e Avicena"[8].

Essas citações, retiradas do *corpus* aviceniano, demonstram a preocupação do filósofo com uma eventual divulgação irrestrita de seus conhecimentos. Sua relutância em divulgá-los poderá ser entendida segundo uma prática no interior de uma tradição que dominou os vários aspectos do pensamento desde a Antigüidade. A filosofia era ensinada aos que estavam preparados para recebê-la. As razões por que o conhecimento era prerrogativa de uma elite são inerentes à prática mesma da filosofia.

Em Avicena, o núcleo dessa prática tem suas raízes no neoplatonismo. O conhecimento a ser adquirido, para depois ser comunicado, é o que provém das inteligências separadas, o que diz respeito a uma ontologia. Sua estrutura, todavia, é aristotélica porque silogística[9]. É um sistema fechado que contém a universalidade do conhecimento, embora Avicena admita que, "para a humanidade, o que for conhecido é limitado"[10] enquanto o intelecto humano estiver encerrado num corpo que lhe impede a aquisição da totalidade do conhecimento. Somente com o término da associação entre alma e corpo, decorrente da morte física, a alma poderá receber aquilo que antes lhe estava velado e haverá, então, uma "semelhança da alma com as inteligências abstratas que são os princípios das causas dos seres, pois todas as verdades são reveladas para essas inteligências <celestiais>"[11]. Enquanto estiver presente no corpo, a alma só terá acesso a um conhecimento parcial.

6. J. Michot, *La destinée de l'homme selon Avicenne*, Louvain, 1986, pp. 3-4, n. 14; *in* D. Gutas, *op. cit.*, p. 33.
7. *In* D. Gutas, *op. cit.*, p. 48.
8. *Ibidem*, p. 66.
9. *Ibidem*, p. 219.
10. *Carta a um Discípulo Anônimo*, D. Gutas, *op. cit.*, p. 59.
11. Avicena, *Da Alma Racional*, cit. *in* D. Gutas, *op. cit.*, p. 76.

O encarceramento da alma na matéria é o "obstáculo" mencionado por Jūzjānī em seu comentário. Liberta dos obstáculos, a alma se *re-une* às inteligências separadas e conhece Deus. Antes disso, a prática da filosofia seria uma atualização do intelecto, prática que, contudo, se realiza tão-somente dentro das possibilidades que o conhecimento oferece aos homens.

O § IX de *Hayy ibn Yaqzān* ilustra a "viagem" do intelecto "interrompida por paradas". A aquisição do conhecimento sugere um caminho progressivo em ascensão espiralada (se for possível representá-lo com uma forma geométrica), não-linear porque "ora estarás na estrada por um tempo, ora freqüentarás teus companheiros [...]. Assim será até o momento em que romperás totalmente com eles". A viagem "interrompida por paradas" é o processo de atualização do intelecto, ligado à prática filosófica.

Como vimos, a divulgação do saber deve ser restrita a uma elite pensante. Se o acesso aos inteligíveis só é possível com a atualização do intelecto e esta só ocorre com a progressiva aquisição do saber (entenda-se, o saber filosófico), neste sistema fechado não resta muita esperança para o comum dos mortais. O caminho do *retorno* é a atualização do intelecto mediante a aquisição do conhecimento, desse modo possibilitando à alma o alcance dos inteligíveis procedentes das inteligências separadas. Como esse processo só pode ser realizado por alguns poucos, a via do *retorno* está impedida para quase toda a humanidade. E, ainda assim, para os poucos eleitos não há nenhuma garantia de sucesso, devido ao confinamento da alma em seu corpo. Será sempre limitado o que a alma pode vir a conhecer. Lembre-se a tristeza do poeta que no *Poema da Alma* – atribuído a Avicena e cuja tradução oferecemos mais adiante – canta os vãos esforços da alma para atingir os segredos do universo. Seu tempo é curto, seu brilho desaparece e não deixa rastros.

2.2. ENCONTRO COM O SÁBIO-*SOTÉR*

§ II. *Certa vez, tendo fixado residência em minha terra, preparou-se para mim uma saída, com meus companheiros, a um desses lugares de recreio que circundam a região. Enquanto íamos e vínhamos, andando em círculos, eis que se apresentou a nós um esplêndido Sábio. Já era avançado em idade e os anos o haviam marcado. No entanto, mantinha o viço da juventude. Seu grande porte não se havia curvado; nada nele alterava a graça de sua estatura. Seus cabelos brancos davam-lhe a bela fisionomia de alguém que envelhece.*

Após ceder à insistência de seus *irmãos*, o narrador inicia o relato. A primeira pergunta que o leitor se faz é: quem é o *eu* que narra? Avicena não introduz o autor da narrativa. Todavia, como o relato todo é figurado, a identificação deste *eu* que conta a história pode ser feita por meio da ligação com o *seu* país. Como indica A.-M. Goichon em seu estudo sobre a *Narrativa de Hayy ibn Yaqzān*, os antigos comentadores concordam tratar-se da alma humana, cuja definição é apresentada por Avicena no *De Anima*:

> A alma humana é a perfeição primeira pertencendo a um corpo natural munido de órgãos, é <aquilo> que se prende à realização dos atos que se faz por uma escolha consciente [...] e que apreende as coisas universais[12].

Assim, antes mesmo de sua capacidade especulativa, a alma se define como capaz de atos voluntários e do controle que exerce sobre o corpo. Não constitui um mero composto de partes coesas; o

> [...] princípio das forças perceptíveis, motrizes, conservativas que pertencem ao temperamento é outra coisa que deves designar por alma. <Essa> é a substância que dispõe das partes de teu corpo e, portanto de teu <próprio> corpo. Esta substância é única em ti, antes, ela é tu próprio [...] substância dirigente [...][13].

Já Crísipo identificava o *eu*, *tò egó,* com a inteligência ativa, *he diánoia*, e Galeno, que Avicena conhecia bem, explica o princípio dirigente da alma nos seus tratados médicos:

> Pois que a sensação e o movimento voluntário são próprios dos animais, ao passo que a nutrição e o crescimento são comuns aos animais e às plantas, estas operações devem ser atribuídas, as primeiras, à alma, e as segundas, à natureza[14].

O elo que se estabelece entre a alma, substância dirigente (*mudabbir*), e o seu *país* é explicado por A.-M. Goichon a partir da exegese de um versículo do *Corão*, LXXIX, 5, que atribui aos anjos o governo das coisas deste mundo e os denomina *mudabbirāt*, cuja raiz é o verbo *dabbara*, que significa "conduzir, reger os negócios da província, do país"[15]. Quando o narrador afirma que "fixou residência em sua *terra*", ou seu *país*, refere-se à união da alma a seu corpo, sendo a *terra-país* a figura empregada por Avicena para representar no relato o corpo físico do homem no mundo sublunar.

12. Ján Bakoš, *Psychologie d'Ibn Sīnā* (*Avicenne*) *d'après son oeuvre Aš-Šifā'*, Praga, 1956, 41/28.

13. *'Ishārāt*, trad. A.-M. Goichon, pp. 310-311.

14. *Hayy ibn Yaqzān*, trad. A.-M. Goichon, p. 22; cf. Galeno, *Oeuvres Médicales choisies II,* Livre I, cap. 1, Paris, Gallimard, 1994, p. 4.

15. Em árabe, *dabbara 'umūra 'l-bilādi* ou *dabbara 'l-bilāda.* Avicena emprega a palavra *bilād* para designar "país" e *mudabbir* para designar a "substância dirigente", determinando o elo: a alma conduz as questões de seu próprio país, ou seja, dirige seus domínios, que nada mais são do que suas próprias faculdades. Cf. A.-M. Goichon, *Hayy ibn Yaqzān*, p. 23.

Avicena introduz as faculdades da alma na figura dos *companheiros* cuja descrição será desenvolvida mais adiante, no § VII. A imaginação, a irascibilidade e a concupiscência são faculdades inferiores, vinculadas à parte da alma voltada para o inferior, para os sentidos físicos. São essas as faculdades que o homem tem em comum com os animais, as primeiras a se manifestar quando a alma se une ao corpo.

Na teoria aviceniana, a alma é criada juntamente com o corpo e para o seu bem. Ela não existe enquanto não houver um corpo pronto para recebê-la, e sua existência tem início junto à matéria corporal, a qual será seu reino, seu país e seu instrumento. Desde o momento da criação simultânea de ambos, a alma sente uma natural afeição por seu corpo que a leva a dirigi-lo, conduzi-lo e procurar-lhe os bens necessários para sua existência. A alma, mediante uma atividade própria, exerce uma série de operações por meio de suas faculdades. É um princípio único de que emanam as múltiplas faculdades que podem unir-se somente nela, nunca no corpo, ainda que este seja o instrumento por meio do qual tais faculdades se expressam. A alma humana, substância emanada das inteligências separadas, encontra-se entre dois mundos, o que lhe é inferior, o corpo, e outro, superior, o mundo dos inteligíveis: suas "duas faces".

No relato de *Hayy ibn Yaqzān*, o sistema hierarquizado da alma começa a ser descrito com o que há de mais inferior, ou seja, as faculdades da alma animal. Ao iniciar a descrição da alma com a parte animal, sem ainda mencionar a alma vegetal, Avicena parece concordar com Galeno: nutrição e crescimento são operações atribuídas à natureza, não estando submetidas à direção da alma como o estão a sensação e os movimentos voluntários.

Se a alma é a perfeição de seu corpo, como explicar suas faculdades inferiores, a imaginação, a irascibilidade e a concupiscência? Desde o início do relato, Avicena menciona essas faculdades voltadas para o inferior, mas será apenas no § VIII, depois do encontro com o Sábio (§§ II, III, IV) e após mencionar a ciência da fisiognomonia (§§ V, VI), que o narrador indicará como vencer essas três faculdades. Há uma lógica nessa sequência: o homem nasce com as faculdades animais que talvez possuam, tal qual a alma vegetal, algo do mundo natural. Atributos de todos os animais, as faculdades inferiores poderão ser reconhecidas e vencidas apenas pelos que já tiveram acesso ao intelecto agente – personificado na figura do Sábio – e com ele aprenderam a ciência da fisiognomonia. Avicena não menciona a alma vegetal, porque, sendo o atributo natural e necessário para a existência física do corpo, não representa obstáculo algum para o refinamento do intelecto. As faculdades, representadas pelos três *companheiros*, aparecem como vícios a serem dominados, o que lhes confere uma qualidade moral, além de psíquica. Antes de empreender a viagem do *retorno* ao princípio primeiro, a alma tem como primeira tarefa fazer a purgação de seus vícios, sem a qual não poderá desenvolver suas virtudes e realizar suas virtuais capacidades intelectivas. Tal purificação é realizável somente depois do encontro com o Sábio – ou intelecto agente –, quando este fornece o instrumento necessário, a fisiognomonia, para vencer os vícios. Depois de dominado o mal, ou seja, vencidas as faculdades inferiores que os homens compartilham com os animais, inicia-se o desenvolvimento do intelecto com a ascensão ao mundo dos inteligíveis, ou seja, o caminho do *retorno*. A alma, perfeição de seu corpo e portadora de faculdades superiores, desvencilha-se de suas faculdades inferiores, que se expressam por meio do corpo, libertando-o da eventualidade de permanecer preso, por intermédio delas, ao mundo sensível.

Uma passagem das *'Ishārāt* expõe a estreita ligação mantida pela alma com as faculdades da imaginação, da irascibilidade e da concupiscência, simbolizadas na figura dos *companheiros*:

> Tal substância é única em ti, antes, tu próprio és ela [...]. Tem ramificações, as faculdades dispostas em teus órgãos e assim que sentes qualquer coisa por meio de algum de teus órgãos ou que tu imaginas, desejas, te irritas, a conexão que existe entre esta substância e suas ramificações [...]

produz a relação de interdependência de tal modo que as ramificações (ou faculdades) podem subjugá-la (a alma), ou, inversamente, a alma submete as faculdades, dirigindo-as. A alma que dirige e domina suas faculdades reina em seu *país*[16]. Uma relação analógica se estabelece com o mito platônico da parelha alada. Sabe-se que os árabes traduziram e conheciam o *Fedro*[17], diálogo em que Platão emprega a figura do cocheiro que conduz a parelha de corcéis alados, para representar a composição das almas em partes divina e humana. Os corcéis dos deuses são de igual excelência, e o cocheiro desempenha uma tarefa fácil ao conduzi-los; nos homens, porém, os cavalos são de raça desigual, sendo que um deles a todo instante ameaça comprometer o equilíbrio do conjunto. O cocheiro tem a árdua tarefa de dominar o cavalo manhoso, para dirigir e comandar a parelha desigual. O intratável cavalo, de difícil condução, simboliza as faculdades da alma voltadas para o inferior. Na descrição platônica dos cavalos, "o primeiro, que tem mais dignidade, possui um porte direito, boa apresentação, pescoço altivo, a linha do nariz curva; sua cor é branca [...]" e para conduzi-lo bastam a palavra e o encorajamento.

16. Na *Shifā'* e na *Najāt*, irascibilidade e concupiscência são ambas atribuídas à alma animal, e a imaginação é denominada faculdade animal; cf. *Shifā'* I, 289 e 291; cf. *De Anima*, J. Bakoš 41/29 e 46.1.11/32.1.1; cf. *Najāt*, 259 e 267; cf. A.-M. Goichon, *Hayy ibn Yaqzān*, p. 23, n. 2-3.

17. Cf. 'A. Badawi, *La Transmission de la philosophie grecque au monde arabe*, p. 36.

O segundo, pelo contrário, é torto, grosseiro [...] tem pescoço maciço, a nuca curta e um focinho achatado; sua cor é preta [...] tem o gosto da violência e da gloríola [...] é surdo e obedece somente ao chicote e ao aguilhão[18].

No § VII da *Narrativa*, Avicena descreve a irascibilidade e a concupiscência servindo-se de figuras de animais que melhor representam os vícios que quer retratar. Assim como Platão, também Avicena indica a maneira como vencê-los, utilizando "a mão para dominá-los e a autoridade para arrebatá-los". Em ambos os filósofos, o uso da força deve ser empregado para destruir o lado inferior da alma: "não deixes que se apoderem de tuas próprias rédeas" é a orientação dada pelo Sábio *Hayy ibn Yaqzān* à alma, evocando novamente o mito platônico no qual, para que o equilíbrio seja mantido, é necessário que o cocheiro conduza com maestria todo o conjunto. Avicena termina o § VII aconselhando aquela parte da alma que dirige todas as faculdades a *cavalgar* os *companheiros* e a não ser por eles dominada; a alma deverá vencer as faculdades que a arrastam para o mundo das paixões, nelas cavalgando para subir às alturas dos inteligíveis. A irascibilidade, a concupiscência e a imaginação são consideradas faculdades da alma e não vícios propriamente. Todos os seres humanos possuem tais faculdades, e o texto indica isto claramente, pois não é sequer sugerido que se deva eliminá-las, mas, sim, é afirmada a necessidade de dominá-las, e será a firmeza da alma que fará com que sirvam à sua parte mais nobre. É esse, talvez, o sentido metafórico de *cavalgar* que Avicena quer fazer entender.

A distinção entre a alma e suas faculdades *inferiores* está expressa na simbologia do personagem narrador, indivíduo separado de seus *companheiros*. As faculdades representadas pelos *companheiros* não pertencem à essência mesma da alma, enquanto alma racional cuja existência após a morte do corpo ocorrerá sem elas. Elas são como uma roupa que, com um simples ato de vontade, pode ser retirada. Na medida em que não fazem parte da essência da alma e na medida em que se expressam por meio do corpo físico, com o término da existência corporal está afastada qualquer possibilidade de sua sobrevivência, pois cessam suas atividades definitivamente. Todavia, Avicena nos deixa um problema: reconhecidas como simples agregados da alma, tais faculdades estão mais próximas de pertencerem à essência do corpo, porém, enquanto faculdades, são incorpóreas, o que parece deixá-las numa espécie de "limbo" teórico, não pertencendo nem à essência do corpo nem à essência da alma. Em sua interpretação do relato, A.-M. Goichon nos indica uma pista fundamentada na filologia dos termos árabes.

18. *In* Geneviève Droz, *Os Mitos Platônicos*, Portugal, Pub. Europa – América, Ltda., 1993, pp. 58-59.

O texto árabe menciona a *saída* do narrador em direção a um dos lugares que circundam a região onde a alma havia se fixado. Nesse momento principia a busca do que vai ser relatado. Enquanto andavam todos em círculos, depararam-se com o Sábio. Com a imaginação, a concupiscência e a irascibilidade, a alma prepara-se para sair do lugar onde se encontra e, vitoriosa, vence seus *companheiros* para ingressar no mundo dos inteligíveis. Entretanto, não pode ainda entrar nesse mundo. É necessário que antes se encontre com o intelecto agente, simbolizado pela figura do Sábio. É ele que "faz *sair* nossas almas [...] da potência ao ato"[19]. A palavra árabe *barza*, tal qual é empregada no relato, evoca na língua árabe uma "saída em grande pompa para o encontro com um príncipe ou algum personagem importante"[20]. Sair ao encontro do Sábio é o sentido da *saída* que se prepara para a alma e seus *companheiros*. Por que caminham em círculos? Novamente, a compreensão da língua árabe indica a via da interpretação. Avicena emprega o verbo *tatāwafa*, cuja raiz indica uma ação que significa *dar a volta, girar em torno de*. Os movimentos sincronizados das figuras que giram sugerem uma interdependência entre elas; cada uma das figuras presta auxílio às outras duas e à alma, sem que o mesmo movimento circular escape de um espaço limitado. Como numa dança, elas giram e dependem uma da outra para compor a coreografia dentro dos limites de um espaço determinado. Assim, a alma e seus *companheiros*, enquanto caminham em círculos, não ultrapassam aquele domínio circular cujo significado remete aos limites do sensível. No entanto, os movimentos circulares "preparam a alma para receber o fluxo" iluminador que vem do intelecto agente, o qual entra em cena somente quando a alma já está pronta para encontrá-lo. Como na iniciação religiosa de todas as tradições, o mestre apenas surgirá quando o discípulo estiver pronto, pois uma alma despreparada confunde a luz de uma estrela com a de uma lamparina.

Na preparação da alma para a recepção dos inteligíveis, os movimentos desempenhados pelos três *companheiros* em conjunção com a alma racional possuem uma função determinante. Nas *'Ishārāt*, Avicena especifica:

> A abundância de escolha, por parte da alma, entre as imagens (*phantásmata*) sensíveis [...] prepara a alma para receber suas abstrações vindas da substância separada em virtude de uma certa conveniência entre esta e a alma [...]. Estes atos realizados por escolha determinam a preparação perfeita para cada forma dada, uma após a outra[21].

19. Avicena, *Shifā'* I, 356, e *De Anima*, trad. J. Bakoš, 231/166; A.-M. Goichon, *Hayy ibn Yaqzān*, p. 24, n. 1.

20. Cf. A.-M. Goichon, *Hayy ibn Yaqzān*, p. 24.

21. *'Ishārāt*, trad. A.-M. Goichon, p. 333.

Os movimentos preparatórios antecipam o que, nos capítulos seguintes, será indicado pelo Sábio, isto é, o domínio dos três *companheiros* pela alma intelectual:

> Quanto aos movimentos submetidos à escolha <por oposição aos movimentos procurados pela alma vegetal> prendem-se mais à alma. Eles têm um princípio que quer e decide, submetendo-se docilmente à ação da imaginação, do juízo (faculdade estimativa) <no animal> ou da inteligência <no homem>. Por meio dela (da alma), uma faculdade irascível é suscitada e repele o que é nocivo, ou uma faculdade concupiscível conduz àquilo que é necessário ou útil em relação ao animal. A isto obedecem as forças motrizes dispersas nos músculos e que servem às faculdades dirigentes[22].

Com as *'Ishārāt* servindo de apoio, compreende-se melhor o papel que os *companheiros* desempenham na preparação da alma para a apreensão dos inteligíveis. Essas faculdades são necessárias para o trabalho de purificação da inteligência racional, e é exatamente isto que as torna insubstituíveis. Para o encontro com o intelecto agente e a conseqüente recepção dos inteligíveis, tal qual na iniciação religiosa, a alma necessita passar por etapas, que, no relato, são simbolizadas pelo ato de andar em círculos.

O intelecto agente intervém tão-somente quando os movimentos anímicos já prepararam a alma para o ingresso num novo mundo. "Eis que se apresentou a nós um Sábio esplêndido": o Sábio é descrito como uma figura esplendorosa e luzente, porque o intelecto agente "é para nossas almas o que o Sol é para nossos olhos[23] [...] Por sua luz, o que não era visível em ato, torna-se <visível>"[24].

> Tal é a disposição dessa inteligência com relação às nossas almas. Pois, quando a faculdade intelectual considera as coisas particulares que estão na imaginação, e que nelas brilha a luz do intelecto agente, em nós [...] passam a ser abstraídas da matéria e de seus laços, e são impressas na alma racional. Não que elas próprias sejam transferidas da imaginação para nossa inteligência, tampouco que a idéia imersa nos lugares <da matéria> seja em si mesma e considerada em si mesma uma abstração que forma um semelhante a si próprio, mas neste sentido, ao considerá-las a alma está preparada para que a abstração transborde sobre ela, vinda do intelecto agente. Pois, que os pensamentos e as considerações sejam movimentos que preparam a alma para receber o fluxo, assim como os termos médios preparam, com a mais poderosa certeza, para receber a conclusão[25].

22. *Ibidem*, pp. 344-345. Em seus comentários às *'Ishārāt*, Nasīr al-Dīn Tūsī indica tratar-se da inteligência prática, cf. A.-M. Goichon, *Hayy ibn Yaqzān*, p. 25.

23. No *Asclepius*, cap. 18, encontra-se uma expressão semelhante: "[...] com efeito, o intelecto é a luz da alma humana tal qual o Sol o é do mundo. [...] o intelecto, esse dom celeste cujo gozo feliz somente a humanidade possui." (*Corpus Hermeticum*, ed. Nock-Festugière, tomo II, p. 317, Paris, 1983). Segundo a nota de Goichon, aqui não se trata de uma inteligência separada, mas sim de uma das faculdades da alma.

24. Cf. A.-M. Goichon, *Hayy ibn Yaqzān*, p. 25: as formas inteligíveis estão em potência nos sentidos e na imaginação, ou seja, estão ainda presas ao sensível e só podem atualizar-se com a intervenção do intelecto agente.

25. *Shifā'*, I, 356; *De Anima*, V, 5, fº 25 r. 2; J. Bakoš, 231-232/167. Cf. A.-M. Goichon, *Hayy ibn Yaqzān*, p. 25, n. 2.

Avicena descreve sua teoria do encontro da alma com o intelecto agente empregando símbolos e inspirando-se na parábola corânica do fogo e da lâmpada que se acende; o mesmo acontece em sua *Epístola sobre a Profecia* e mais brevemente nas *'Ishārāt*[26]. Diz o versículo XXIV, 35, no *Corão*:

> Deus é a luz dos céus e da terra. Esta luz é como um nicho no qual há uma lâmpada, a lâmpada está num vidro, vidro semelhante a uma estrela brilhante, que se acende com (o óleo) de uma árvore benta, a oliveira, que não é nem do Oriente nem do Ocidente, e cujo óleo brilharia quase sem o fogo tocá-la. É a luz sobre a luz. Deus conduz à sua luz quem ele quiser...

A Surata da Aurora – ou *da Luz*, como ainda é conhecida – é interpretada por Avicena à luz do saber filosófico. Deus é o bem em si e a causa de todo o bem, a luz dos céus e da terra. O nicho na parede, prestes a receber a lâmpada, traduz a inteligência material da alma racional. O nicho está na parede para melhor refletir a luz "porque tudo o que se aproxima dos muros reflete melhor e dá mais luz"[27]. A reflexão é como a oliveira que fornece o óleo, e este significa o *hads*[28], a intuição espontânea da compreensão. A reflexão não pertence nem ao Oriente nem ao Ocidente. Do Oriente ergue-se a luz, o que representa as faculdades racionais da alma humana. Todavia, o Oriente da alma nada pode realizar se não tiver material do qual extrair a luz[29]. Portanto, a oliveira, ou reflexão, não é prerrogativa do Oriente. Tampouco pode ser do Ocidente, porque é lá que "a luz se perde". Na *Narrativa de Hayy ibn Yaqzān*, o Oriente representa o mundo das inteligências puras e o lugar da origem das formas. O Ocidente representa o mundo da matéria e o lugar onde as formas caem[30]. Aqui, a metáfora que explica a cosmologia refere-se à alma humana.

O vidro da lâmpada que contém o óleo é a inteligência *habitus*, "a inteligência material <em potência> aperfeiçoada a ponto de se tornar

26. *'Ishārāt*, trad. A.-M. Goichon, pp. 324-325.

27. Na *Epístola sobre a prova das Profecias – Rissālat fī l-'Itbāt an-nubūwāt*, Avicena cita e comenta o versículo corânico palavra por palavra, dando-lhe o sentido filosófico. *In* A.-M. Goichon, *Avicenne, La Distinction de l'Essence et de l'Existence*, pp. 322-325, n. 4.

28. O *hads* é estudado por Avicena em *Najāt*, 273-274; *Shifā'*, I, 361; *De Anima*, V, 6, fº 26, v. 2.; cf. A.-M. Goichon, *Distinction*, p. 324, n. 4; D. Gutas comenta o *hads* de Avicena em *Avicenna and the Aristotelian Tradition*, pp. 159-176, com a tradução para o inglês dos textos avicenianos que elaboram tal conceito.

29. Cf. Avicena: "[...] A faculdade de refletir, em sentido absoluto, não é uma das faculdades estritamente racionais no centro das quais se ergue a luz, em sentido absoluto", *in* A.-M. Goichon, *Distinction*, p. 323, n. 4.

30. Em contraposição a Avicena, para quem o Ocidente é onde a luz se perde, Hegel diz que a filosofia é como o mocho de Minerva que sai ao entardecer quando o trabalho da história já foi concluído e, na *Filosofia da História,* afirma que o Espírito vai do Oriente para o Ocidente, da materialidade alienada à pura espiritualidade.

uma potência próxima ao ato"[31]. Sua pureza e transparência inspiram a metáfora da estrela brilhante, porque, de posse do *hads*, desta intuição intelectual espontânea, recebe uma perfeição, um inteligível. É o que significam as palavras corânicas "luz sobre luz" remetidas à inteligência adquirida. Esta última é uma faculdade ou inteligência em ato. O que a faz passar do *habitus* ao ato perfeito e também da inteligência material ao *habitus* é o intelecto agente universal. Ele é o fogo. O óleo não poderia brilhar por si só, pois necessita do fogo para passar ao ato. A inteligência santa, grau mais elevado da inteligência em que "o óleo quase brilharia", é aquela que faz uso perfeito dos inteligíveis adquiridos. Essa faculdade, a inteligência santa, mesmo sendo a mais alta e pura, permanece em potência, por isso "quase brilharia". Os movimentos preparatórios da alma fazem-na "quase brilhar". No nível mais baixo está a inteligência material (ou em potência); após receber uma perfeição, torna-se a inteligência *habitus* e, por fim, a inteligência santa, esta possuidora do *hads* porque contém um aspecto ativo; na comunicação com Deus, guarda sua passividade, pois dele recebe o conhecimento. Para Avicena, o fogo que distribui a luz é o intelecto agente universal, e não, como pensava Alexandre de Afrodísia – comentador de Aristóteles –, o deus primeiro e verdadeiro. Porque contém as formas universais, essa primeira inteligência é una em um sentido, e múltipla em outro. Como vimos, ela é una por acidente e não em essência, pois sua unidade é dada por aquele que possui a unidade em essência, Deus único[32].

O encontro do fogo com a lâmpada exprime a junção do intelecto agente com a alma humana. Goichon prefere traduzir o vocábulo empregado por Avicena, *'ittisāl*, por *junção* ou *contigüidade*, no lugar de *união*, pois na teoria aviceniana não há uma *união* entre a alma e o intelecto agente. Ao tratar desse mesmo tema a propósito de al-Fārābī, Ibrahim Madkour faz uma advertência:

> Não é possível confundir uma relação estabelecida entre o homem e o mundo dos inteligíveis com uma identificação completa do criador com a criatura [...] a "união" de al-Fārābī é uma simples comunicação da alma humana com a inteligência agente, sem que elas se identifiquem uma com a outra[33].

31. Ver A.-M. Goichon, *Introduction à Avicenne: Son Épître des Définitions*, Paris, Desclée de Brouwer, 1933, p. 32 e p. 44, n. 14: sobre a inteligência material, Goichon reproduz o texto de Avicena, *Najāt*, 270-271: "Outras vezes, a faculdade especulativa estará numa relação de potência possível. É assim quando, na faculdade material, já estão atualizadas as perfeições inteligíveis primeiras, [...] por meio das quais chega-se às <perfeições> inteligíveis segundas, isto é [...] aquelas que conduzem o *tasdīq* (assentimento, adesão) [...] Denomina-se inteligência *habitus*, e pode-se denominá-la inteligência em ato em relação à primeira (a inteligência material)".

32. Cf. A.-M. Goichon, *Distinction*, p. 322, n. 4.

33. Ibrahim Madkour, *La Place d'al-Fārābī dans l'École Philosophique Musulmane*, p. 188.

Igualmente em Avicena o termo *'ittisāl* sugere uma comunicação, o que é diferente de *'ittihād*, termo empregado pelo místico Hallāj que significa a *união com o divino*[34].

Quando se realiza o conhecimento dos inteligíveis, Avicena afirma que, em relação à inteligência humana, existe

> uma coisa extrínseca à nossa substância na qual estão as próprias formas inteligíveis, pois é uma substância intelectual em ato tal que, quando ocorre entre nossas almas e ela uma certa junção, dela se imprimem em nossas almas as formas inteligíveis[35].

Os *lugares de recreio* correspondem a um domínio fora do sensível em que se movem os três *companheiros*; eles acompanham a alma racional em sua *saída*, sem o auxílio do Sábio. Mas, antes que a *saída* seja efetiva, o Sábio intervém. O contato que o intelecto agente estabelece com a alma, enquanto ela ainda está acompanhada de seus parceiros, corresponde ao *hads*, intuição intelectual espontânea que ultrapassa os *movimentos preparatórios*. Nas *'Isharat*, *Avicen*a define o *hads*:

> Talvez desejes conhecer agora a diferença entre a reflexão (*fikra*) e a intuição intelectual (*hads*). Pois bem, escuta.
>
> A reflexão é um certo movimento da alma, entre as idéias, as quais recorrem no mais das vezes à imaginação (movimento da alma com seus companheiros). Ela procura por meio disso o termo médio ou o que está em seu lugar, fazendo chegar a um conhecimento do que se ignora; no caso de ausência, ela interroga o que está depositado internamente (fruto do trabalho dos companheiros). Algumas vezes a reflexão chega àquilo que procura, outras vezes detém-se subitamente.
>
> Quanto à intuição intelectual, <esta> consiste na representação na mente (*dihn*) do termo médio de um só golpe ou em conseqüência de uma busca e de um desejo ardente, sem movimento <da alma>, ou sem desejo nem movimento[36].

Em *Avicenne et le Récit Visionnaire*, Henry Corbin aponta para a descrição do aspecto da pessoa do Sábio. Na visualização de *Hayy*, os traços físicos percebidos pelo narrador e pintados com certa emoção sugerem tratar-se da conjunção de beleza e brilho, próprios da juventude, com a experiência conferida pelo tempo que apenas os que muito sorveram da vida possuem. "Avançado em idade" não quer dizer em "idade" física, pois o intelecto agente tem duração eterna e o tempo não pode alterar sua constituição ontológica. Corbin esclarece o significado simbólico dessa visão, cuja "totalidade anunciada por seu ser celeste pressupõe que a alma tenha passado por uma longa prova do *renatus in novam infantiam*". Para que se realize a iniciação, é preciso que se deixe para trás o que até então era parte do indivíduo, o que significa uma espécie de "morte" para tudo o que até então tinha

34. Cf. A.-M. Goichon, *Distinction*, pp. 320-321, n. 4.
35. *'Ishārāt*, trad. A.-M. Goichon, pp. 330-331.
36. *Ibidem*, pp. 326-327.

algum significado. Tal processo de "purificação" representa a longa prova que deverá ser superada pelo aspirante à iniciação, e, após essa "morte", a alma "renasce" para uma nova vida que será preenchida pelo percurso iniciático. O renascimento já está anunciado no ato de "ver" o Sábio, cuja figura simboliza a totalidade de um ser que contém em si a perfeição da sabedoria adquirida no tempo e que coexiste com a possibilidade de uma juventude perene, uma vez que a aquisição do conhecimento concede vida eterna à alma.

A imagem do Sábio, ser celestial tornado visível, apresenta-se à alma como seu espelho. Para Avicena, a alma é o "espelho da verdade", é seu intelecto contemplativo *unido* à verdade porque totalmente reabsorvido pela imagem. O contato (*'ittisāl*) com o intelecto se faz *no* olhar e *por meio* do olhar[37]. A imagem torna-se visível para a alma como num espelho que a reflete; sua própria imagem torna-se a imagem da verdade no instante em que a alma desperta para o mundo dos inteligíveis. O olhar em direção à verdade e a apreensão dessa mesma verdade no espelho passivo e purificado da alma evocam a experiência da contemplação plotiniana, cuja célebre passagem das *Enéadas* (VI, 9, 11) comprova a filiação de Avicena ao neoplatonismo[38]:

> [...] Chegará o momento em que a contemplação (o espetáculo, *he théa*) será contínua e sem obstáculo por parte do corpo [...]. O ato e a faculdade de ver não pertencem à razão (*lógos*); são melhores que a razão, anteriores e superiores a ela, assim como o é seu próprio objeto. Se o ser que vê se vir a si mesmo nesse momento, ver-se-á semelhante a seu objeto; em sua união consigo próprio, sentir-se-á idêntico e tão simples como esse objeto. Entretanto, talvez não se deva empregar a expressão: *ele verá.* O objeto que <o ser que vê> vê [...], ele não o vê como se distinguindo dele, ou no sentido de representar-se um sujeito e um objeto; tornou-se um outro; não é mais ele próprio; lá embaixo, nada dele próprio contribui à contemplação; <voltado> inteiramente a seu objeto, com ele é uno, como se ele (o ser que se vê a si próprio) tivesse feito coincidir seu próprio centro com o centro universal [...]. É preciso dizer que ele próprio não é mais ele próprio: arrancado de si mesmo e arrebatado pelo entusiasmo, encontra-se em um estado calmo e tranqüilo [...]. Porém, quanto à contemplação (espetacular, *theámata*) que teve no santuário, terá sido realmente uma contemplação? Certamente não o foi, porém tratava-se de um modo de visão completamente distinto, brotado de si próprio (*ékstasis*), simplificação, abandono de si mesmo, desejo de um contato (*aphé*), êxtase (*stásis*) [...]. A alma não vai a um ser diverso dela, mas entra em si mesma e não está em nada além de estar em si própria [...]. Se se vê a si própria tornar-se ele (o objeto da contemplação),

37. Cf. L. Gardet, *La Pensée Religieuse d'Avicenne*, p. 149. Cf. H. Corbin, *Avicenne et le Récit Visionnaire*, p. 167-168: o autor analisa o comentário de Filo de Alexandria sobre a passagem do *Génesis*, 31, 13, "Eu sou o Deus que se mostrou a ti no lugar de Deus" (*De Somniis*, I, 229-232), e explica que, às almas que ainda se encontram em seus corpos, Deus se mostra como Anjo, o que não altera em nada sua natureza, e, portanto, cada alma recebe sua presença sob uma diferente forma sem que esta forma seja uma "imitação".

38. A influência de Plotino em Avicena dá-se, sobretudo, por meio da *Pseudo-Teologia de Aristóteles*, que, entretanto, não contém a passagem aqui transcrita.

apreende a si mesma como imagem dele, avança como uma imagem até seu modelo e <assim> chega ao final da viagem[39].

Ao analisar o pensamento religioso de Avicena, Louis Gardet esclarece que o sentido de "contemplação" não é uma "visão à distância" e sim um "desejo de contato":

A não-dualidade é experimentada como uma transformação do si consciente ("ele não é mais ele mesmo") em sua verdadeira natureza. A imagem do uno, que está na alma, transforma-se em seu modelo, o qual é a própria natureza da alma, isto é, o uno[40].

Seja em Plotino seja em Avicena, no final não há mais apenas olhar da alma sobre a alma. Para Plotino, o olhar é seguido por um desejo de contato com a luz. Há uma transformação do ser na ordem ontológica, pois "ele não é mais ele próprio", converte-se na fonte de seu próprio ser, o uno. Para Avicena, a alma é o espelho da verdade, reflete a verdade, e sua união (*'ittisāl*) com a verdade se faz no olhar e por meio do olhar. O contato (*aphé*) com a luz suprema, descrito por Plotino na belíssima passagem anteriormente transcrita, é sempre de mesma natureza do contato (*'ittisāl*) com a verdade que a alma aviceniana anseia por meio do olhar: a alma se torna o que ela já é na origem de seu próprio ser, ela retorna a si mesma.

Na seqüência da narrativa, o autor passa a descrever a experiência de seu desejo de união-relação com o Sábio:

§ III. *Experimentei um desejo ardente de com ele me relacionar. De meu âmago elevou-se uma exigência de penetrar sua intimidade e dele me aproximar familiarmente. Com meus companheiros, dirigi-me ao seu encontro. Assim que nos aproximamos, ele antecipou-se numa saudação desejando-nos paz e longa vida, e depois, sorrindo, revelou-nos palavras que recebemos.*

Já de início, o parágrafo destaca o desejo ardente[41] da alma que a leva a relacionar-se com o Sábio. A condição necessária para que o intelecto agente se manifeste é o aproximar-se da alma que "ama o

39. Plotino, *Enéadas*, VI, 9, 10-11. Nossa tradução seguiu a citação da versão francesa de Émile Bréhier com modificações de L. Gardet, *La Pensée Religieuse d'Avicenne*, pp. 148-149.

40. Cf. Louis Gardet, *op. cit.*, p. 149.

41. O uso do vocábulo *'ishq* apresenta um problema. Na língua árabe, *'ishq* não é empregado para significar o amor espiritual ou o amor dedicado aos seres não racionais. O vocábulo *hubb*, que também significa amor é, geralmente, mais empregado. Os místicos empregaram o termo *'ishq*, o que resultou numa controvérsia com os tradicionalistas, que argumentam não se poder amar a Deus como se ama outra criatura qualquer. Nesse opúsculo, o termo *'ishq* parece ter sido escolhido para exprimir a ideia de um amor excessivo, de uma grande força de atração, do desejo ardente por alguma

bem absoluto com um amor inato e [...] o bem absoluto se manifesta (*yataghalla*) àquele que o ama"[42].

O desejo da alma provoca sua orientação para unir-se ao intelecto agente. É um desejo ardente que vem do fundo da alma e evoca a eterna "nostalgia do paraíso perdido" da condição humana que, no *Poema da Alma*, traduz o adágio neoplatônico em toda a sua beleza.

O desejo de se unir ao intelecto agente, esfera inteligente mais próxima e única acessível à alma humana, tem na sua origem as faculdades expostas por Avicena nas *'Ishārāt*:

> Essa união tem por causa uma faculdade distante, a inteligência material, uma faculdade que adquire, a inteligência *habitus*, e uma faculdade completamente preparada, destinada a orientar a alma para a iluminação (*'ishrāq*)[43] quando esta assim o deseja por uma disposição solidamente assentada; designa-se inteligência em ato[44].

Goichon explica que o vocábulo árabe empregado por Avicena, *muhālata*, exprime a idéia de intimidade, não representando, portanto, uma união esporádica, e sim o "hábito da união". Quando o narrador diz que "do íntimo"[45] dele próprio emerge a exigência de "se relacionar familiarmente" com o Sábio, a alma não está realizando outra coisa senão a sua própria natureza de "causa receptiva": receber os conhecimentos do intelecto agente pertence à sua própria essência. Porém,

coisa que não está ainda presente. Para Avicena, trata-se de exprimir o amor voluntário que segue o conhecimento e a atração por um fim que é a perfeição. *'Ishq* é o *eros* de Platão e significa, ao mesmo tempo, amor e paixão ou desejo ardente por alguma coisa. Cf. *Risâla fî l-'Ishq – Le Traité sur l'Amour d'Avicenne*, trad. Tahani Sabri, *in Revue des Études Islamiques*, LVIII, Librairie Orientaliste Paul Geuthner S.A., Paris, cap. VII ou "Conclusion", 1990, p. 114, n. 2.

42. *Rissālat fî l-'Ishq*, trad. Tahani Sabri, p. 131.

43. *'Ishrāq* é traduzido por A.-M. Goichon por "clareza de ordem intelectual", cf. *Distinction*, pp. 311-314, p. 320. A palavra *'ishrāq* está na raiz da controvérsia entre duas interpretações distintas que tomaram rumos opostos quanto à significação do vocábulo-título da obra perdida de Avicena, *A Sabedoria dos Orientais*, para alguns, e *A Sabedoria dos Iluminados,* para outros. A confusão existiu porque nos manuscritos antigos as consoantes não eram vocalizadas, não havia marcação com diacríticos. O famoso artigo de C. A. Nallino, "Filosofia 'orientale' od 'illuminativa' d'Avicenna?", pôs fim a essa controvérsia entre acadêmicos, ao demonstrar que havia uma obra de Avicena sobre a sabedoria dos *orientais* (*mashriqīyūn*). Henry Corbin contradiz a tese de Nallino e de todos os que veem em Avicena um autor preocupado em desenvolver as teses peripatéticas, e insiste no conteúdo iluminativo (*mushriqīyūn*) de alguns de seus textos, o que significa conferir-lhes uma interpretação mística ou esotérica. Em nosso entender, Avicena, conhecedor das obras de Aristóteles, de Platão e dos neoplatônicos, tenta um esquema teórico utilizando, principalmente, a lógica aristotélica, sem descartar quer a linguagem esotérica que transparece em várias de suas obras quer o tema plotiniano da "origem" e do "retorno" transposto para a fé islâmica.

44. *'Ishārāt*, trad. A.-M. Goichon, p. 332.

45. O problema do conhecimento está no centro da obra de Avicena. É estudado sob diversos aspectos nas suas grandes obras enquanto conhecimento sensível e conhecimento intelectual, apreensão do inteligível em oposição à apreensão sensível. Na *Narrativa de*

o "hábito de união" só se efetivará quando a alma estiver pronta para receber os inteligíveis. Adquirido tal "hábito", o que a espera, portanto, é a realização do percurso de retorno ao princípio primeiro.

No momento do encontro com o Sábio, atualiza-se a preparação efetuada pelos "movimentos" que possibilitaram à alma receber o "fluxo iluminador" (*fayd*): ela afasta-se então do mundo sensível para receber os inteligíveis.

O instante do encontro, ilustrado em linguagem metafórica, descreve a teoria de Avicena da recepção dos inteligíveis. A alma, "preparada", sente o desejo ardente (*'ishq*) de se unir ao intelecto agente e dele se aproximar. Por enquanto, pode apenas estar preparada e se apro-

Hayy ibn Yaqzān, Avicena relata o drama da alma cuja vida apenas se realiza entre os inteligíveis. Entretanto, existe uma espécie de conhecimento que está além da certeza dada pela razão (na língua árabe, temos os vocábulos *'aql*, *'āqil*, *ma'qūl*, que significam respectivamente inteligência, inteligente, inteligível). Avicena percebeu que o tipo de conhecimento adquirido pela razão não dava conta de todo o conhecimento. Elaborou o conceito de "intuição", *hads*, que apreende o termo médio cujo possuidor não tem necessidade de um mestre, pois o *hads* penetra na natureza das coisas, embora não explique um conhecimento indefinível e superior. Este último tipo de conhecimento, obscuro e profundo, Avicena menciona poucas vezes e é retirado dos místicos *sūfis*. Nas *'Ishārāt*, há algumas indicações, e o termo empregado para fazer referência a tal conhecimento é *sirr*, que pode ser traduzido por *íntimo* ou *íntimo do coração* ou, ainda, *íntimo da alma* ou *o profundo da alma*. Alguns traços lembram Plotino, porém a doutrina de Avicena elabora uma concepção de alma individual e pessoal. O sentido de "lugar do segredo" refere-se ao coração (*qalb*) e ao pensamento, mas também ao espírito e à consciência; entretanto, seu significado é mais profundo que todos esses. No penúltimo capítulo das *'Ishārāt*, intitulado *Das etapas daqueles que sabem verdadeiramente*, o *sirr* é descrito com as seguintes funções, enumeradas nesta ordem: é o lugar onde se ergue a luz da verdade; é a faculdade que não pode se distrair da verdade; é aquela (espécie de faculdade) que as faculdades superficiais devem deixar em paz e que chegará a se alçar até a verdade, podendo então penetrá-la. O *sirr* é, ainda, uma faculdade motriz que move a alma ou move a si mesma e precisa da paz para que a atenção se concentre na busca de conhecimento. Todavia, pode haver uma ação do exterior sobre o *sirr* para favorecer ou romper essa paz. Ao conhecimento ou à sabedoria, o *sirr* acrescenta uma visão mais direta sobre o objeto. É um espelho vivo que pode receber não somente a verdade, mas ainda as fruições da verdade; pode olhar alternativamente sua própria alma e o objeto que procura ver, e pode ainda atrair o objeto com seu olhar; mas, quando perturbado, um véu se interpõe entre a alma e o conhecimento. Porém, quando atinge sua finalidade, sua única ocupação, isto é, a busca da verdade, abraça o conhecimento desse mundo e do outro. A função do *sirr* é o conhecimento, embora seu papel seja mais dinâmico: quanto mais a verdade se desvela, mais ativamente ele procura penetrá-la e estudá-la. Age com a vontade. Está situado acima de todas as faculdades porque é portador de dupla função, na ordem do conhecimento e na ordem da vontade. Ao tratar do *sirr*, Avicena refere-se aos homens santos (*'ārifūn*), os quais movidos de amor e de vontade recebem a suavidade decorrente da união (*'ittisāl*) com a verdade. É o *sirr* que se move e não a razão. Entretanto, o termo *'ittisāl* é empregado para designar a união entre a alma humana e o intelecto agente que lhe fornece os inteligíveis. Essa união realiza-se no mundo da santidade, que, para Avicena, é o mundo dos inteligíveis, descrito no parágrafo XXII de *Hayy ibn Yaqzān*: É o mundo no qual não há matéria, multiplicidade ou divisão. Avicena

ximar. É o Sábio quem primeiro fala, "antecipa-se na saudação". Por que pertence a ele a iniciativa? Porque esta somente pode vir de uma substância intelectual agente: "a inteligência possível (em potência) passa ao ato somente por causa de uma inteligência sempre em ato"[46].

Com a saudação do Sábio, principia o desvelamento de uma linguagem até então desconhecida à alma. Este é o instante em que a alma se une ao intelecto agente para receber a revelação. Cumprida a preparação necessária, a alma passa a receber do Sábio a linguagem das formas, antes oculta, e que agora lhe será transmitida, pois, afastada do mundo sensível, está preparada para receber e compreender as formas inteligíveis. "Adquirida do exterior" porque provinda do *dator formarum*, ou intelecto agente, a revelação consiste na transmissão do conhecimento, acessível apenas aos poucos eleitos que podem alcançá-lo.

O Sábio continua e deseja à alma "paz e longa vida". Essas não são palavras desprovidas de significado. A paz é desejada porque a alma ainda não a tem. Ao longo do relato, ela irá perfazer o caminho da conquista da paz tão almejada. A "longa vida" exprime a imortalidade da alma, cuja prova Avicena apresenta em diversas outras obras, sobretudo nas páginas do *Livro da Salvação* (*Kitāb al-Najāt*), que

diz que o *'ārif*, aquele que sabe por excelência, merece tal designativo quando "volta seu pensamento em direção à santidade da potência divina na ininterrupta espera do erguer-se da luz da verdade em seu *sirr*", no "íntimo de si próprio" (*'Ishārāt*, trad. A.-M. Goichon, p. 485). Perseverando nesse objetivo, quando "atinge o dom", o *sirr* do *'ārif* "torna-se um espelho polido e se apresenta diante da verdade; as elevadas fruições jorram sobre ele em abundância e ele se deleita com o rastro da verdade que sua alma carrega. Possui um olhar para a verdade e um olhar para sua <própria> alma sendo, desde então, um vai-vém" (*'Ishārāt*, trad. Goichon, pp. 495-496). Plotino, em *Enéadas*, V, 5, 8, apresenta uma descrição na qual se reencontram todos os traços avicenianos: "Esperar tranquilamente que ela (a luz misteriosa) apareça, como o olhar espera o nascer do Sol; o astro, em se erguendo acima do horizonte, emergindo do Oceano, como dizem os poetas, oferece-se aos nossos olhos para ser contemplado [...] a inteligência, então, permanece imóvel na sua contemplação. [...] ela se volta e se entrega inteiramente; elevada e plena de vigor, ela se vê tornar-se mais bela e mais luminosa, porque está próxima do Primeiro. [...] a inteligência é obrigada a ir e vir porque não sabe onde deve permanecer e onde reside o Primeiro". No final do texto, Plotino exprime o que é o *sirr* que ultrapassa a razão: "Mas porque ela é inteligente, ela o contempla e o faz com a parte que nela não é inteligente." Não é por meio da razão (*'aql*) que este conhecimento verdadeiro é adquirido. O *sirr* é a própria alma considerada como fonte das faculdades humanas, mais secreta e profunda que todas as manifestações da inteligência e da vontade. Sua percepção está além da tomada de consciência habitual; seu objeto escapa às faculdades diferenciadas. Avicena, quando fala do *sirr*, está se referindo aos místicos *sūfis*, portanto, desse ponto de vista, o conhecimento ultrapassa a união da alma com o intelecto agente. Cf. A.-M. Goichon, "Le Sirr 'L'Intime du Coeur' dans la Doctrine Avicennienne de la Connaissance", *Studia semitica*, I, J. Bakoš Dicata, Bratislava, 1965.

46. *Shifā'*, I, 293; *De Anima*, I, 5, fº 5 v. 2; J. Bakoš, 50/34; *Najāt*, 271; cf. A.-M. Goichon, *Hayy ibn Yaqzān*, p. 33, n. 2.

reproduz diversas passagens do *Livro da Cura* (*Kitāb al-Shifā'*)[47]: "A substância que recebe a impressão dos inteligíveis [...] é incorpórea e indivisível"[48]. O inteligível não pode ser recebido por alguma coisa divisível[49]: "[...] não se imprime naquilo que é divisível por sua posição"[50]. A substância inteligível não é divisível e, portanto, não pode ser recebida pelo corpo físico, sujeito à divisão e à corrupção. A forma inteligível é impressa na "alma que não morre pela morte do corpo"[51]. Quando a alma recebe as formas inteligíveis, cumpre seu destino enquanto substância imortal.

§ IV. *Empenhamo-nos na conversa, falando alternadamente até chegar o momento em que o interroguei sobre sua pessoa, perguntando-lhe sobre sua maneira de viver, seu ofício e mesmo seu nome, sua origem e seu país. Respondeu-me:* "Meu nome e minha linhagem são *Vivente filho do Vigiante*. Meu país é a Morada Sacrossanta. Meu ofício é viajar por todas as regiões dos mundos a fim de conhecer exaustivamente todas as condições. Meu rosto está sempre voltado para meu Pai, o *Vigiante*. Dele recebi as chaves de todos os conhecimentos. Ele indicou-me os caminhos que conduzem aos limites do mundo de maneira que, por meio de minha viagem, estão reunidos diante de mim os horizontes de todos os climas."

O encontro do homem com uma potência divina que lhe revela um saber supremo é tema conhecido por todos os helenistas. Foi sob o monte sagrado Hélicon que as Musas revelaram ao pastor Hesíodo a verdade e a mentira, tal qual descrito no prólogo da *Teogonia*:

> Elas um dia a Hesíodo ensinaram belo canto
> quando pastoreava ovelhas ao pé do Hélicon divino[52].

Na literatura de conteúdo gnóstico, o conhecimento salvífico revelado ao iniciado é possível tão-somente com a intervenção externa de uma potência iluminadora. A *gnôsis* é, antes de tudo, a resposta à angústia e à solidão do homem. Traduz-se na recepção da luz que desce

47. Cf. A.-M. Goichon, *'Ishārāt*, p. 334, n. 3.

48. Avicena, *'Ishārāt*, trad. A.-M. Goichon, p. 330.

49. Cf. *ibidem*, p. 334.

50. Somente a alma está apta a receber o inteligível, porque é de natureza semelhante: 1) só é imortal o incorpóreo, porque é indivisível; 2) apenas o mesmo se comunica com o mesmo.

51. *Shifā'*, I, 354; *Najāt*, 302; J. Bakoš 224/161; *De Anima* V, 4, fº 24 v. 1; cf. A.-M. Goichon, *Hayy ibn Yaqzān*, p. 34, n. 3.

52. Estudo e tradução de Jaa Torrano: Hesíodo, *Teogonia – A Origem dos Deuses*, 23, São Paulo, Roswitha Kempf editores, 1986, p. 130.

do *pléroma*[53]. Incapaz por si próprio de se salvar, o gnóstico necessita de ajuda externa para receber o conhecimento salvífico, cuja transmissão impõe, portanto, a presença de um revelador, o *sotér* gnóstico. A *gnôsis*, conhecimento secreto e acessível somente a uma elite, obriga a existência de uma figura descida do *pléroma* para transmitir os mistérios àquele que já é um iniciado – pois é um eleito – no momento do encontro com o *sotér*. Entretanto, esse parece ser um dos problemas mais espinhosos no estudo das diversas gnoses, pois, como determinar a natureza, as funções e as origens do salvador gnóstico? Nas gnoses aparentadas com o cristianismo, a figura do salvador não surpreende. Mas, como se põe o problema nos textos que não sofreram a influência cristã? Não se pode ignorar que "existiram várias figuras de *sotéres* não identificadas ao *sotér* cristão"[54], como o Hermes grego no contexto do hermetismo ou o Seth dos egípcios em alguns textos gnósticos não-cristãos. Na clássica descrição de Hans Jonas, reconhecemos que no gnosticismo a figura do *sotér* "encerra uma certa gnose fundada no conceito antroposófico da consubstancialidade do *pneûma* que está no homem com o *pneûma* divino, isto é, a idéia de conhecimento (salvífico) por conaturalidade congênita com o divino"[55].

Para uma interpretação mais rica da figura do Sábio *Hayy ibn Yaqzān*, no contexto da obra de Avicena que estamos analisando, pareceu-nos interessante identificar algumas possíveis influências, oriundas das diferentes tradições que aceitam o personagem portador do conhecimento salvífico, o *sotér*. Como constitui o personagem central da trama do relato, pois a narrativa leva seu nome, procuramos identificar na literatura de conteúdo gnóstico aparentada com o hermetismo a existência do revelador-salvador. Todavia, nos mantivemos distantes das gnoses aparentadas ao cristianismo, que por sua complexidade impõem estudos separados. Para a finalidade do trabalho aqui

53. O Colóquio de Messina de 1966 definiu o seguinte: "O gnosticismo das seitas do II século implica uma série coerente de características que podem ser resumidas na concepção da presença no homem de uma centelha divina (*pneûma*) que provém do mundo divino e caiu neste mundo submetido ao destino, ao nascimento e à morte, a qual deve ser despertada da contraparte divina de seu Eu interior para ser finalmente reintegrada. [...] O tipo de gnose implicado no gnosticismo está condicionado por fundamentos ontológicos, teológicos e antropológicos que indicam: nem toda gnose é o gnosticismo mas somente aquela que envolve [...] a ideia da conaturalidade (consubstancialidade) divina da centelha que deve ser despertada e reintegrada. Esta gnose do gnosticismo implica a identidade divina do *conhecente* (o gnóstico), do *conhecido* (a substância divina de seu Eu transcendente) e do *meio pelo qual ele conhece* (a gnose como faculdade divina implícita que deve ser despertada e atualizada; esta gnose é uma revelação-tradição. Essa revelação-tradição é, portanto, de um tipo diverso da revelação-tradição bíblica e islâmica)." Cf. *Le Origini dello Gnosticismo*, pp. XX ss.

54. Cf. Giovanni Firolamo, *L'attesa della fine. Storia della gnosi*, p. 163.

55. Hans Jonas, cit. *in* Ugo Bianchi, "Le Problème des Origines du Gnosticisme", *Le Origini dello Gnosticismo*, p. 3.

proposto, o emprego do termo *gnôsis* não se limita às doutrinas dos movimentos e seitas dos diversos gnosticismos – pagão e cristão –, pois, como vimos nas páginas dedicadas ao estudo desse fenômeno, a gnose remonta a tradições anteriores ao surgimento do cristianismo. O termo *gnôsis* será, portanto, empregado para sinalizar um conhecimento específico, ou seja, aquele revelado por um *sotér*, que implica, desde que recebido, a salvação do iniciado.

Para que a figura do *sotér* seja plenamente justificada, é necessário que se tenha sempre presente o contexto religioso dualista de inspiração iraniana. Um *sotér* somente é necessário quando o *cósmos* é identificado com o mal e a alma dele deve libertar-se. O *sotér* não é Deus, que, no imaginário gnóstico, não pode ser conhecido. O Deus *absconditus* gnóstico não desce para salvar o homem. A potência que desce para revelar o conhecimento pertence ao mundo celeste e, em vários textos gnósticos dos primeiros séculos da era cristã, foi identificada com Jesus Cristo. Nos textos de conteúdo gnóstico que não se aparentam com o cristianismo[56], o *sotér* é o próprio Hermes, embora tais textos contenham distintos nomes para o deus de origem grega[57].

À descida da potência iluminadora, o *noûs* ou *sotér*, contrapõe-se a ascensão da alma: a vontade do gnóstico, predisposta para a salvação, tem no pólo oposto a função sotérica, que se traduz no mito da descida e da chamada de um revelador. Anunciada pelo *sotér*, a salvação se realiza na viagem celeste da alma para se libertar da matéria através dos sucessivos estágios de purificação e na ascensão ao mundo superior. Para o gnóstico, o movimento ascensional impõe-se em conseqüência de sua queda na matéria e da perda da substância espiritual, esta devendo ser recuperada com a aquisição do conhecimento salvífico, ou *gnôsis*. Para que o processo da *gnôsis* possa ser viabilizado, faz-se necessária a presença de um revelador-salvador.

A revelação do *sotér* gnóstico possui um conteúdo diverso da revelação bíblica e islâmica. Moisés recebeu as tábuas da Lei dire-

56. Ver o inventário dos textos gnósticos em copta encontrados em Nag Hammādi *in* Jean Doresse, *The Secret Books of the Egyptian Gnostics*, USA, Inner Traditions International, 1986, reedição da tradução inglesa de Hollis & Carter, London, 1960, pp. 141 ss.

57. Em alguns dos textos gnósticos em copta encontrados em Chenoboskion, na região de Nag Hammādi, Egito, surge a figura de Seth no lugar de Hermes; ver B. Layton, *The rediscovery of Gnosticism*, vol. II, *The Sethian Gnosticism*, Leiden, E. J. Brill, 1981, em especial o artigo de Birger A. Pearson, "The Figure of Seth in Gnostic Literature", pp. 472 ss.; ver Jean Doresse, *op. cit.*, pp. 249 ss.: o autor, o primeiro a fazer um estudo extensivo da biblioteca de Nag Hammādi, propõe que esses códices constituam *in toto* uma biblioteca Sethiana-Gnóstica. Essa posição foi mais tarde revista pelos estudiosos do tema e do acervo em questão (os manuscritos de Nag Hammādi datam provavelmente do século IV, mas o seu conteúdo é bem mais antigo, e, com certeza, o conteúdo de alguns deles remonta ao século II; cf. Hans Jonas, *Lo Gnosticismo*, p. 308, n. 8).

tamente de Deus, enquanto Maomé recebeu a Palavra de Deus, o *Corão*, transmitida pelo anjo Gabriel. Gabriel é um mensageiro de Deus e não um *sotér*, pois quem revela é o próprio Deus, ainda que por intermédio do anjo, pois na teologia islâmica Deus não tem relação direta com o homem. Na literatura de conteúdo gnóstico, o *sotér* desce do *pléroma* para recuperar a centelha divina perdida na matéria. O *sotér* é da mesma substância que a centelha divina que habita em cada ser humano. A identificação entre o divino e o humano, indício da possibilidade de divinização do homem, é inconcebível nas tradições judaica, cristã e islâmica. Tal identificação é de fundo neoplatônico e está na base da teoria das emanações de Plotino: provindo do uno, a centelha divina chega até o mundo sublunar, embora enfraquecida. Todo o processo gnóstico de aquisição do conhecimento encerra a recuperação da centelha divina, cuja realização se efetiva com a aquisição da *gnôsis* ou conhecimento salvífico e traduz-se no itinerário que a alma percorre através das várias esferas até chegar a Deus. Tal itinerário revelado é a própria *gnôsis* e para ser transmitido ao iniciado necessita do *sotér*, potência vinda do *pléroma* com essa missão.

Henry Corbin em suas *Notes et Gloses*[58] frisa que esse conhecimento "não é de um objeto natural qualquer, mas do *re-conhecimento*[59] do ser angélico que atua no conhecimento". O *re-conhecimento*, na perspectiva gnóstica, é entendido como a recuperação da centelha divina, ou melhor, o despertar daquela parcela do *noûs* que todo ser humano possui em si e que, com a queda no mundo da matéria, ficou adormecida. Inicialmente, a centelha deve ser despertada, *re-conhecida*, para, em seguida, ser *re-conduzida* com o auxílio do *sotér* à sua origem divina. O *re-conhecimento* abrange o conhecimento anterior, perdido ou esquecido, tal qual exemplifica o próprio nome do Sábio que alude a esse despertar: ele é filho (*ibn*) do *Vigiante*. Em árabe, *Yaqzān* tem o significado simultâneo de *Desperto*, *Vigiante* e *Velador*. *Yaqzān* é aquele que não caiu nas trevas da matéria, que não teve sua consciência anuviada pelo véu da ignorância, que não está submetido à fatalidade (*heimarméne*); permanece intacto no mundo celeste, pois sua morada é a Jerusalém celeste. Como *Desperto*, mantém vivo o conhecimento do qual é depositário; como *Vigiante*, está sempre atento para que o conhecimento não se perca ou se profane; como *Velador*, cuida do conhecimento com a bondade divina.

58. Henry Corbin, *Avicenne et le Récit Visionnaire*, T. II, Tehéran – Paris, 1954, p. 69, n. 27.

59. O grifo é nosso.

2.3. PREPARAÇÃO DA ALMA PARA A INICIAÇÃO

§ V. *Nossa conversa prosseguiu sem interrupção. Eu o questionava sobre as ciências e o interrogava sobre os mistérios a serem resolvidos e, de assunto em assunto, chegamos à ciência da fisiognomonia. Eu o vi atingir uma tal profundidade e sagacidade nessa ciência que lhe dediquei toda minha admiração; pois, foi ele quem tomou a iniciativa ao chegarmos às informações sobre a fisiognomonia. Ele me disse:* "A fisiognomonia é dessas ciências cujo benefício é pago à vista, pois ela revela as disposições naturais que cada um esconde em seu íntimo, de modo que podes abordar <qualquer um> de maneira disposta ou reservada segundo a situação."

Cumpre esclarecer a *Fisiognomonia*, ciência conhecida dos gregos e muito apreciada pelos árabes.

Segundo Youssef Mourad[60], antes de ter acesso aos textos gregos, os árabes já possuíam um conhecimento, embora não codificado, da ciência da fisiognomonia. O que os árabes entenderam do vocábulo *firāsa*, que em seu idioma corresponde à fisiognomonia, é a proposta do trabalho de Mourad.

A ciência da fisiognomonia, no princípio denominada pelos árabes *kiyāfa*, surgiu de forma primitiva e, na sua evolução, não tardou a abranger

> uma dezena de outras ciências secundárias cujo elo era sobretudo constituído por um procedimento intelectual constante e que por meio do qual proferia-se julgamentos: tal penetrante sagacidade, esta espécie de intuição, de perspicácia que permitia aos assim dotados julgar rapidamente uma pessoa, uma coisa ou uma situação por meio de signos exteriores, visíveis apenas a olhos treinados[61].

O autor continua: "[...] É o que a palavra *firāsa* significa na língua literária árabe: uma inteligência que conclui rapidamente, e sem o meio termo, do conhecido ao desconhecido". Mourad sublinha que o termo *firāsa* pertence ao vocabulário dos *sūfis*[62], para os quais possui o significado de oráculo, próprio dos místicos.

Quando traduziram por *firāsa* a ciência grega "fisiognomonia", os árabes deram-lhe um sentido mais amplo e mais profundo do que o herdado dos textos gregos.

60. Numa publicação de 1939, Youssef Mourad defende uma tese complementar para o doutorado na Faculdade de Letras de Paris com o título *La Physiognomonie arabe et le Kitāb al-Firāsa de Fakhr al-Dīn al-Rāzī*, Paris, Paul Geuthner, 1939. Esse trabalho possibilitou nosso estudo nas páginas que se seguem.

61. *Ibidem*, pp. 1-2.

62. *Sūfi* é aquele que segue um caminho espiritual ou místico no interior da religião do Islão.

A corrente iniciada com as obras de Antístenes, de Aristóteles, de Pólemon de Laodicéia e de Adamancio manteve-se no terreno das ciências naturais até o século II d.C. Quando à fisiognomonia misturou-se uma série de escritos ocultos e divinatórios, seu caráter científico inicial foi alterado durante todo o período que compreende a Idade Média, para ser retomado somente nos séculos XV e XVI na Itália Renascentista. Retirados da observação dos fatos naturais, os primeiros escritos limitavam-se a constatar uma relação entre o caráter intelectual e moral do indivíduo e suas diferentes partes corporais. Com a alteração da ciência fisiognomônica em ciência divinatória, passou-se a predizer o futuro do homem com base nos traços de seu rosto, nas linhas de suas mãos, na forma geral de seu corpo, nas manchas da pele ou das unhas, e até mesmo nos movimentos de certas partes do corpo. A influência da astrologia tornou-se preponderante, na medida em que estudar o microcosmo humano – imagem fiel do universo e receptáculo das influências astrais – era bem mais fácil do que estudar o próprio universo, pois compreender os efeitos dispensava o entendimento da causa.

Entre os árabes manteve-se a corrente naturalista, e a grande maioria de obras que em língua árabe tratam da fisiognomonia não difere, no modo de abordar as questões, das obras que estudam as diversas ciências naturais. A fisiognomonia era considerada pelos filósofos árabes uma ciência secundária da física, no mesmo nível que a medicina. Como escreve R.-H. Waters:

> Foi somente na Arábia, e com os sábios árabes, que o interesse pela ciência manteve-se vivo. Seu interesse dirigia-se sobretudo à medicina e à fisiologia. De seus trabalhos resultou quer um benefício indireto para a psicologia comparada visto que consideravam as leis naturais como controladoras dos mecanismos fisiológicos, quer o fato de haverem contribuído para estimular os sábios que os sucederam para manter leis similares que explicassem as complexas formas do comportamento[63].

O mais antigo trabalho de fisiognomonia codificada é a pseudo-obra de Aristóteles, conhecida dos árabes por *Sirr al-Asrār* e pelos latinos por *Secretum Secretorum*, em que o Estagirita explica a Alexandre Magno a utilidade de poder julgar o caráter das pessoas antes de freqüentá-las, a fim de evitar surpresas desagradáveis. Essa ciência é de grande utilidade para os reis na escolha de seus ministros e amigos. Do mesmo modo, a escolha de um escravo na hora de sua compra deve-se apoiar nos conhecimentos da fisiognomonia médica.

A origem de tal ciência confunde-se com a medicina e com a magia, todas elas coexistindo sobretudo no Egito, na Caldéia e no

63. R.-H. Waters, "*The historical background of comparative psychology*", *Comparative Psychology*, F. A. Moss (ed.), New York, 1934, cit. *in* Y. Mourad, *op. cit.*, p. 9.

subcontinente indiano. Os antigos sabiam da relação entre os males físicos e o que comumente pode ser entendido por moral. Sabe-se que conheciam a correlação entre moral e corpo físico, isto é, sua influência recíproca, embora vissem a necessidade de os métodos terapêuticos considerarem as doenças que afligiam o corpo provenientes de causas espirituais. Para se tornarem mais efetivos, os remédios eram portanto submetidos a encantamentos e fórmulas mágicas, permanecendo assim a arte de curar uma prerrogativa de sacerdotes-médicos, os quais já empregavam os princípios da medicina hoje conhecida por psicossomática. O diagnóstico dos sintomas das doenças considerava os diferentes temperamentos e sua relação com a forma das partes do corpo, sua coloração e consistência. Partindo da arte de curar, as observações médicas evoluíram para a ciência específica da fisiognomonia, que estabelece uma correlação estreita entre a forma das partes do corpo e suas qualidades físicas e morais.

Parte importante do conhecimento humano, a fisiognomonia possuía uma relação definida com a anatomia, com a fisiologia e a medicina. Não obstante, podemos ainda encontrá-la relacionada à filosofia, à psicologia, à astrologia e à adivinhação. Contudo, sua evolução foi pequena desde a Antigüidade até o final da Idade Média, fato que transparece nos escritos gregos, árabes e latinos.

Os árabes traduziram a fisiognomonia de Pólemon de Laodicéia (século II d.C.) e conheciam a obra apócrifa de Aristóteles, supracitada, *Secretum Secretorum*. Na taxionomia das ciências, inventário herdado dos gregos, o primeiro autor de língua árabe a mencionar a fisiognomonia é Avicena, no seu pequeno tratado *Fī Akssām al-'Ulūm al-'Aklīya*. Como já vimos, al-Fārābī na *Enumeração das Ciências* esquematizou um programa de estudos com a classificação das ciências mais importantes, porém não chegou a mencionar a fisiognomonia. Na parte concernente às ciências da natureza, al-Fārābī contentou-se apenas em expor o objeto da física e dividi-la em oito partes: iniciando com o estudo dos elementos, a obra descreve os corpos compostos, a mineralogia, a botânica e a zoologia, mas não faz menção à fisiognomonia[64].

Como vimos anteriormente, Avicena em seu opúsculo divide a sabedoria (*al-hikma*) em filosofia teorética e filosofia prática: a filosofia teorética e suas três subdivisões, a ciência inferior ou física, a ciência média ou matemáticas e a ciência superior ou teologia; e a filosofia prática, ainda com três partes, a moral, a economia doméstica e a política.

O mérito de Avicena foi separar as ciências em divisões principais (*akssām aslīya*) e divisões secundárias (*akssām far'īya*). A menção à fisiognomonia está entre essas últimas, que perfazem sete. É classificada

64. Para obter mais detalhes sobre a *Enumeração das Ciências – Ihsā' al-'Ulūm*, de al-Fārābī, ver Sayyed Hossein Nasr, *Sciences et Savoir en Islam*, pp. 58-61.

em terceiro lugar, depois da medicina e da astrologia; em quarto lugar, a oniromancia, seguida do conhecimento dos talismãs e do conhecimento das *Nīrandjīyāt*[65] (ciência aparentada com a magia, "que tem por objeto misturar as forças das substâncias terrestres a fim de originar uma nova força capaz de produzir um resultado extraordinário"[66]), e finalmente, em sétimo lugar, a alquimia.

No mesmo opúsculo, Avicena define a fisiognomonia como a ciência que tem por objeto julgar o caráter a partir da física. Não faz uma apreciação dessas ciências secundárias, exceção feita à astrologia, que considera uma ciência conjectural. A taxionomia das ciências de Avicena foi ainda exposta por al-Ghazālī (m. 1111 d.C.) em *Tahāfut al-Falāsifa*.

Retomemos, agora, a *Narrativa de Hayy ibn Yakzān*.

A.-M. Goichon critica a interpretação que H. Corbin dedica a esta passagem: a fisiognomonia não é entendida como ciência racional, e sim como uma "intuição que, permanecendo inconsciente, conduz a uma concepção religiosa ou mística"[67]. Todavia, Corbin fundamenta-se nas observações de um comentador árabe, al-Monāwī, e no estudo de H. S. Nyberg sobre o filósofo árabo-andaluz, Ibn 'Arabī, para quem há dois tipos de fisiognomonia: *firāsa tabī'īya* ou *hikmīya*, a qual em geral julga as coisas veladas a partir de certos signos exteriores. Entretanto, esta difere da fisiognomonia dos místicos, conhecida por *firāsa ilāhīya* ou *shar'īya*, luz divina que ilumina a consciência íntima do crente[68]. Enquanto o fisiognomonista racional vê e julga a partir dos sinais corporais, expressão direta de seu temperamento, o místico vê os sinais da essência espiritual: "a fisiognomonia (*al-firāsa al-sha'rīya*) torna visível a verdadeira realidade, velada sob a metáfora do fenômeno"[69]. Corbin conclui, apoiando-se no comentário persa de *Hayy ibn Yaqzān*, que, em virtude de tal concepção mística, o conhecimento adquirido é próprio do anjo. Goichon rejeita conceber a fisiognomonia apresentada por Ibn 'Arabī e argumenta ser o filósofo andaluz posterior a Avicena de dois séculos, ter florescido na Espanha e, portanto, ter tido outra formação intelectual. Não cabe aqui desenvolver a concepção de fisiognomonia de Ibn 'Arabī, mesmo porque suas considerações sobre a *firāsa* mística somente se tornam coerentes e compreensíveis se integradas no conjunto de sua doutrina.

65. Palavra derivada do vocábulo persa *Nīrindj*, que significa "magia, encantamento, sortilégio, fraude"; cf. Y. Mourad, *op. cit.*, p. 23, n. 3.

66. *Ibidem.*

67. Cf. *Hayy ibn Yaqzān*, trad. A.-M. Goichon, p. 40; cf. H. Corbin, *Notes et Gloses*, pp. 70-71.

68. Cf. Y. Mourad, *op. cit.*, p. 62.

69. Cf. H. Corbin, *Notes et Gloses*, pp. 70-71, n. 32; cf. A.-M. Goichon, *Hayy ibn Yaqzān*, p. 40.

A influência de Aristóteles no pensamento de Avicena parece ser mais evidente. A fisiognomonia aparece nos trabalhos do Estagirita sobre a lógica, *Primeiros Analíticos*, II, 27, 70b 6-37, em que é exposta a teoria do lugar do signo na demonstração silogística que considera as aparências corporais como signos: "É possível julgar segundo a fisiognomonia (*physiognomoneîn*) se concordarmos que as afecções naturais provocam uma modificação simultânea do corpo e da alma".

Determinar a correspondência entre o signo exterior dado pelo corpo e o estado interior da alma é o que Aristóteles entende por "afecções naturais, as paixões e os desejos que são movimentos naturais". Admitindo que um só signo corresponda a uma só afecção, é possível estabelecer para cada espécie signos e afecções próprias e, com isso, julgar por meio das aparências corporais. Determinar tal signo e fazer o julgamento correto permitem ao silogismo da primeira figura ser enunciado.

O silogismo fisiognomônico aristotélico é retomado por Avicena em *Najāt*, 92-93[70]: "O termo médio é aqui uma disposição corporal que se encontra no homem e se julga por meio da fisiognomonia".

Como bem lembra Goichon, o médico Avicena vale-se da teoria grega dos temperamentos que predispõem a disposições corporais, as quais não são outra coisa além de signos determinantes do caráter da pessoa. Os diferentes temperamentos – colérico, fleumático, bilioso e melancólico – constituem o resultado da mistura de diversas matérias e de suas qualidades – quente, frio, seco e úmido. A matéria é causa das disposições corporais e do caráter, o que explica alguns traços de caráter comuns entre homens e animais, tal qual a coragem, a esperteza e o medo.

Nos estudos árabes é freqüente o paralelo entre feições humanas e animais; os traços humanos são analisados a partir de qualidades animais:

> [...] um rosto carnudo é sinal de preguiça e ignorância por analogia aos bois; [...] um rosto pequeno é sinal de maldade, de malignidade e adulação por analogia ao macaco; [...] um nariz arqueado, a partir de seu ponto de inserção na fronte, é sinal de insolência por analogia ao corvo; [...] um nariz achatado é sinal de lascividade por analogia aos camelos; [...] aquele que tem os olhos luminosos e brilhantes é lascivo. Esta significação é retirada da semelhança com os galos e os corvos; [...] aquele que tem os olhos cavados possui uma alma nobre. Tal significação é retirada da semelhança com o leão; [...] aquele que tem os olhos exorbitantes é ignorante e incoerente. Esta significação é retirada da semelhança com o asno. [...] Lábios finos e firmes na região dos caninos [...] é sinal de grande energia por analogia aos porcos; [...] uma boca larga é sinal de voracidade e de coragem [...] Tal boca é semelhante àquela do leão[71].

70. Cf. *Hayy ibn Yaqzān*, trad. A.-M. Goichon, p. 41.

71. Os exemplos aqui citados foram extraídos do *Kitāb al-Firāsa*, de Fakhr al-Dīn al-Rāzī, na tradução do árabe para o francês de Y. Mourad, *op. cit.*, *passim*.

A fisiognomonia mencionada no texto aviceniano, segundo Goichon, está longe de ser uma "intuição pura" no sentido esotérico de manifestação do que está velado pelas aparências. A fisiognomonia que se fundamenta na lógica e nas ciências naturais procura "apreender a realidade visível e naturalmente cognoscível, conserva as premissas do raciocínio mais claramente possível e não as separa da conclusão". Corrobora essa sua observação o já citado opúsculo de Avicena, *Divisão das Ciências*, em que a fisiognomonia, classificada entre as ciências derivadas das ciências naturais, tem como princípio "inferir do físico aos hábitos"[72].

§ VI. "Na verdade, a fisiognomonia revela em ti a melhor das naturezas selecionada da argila e da terra não cultivada que recebe as impressões <dos temperamentos>; <ela te revela que vais para o lado que te atrai.> Se, <porventura>, a mão da repreensão te tocar, ela te aperfeiçoará. <Do contrário>, se um trapaceiro te seduzir, vais te iludir no caminho do erro. À tua volta, esses que jamais se afastam são más companhias. Sem dúvida, não conseguirás livrar-te deles; eles te seduzirão, a menos que uma força providencial te envolva e proteja."

§ VII. § 1. "Esse que vai adiante de ti é um mentiroso, um tolo, um ardiloso que embeleza o falso e forja mentiras. Ele te traz informações que não devem ser guardadas como provisões. O que elas contêm de verdadeiro é maculado pela falsidade e, embora ele seja tua visão e guia, engana a verdade com a mentira. É por seu intermédio que a ti chegam as notícias do que é desconhecido na tua vizinhança e afastado do lugar onde te encontras. És colocado à prova para separar o verdadeiro do falso, recolher a verdade, colocar à parte a mentira e separar o que for justo de seu solo de erros, pois, não podes te separar dele. Às vezes, a graça divina te toma pela mão e te ergue acima de onde pisa o engano. Outras vezes, o estupor te imobiliza e outras, ainda, o testemunho da mentira te seduz."

§ 2. "O companheiro à tua direita é um violento. Quando sua cólera é estimulada, nenhuma advertência consegue submetê-lo. A doçura não o amansa, ele é como o fogo na lenha, uma torrente em declive, e mais se parece a um camelo reprodutor descontrolado ou a uma leoa que perdeu seu filhote.

Aquele à tua esquerda é um sórdido, glutão, libidinoso, seu ventre só se enche com terra e sua fome só é saciada com areia. Ele lambe, saboreia, devora, consome. É como um suíno faminto e jogado na imundície."

§ 3. "E tu a eles foste unido, ó infortunado! e nada pode te livrar deles, exceto o exílio em algum lugar onde seus semelhantes jamais poderão pisar. Como ainda não é chegado o tempo desse desterro e tu

72. Cf. A.-M. Goichon, *op. cit.*, p. 42.

não tens nenhum refúgio onde estarás a salvo de seus golpes, que a tua mão os domine e que a tua autoridade os arrebate. Não deixes que se apoderem de tuas próprias rédeas e não lhes permitas que te conduzam. Ao contrário, sobressai-lhes com maestria e conduze-os ao caminho do equilíbrio. A tua firmeza os obrigará <a te servirem> e eles não te submeterão. Tu os cavalgarás e não mais lhes servirás de montaria."

§ VIII. "Dentre os meios eficazes que tens para os burlar, <existe um>: tornar-se senhor desse <companheiro> indolente e glutão com o auxílio daquele que é violento e malvado, <obrigando-o> a afastar-se e então vencerás. <E inversamente>, abrandar gradualmente o impulso desse orgulhoso intratável por meio da sedução daquele que é dengoso e afável, assim o humilharás.

Quanto ao companheiro bem falante e hábil em ficções, não te inclines a ele, a menos que te forneça uma sólida garantia vinda de Deus. Nesse caso, confia nele e não hesites em dar-lhe ouvidos, ainda que sejam confusas as notícias que ele te traz. Assim, não eliminarás, dentre essas novidades, o que for digno de ser investigado e verificado."

<Assim> que me descreveu esses companheiros, encontrei-me disposto a acolher e apressado em confirmar o que me fez saber deles. Quando voltei a examiná-los e <desta vez> observando-os em profundidade, a experiência confirmou-me a veracidade do que me foi dito. E eis que me encontro lutando contra eles para dominá-los e tolerá-los. Ora sou eu que os domino, ora são eles que me vencem.

Que Deus me ajude a manter uma boa vizinhança com estes companheiros até a hora da nossa separação.

Os três capítulos acima descrevem a alma humana. A preparação para a compreensão daquilo que vai ser revelado já foi realizada com o registro da fisiognomonia, ciência necessária para o conhecimento das características humanas. Como já estudamos a concupiscência e a irascibilidade, dedicamos as linhas que se seguem ao estudo da *imaginação*.

Antes de abordar o conceito de imaginação (*khayāl*, *musawwira*) em Avicena, cabe um pequeno resumo das raízes conceituais que lhe possibilitaram formular sua teoria, herdadas sobretudo de Aristóteles e de seu comentador Alexandre de Afrodísia, além da clara contribuição de al-Fārābī.

O conceito aristotélico de imaginação é de difícil compreensão e certamente caberia fazer um estudo mais rigoroso sobre ele. Entretanto, isso ultrapassaria nosso objetivo, que é apenas delinear as linhas gerais dos conceitos que serviram a Avicena no desenvolvimento desse tema,

73. Cf. Aristóteles, *De l'Âme*, trad. Richard Bodéüs, Flammarion, Paris, 1993: Bodéüs emprega o termo *représentation*; em nosso trabalho, adotamos o termo clássico que corresponde ao grego *phantasía*, a *imaginação*.

lembrando que o pensamento de Aristóteles teve uma grande influência na teoria da alma apresentada no *Livro da Cura*.

Em Aristóteles, o conceito de *phantasía* é elaborado em algumas passagens do *Parva Naturalia* e no *De Anima*, III, 3. O vocábulo grego *phantasía* pode ser traduzido por *imaginação* ou por *representação*[73].

Escreve Aristóteles:

> A imaginação, de fato, distingue-se da sensação e da reflexão (*dianoeîsthai*): não ocorreria sem a sensação e, sem ela, não há suposição (*hypólepsis*). Ademais, é claro que não é ela própria pensamento e crença (*De Anima*, III, 3, 427b 14-16).

A imaginação pressupõe a sensação:

> A imaginação parece ser, de sua parte, uma espécie de movimento que não ocorre sem o sentido (*aisthéseos*), mas, ao contrário, implica sujeitos que sentem e objetos que são aqueles da sensação" (*De Anima*, III, 3, 428b 11-13); "[...] a imaginação será o movimento que se produz sob o efeito da sensação em atividade" (*De Anima*, III, 3, 429a 1-2)[74].

A imagem (*phántasma)* é persistência da impressão sensível (*Anal. Post*., II, 19, 99b 36-37), semelhante à sensação (*De Anima*, III, 3, 428b 14), contudo, ao contrário desta, não exige a presença do objeto sensível. Nesse sentido, diz-se que é imaterial: "Os conteúdos da imaginação, com efeito, são como os dados da sensação, embora sem matéria" (*De Anima*, III, 3, 432a 9-10). Por isso, ela é susceptível de ser verdadeira ou falsa (*De Anima*, III, 3, 428a 3-4).

A imaginação (*phantasía*) é o acontecimento de uma aparição (*phántasma*) diante de nós, o que remete vagamente a qualquer coisa posta "diante dos olhos" (*De Anima*, III, 3, 427b 18).

Aristóteles considera uma eventual assimilação do sensível por meio da imaginação, assim como ocorre com a sensação: "[...] Desde que a vista constitui o sentido por excelência, o nome (grego: *phantasía*) é retirado de <vocábulo que significa> luz: *pháos*, porque não se pode enxergar <ou ver> sem luz (*phós*)" (*De Anima*, III, 3, 429a 2-4).

E continua: as imagens (*tà phantásmata*), fornecidas pela imaginação (*phantasía*), são "duráveis e se assemelham à sensação" (*De Anima*, III, 3, 429a 5), o que explica o comportamento dos animais quando por ela se dirigem e, no caso dos homens, quando sua "inteligência é ofuscada às vezes pelo efeito da paixão, da enfermidade ou do sono" (*De Anima*, III, 3, 429a 7-8). O sono produz as imagens (*tà phantásmata*) oníricas sobre as quais alguns se pautam, com ou sem

74. Cf. R. Bodéüs, *op. cit*., p. 220, n. 1: se "a representação (imaginação) é o movimento que resulta do sentido em atividade" (*De Somni*, 1, 459a 17-18) e cujo resultado é "afecção do sentido comum" (*De Memoria*, I, 450a 10), o sujeito dessa afecção não é simplesmente passivo, mas ativo; ele se serve do movimento residual impresso pela sensação para produzir as imagens.

razão (*De Divinatione*, 1, 462b 14-17). Sujeita ao erro, a imaginação (*phantasía*) não é reflexão (*dianoeîsthai*). No entanto, quando certas condições materiais ou circunstâncias temporais e espaciais são impostas à sensação, em função de sua dependência do objeto, que é sempre *hic et nunc*, a imaginação permite uma ampliação da vida psíquica, isto é, condiciona o exercício da faculdade intelectual propriamente dita por meio das formas de conhecimento que o espírito tem para elevar-se acima da sensação: a opinião (*dóxa*), a ciência (*epistéme*) e a intelecção (*noûs*) (*De Anima*, III, 3, 428a 4-5). Opinião e ciência são funções intelectivas cujo exercício pressupõe a convergência da imaginação. Nesse sentido diz-se que a alma nunca pensa sem imagem (*noeîn ouk estìn áneu phantásmatos*), (*De Memoria et Reminiscentia*, 449b 31-32; *De Anima*, III, 7, 431a 17).

O vínculo da inteligência com a imaginação e, por meio desta, com os sentidos, é verdadeiro para todas as operações intelectivas, inclusive as especulativas. É ainda mais verdadeiro lá onde a inteligência comanda a ação, pois esta exige um duplo conhecimento do particular: para conhecer o universal a partir do particular e para reconhecer este universal no particular[75]. A atividade intelectual superior à opinião e à ciência – as quais pressupõem a participação da imaginação – é a intelecção propriamente dita (*nóesis*), função suprema do intelecto, cujo papel é apreender os princípios dos quais a ciência retira a certeza[76].

Em *De Anima*, III, 4, 429a 10, Aristóteles examina o intelecto, a parte da alma que "permite conhecer (*gignóskein*) e pensar (*phroneîn*)", e designa as duas operações da inteligência respectivamente por especulativa e executiva. Se a operação da inteligência for comparada à da sensação, ou consistirá em se submeter ao efeito do inteligível ou será uma operação de outro gênero (*De Anima*, III, 4, 429a 14-15). Deve haver um princípio capaz de receber a forma que não seja a própria forma, cuja relação com os inteligíveis seja a mesma da relação da função sensitiva com os sensíveis. Como a inteligência apreende tudo, deve necessariamente ser "sem mistura" (*amigés*) para que "domine" seu objeto a fim de conhecê-lo: a interferência de qualquer objeto sensível obscurece a inteligência. O Estagirita nomeia "inteligência da alma" aquilo que possibilita à psique refletir e formar as idéias (*De Anima*, III, 4, 429a 20-25). "[...] ela não está misturada ao corpo", porque, se estivesse, disporia de algum órgão sensível e possuiria qualidades físicas, como o quente ou o frio, o que efetivamente não ocorre. Não se trata da alma inteira, mas, sim, da alma intelectiva, lugar onde estão as formas em potência.

Em *De Anima*, III, 4, 431a 14-15, a propósito dos atos da inteligência comparados aos sentidos em ação, Aristóteles diz que "a alma

75. Cf. *ibidem*, p. 235, n. 5.
76. Cf. J. Moreau, *Aristote et son école*, 2ª ed., Paris, PUF, 1985, pp. 175-176.

dotada de reflexão dispõe de imagens *(tà phantásmata)* que ocupam o lugar das sensações", e é por isso que a alma "não pensa jamais sem imagem (*phantásmatos*)". Todavia, quando a inteligência está "misturada" aos objetos fornecidos pela imaginação, ela não é *diánoia*, porque a imagem (*phántasma*) não abraça nenhuma asserção ou negação, e a imaginação está portanto sujeita a incorrer em erro. Na opinião (*dóxa*) e na ciência (*epistéme*), a alma necessita das imagens; a *nóesis*, função suprema da alma, lida com os princípios e não pode ser velada por objetos ligados aos sentidos físicos.

As páginas que Alexandre de Afrodísia dedica ao exame da faculdade imaginativa (*De Anima*, 66, 9-73) são de difícil compreensão, o que é justificável: se já era difícil explicar e fazer concordar as diversas afirmações de Aristóteles, a tarefa do comentador complica-se com a necessidade de se manter distante das doutrinas estóicas.

A dificuldade principal está em retirar dos textos aristotélicos – de *De Anima*, III, e de algumas indicações no *Parva Naturalia* – uma concepção coerente e clara. A relação da imaginação com a percepção sensível, de um lado, e com o pensamento, de outro: a possibilidade de que os objetos imaginados estão ou não presentes em ato na percepção, e a eventualidade de uma ulterior reelaboração, pela imaginação, dos dados da percepção sensível ou dos "resíduos" desta. Em relação aos textos aristotélicos, são esses os principais problemas enfrentados por Alexandre.

O modo como o filósofo resolve o problema não é claro e contém, no mínimo, uma contradição: depois de destacar o aspecto da imaginação como atividade relativa ao resíduo deixado pela experiência sensível – o que transparece no argumento aristotélico em *De Anima* III, 3 –, Alexandre é induzido a desmembrar a *phantasía*, separando-a da percepção dos objetos presentes aos sentidos: a presença ou ausência do objeto sensível é o que distingue não apenas a atividade, mas a própria essência das duas faculdades, sensível e imaginativa, que, de outro modo, seriam idênticas quanto ao substrato.

> A faculdade imaginativa é idêntica à faculdade sensível quanto ao substrato, mas difere quanto à essência. Em verdade, é sensível enquanto apta para perceber somente os objetos sensíveis separados do corpo que a possui e a apresenta; é imaginativa quando: como a outra é ativa em relação aos sensíveis externos, assim, esta é ativa em relação aos objetos imagináveis, os quais encontram-se no corpo que a possui como objetos para ela sensíveis, embora os objetos sensíveis não estejam mais presentes. Com efeito, quando é ativa em presença dos objetos sensíveis, é sensação: a atividade da alma sensível que, em presença do objeto sensível, se produz no corpo capaz de sentir, e que tem por objeto o <movimento> transmitido mediante o órgão do sentido, é a sensação. (Por isso mesmo parece que a sensação e a imaginação são a mesma coisa). Quando, ao contrário, o objeto sensível não estiver mais presente, a atividade da alma sensível tem por objeto o resíduo originado da sensação em ato como uma espécie de sensível, então tem-se a imaginação. (Então, quanto à atividade concernente a este mesmo resíduo, <e> quando acontece considerá-lo não puramente enquanto tal, mas ainda gerado de outro,

será ou memória ou reminiscência. Da diferença entre estas falou-se em outra parte; agora devemos falar da imaginação)[77].

Na argumentação que acabamos de ler, a faculdade da percepção sensorial – e sua atividade, a percepção –, quando funciona na presença de objetos percebidos em ato, é a mesma faculdade, e, quando funciona depois de retirados os objetos sensíveis, o faz sobre o resíduo deixado pela percepção e recebe o nome de faculdade imaginativa, enquanto sua atividade recebe o de imaginação. A mesma faculdade tem duas atividades distintas, segundo os objetos apreendidos. No ato de apreensão de algum objeto sensível, é a faculdade da percepção sensorial; no ato da apreensão das imagens (resíduos) dos objetos, após a sua retirada, passa a ser a faculdade imaginativa.

A teoria aristotélica da alma teve uma enorme influência na filosofia medieval e – à parte o problema gerado pelo conceito de *noûs*, que constitui uma de suas grandes dificuldades – foi adotada praticamente em todos os seus detalhes. Al-Fārābī, sem explicitá-lo verbalmente, estava convencido do considerável valor do *Tratado da Alma*, de Aristóteles, pois adotou-o no seu conjunto. Seu conhecimento do *De Anima* é profundo, e, numa exposição de doze páginas, deixou-nos um resumo bastante sumário, porém preciso[78].

Al-Fārābī explica a alma ao estudar suas funções, que podem ser motrizes ou apreensivas. As motrizes se dividem em vegetativas, animais e humanas; as apreensivas são ou animais ou humanas. Não desenvolveremos tal temática, pois o objetivo aqui é apenas introduzir o conceito de *imaginação*. Basta mencionar que a apreensão é feita mediante as faculdades externas e internas.

As faculdades apreensivas externas são representadas pelos cinco sentidos, que apreendem os objetos do mundo exterior. O sentido interno apreende os fenômenos que os sentidos externos não atingem. A faculdade interna ou *imaginação* tem por função combinar as imagens entre elas, separá-las ou reuni-las. Nos animais, tal faculdade se denomina *estimativa* (*wahm*), e no homem, *cogitativa* (*mufakkira*). Atrás das impressões sensíveis, há uma faculdade que as recebe e as conserva, que al-Fārābī denomina *sentido comum* ou *imaginação*. Os dados internos são conservados na memória.

Essa taxionomia repousa sobre uma base aristotélica, pois foi Aristóteles o primeiro a fazer uma classificação sistemática das faculdades

77. Alexandre de Afrodísia, *De Anima 69, 5-20*. Tradução do italiano, *L'Anima*, Milano, Editori Laterza, 1996.

78. Nas epístolas de Avicena *Tis' Rasā'il fī l-hikmat wa l-tabi'īyāt – Nove Epístolas sobre filosofia e física*, encontra-se uma dissertação sobre as faculdades da alma. Essa dissertação é parte da famosa obra de al-Fārābī, *Preciosidades da Sabedoria*, falsamente atribuída a Avicena. Cf. I. Madkour, *La Place d'al-Fārābī dans l'École Philosophique Musulmane*, Adrien Maisonneuve, Paris, 1934, p. 123, n. 3.

ou partes da alma. Al-Fārābī adota o inventário aristotélico modificando-o em alguns pontos. Parece identificar o *sentido comum* com a *imaginação*. Para Aristóteles, o *sentido comum* é a sensação de todas as sensações. Para al-Fārābī, essa faculdade tem um outro papel: ela recebe as impressões que lhe foram transmitidas por meio dos sentidos e as conserva, o que não a distingue da *imaginação*, portanto al-Fārābī conserva o mesmo nome. Avicena, seguidor de al-Fārābī, nomeia o sentido comum *phantasía*. Que a *imaginação* esteja ligada à sensação é uma evidência. O próprio Aristóteles já afirmara em *Retórica*, I, 2, 1370a, 28, que a *imaginação* é uma "sensação enfraquecida" (*aísthesís tis asthenés*), embora a função do *sentido comum* em seu pensamento seja bem distinta da função da *imaginação*.

Para Alexandre de Afrodísia, a *imaginação* não é um simples resíduo que a sensação deixou, e sim, o ato da faculdade imaginativa[79], sem a qual não se explica a escolha das imagens que ela efetua. Al-Fārābī conhecia o comentário de Alexandre, o que o levou a introduzir uma outra faculdade, por ele nomeada *imaginativa*, que compõe as imagens recebidas. Esta é a *phantasía* aristotélica que o filósofo árabe subdivide em duas outras: uma, receptiva e conservativa, e a outra, combinatória. Entretanto, essa não é uma separação efetiva entre as duas partes e não corresponde exatamente à tradição aristotélica.

Para al-Fārābī, as faculdades da alma formam uma única unidade cujas partes estão a ela subordinadas. A faculdade imaginativa é a matéria da faculdade intelectiva, forma de todas as outras faculdades que lhe são inferiores, dado que a classificação alfarabiana segue sempre uma hierarquia.

A descrição da *imaginação* de al-Fārābī é diversa daquela de Aristóteles e parece estar mais próxima da filosofia grega tardia. Para o filósofo, tal faculdade possui a capacidade de traduzir em símbolos os inteligíveis que recebe do intelecto agente, os quais se adaptarão melhor às tradições religiosas. Quando a *imaginação* for potente, transmitirá as "imitações dos inteligíveis por meio das representações sensíveis para o sentido comum"[80]. A potência visual é afetada e faz passar as impressões sensíveis no "ar luminoso que comunica com o olho", o que produz o mecanismo das visões que podem ocorrer quer em estado de vigília quer durante o sono. É o caso do profeta e dos que têm sonhos premonitórios. No sistema alfarabiano, a ação do intelecto agente é efetiva seja sobre o intelecto humano seja sobre a *imaginação*.

H. Davidson formula uma síntese bastante perspicaz da doutrina alfarabiana do intelecto:

79. Cf. *De Anima, 66,* 5-73.

80. Cf. al-Fārābī, *Traité des opinions des habitants de la cité idéale – Kitāb ārā' 'ahl al-madīnat l-fāḍila*, cap. XXV, "Da revelação e da visão do anjo", J. Vrin, Paris, 1990, p. 100.

Na *Cidade Virtuosa* e no *Livro da Ciência Política*, al-Fārābī assinala uma série de emanações da causa primeira através das inteligências incorpóreas e esferas celestes, as quais identificam o intelecto agente, assinalado por Aristóteles no *De Anima*, como sendo o último na série das dez inteligências incorpóreas. O intelecto agente está intensamente empenhado com o mundo sublunar, embora tal empenho não recubra toda a gama de funções que um sistema perfeitamente simétrico implicaria. Lá onde de cada uma das inteligências emana o corpo e a alma de sua esfera, o intelecto agente não produz nem a matéria nem a forma no mundo sublunar. São os céus que produzem a matéria do mundo sublunar e induzem as forças necessárias para a geração de todos os seres sublunares, inclusive o homem. O intelecto agente opera somente sobre o intelecto humano, e quando a emanação alcança o intelecto humano, atinge a faculdade imaginativa.

O intelecto humano evolui por meio de três estados: material ou passivo, o intelecto que se caracteriza como uma disposição inerente ao homem; o intelecto atual e o intelecto adquirido. A emanação do intelecto agente, análoga à luz do Sol, torna o intelecto material humano capaz de aferrar os primeiros princípios do pensamento e os princípios de diversas ciências. O homem deve, portanto, esforçar-se para construir um *corpus* de conhecimentos intelectuais. Além do papel de fornecer os primeiros princípios do pensamento e os princípios das ciências, o intelecto agente desenvolve outro papel quando o homem atinge o estado do intelecto adquirido. Neste ponto, o intelecto humano separa-se do corpo e das partes inferiores da alma, e o intelecto agente torna-se a sua forma. O intelecto adquirido humano entra em conjunção com o intelecto agente, embora não completamente idêntico a este, e goza da felicidade e da imortalidade.

Enfim, a emanação do intelecto agente que, passando através do intelecto humano, afeta a faculdade imaginativa e inspira dois níveis de profecia. [...] O nível mais alto é reservado àqueles homens que atingiram o estado do intelecto adquirido e cujo intelecto se encontra em conjunção com o intelecto agente. Se um homem neste estado possui uma faculdade imaginativa receptiva, a emanação do intelecto agente [...] produz o conhecimento dos eventos futuros. Quando um filósofo-profeta possui certa qualidade de direção, torna-se também filósofo-rei[81].

Para al-Fārābī, a faculdade imaginativa é parte da alma, tanto quanto o é o intelecto. É uma faculdade indispensável à inspiração profética (*wahy*), porque sem ela o profeta não saberia falar ao vulgo com uma linguagem acessível às suas limitadas capacidades. Que o profeta necessite de uma imaginação desenvolvida além de qualidades intelectuais é fato aceito por filósofos posteriores a al-Fārābī, como Averróis, Maimônides e o próprio Avicena. Quando as faculdades imaginativa e intelectiva estiverem unidas, o homem perfeito se tornará o filósofo-profeta, que, na *Cidade Virtuosa*, é o rei – o "cabeça" (*ra'is*) –, diverso de todos os outros homens[82].

Al-Fārābī explica o conceito de imaginação no capítulo XXIV da *Cidade Virtuosa*. Na explanação da causa dos sonhos, lemos:

A potência imaginativa é intermediária entre a potência sensível e a potência racional. Quando todas as potências nutritivas do sensível sentem em ato e realizam suas

81. Herbert A. Davidson, *Alfarabi, Avicenna & Averroes on Intellect*, Oxford University Press, 1992, pp. 62-63.

82. Cf. al-Fārābī, *La città virtuosa*, int., trad. e notas por Massimo Campanini, Biblioteca Universale Rizzoli, 1996, p. 21.

ações, a potência imaginativa é, primeiro, impressionada por elas, ocupada por aquilo que os sentidos a ela trazem e nela imprimem. Estará, assim, preocupada em servir à potência racional e assistir à potência apetitiva.

Quando as potências sensível, apetitiva e racional atingem sua primeira perfeição, cessam de realizar seus atos, como ocorre no estado de sono. Então, a potência imaginativa se encontra isolada, livre com relação àquilo que os sentidos renovam constantemente por meio das impressões. [...] Então, retorna às formas dos sensíveis que ela reecontra em si; age sobre estas impressões ao compor umas com as outras, além de separar umas das outras. [...] tem uma terceira função que é a imitação. A potência imaginativa é particular com relação às outras potências da alma porque possui uma capacidade para imitar as coisas sensíveis que estão nela conservadas. Algumas vezes imita as sensações experimentadas por meio dos cinco sentidos, combinando os sensíveis nela conservados e, em outras ocasiões, imita os inteligíveis.

Quanto aos sensíveis, continua al-Fārābī, "a ação de imitação da potência imaginativa está no mesmo nível que a coisa na realidade". E, quanto aos inteligíveis, a potência imaginativa imita os imperfeitos e chega até mesmo a imitar "os inteligíveis que estão na extrema perfeição, como a causa primeira".

A inteligência agente é a causa por meio da qual os inteligíveis em potência se tornam inteligíveis em ato [...] o que a potência racional recebe da inteligência agente – que está na mesma situação que a luz com respeito à visão – pode jorrar sobre a potência imaginativa. <A inteligência agente> fornece-lhe, às vezes, os inteligíveis [...] e, às vezes, ela lhe fornece sensíveis parciais [...] a potência imaginativa recebe assim os inteligíveis por meio das imitações sensíveis nela compostas. Recebe, ainda, às vezes, particulares [...] Mas tal produto da potência imaginativa é sem reflexão: as coisas foram anteriormente deduzidas por meio da reflexão, e a inteligência agente fornece à potência imaginativa, por meio dos sonhos e das visões verdadeiras, fragmentos de acontecimentos. [...] <A inteligência agente> concede-lhe, ainda, os inteligíveis, mas ela (a potência imaginativa) os substitui por imitações das coisas divinas. Todas estas coisas se produzem seja durante o sono, seja em estado de vigília [...].

A descrição dos *maus companheiros* apresentada no § VII de *Hayy ibn Yaqzān* é completada mais adiante no § XVIII, quando o narrador retoma com maiores detalhes a ação das faculdades representadas por essas figuras.

O § VII tem início com uma referência à *imaginação*: "aquele que vai adiante de ti," o que significa que essa faculdade recebe todas as informações do mundo sensível e sua ação precede qualquer ato intelectivo.

Tal qual em seus precursores, o conceito de *imaginação* em Avicena é bastante complexo e para tentar esclarecê-lo é preciso abordar antes a conceituação dos *sentidos internos*.

Em Aristóteles, não existe um grupo definido de potências cognitivas que podem ser nomeadas "sentidos internos". No Livro II do *De Anima*, Aristóteles aborda o estudo dos cinco sentidos externos: a visão, a audição, o olfato, o paladar e o tato; nos capítulos 1-3 do Livro III, o Estagirita examina as diferentes funções da percepção comum (*koinè aísthesis*)[83], para, em seguida, expor a natureza da imaginação e o que a distingue do pensamento discursivo (*diánoia*), da opinião (*dóxa*) e da reflexão (*phrónesis*)[84].

Foi nas literaturas filosóficas árabe e hebraica que surgiu a expressão "sentidos internos" com a significação geral de um grupo de faculdades cognitivas distintas dos sentidos externos e das potências intelectuais.

Sob uma forma mais simples, o grupo dos sentidos internos corresponde às três faculdades: a imaginação (*phantasía*), a cogitativa (*diánoia*) e a memória (*mnéme*). Essa distinção das três faculdades apóia-se sobre passagens do *De Anima* e do *De Memoria et Reminiscentia*, de Aristóteles, e sobre a classificação tripartite das faculdades de Galeno, fundamentada na teoria platônica das três almas[85].

Al-Fārābī introduziu uma quarta faculdade, o juízo estimativo. Sua classificação é a seguinte[86]: i) a imaginação (retém as imagens dos objetos sensíveis); ii) a estimativa (faz a separação das imagens sensíveis e não-sensíveis nos animais); iii) a memória (guarda as intenções da estimativa); iv) a imaginativa (nos animais e nos homens, combina os dados sensíveis).

Como a faculdade imaginativa é subdividida em duas diferentes potências, podemos concluir que, dependendo do ponto de vista adotado, chega-se a um grupo de quatro ou cinco sentidos internos. Semelhante imprecisão constata-se quanto à imaginação.

Quanto a Avicena, podemos observar junto com Harry Austryn

83. Aristóteles separa o sentido comum (*koinè aísthesis*), faculdade que enuncia e julga a diferença entre duas coisas simultaneamente apresentadas, da imaginação (*phantasía*), ao mesmo tempo distinta da sensação e do pensamento (*phantasía gàr héteron kaì aisthéseos kaì dianoías*), *De Anima*, III, 3, 427b 14-15), que julga aquilo que concerne às imagens. Sobre o sentido comum, ver Aristóteles, *De Anima*, III, 1-2; sobre a imaginação, *De Anima*, III, 3 e sobretudo 428a 1-5. Cf. J. Bakoš, p. 205, n. 204. Ver Aristóteles *De Memoria*, I, 450a 10.

84. Cf. G. Verbeke, "Introdução", *Avicenna Latinus – Liber de Anima seu sextus de naturalibus*, IV-V, Éd. Orient., E. J. Brill, Louvain, Leiden, 1968, p. 48.

85. Galeno explicou as atividades dos seres vivos em termos de *dynámeis*, faculdades ou potências. Distinguiu três potências, cada qual com sede num determinado órgão, e, seguindo Platão, fez corresponder cada uma delas a uma parte da alma: "Como demonstrei no tratado *Das doutrinas de Hipócrates e Platão*, o animal é governado por três potências, diferentes entre si e distribuídas no corpo, cada uma delas a partir de sua própria sede. Platão, ao compreender que cada uma delas possui sua própria essência, denominou-as almas" (*De methodus medendi*, IX 10: X 635.6-10 K.).

86. A classificação de al-Fārābī aqui apresentada foi emprestada do estudo de H. A. Wolfson (vide nota *infra*) e não coincide com a classificação apresentada por I. Madkour em *La Place d'al-Fārābī dans l'École Philosophique Musulmane*, exposta *supra* acerca do conceito de *imaginação* em Aristóteles, em Alexandre de Afrodísia e em al-Fārābī. Para Wolfson, al-Fārābī introduz no esquema tripartite clássico uma quarta faculdade, a estimativa (*wahm*), enquanto, para Madkour, essa quarta faculdade é a imaginativa.

Wolfson[87] que em suas obras há diferentes classificações das faculdades. Na taxionomia do *Qānūn*, há duas listas dos sentidos internos; a primeira menciona três faculdades: i) o sentido comum e a imaginação; ii) a faculdade imaginativa no homem e nos animais; iii) a memória e sua reminiscência (recordação). A segunda lista nos deixa com quatro faculdades, pois separa o sentido comum da imaginação.

Já na classificação da *Shifā'* e da *Najāt*, contam-se cinco sentidos internos que podem chegar a sete, dependendo das distinções introduzidas: i) o sentido comum; ii) a imaginação que retém as imagens sensíveis; iii) a potência que compõe os dados sensíveis, com ou sem o controle da razão; iv) a estimativa; v) a memória com a reminiscência.

Na *Rissālat fi al-Nafs – Epístola da Alma*[88], encontramos cinco potências que não coincidem com as taxionomias precedentes: i) o sentido comum e a imaginação; ii) a imaginativa no animal; iii) a estimativa; iv) a memória e a reminiscência; v) a imaginativa no homem.

Constata-se, portanto, que as taxionomias dos sentidos internos nas obras de Avicena não correspondem sempre à mesma ordem, embora se trate sempre das mesmas faculdades, apenas diferentemente distribuídas.

Wolfson ordena essas diversas classificações ao distribuir as faculdades em três grupos: i) o sentido comum e a imaginação; ii) a imaginação compositiva no animal e a estimativa no homem; iii) memória e reminiscência.

Ao definir sentido comum e imaginação no *Qānūn*, Avicena registra dois pontos de vista, o filosófico e o médico. De acordo com os filósofos, o sentido comum e a imaginação são duas faculdades diferentes: o sentido comum é aquele que recebe as imagens dos sensíveis, sendo tarefa da imaginação reter as imagens. E, de acordo com a física dos médicos, ambas constituem uma mesma faculdade, embora haja uma distinção entre a potência receptiva e a retentiva[89].

Na *Najāt*, Avicena segue o ponto de vista filosófico, e, conseqüentemente, sentido comum e imaginação são tratados como duas faculdades distintas, uma receptiva, outra retentiva; curiosamente, ele reproduz a palavra grega *phantasía* em uma transliteração árabe e a faz sinônimo de "sentido comum", para, em seguida, empregar os

87. Harry Austin Wolfson, "The Internal Senses in Latin, Arabic and Hebrew Philosophy Texts", reimpressão da ed. de Harvard Theological Review, XXVIII, 1935, pp. 69-73, em *Studies in History of Philosophy and Religion*, vol. I, Harvard Univ. Press, Ingl., 2ª ed. USA, 1979, pp. 250 ss.

88. Em seu estudo, Wolfson refere-se a *Maqāla fi l-nafs – Tratado da Alma*, editado por S. Landauer em 1875 com o título *Psychologie des Ibn Sīnā*; cf. H. A. Wolfson, *op. cit.*, p. 278, n. 34.

89. Cf. Avicena: "O sentido comum e a imaginação são uma única faculdade para os médicos, porém, são duas faculdades para os sábios que alargam suas investigações" (*Qānūn*, I, *fann* I, VI, c. 5), cit. *in* A.-M. Goichon, *Directives*, p. 320, n. 6.

vocábulos árabes *khayāl* e *musawwira*, traduções do grego *phantasía*, para designar uma função do sentido comum.

Na *Epístola da Alma*, Avicena não só considera sentido comum e imaginação uma única faculdade, mas chega até a identificá-los e a defini-los em termos de sentido comum, não fazendo qualquer distinção entre recepção e retenção, funções que nas outras obras eram claramente separadas.

Segundo Wolfson, a intenção de Avicena era ressaltar os dois pontos de vista sem necessariamente contrastá-los. Do ponto de vista fisiológico, as faculdades da alma são mencionadas somente em referência aos órgãos do corpo onde residem, e não em relação à variedade de funções que elas desempenham. Para os médicos, o interesse nas faculdades da alma se restringe aos órgãos onde estão localizadas, quando há neles algum impedimento em seu funcionamento. Como resultado, se duas faculdades estão localizadas no mesmo órgão, os médicos a tratarão como uma única faculdade, porque qualquer deficiência nesse órgão vai afetar ambas as faculdades ali localizadas. Desse ponto de vista, o sentido comum e a imaginação são considerados uma única faculdade, pois o lugar onde residem é o ventrículo anterior do cérebro. Todavia, do ponto de vista filosófico, a faculdade tem sua função específica e independe de sua localização. Por essa razão, sentido comum e imaginação são duas faculdades distintas.

Lê-se na *Shifā'*, II, 6, parte consagrada ao estudo da alma:

> Dentre as faculdades sensíveis internas animais, há uma faculdade, a fantasia ou sentido comum, localizada no primeiro ventrículo do cérebro, que recebe por si mesma todas as formas impressas nos cinco sentidos <e> chega ao ventrículo. Em seguida, há a imaginação ou <faculdade> formatriz; <esta> faculdade localizada, também, na extremidade do ventrículo anterior do cérebro, conserva o que o sentido comum recebeu dos cinco sentidos individuais e permanece na extremidade do ventrículo, depois do afastamento destas coisas sensíveis. Ora, saiba que a recepção pertence a uma faculdade diversa da faculdade que faz a preservação. [...] Em seguida, há a faculdade que se nomeia imaginativa em relação à alma animal e cogitativa em relação à alma humana; faculdade localizada no ventrículo médio do cérebro, do lado do verme[90], ela tem a propriedade de compor com outras algumas coisas que estão na imaginação e de separar, à vontade, uma das outras[91].

90. Galeno, *Oeuvres médicales choisies*, vol. I, Livro VIII: *De l'utilité des parties du corps humain*, Paris, Gallimard, 1994, cap. 14, p. 201, n. 1: "Com efeito, imagina-se que, necessariamente, deva existir perto do canal do cérebro uma parte própria para vigiar e regular a entrada do espírito; esta parte, que não pode ser descoberta, não é o *conarium* (glândula pineal), mas esta apófise é semelhante a um verme que se estende em todo o conduto. Os anatomistas hábeis dão-lhe um nome retirado de seu aspecto, denominam-no *apófise vermicular*." O *vermiformis* foi sempre, se não a sede da alma, o controlador da passagem do *pneûma* psíquico entre os ventrículos. No século XVII, Descartes localizou a sede da alma no *conarium*, a glândula pineal.

91. Cf. Avicena, *De Anima*, cap. I, 5, trad. J. Bakoš, p. 31.

O texto que analisa a imaginação e a faculdade imaginativa no *Kitāb al-Najāt*, Livro II, cap. VI, 3[92], com poucas variantes, é quase idêntico ao supracitado.

Nas *'Ishārāt*, Avicena faz a distinção entre a faculdade que apreende os dados sensíveis e a faculdade que conserva suas imagens quando os objetos físicos já não estão mais presentes, a saber, entre o senso comum e a imaginação, "duas faculdades distintas", para, em seguida, passar em exame as diferentes faculdades ligadas à percepção:

> [...] A primeira é o espírito (*rūh*) distribuído sobre as bases do nervo da sensibilidade, sobretudo na parte anterior do cérebro. A segunda é nomeada faculdade formatriz e imaginação (*musawwira* e *khayāl*[93]) e seu órgão é o espírito distribuído na cavidade anterior, sobretudo em seu lado posterior. A terceira é a estimativa cujo órgão é o cérebro em seu conjunto, porém, mais especificamente, a cavidade média. Esta é servida por uma quarta faculdade à qual pertence <a função de> compor e dividir as formas mais próximas, retiradas da sensação, e as idéias apreendidas pela estimativa; compõe ainda as formas com as idéias e ainda separa uma das outras. Quando a inteligência a utiliza, denomina-se cogitativa, e <denomina-se> imagi-

92. Cf. trad. F. Rahman, *Avicenna's Psychology – An English translation of* Kitāb *al-Najāt, Book II, chap. 6*, USA, 1ª ed. Oxford Univ. Press, 1952; repr. ed. Hyperion, 1990, p. 31.

93. Ver A.-M. Goichon, *Lexique de la langue philosophique d'Ibn Sīnā*, Desclée de Brouwer, Paris, 1938, n. 610, §14: "*Quwwa musawwira, imaginação*, faculdade imaginativa. Depois do sentido comum vem 'a segunda <das faculdades *darrāka*> denominada *musawwira* e *khayāl*' (Avicena, *'Ishārāt*, 125). [...] Uma faculdade que conserva as formas sensíveis que os sentidos lhe trouxeram, de maneira que, quando elas não mais estão presentes na sensação, elas permanecem no sentido malgrado sua ausência; esta <faculdade> denomina-se imaginação e <faculdade> *formatriz*. (Avicena, '*Uyûn*, 28)". Goichon afirma tratar-se da memória sensível: "[...] As imagens (*phantásmata*) sensíveis estão na *musawwira*, enquanto as ideias inteligíveis estão na *dākira* (memória)". *Musawwira* designa a memória sensível em oposição à *dākira*, memória intelectual. Cf. A.-M. Goichon, *Lexique*, n. 238: "*Khayāl, imaginação* e *phántasma*, a faculdade e a coisa obtida com o exercício da faculdade. §1: Possui a função de memória que conserva as coisas sensíveis, e assim pode combinar estes diferentes dados individuais. Em ordem crescente de abstração, ela segue o 'sentido comum' ou *fantasīya* [...] e precede a estimativa. A exposição das faculdades de abstração tem início com a *fantasīya*: 'Em seguida vem a *imaginação* e a <faculdade> formatriz, que é uma faculdade [...] que conserva o que o sentido comum recebeu dos cinco sentidos individuais e que permanece nele depois do afastamento das coisas sensíveis' (Avicena, *Shifā'*, I, 291; *Najāt*, 266, com duas variações). *Imaginatio*: [...] 'Quanto à imaginação, ela abstrai completamente a forma da matéria, todavia, não abstrai em nada os caracteres que decorrem da matéria, pois na imaginação a forma permanece na condição de formas sensíveis, segundo a determinação de uma medida, de uma qualidade, de uma posição qualquer. É impossível representar-se na imaginação uma forma cujo estado seja tal que possa ser comum a todos os indivíduos dessa espécie' (Avicena, *De Anima*, I, 5, fº 5, r. 2, l. 7-8; *Najāt*, 277-278). Sobre a imaginação enquanto faculdade de abstração, ver Avicena, '*Uyūn*, 33; e, enquanto memória sensível, ver '*Uyūn*, 28. [...] A expressão 'imaginação interior' não designa outra coisa e se opõe somente ao 'sentido exterior': os sentidos atingem o objeto por meio de sua matéria, 'é porque a sua forma não é mais representada no sentido exterior quando o objeto cessou <de ser enquanto

nativa quando a estimativa a emprega[94]. Sua potência situa-se na parte anterior da cavidade média. É como uma faculdade que pertence à estimativa e, por intermédio da estimativa, à inteligência.

A distinção entre imaginação (*khayāl*) e imaginativa (*mutakhayyila*) ainda não é satisfatória.

A fantasia de Avicena não é a *phantasía* de Aristóteles, que parece identificar-se melhor com a imaginação (*khayāl*), segunda faculdade na taxionomia do filósofo medieval. A faculdade imaginativa (*mutakhayyila*) é a quarta faculdade mencionada nas *'Ishārāt*, diferente, portanto, da imaginação (*mutasawwira* ou *khayāl*), classificada em segundo lugar. A faculdade imaginativa (*mutakhayyila*) efetivamente compõe as imagens, porém, Avicena não exclui sua presença no homem – o que foi objeto de crítica por parte de Tomás de Aquino[95]; está em oposição à cogitativa, e o texto condensado das *'Ishārāt* pressupõe um conhecimento anterior da parte do leitor.

Até aqui, a *Narrativa de Hayy ibn Yaqzān* pode ser considerada um texto construído com categorias aristotélicas. Quando descreve as faculdades da alma, Avicena inspira-se nas lições herdadas do aristotelismo. A natureza humana é perfectível, ainda que possuidora de tendências más. O que a desvia da perfectibilidade é a ação das faculdades sensíveis, as quais devem ser dominadas pela inteligência. A imaginação, em particular, é enganosa embora necessária, pois ela é o "olho"[96] que serve de batedor para recolher todas as informações que o mundo sensível fornece. Porém, não serve para separar o que é verdadeiro do falso, pois, na imaginação, todos os elementos possuem igual valor.

objeto>. Quanto à *imaginação interior*, esta imagina o objeto com seus acidentes e não pode abstraí-los em absoluto [...] porém, representa sua forma malgrado a ausência daquilo que a sustenta [...]'(Avicena, *'Ishārāt*, 123)." A.-M. Goichon *Lexique*, n. 238, §2: "*khayāl* (plural, *khayālāt*) designa a forma individual assim como é conservada e reproduzida na imaginação, os *phantásmata* sensíveis, os quais estão na memória sensível (faculdade formatriz) e se opõem às 'ideias inteligíveis', estas últimas na memória intelectual (Avicena, *'Ishārāt*, 129); 'Os fantasmas (*khayālāt*) são os inteligíveis em potência [...]' (Avicena, *Shifā'*, I, 356)."

94. Avicena, *De Anima*, trad. J. Bakoš, p. 31: "Em seguida há a faculdade denominada imaginativa (*mutakhayyila*) em relação à alma animal, e cogitativa em relação à alma humana [...]. A ela cabe colocar em composição alguns dados da imaginação com outros e, segundo sua vontade, separar outros."

95. Sobre a argumentação de Tomás de Aquino, que se recusa a admitir a fantasia como quinta faculdade (*Suma de Teologia*, Iª, q. LXXVIII, art. 4), Goichon afirma ter sido ele induzido ao erro em virtude da tradução que tinha em mãos. Cf. A.-M. Goichon, trad. *'Ishārāt*, pp. 317-321, n. 5.

96. A palavra árabe que traduzimos com o sentido de "visão" é *'ayn*, que pode ter diversos significados, como "olho d'água", fonte, olho, visão, "olho gordo", espião, informante, ilhó, agulheiro, abertura, tropa, ponto de mira etc.

A ascensão à perfeição é a jornada iniciática indicada por Avicena. Como vimos anteriormente, a iniciação à gnose só pode realizar-se com o domínio das paixões e dos vícios. A gnose, apreensão do conhecimento – este entendido num sentido mais amplo, ou seja, nem só conhecimento racional nem só iluminação –, exige da alma a purificação e o domínio das faculdades animais, irascibilidade e concupiscência, para que a viagem iniciática possa ter início. Separar-se de "seus companheiros" é condição que o Sábio impõe para que o gnóstico receba a revelação. Falaremos da "purificação" em seguida.

2.4. DESEJO DE EMPREENDER A JORNADA INICIÁTICA

§ IX. Em seguida pedi ao Sábio que me guiasse no caminho da viagem e o fiz como alguém ávido de vontade e consumido pelo desejo.

Ele me respondeu: "Tu e todos aqueles cuja condição é semelhante a tua estão impedidos de empreender a viagem que eu próprio fiz. O caminho está fechado para ti e para eles a menos que a solidão te proteja <em te separando de teus companheiros>; mas, sendo esta hora fixada, não poderás antecipá-la. Contenta-te, pois, com uma viagem interrompida por paradas. Ora estarás na estrada, ora freqüentarás teus companheiros. Quando fores de tudo despojado para te ocupares da viagem com profundo ardor, eu te encontrarei e deles serás separado. Toda vez que deles sentires saudades, a eles voltarás e terás te separado de mim; <e assim será> até o momento quando deles terás te afastado completamente."

Esse parágrafo não apresenta grandes dificuldades. O narrador manifesta seu desejo de empreender a jornada em direção ao conhecimento e é advertido pelo Sábio que sua viagem será muitas vezes interrompida, em virtude de sua alma encontrar-se ainda em companhia de suas faculdades inferiores. A separação desses parceiros será possível somente com a morte do corpo físico, o que, na teologia islâmica, tem hora marcada. O processo de aquisição do conhecimento é realizado por etapas, com recaídas até a completa purificação, que só será possível com o despojamento de tudo, isto é, de tudo o que estiver vinculado à matéria, desde o corpo físico até as faculdades animais.

2.5. A REVELAÇÃO: BUSCA DO ORIENTE

§ X. Finalmente, a conversação levou-me a interrogá-lo sobre cada um dos climas que ele percorreu, aqueles que ele encerrou em seu conhecimento e dos quais possuía plena informação. Disse-me: "Três são as regiões contíguas à terra: uma é intermediária entre o

Oriente e o Ocidente. É aquela que melhor se conhece; numerosas informações <desta região> chegaram a vós e foram perfeitamente compreendidas. E as coisas maravilhosas que esse clima contém são muito apreciadas.

Em seguida, duas regiões estranhas: uma delas, além do Ocidente, e a outra, além do Oriente. Para cada uma delas há <uma eira que as separa do mundo do homem>, região interditada e somente transposta por uma elite de humanos que adquiriu uma força que não vem ao homem por disposição natural."

Depois de ter manifestado no parágrafo precedente seu desejo de empreender a viagem guiado pelo Sábio, o narrador passa a descrever as diferentes regiões que o peregrino deverá percorrer e conhecer.

O comentário da versão persa, atribuído em *Notes et Gloses* por Henry Corbin ao discípulo Jūzjānī, descreve as partes que compõem as criaturas desse mundo: a matéria, conhecida dos filósofos gregos por *hýle*, composta de matéria propriamente e de uma parte composta. As coisas físicas são feitas dessa matéria, cuja condição é a mesma da madeira que serve ao carpinteiro para fazer uma cadeira. A outra parte é a forma, que não deve ser confundida com a configuração exterior ou com a cor de determinada coisa. Forma é aqui entendida como idéia (*haqīqat*[97]) de uma determinada coisa, e sua condição é determinar o *ser* por meio do qual a coisa *é*. Jūzjānī admite a dificuldade para determinar a *qüididade* da matéria e da forma, porém acrescenta que a origem e a causa de todas as coisas está nesses dois princípios, aos quais cabe acrescentar a causa eficiente e a causa final. Disso resulta o tríplice aspecto do universo: a matéria, a forma e os compostos de um e de outro. Conhecer os compostos não implica na dificuldade que os dois princípios apresentam para tornarem-se conhecidos.

A matéria não tem existência nem forma; torna-se existente somente em virtude da forma. Quanto à forma, tem sua existência recebida de Deus por intermédio dos anjos. A região descrita como circunscrita entre Ocidente e Oriente designa tudo o que é composto, isto é, as plantas, os animais e tudo o que a eles for semelhante. O Ocidente representa a matéria, e o Oriente, a forma, a mais eminente e representada pelo lugar onde o Sol se eleva; o poente, espaço onde a luz desaparece, traduz o lugar da matéria cuja natureza é o não-ser. A dificuldade em atingir as regiões além da matéria e da forma está na apreensão dos princípios que elas representam. Ultrapassar os obstáculos que dificultam sua entrada é permitido apenas aos que forem capazes de adquirir uma força que não possuem naturalmente, mas que foi conquistada com o estudo da ciência e da filosofia. Esses serão os

97. *Haqīqat*, "verdade da coisa", cf. A.-M. Goichon, *Lexique*, n. 171.

"eleitos" que, aperfeiçoados pelo conhecimento, poderão reconhecer duas regiões vedadas aos mortais comuns.

A interpretação de A.-F. Mehren[98] não difere muito em conteúdo daquela do comentador persa. O intelecto agente, na figura do Sábio, passa então a instruir o narrador sobre o caminho a ser percorrido para que este conheça as três porções do Universo: o mundo terreno, que compreende o céu visível e a Terra, o mundo da matéria, definido como o oeste, e o mundo das formas eternas, como o leste. Leste e oeste estão separados do mundo terrestre por uma fronteira apenas superada por aqueles que forem beneficiados pela graça divina, isto é, os eleitos, enquanto aos que permanecem presos a suas forças naturais será vedada a entrada.

§ XI. "Entre as coisas úteis para <obter> esta força, <há> o banho na fonte de água corrente vizinha à Fonte Permanente da Vida. Se o viajante for para lá conduzido, purifica-se e bebe de sua água muito doce. Em seus membros difunde-se uma força criativa que o torna capaz de atravessar esses imensos desertos. Ele não submerge nas águas do Oceano, ultrapassa os obstáculos da montanha de *Qāf* e não será levado ao fundo do abismo pelos anjos guardiães do inferno."

§ XII. *Nós lhe pedimos que explicasse melhor o que era essa fonte. Ele, então, disse:* "Talvez tenhas tido notícias das trevas que persistem na região do Pólo. A cada ano, o Sol nascente brilha sobre elas em um momento determinado. Aquele que, sem medo, não recua e se embrenha nessa região, chegará a um espaço ilimitado, preenchido de luz. A primeira coisa que a ele se apresenta é uma fonte de água corrente que, sobre o *barzakh*, derrama-se como um rio. Aquele que lá se banha torna-se mais leve que a água, seu peso não o faz afundar e, sem fadiga, chega ao topo das alturas e, são e salvo, atinge uma das duas regiões das quais estava isolado."

Segundo Jūzjānī, duas são as espécies de apreensão das ciências: representação e homologação[99]. Entendemos por representação a apreensão de alguma coisa mediante os sentidos, quando o resultado vem a ser um conceito[100], que poderá ser verdadeiro ou falso. É o caso de duas imagens distintas que evocam duas palavras (conceitos) diversas que podem ser verdadeiras ou falsas. Quanto à homologação, há discernimento entre o que é verdadeiro e o que é falso, quando algo é apreendido pelos sentidos e sua forma é produzida. Representar

98. A.-F. Mehren, *Traités mystiques d'Avicenne*, fasc. I, reimpressão da edição de Leiden 1889-1899, APA – PHILO Press, Amsterdam, p. 14.

99. Ou "assentimento", que traduz a palavra árabe *tasdīq*, cf. A.-M. Goichon, *Lexique*, n. 361, p. 179.

100. Ou "intuição", que traduz a palavra árabe *ma'na*, cf. A.-M. Goichon, *Lexique*, n. 469, pp. 253-255.

conceitualmente resulta na definição ou em qualquer coisa semelhante a uma definição. Já a homologação nasce da argumentação[101] ou de qualquer coisa que a ela se assemelhe. Definição e argumentação podem ser verdadeiras ou falsas, reais ou semelhantes[102]. Para que a verdade seja separada da não-verdade, na definição e no argumento, a ciência conhecida por *lógica* deverá ser empregada, a fim de livrar o discípulo da ignorância e da confusão.

Atingir o verdadeiro conhecimento é conhecer a *lógica*, "banhar-se na fonte de água corrente, vizinha à Fonte Permanente[103] da Vida". Assim como, no ritual dos muçulmanos, são necessárias as abluções em água corrente para que o corpo, limpo e purificado, possa dirigir-se a *Allah*, a *lógica* é propedêutica, preparação para apreensão de uma ciência maior, instrumento para alcançar o conhecimento – a "água permanente" –, este, sim, um fim em si mesmo. Instruído na *lógica*, o viajante atravessa os desertos da ignorância, não naufraga no mar do descaminho e vence as alturas da montanha da dúvida.

Em *Traités Mystiques d'Avicenne*, no fascículo I, dedicado a *Hayy ibn Yaqzān*, Auguste-Ferdinand Mehren menciona as águas que brotam da fonte que se encontra perto da "fonte animal de água estagnada". As águas correntes representam a *lógica* e a *metafísica*, ciências que "preparam o homem por meio de conhecimentos positivos", para que tenha acesso à compreensão do desconhecido. Como a água corrente, em contínuo movimento, essas ciências provocam no espírito a busca constante da verdade mediante a discussão e a argumentação. As vizinhas águas estagnadas indicam as ciências positivas que servem de base à filosofia. O homem, saciado pelas águas correntes e puras da filosofia, torna-se então capaz de apreender a ordem da totalidade do Universo, sem perder-se na confusão dos detalhes e das inumeráveis formas. Poderá assim galgar as alturas da ciência (a Montanha de *Qāf*) sem se enredar nas hesitações mundanas.

Dessa breve interpretação, constata-se que Mehren entende a metafísica como uma ciência preparatória para a apreensão do "desconhecido", o que deixa subentendido que este "desconhecido" refere-se a algo acima do entendimento humano. Como indica o título dos fascículos por ele editados, a viagem do narrador de *Hayy ibn Yaqzān* tem um cunho marcadamente esotérico, passando a análise do autor dinamarquês a confirmar sua tese defensora de um Avicena "místico".

Amélie-Marie Goichon concorda com a interpretação de que a "fonte de água corrente" representa uma imagem da *lógica* como

101. Ou "silogismo", que traduz o vocábulo árabe *qiyās*, cf. A.-M. Goichon, *Lexique*, n. 611, p. 338.

102. É evidente a influência platônica em Jūzjānī, o qual certamente conhecia o *Teeteto*.

103. Ou "imóvel", como traduz Goichon.

movimento discursivo que conduz ao inteligível: "A água corrente exprime o movimento do pensamento que prepara a alma para receber o inteligível que, em procedendo do intelecto agente, sobre ela transborda"[104]. Goichon apóia-se em Avicena, quando ele escreve no *De Anima*: "Reflexões e meditações são os movimentos que preparam a alma para receber o fluxo"[105] criador e iluminador.

Compromissada com os textos do próprio Avicena, tal qual indica o subtítulo de sua obra, Goichon afirma haver para o filósofo dois diferentes momentos do pensamento: o movimento na busca do conhecimento e o repouso na posse deste. A "fonte de água corrente" está vizinha à "fonte imóvel do ser vivente"[106]. A autora explica: Avicena concilia duas teorias, de Aristóteles e dos peripatéticos[107]. A fonte é "imóvel" pois indica o repouso da atividade intelectiva, quando então, já de posse do inteligível, o intelecto não mais necessita do movimento de busca, uma vez que a alma já se encontra preparada para receber o inteligível que sobre ela transborda do intelecto agente.

Purificada e livre de seus três companheiros, concupiscência, irascibilidade e imaginação, a alma pode finalmente conhecer o inteligível por meio de um contato habitual com o intelecto agente. Nesse sentido, a *lógica* é o instrumento da purificação. O vínculo entre salvação da alma e *lógica* é explicitado por Avicena no início do capítulo dedicado a essa ciência, no *Dānèsh-Nāma – O Livro da Ciência*:

> A *lógica* é a ciência <semelhante à> balança; as outras ciências são lucros e perdas <que a balança avalia>. A salvação do homem está na pureza de sua alma que consiste no fato de se realizar nela a forma das coisas e com ela se manter distante das máculas da natureza. Chega-se a esses dois objetivos somente mediante a ciência. Ora, toda ciência que não é avaliada pela balança não oferece certeza e, na verdade, não é ciência. Por conseguinte, não podemos dispensar a aquisição da *lógica*[108].

104. A.-M. Goichon, *Le Récit de Hayy ibn Yaqzān*, p. 74.
105. Avicena, *De Anima*, trad. J. Bakoš, p. 167.
106. Cf. A.-M. Goichon, *Le Récit de Hayy ib Yaqzān*, p. 74.
107. Cf. Aristóteles, *De Anima*, I, 3, 407a 32: "[...] O ato de intelecção se parece antes a uma maneira de ser em repouso e em suspensão (uma parada) do que a um movimento. E o mesmo se aplica ao raciocínio (silogismo)". Em *Segundos Analíticos*, II, 19, 100a 6-7, Aristóteles diz que o universal está "em repouso" na alma. A raiz das palavras "ciência" e "saber" em grego, *epi-sté-me* e *epí-sta-sthai* é *sta*, a mesma do verbo que significa "parada, suspensão": *hi-sta-sthai*. Em *De Interpretatione*, 3, 16 b 20-21, Aristóteles sugere que o ato de inteligir não é movimento (Cf. Aristóteles, *De l'Âme*, trad. e com. de Richard Bodéüs, p. 110, n. 6). E na *Física* VII, 3, 247b 10-11, Aristóteles diz: "Falamos de repouso e de suspensão (*stênai*) para dizer que a inteligência sabe (*epí-sta-sthai*) e pensa (*phronein*)" (Cf. R. Bodéüs, *op. cit.*, p. 110, n. 6). J. Bakoš observa que Teofrasto e os peripatéticos afirmaram, contra Aristóteles, que a atividade da alma, ou seja, do pensamento, é um movimento, cf. J. Bakoš, *op. cit.*, p. 226, n. 602.
108. Avicena, *Le Livre de la Science*, p. 25; cit. *in* A.-M. Goichon, *Le Récit de Hayy ibn Yaqzān*, p. 85.

Purificadora do espírito daquele que busca o país das inteligências, a *lógica* confere a paz após contribuir para o freio das paixões: "sua água é de sabor doce". O ato purificador efetivado com o domínio da *lógica* possibilita a ascese da alma, necessária para a obtenção da verdade; o objetivo primeiro da ascese é "desvencilhar-se de tudo que é menos que a verdade"[109], sendo a própria ascese determinada pela eliminação de tudo que está aquém da verdade. O movimento de purificação já é a ascese da alma e vice-versa, o que faz do movimento de aquisição da *lógica* o próprio movimento de ascese[110]. A *lógica* desembaraça a alma de pesos inúteis, e esta, na posse do conceito, poderá caminhar sobre o mar da matéria, como será descrito nos parágrafos seguintes. Purificada, poderá ainda galgar a montanha dos inteligíveis para enfim atingir o inteligível supremo.

A "purificação" da alma é retomada por Avicena em seu último trabalho pouco antes de sua morte, *Rissālat fi l-kalām 'alā l-nafs al--nātiqa – Epístola relativa à teoria da alma racional*[111]: a perfeição da alma é atingida quando esta se purifica mediante o conhecimento de Deus e a realização de obras para Deus, sendo que:

> (a) purificação mediante as obras para Deus consiste em estar livre das vis e fracas qualidades de caráter, (b) sua reabilitação dos atributos censuráveis, e do mal e de costumes ofensivos, ao seguir a razão e a Lei religiosa, e (c) ser enfeitada com hábitos bons, qualidades louváveis de caráter e excelentes e amorosas disposições, ao seguir a razão e a Lei religiosa.
>
> A purificação <da alma> mediante o conhecimento de Deus consiste na obtenção de um *habitus* que a torna apta a buscar a presença dos inteligíveis sempre que o desejar sem que seja necessário granjeá-los, e assim ter todos os inteligíveis presentes em ato ou em potência, o mais próxima possível ao ato. A alma, então, torna-se como um espelho polido sobre o qual são refletidas as formas das coisas, tal qual elas são em si mesmas sem nenhuma distorção, e sempre que <a alma> estiver face a face com eles (os inteligíveis), uma vez purificada mediante o conhecimento, segue-se uma <contínua> prática das ciências teórico-filosóficas[112].

Nessa Epístola, Avicena continua descrevendo o que é necessário para completar a purificação da alma e menciona os métodos descritos nos livros de ética, a observância dos deveres religiosos e a necessidade de subjugar as partes da alma que "incitam ao mal", ou seja, o concu-

109. Cf. A.-M. Goichon, *'Ishārāt*, pp. 491-492, n. 6: "literalmente: aquém da verdade".

110. Cf. Avicena, *'Ishārāt*, trad. A.-M. Goichon, pp. 491-492. As duas outras "intenções" da ascese são: 1) necessidade de dominar as paixões e 2) suavizar o íntimo da alma (*sirr*), práticas necessárias para os *'ārifūn* (gnósticos).

111. Ver D. Gutas, *Avicenna and the Aristotelian Tradition*, p. 72: contém uma versão para o inglês.

112. Avicena, *On the Rational Soul*, *in* D. Gutas, *op. cit.*, pp. 74-75.

piscível e o irascível, a fim de torná-las subservientes à parte racional, que está "em paz"[113].

Sorvendo a água da fonte da vida, o viajante adquire uma força ontológica que o leva à perfeição, o conhecimento dos inteligíveis, ao mesmo tempo que o orienta em direção ao criador. Essa mesma força confere-lhe o movimento do amor universal, emanado do Ser supremo, para quem a alma deve retornar. A força que o peregrino recebe é *mubtadi'a*, termo árabe muito empregado por Avicena, que, segundo Goichon, exprime a criação sem intermediário[114]. A força criadora espalha-se no corpo e no espírito do homem, permitindo-lhe realizar sua perfeição, se for receptivo ao fluxo criador. A criação da alma finaliza-se somente com a realização de sua perfeição, isto é, quando passa a viver no mundo do espírito, no convívio direto com o intelecto agente. Apenas assim, sem intermediários e na união direta com o intelecto agente, poderá o viajante "atravessar os desertos".

Segundo Goichon, para elaborar sua doutrina, Avicena serve-se de lendas e antigas explicações cosmológicas e ainda, em outros textos, "utiliza versos corânicos para aplicá-los a sua doutrina, alterando seu sentido se necessário"[115]. Com base nos relatos historiográficos e geográficos pesquisados, Goichon conclui que Avicena emprega as figuras de *oceano* e *deserto* para indicar o "lugar da ignorância"[116] a ser transposto pela alma na sua viagem em direção ao conhecimento. Na topografia do viajante, o *oceano* é a metáfora empregada para indicar uma "extensão <desconhecida> onde o espírito do homem progride", e o *deserto*, lugar do desconhecido, da imprecisão e sem qualquer indicação de caminho representa "a extensão da matéria"[117]. *Oceano* e *deserto* se equivalem no sentido de representar espaços inabitados, desprovidos de cultura e civilização[118].

A *lógica*, apresentada como a ciência que possibilita a passagem do desconhecido ao conhecido, possui a força que se traduz na noção de movimento, com ponto de partida e de chegada. É por meio da *lógica*

113. *Ibidem.*

114. Segundo Goichon, por ser a 4ª forma da raiz *bd'*, o vocábulo árabe sugere a criação da força na alma diretamente do intelecto agente, este entendido como o "criador diretamente encarregado do mundo terrestre" (cf. A.-M. Goichon, *Le Récit de Hayy ibn Yaqzān*, p. 77). Todavia, essa é a doutrina platônica do *Timeu* (retomada no gnosticismo alexandrino), a qual responsabiliza o Demiurgo pela criação do mundo, para isentar o Deus Supremo de ter criado o mal inerente à matéria. O intelecto agente, visto como criador da matéria, não está de acordo com o dogma islâmico oficial, que postula, tal qual o cristianismo, a criação divina *ex nihilo*.

115. A.-M. Goichon, *Le Récit de Hayy ibn Yaqzān*, p. 76.

116. O deserto é por definição o lugar do desconhecido, do impreciso, sem nenhuma indicação de caminho. Um dos nomes para indicar "deserto" em árabe é *majhal*, plural *majāhil*, etimologicamente "lugar de ignorância".

117. A.-M. Goichon, *Hayy ibn Yaqzān*, p. 78.

118. *Ibidem.*

que se faz o estudo dos objetos da filosofia e "mediante eles chega-se a conhecer o que é ignorado"[119]. "Ela (a *lógica*) indica todos os caminhos e direções que transferem o espírito do conhecido ao desconhecido"[120], "[...] conduz ao caminho que necessariamente cabe seguir em qualquer investigação"[121]. A *lógica* ensina a única "via através da qual vai-se do conhecido ao desconhecido, para que este se torne conhecido"[122]. É ainda o instrumento "que traça o caminho" ou "freia o caminho" ao espírito[123]. Para Avicena, a *lógica* confere a força e os meios necessários para a vitoriosa travessia dos desertos do desconhecido.

Em contraposição à metáfora do *oceano* que traduz a idéia da perigosa falta de orientação, a Montanha de *Qāf* encerrava no imaginário dos antigos árabes o significado cosmológico de centro do mundo para a estabilização da terra e a sustentação do céu. Os antigos semitas representavam a terra boiando sobre um imenso oceano, o que lhe conferia grande instabilidade. As montanhas surgiram para estabilizar o sistema. Os relatos caldeus, sobreviventes nas tradições hebraicas[124], e as antigas lendas iranianas recolhidas pelos árabes conferem a *Qāf* um lugar privilegiado na cadeia de montanhas que circunda a terra.

Nas lendas iranianas, há relatos que situam na região setentrional do Irã o *habitat* do príncipe do mal e das trevas, *Ahriman*[125]. Essa região perdeu a luz que recebia da região meridional, reino de *Ormuzd*,

119. Avicena, *Shifā'*, cit. *in* A.-M. Goichon, *Hayy ibn Yaqzān*, p. 79.

120. Avicena, *Mantiq*, cit. *in ibidem*.

121. Avicena, *Aqssām al-'Ulūm* em *Tis' Rasā'il*, cit. *in* A.-M. Goichon, *Hayy ibn Yaqzān*, p. 79.

122. Avicena, *Le Livre de la Science*, cit. *in ibidem*.

123. Avicena, *Najāt*, cit. *in ibidem*.

124. Segundo Goichon, na tradição da *Kabbalah* hebraica, faz-se menção às regiões horripilantes vizinhas à montanha, onde "trevas, bestas horrendas, jatos de água escaldante, serpentes, escorpiões, tempestades, trovões e queda de reinos" circundam a medonha região boreal, que, apesar de ser uma região aterrorizadora, é ainda um lugar onde podem ser encontradas coisas esplêndidas e preciosas, ouro e outras riquezas (cf. A.-M. Goichon, *Hayy ibn Yaqzān*, p. 81). A autora afirma que "Avicena teve a escolha entre as duas tradições (iraniana e cabalística)", mas preferiu adotar as imagens da *Kabbalah* hebraica; seu argumento fundamenta-se no fato de Avicena ter empregado a palavra árabe *zabānīya* para designar "os anjos guardiães do inferno"; sempre seguindo Goichon, a escolha de Avicena tem um motivo filosófico, pois, de acordo com a doutrina aviceniana, o castigo do inferno, depois da morte física, é a impossibilidade da alma de ascender à vida do espírito, aos inteligíveis, se não teve por hábito durante a vida terrestre a contemplação destes. No rastro de Platão, a bem-aventurança do além consiste em realizar a perfeição (cf. Platão, *Fédon* 114c: "aqueles que por meio da filosofia se purificam" chegarão às regiões mais belas, sobre as "alturas da pura morada"). Todavia, o pensamento cabalista propriamente tem origem na Europa, na região da Provença, no século XII, e chegou à Espanha no século XIII (cf. Gershom G. Sholem, *Les origines de la Kabbale*, Paris, Aubier Montaigne, 1966, p. 12 e pp. 214 ss.), o que nos leva a excluir qualquer influência dessa tradição no pensamento aviceniano.

125. A.-M. Goichon, *Le Récit de Hayy ibn Yaqzān*, p. 81.

príncipe do bem. Aquém da região das trevas, no extremo norte, está o monte *Alborz*, o trono da luz santa e vivificadora celebrado pelos poetas. Todas as outras montanhas da Terra originam-se em *Alborz*, montanha equilibrante da Terra e sustentáculo do Céu. Na literatura iraniana, muitas são as identificações da Montanha de *Qāf* com o monte *Alborz*, e as tradições que remontam a Zoroastro celebram o lugar como um espaço espiritual onde, com a luz interior, aprende-se diretamente a conhecer Deus e as coisas divinas.

Henry Corbin, cuja interpretação do texto aviceniano fundamenta-se nas lendas da tradição masdéia[126], conservadas em manuscritos pelo historiador Tabarī (século IX), apresenta a Montanha de *Qāf* como "o limite entre dois mundos, o visível e o invisível aos sentidos"[127]. A montanha cósmica, identificada com o monte *Alborz* – que na geografia física é parte da região montanhosa do Cáucaso que se estende em solo iraniano[128] –, é inacessível ao homem, pois, ao marcar a extremidade do mundo, configura-se no teatro dos acontecimentos míticos. Na geografia visionária, "o *espaço visionário* supõe a transmutação dos dados sensíveis" e a Terra é representada "enquanto acontecimento vivido pela alma"[129]. *Alborz* não parou de crescer durante oitocentos anos: duzentos para chegar até a estação das estrelas, duzentos para chegar à estação da Lua, outros duzentos para chegar ao Sol e, finalmente, mais duzentos anos para chegar até as luzes infinitas. A montanha cósmica representa "o supremo esforço da Terra para não se separar do Céu", "o lugar dos palácios divinos criados pelos arcanjos" e onde todas as outras montanhas têm sua origem. A tradição representa a Montanha de *Qāf* como formada de esmeraldas[130] e refletidora de uma luz verde que emana da abóboda celeste[131]. Para atingi-la, é necessário atravessar as trevas, e aquele que lá chega penetra o "oitavo clima" ou "clima intermediário das almas celestes que movem as esferas". As "cidades de esmeralda"[132] situadas além da Montanha recebem dela sua luz, além de os minerais de seu solo e muralhas refletirem uma luz própria.

126. Cf. *supra* nosso estudo sobre a concepção corbiniana de *mundus imaginalis*.

127. H. Corbin, *Corps spirituel et Terre céleste*, Paris, Buchet-Chastel, 1979, p. 101.

128. No *Avesta*, essa cadeia de montanhas é denominada *Hara berezaiti*, etimologicamente do persa *Alburz* ou *Alborz*; é nessas montanhas ao norte do Irã que a tradição sassânida situa os acontecimentos da história santa de Zaratustra. Cf. *ibidem*, p. 49.

129. *Ibidem*.

130. Alguns relatos indicam sua pedra angular como sendo um rochedo de esmeralda, cf. H. Corbin, *En Islam iranien*, IV, Paris, Gallimard, 1972, p. 170.

131. O azul esverdeado (ciano) é até nossos dias a cor oficial do Islão xiita, e as cúpulas de suas mesquitas geralmente são revestidas de mosaicos nessa cor.

132. *Jābarsā* e *Jābalqā* são as duas "cidades de esmeralda" situadas logo depois da Montanha de *Qāf*, segundo o historiador Tabarī; algumas tradições acrescentam uma terceira, *Hūrqalyā*. Cf. H. Corbin, *Corps spirituel et Terre céleste*, pp. 99-100.

Transpor a Montanha de *Qāf* significa penetrar no mundo das formas imaginais.

Nesse parágrafo Avicena apenas menciona a dificuldade que a Montanha de *Qāf* apresenta, pois a descrição das regiões que a circundam será feita nos parágrafos seguintes.

2.6. A REVELAÇÃO: O OCIDENTE DA MATÉRIA

§ XIII. Então, pedi-lhe informações sobre a região ocidental, por ser mais próxima de nosso país. Ele disse: "No extremo mais longínquo do Ocidente existe um vasto mar lodoso que, no Livro divino, é denominado 'uma fonte lodosa'. O Sol lá se põe. As correntes que desembocam nesse mar vêm de uma região inabitada cuja extensão ultrapassa qualquer limite. Não há habitantes à exceção de alguns estrangeiros que passam. Em sua superfície reinam, eternamente, as trevas. Somente aqueles que para lá emigram esforçam-se para doar-lhe um clarão de luz, toda vez que o Sol inclina-se em virtude da necessidade. Sua terra é um deserto de sal; a cada vez que é habitada por aqueles que a cultivam, ela os expulsa e outros ali se instalam. Eles cultivam, e aquilo se destrói; eles constroem, e aquilo desmorona. Entre seus habitantes reina a disputa <e> o combate. Sempre que um grupo for mais forte, apodera-se dos lares e dos bens dos outros, obrigando-os a partir. Desejam fixar-se, mas recolhem apenas dissabores. Assim é seu costume, jamais descansam."

A pedido do narrador, *Hayy ibn Yaqzān* inicia o relato da cosmogonia (XIII-XVIII). A região ocidental "mais próxima de nosso país" representa a matéria; está mais próxima de nós porque o mundo é composto dessa matéria. O relato do Sábio, entretanto, fornecerá informações sobre como essa mesma matéria se formou. No extremo limite do Ocidente, há um "mar lodoso" que nos faz lembrar a *treva* da zona inferior que se transformou numa "espécie de corpo úmido", o princípio de escuridão descrito por *Poimandres* no tratado hermético assim intitulado. Do mesmo modo como a *treva* é potência passiva que se oferece para receber as formas e tornar-se, ela também, um mundo ordenado, o "mar lodoso", como a própria imagem sugere, é um amálgama informe composto dos elementos terra e água. Avicena utiliza a imagem corânica de uma "fonte fervente" (*Corão*, XVIII, 86)[133] para indicar a preexistência da matéria.

133. *Corão*, XVIII, 86, na tradução de D. Masson. O vocábulo árabe *hami'a* (lodoso, barrento) pode ser confundido com *hāmiya* (quente); várias traduções do *Corão* dão o termo como "lodoso, barrento", cf. A.-M. Goichon, *Le Récit de Hayy ibn Yaqzān*,

§ XIV. "Nesse país surge toda espécie de animal e planta. Porém, quando procuram se fixar e passam a pastar e a beber de sua água, <eis> que são encobertos por formas estranhas às suas próprias. Podes ver o homem coberto por um manto de pele de um animal recém-esfolado tendo, sobre ele, crescido uma luxuriante vegetação. O mesmo acontece a todas as outras espécies. Assim é esse país de ruína, um deserto de sal, cheio de perturbações, agitação, disputa e tumulto. Alegria e beleza são emprestadas de um lugar longínquo."

§ XV. "Entre essa região e a vossa, há outros climas. Entretanto, além dessa região, próximo ao lugar onde estão situados os pilares do céu, há uma região que mantém semelhanças com a vossa, entre elas, <o fato de ser> uma planície deserta cujos únicos habitantes são estranhos que entram furtivamente, e ainda <o fato> de a luz aí se infiltrar oriunda <da fonte de> um povo estrangeiro, embora <essa região> esteja mais próxima da janela de luz que a <região> acima descrita.

Disso <resulta> ser essa região o lugar onde se fixam as fundações dos corpos celestes, do mesmo modo que a região precedente é o lugar onde se fixam as fundações desta Terra, seu fundo permanente. Todavia, o agrupamento neste país é sedentário. Não há guerra entre os que ali chegam para se assentar. Cada comunidade possui seu domínio definido que nenhum outro grupo conquista com luta."

§ XVI. § 1. "A região habitada mais próxima de nós é um país cujos habitantes são de uma raça de estatura exígua; são ágeis em seus movimentos. Suas cidades são oito, em número.

§ 2. A esta região segue-se um reino cujos habitantes são de menor estatura que os anteriores e mais lentos. Dedicam-se com paixão às artes da escrita, às ciências dos astros, à teurgia e aos talismãs; <amam> as tarefas delicadas e os trabalhos profundos. Suas cidades são nove, em número.

§ 3. Depois deste reino há um outro, cujos habitantes são extremamente belos e amáveis, amam a alegria e o deleite, isentos de tristeza; possuem um gosto refinado pelos instrumentos musicais, os quais conhecem em quantidade. Uma mulher reina sobre eles. Receberam uma disposição natural para o bem e para o belo. Quando ouvem falar do mal, tremem de desgosto. Suas cidades são oito, em número.

§ 4. Em seguida, há um reino cujos habitantes são de tamanho muito grande e extremamente belos. A característica de sua natureza é cumular de dons quem longe deles permanece e prejudicar quem deles se aproxima. Suas cidades são cinco, em número.

§ 5. Segue-se um reino onde está instalada uma raça que traz destruição à Terra. Amam ferir, derramar sangue, matar, mutilar,

pp. 93-94. Goichon optou por "lodoso" porque se adapta melhor ao sentido filosófico, pois *hami'a* significa qualquer coisa "repleta de uma lama fétida". A matéria é assim descrita como algo repugnante.

punir, tudo ao som de música e como diversão. Reina sobre eles um <personagem> vermelho, inclinado a fazer o mal, a matar, a açoitar. Como relatam os narradores de suas crônicas, às vezes é seduzido pela bela rainha que acabamos de mencionar, pois ela lhe inspira um amor apaixonado. Suas cidades são sete, em número.

§ 6. Em seguida vem um vasto reino cujos habitantes são dotados, ao extremo, de temperança, justiça, sabedoria e piedade; distribuem todo o bem necessário a todas as partes do universo. Mantêm uma solicitude afetuosa em relação a todos, próximos e distantes, e fazem provar sua bondade, quer àquele que a reconhece, quer àquele que a ignora. Enorme é seu lote de beleza e de esplendor. Suas cidades são sete, em número.

§ 7. Depois deste, vem um reino habitado por um povo de pensamento abstruso, inclinado ao mal. Todavia, se porventura inclinar-se para o bem, chega ao extremo da perfeição. Se atacar um bando, não se lança com imprudência, mas procede com astúcia, à maneira do ardiloso. Não se apóia com impaciência sobre o que vem e o que germina. Suas cidades são sete, em número.

§ 8. Segue-se um grande reino de imensas regiões espaçadas, muito povoado, país onde os habitantes não residem nas cidades. Sua morada é uma planície deserta dividida em doze regiões que contêm vinte e oito estações; nenhuma das estações sobe à estação seguinte, a não ser que a estação precedente tenha deixado sua morada; então, <a estação seguinte> apressa-se para substituí-la. Todas as nações dos reinos anteriores viajam até aqui, e fazem o vaivém.

§ 9. Limítrofe a este, há um reino cujo horizonte não foi jamais alcançado até nossos dias. Lá não há nem cidades nem países, nem ser visível algum pode nele se abrigar. Seus habitantes são anjos espirituais. Nenhum <ser> humano faz aí parada. De lá descem, sobre os reinos contíguos, a ordenação e o destino.

Além deste, não há mais terra habitada. A estes dois climas estão unidos os céus e as terras que estão do lado esquerdo do universo, aqueles que constituem o Ocidente."

Com base no comentário persa, Henry Corbin sublinha em *Notes et Gloses* que "as descrições ordenam-se aqui em um duplo registro: da astronomia e da astrologia".

Quanto à astronomia, não há nada de conclusivo que possa indicar a fonte inspiradora de Avicena. Para as características atribuídas aos habitantes de cada planeta, a referência procede da célebre obra de Ptolomeu, *Tetrabiblos*. No que se refere às "cidades" de cada astro, ambos, o comentador persa anônimo e Ibn Zaylā, sugerem que a explicação para essa passagem encontra-se "nos livros de astronomia"[134]

134. A.-M. Goichon, *Le Récit de Hayy ibn Yaqzān*, p. 119.

que explicam os movimentos dos corpos celestes. Em decorrência do geocentrismo, os antigos supunham a existência de esferas além daquelas dos planetas conhecidos, as quais se moviam em volta da Terra. Em seu comentário, Ibn Zaylā afirma que "as cidades" de cada planeta representam os movimentos da esfera correspondente. O texto de referência fundamental para a exposição da teoria dos movimentos das esferas é a *Metafísica*, de Aristóteles (Livro Lamda, 8, 1074a 5 ss.).

Aristóteles retoma os sistemas de Eudoxo e de Calipo para construir sua própria teoria sobre os movimentos das esferas e seus respectivos planetas. Em sua explicação, as esferas são nove para o Sol, cinco para a Lua, catorze para Júpiter e Saturno, e vinte e sete para Marte, Vênus e Mercúrio, com um total de cinqüenta e cinco, as quais passam a ser quarenta e sete depois de realizada uma redução em função do movimento inverso do Sol e da Lua, com três movimentos atribuídos a cada qual[135].

Em nenhum lugar pudemos encontrar os números indicados por Avicena. Como vimos, Aristóteles admite cinqüenta e cinco ou, com a redução, quarenta e sete esferas, e aqui encontramos cinqüenta e sete, nas edições de H. Corbin e de A.-M. Goichon, e cinqüenta e uma, na edição de Mehren.

No *Livro de Ciência* (*Dānèsh-Nāma*), Avicena dedica-se ao estudo da astronomia, mas nada esclarece sobre os números apresentados em *Hayy ibn Yaqzān*.

Assim como a Idade Média as conheceu, a astrologia, a alquimia e a magia foram herdadas do hermetismo popular, cujos escritos mais antigos datam do século III anterior à nossa era[136]. Na Roma imperial, as técnicas teúrgicas de adivinhação inundaram o mercado de crença religiosa. Dessas técnicas esperava-se muito mais uma revelação sobre a conduta individual na existência do que propriamente o contato com

135. Aristóteles, *Met.* XII, 8, 1074a: "[...] para cada um dos planetas há outras esferas em igual número menos uma, que giram em sentido inverso, e restabelecem sempre em sua posição a primeira esfera do astro colocado abaixo; pois, somente assim é possível que a totalidade produza a translação dos planetas. [...] E o número de todas <as esferas>, das que movem e das que fazem girar a estas em sentido inverso, <são> cinquenta e cinco. Porém, se não se acrescentar ao Sol e à Lua os movimentos que mencionamos (1073b 35), não haverá ao todo mais de quarenta e sete esferas."

136. Ver A. J. Festugière, *La Révélation d'Hermès Trismégiste*, vol. I, *L'Astrologie et les Sciences Occultes*, pp. 94-98: o autor apresenta "o vício fundamental da astrologia [...] que traduzia em termos de psicologia o que deveria resultar da física". Atribuía-se ao astro um sexo e propriedades correspondentes: os planetas poderiam ser femininos ou masculinos, quentes, frios, secos ou úmidos, segundo seu distanciamento do Sol, o qual estava no centro, pois a astrologia seguia a ordem caldaica (Lua, Mercúrio, Vênus, Sol, Marte, Júpiter, Saturno, em ordem ascendente). *Hayy ibn Yaqzān* segue essa mesma ordem.

algum princípio divino.

Inicialmente difusas no interior de um quadro de filosofia subjugada pelas religiões de mistérios, penetradas integralmente por um "sentimento" de miséria humana e trabalhadas por um "desejo de evasão", embora renovadas, tais práticas não podiam ser aceitas pelos filósofos da Idade Média como dotadas de um valor autenticamente filosófico. O filósofo medieval tinha no aristotelismo sua norma principal de pensamento e de ação.

Todavia, a ciência astrológica era compatível com a visão de cosmo transmitida pelos gregos. O mundo do astrólogo é o mesmo daquele do filósofo: o sistema de esferas celestes, de inteligências e almas motrizes dos céus foi popularizado no Ocidente com as obras de Avicena e, mais tarde, com os comentários de Averróis sobre o tratado *De Caelo*, a versão da teologia cósmica esboçada no livro Lambda da *Metafísica*, de Aristóteles.

Na elaboração da representação cósmica do imaginário medieval, foi grande a contribuição do *Liber de Causis*, pois este oferecia a descrição de um universo perfeitamente ordenado, com a causalidade das inteligências – ou substâncias separadas, como ainda eram denominadas – que se estendia ao conjunto dos fenômenos do mundo: da causa primeira até o último céu, morada da última inteligência ou "tesouro das formas"[137], emanava, como fonte que faz jorrar a água, a dupla série de formas, as corporais, que organizavam a estrutura da matéria, e as inteligíveis, que iluminavam as almas. O original árabe do *Liber de Causis*, composto em Bagdá no século IX[138], foi adaptado dos *Elementos de Teologia*, de Proclo, e de diversos fragmentos do *Plotinus Arabus*. No universo concebido como uma processão universal em que inteligências separadas aparecem como condutoras da atividade de um Deus único e eterno, o primeiro agente, a idéia da influência dos astros sobre o destino humano podia aparecer como complemento natural da cosmologia e como preenchimento científico da teologia filosófica[139]. O astrólogo não se servia do universo aristotélico, exposto no Livro Lambda da *Metafísica*, mas de um *aristotelismo árabe* que retomou, retrabalhou e repensou os elementos de astronomia, de teologia natural e astral, retirados de Aristóteles e adaptados ao quadro teórico do *emanatismo neoplatônico*.

A *influência dos astros*, tese fundamental da astrologia, necessitava de uma certa representação teórica do mundo que possibilitasse o exercício da prática divinatória. Isso se tornou possível com a divulgação do *Liber de Causis* e com o conjunto de textos falsamente atribuídos a Aristóteles. O astrólogo apropriava-se de uma teologia que

137. Cf. Alain de Libera, *Penser au Moyen Âge*, p. 255.
138. *Ibidem*, p. 381, n. 9.
139. *Ibidem*, p. 255.

jamais existiu na obra do Estagirita, criava um novo sistema para fundamentar a astrologia e podia assim conferir-lhe o estatuto de ciência. O peripatetismo greco-árabe admitia a existência de uma causalidade vertical que unia o mundo supralunar ao mundo sublunar.

A tese da *influência dos astros* supõe um movimento em fluxo e influxo. Difundiu-se graças ao apoio dado pelo texto aristotélico dos *Meteorológicos* que diz: "a causa inicial dos fenômenos que afetam o mundo aqui embaixo", o "ponto de partida de seu movimento" deve "ser buscado no impulso dado pelos corpos que se movem eternamente". Já no princípio do tratado, a menção ao movimento de contágio que principia no éter e termina na Terra, embora sem a descrição desse movimento, inspirou os astrólogos que procuraram na física e na biologia a fundamentação teórica para a sua ciência. As teorias dos quatro elementos e do calor natural dos corpos, de fato, estavam presentes em Aristóteles, porém não impunham a concepção de destino sobre os homens e seu mundo.

Será no *Tetrabiblos* de Ptolomeu de Pelusa que a astrologia medieval vai encontrar suas linhas diretrizes:

> Eis aqui uma proposição muito evidente e que absolutamente não necessita de uma longa demonstração: uma força *emanada* da natureza etérea e eterna transmite-se a todas as coisas que envolvem a Terra, e que estão, sem interrupção, submetidas à mutação. Os primeiros elementos que estão sob a Lua, o fogo e o ar, são envolvidos e impulsionados pelos movimentos do éter; por sua vez, estes envolvem e impulsionam para sua própria agitação todos os corpos que se encontram abaixo deles, a saber, a terra, a água e todos os animais e vegetais que lá estão[140].

Alain de Libera enfatiza o empréstimo da idéia de Aristóteles de fazer partir dos astros a causa das mutações múltiplas e variadas dos corpos. Contudo, unidos às esferas celestes passam a ter suas influências misturadas: "o curso dos astros e as conjunções dos planetas são o *signo* dos numerosos efeitos"[141]. A passagem da causalidade para o significante só foi possível com a doutrina do emanatismo universal, cuja síntese, na literatura filosófica árabe, foi operada por al-Kindī.

Primeiro grande filósofo dos árabes, o iraquiano 'Abū Yūsuf Yakūb ibn Ishāq al-Sabbāh al-Kindī viveu na época dos abássidas e morreu entre 866 e 873[142]. Foi de seu círculo que saíram o *Kalām fī mahd al-khair*, o *Liber de Causis*, atribuído pela tradição árabe a Aristóteles, e a revisão da tradução da *Teologia Pseudo-Aristotélica*, realizada pelo sábio 'Abd al-Masīh ibn 'Abd Allāh ibn Nā'ima al-Himsī.

140. *Claudii Ptolemaei mathematici operis libri quatuor, in quibus de iudiciis disseritur, ad Syrum, Ioachimo Camerario interprete*, I, chap. 1, Basilae, MDLI, p. 379, cit. *in* Alain de Libera, *op. cit.*, p. 261.

141. Alain de Libera, *op. cit.*, p. 262.

142. Cf. Carmela Baffioni, *Storia della Filosofia Islamica*, Milão, 1991, p. 126.

Filósofo e cientista, sua obra contava aproximadamente duzentos e setenta tratados, quase todos perdidos. Dentre os poucos escritos que sobreviveram, está o *De radiis stellatis* ou *De radiis stellicis* (*Fī l-shu'a'at – Dos raios estelares*)[143] ou, como também é conhecido, *Teoria das artes mágicas*, cujo original árabe foi perdido, mas que, no século XII, o Ocidente recebeu em versão latina. De matriz hermética e neoplatônica, essa obra foi um dos manuais de magia natural mais conhecidos da Idade Média, se bem que tenha sido enumerada entre as obras de astronomia de al-Kindī pelo bibliófilo al-Nadīm no seu conhecido catálogo intitulado *Fihrist*.

As ciências da astronomia e da astrologia dividiam o espaço sideral nos estudos dos sábios medievais, embora se distinguissem quanto aos pressupostos metodológicos e, sobretudo, quanto aos fins propostos. A abordagem do *De radiis*, de al-Kindī, é diversa daquela das obras de astrologia, pois apresenta grande riqueza na coesão entre os temas filosóficos e teúrgicos. O tratado aborda a difusão da luz como um dos modos possíveis da transferência de uma força, em oposição ao ensinamento aristotélico que estabelece uma substancial diferença entre a natureza física da luz e os modos de transmissão do movimento ou de qualquer outra alteração. Para al-Kindī, não são apenas os astros que transmitem os raios; qualquer elemento terrestre colabora nesse *perpetuum mobile* de energia, ora visível, ora invisível, que preenche o universo criado. O princípio dessa energia luminosa tem seu fundamento nas idéias plotinianas do elo entre os astros e as plantas. Al-Kindī considera a criação uma inter-relação de forças em que os astros governam a maior parte dessas influências.

> [...] Compreender a causa por meio de seu efeito. Cada coisa agente no mundo dos elementos, por modesta que seja, é efeito de toda a harmonia celeste. [...] a condição de um só indivíduo nesse mundo [...] reflete toda a condição da harmonia celeste como num espelho, pois cada realidade desse mundo é um exemplo da harmonia universal [...] qualquer realidade desse mundo, seja substância ou acidente, a seu modo emite raios à semelhança dos astros [...][144].

Os corpos celestes são os veículos da transmissão dos raios entre o mundo superior e o inferior, sendo a diversidade do mundo explicada pela individualidade de cada estrela com seu "tempo e lugar próprios" e com "aspectos diferentes um do outro"[145].

Entretanto, segundo Alain de Libera, o *De radiis* apresenta "a primeira formulação nítida de desvio astrológico do pensamento de

143. Al-Kindī, *De radiis*, a cura di Ezio Albrile e Stefano Fumagalli, trad. de E. Turri, edição bilíngue, Milano, Mimesis, 1994. Cf. Alain de Libera, *op. cit.*, p. 382, n. 13.

144. Al-Kindī, *De radiis*, cap. II: *De radiis stellarum*, p. 42.

145. *Ibidem*, II, pp. 32 ss.

Aristóteles"[146]. Al-Kindī articulou duas teses para a síntese operada: i) "A disposição das estrelas ordena o mundo dos elementos e tudo o que está composto a partir deles, em qualquer lugar e em qualquer tempo que seja", e ii) "Essa disposição é de tal ordem que não há nenhuma substância, nenhum acidente desse mundo cá embaixo que não esteja à sua maneira figurado no céu"[147].

O que existe está escrito no céu; e o ser de tudo está descrito nas inteligências, substâncias espirituais separadas que regulam a vida *animada* do céu. Para ler-se o que está escrito nos céus, empregam-se variadas técnicas astrológicas. Conjunções de planetas correspondem às conjunções da alma com as inteligências que orquestram a ordem universal; a alma humana recebe o fluxo do sentido de cada inteligência a cada "aspecto" (ou distância angular entre os corpos celestes) traçado entre os astros. O fluxo recebido no mundo sublunar é emanado diretamente das esferas planetárias e pode ser benéfico ou maléfico, segundo os aspectos entre os astros e as características atribuídas aos planetas.

Embora tenha solenemente refutado a astrologia, Avicena declara:

> Tudo aquilo que no mundo é passado, presente e futuro existe sob uma certa relação na sabedoria do Criador e dos anjos puramente intelectuais e, sob uma outra relação, nas almas dos anjos motores dos céus.

E como "as formas inferiores derivam das formas superiores, [...] tudo o que existe aqui embaixo tem um exemplo mais nobre lá em cima": releitura que o peripatetismo árabe fez de Platão. E, em sua argumentação, chega até a explicar os sonhos como "produto da atividade dos corpos celestes abrindo uma forma na imaginação humana"[148].

Potências e formas que regulam a ação humana são influências das realidades celestes. Tal *fluxo* de influência efetiva-se por intermédio da luz das estrelas, o *lumen radiale stellarum*, de al-Kindī. Desde o momento do nascimento e durante o curso de toda a vida, a influência dos astros se exerce sobre o ser humano. E será no sonho premonitório que a influência astral vai sobressair-se: as imagens são suscitadas e impressas na alma, vindas do exterior. Em *Penser au Moyen Âge*, Alain de Libera expõe com clareza essa visão do cosmo:

> A grande diversidade das coisas desse mundo provém inteiramente de tal choque de raios (*ex hac radiorum collisione*). Toda a ação das estrelas efetua-se (*procedit*) por intermédio dos raios. Não há nada, até mesmo a voz humana, que não produza raios e que, como todas as outras coisas reais (*res actuales*), não aja por seu intermédio no mundo dos quatro elementos.

146. Alain de Libera, *op. cit.*, p. 262.
147. Al-Kindī, *De radiis*, cit. *in* Alain de Libera, *op. cit.*, pp. 262-263.
148. Avicena, *De Anima*, IV, 2, ed. S. Van Riet, Leiden, 1968, pp. 28-29.

A representação da viagem da alma através das esferas parece ter sido herdada do pensamento greco-romano.

Segundo a tradição astrológica, no instante do nascimento do indivíduo, os astros lhe imprimem as características físicas e morais e determinam os futuros eventos que configuram seu destino.

Heliodoro, discípulo de Proclo em Atenas, escreveu, entre 475-509 d.C., um Comentário aos *Elementa Apotelesmatica*, de Paulo de Alexandria (c. 378 d.C.), o qual explica que a Lua determina as qualidades físicas do indivíduo, o Sol confere-lhe as qualidades psíquicas, Júpiter, seu sucesso e fama, Mercúrio expressa a inteligência, e, segundo a posição de Marte e Saturno, suas influências poderiam ser maléficas ou benéficas. Neste último caso, a compleição e a mente do indivíduo poderiam sofrer alterações comprometendo seu destino, pois as qualidades desses dois planetas poderiam ser transmutadas, gerando vícios no ser humano sob sua influência. O determinismo da vida individual, marcado pela posição dos astros, não oferecia qualquer espaço para a liberdade individual, o que conferia um certo pessimismo às implicações filosóficas da astrologia.

De maneira um tanto peculiar, o gnosticismo serviu-se do pessimismo astrológico. As seitas gnósticas da época imperial concebiam a totalidade da abóboda celeste – incluídos os sete planetas (Sol e Lua eram considerados planetas) – como o cosmo onde impera o mal, figurado como uma prisão de sete muralhas. Para libertar-se, a alma deveria livrar-se dos vícios recebidos durante sua queda do *pléroma* ao atravessar as esferas celestes. Os planetas representam os arcontes dos vícios, cujo elenco varia segundo a época e o lugar.

Segundo Basílides, gnóstico de Alexandria do século II, o espírito do homem (*pneûma*) permanece temporariamente ligado à alma (*psyché*) recebida do cosmo em sua queda. Os vícios planetários acometem a alma e permanecem nela aderidos.

O caminho através das esferas é aberto por um salvador, conhecedor das palavras mágicas a serem proferidas diante de cada arconte ou planeta. Na interpretação de Ioan Petru Coulianu[149], a descida incógnita do salvador gnóstico serviu de modelo para a representação da ascensão da alma (*ánodos*). Em sua queda do *pléroma*, a alma veste uma espécie de traje composto dos vícios adquiridos na passagem através dos sete planetas. A ascensão nada mais é do que a inversão da queda[150]. Os

149. I. P. Coulianu, *Psychanodia I, A survey of the evidence concerning the ascension of the soul and its relevance*, Leiden, 1983.

150. I. P. Coulianu, *Experiencias del Éxtasis*, Espanha, 1994, p. 60. O autor argumenta contra os teóricos da *Religionsgeschichtliche Schule*, que defendiam a origem iraniana da "demonização do cosmo". Na Babilônia, a "katábasis" dos deuses e dos heróis não exclui a ascensão aos céus. Durante o século I d.C., houve o deslocamento do Hades para a atmosfera, na região sublunar ou no céu, o que tornou impossível a descida às entranhas da Terra.

antigos esquemas da *katábasis* são modificados, e a descida à Terra passa a ser a do *salvator salvandus*, de origem celeste, o qual servirá à alma de guia, condutor, na sua excursão através dos céus. A partir do século I, o sistema do mundo passa a ser concebido na representação do mundo inferior enquanto "residência do mal", o que compreende "toda a região situada sob as estrelas"[151]. A representação da ascensão do gnóstico através das esferas "demonizadas" é o inverso da descida ou queda do *pléroma*.

A história do homem primordial, que no hermetismo cai na matéria, sofre algumas variações segundo os diversos mitos. Todavia, o que esses mitos têm em comum é a representação de um certo invólucro de túnicas que cobrem a alma durante a queda, cada qual simbolizando o vício respectivo a um planeta. O homem primordial, tornado impuro com tal vestimenta, encarna num corpo terrestre e se une à natureza material. No tratado hermético, *Poimandres*, cap. XXV, há uma descrição da ascensão da alma através das esferas planetárias e da gradual separação dos vícios que foram contraídos na descida. Apresenta-se, a seguir, a ordem planetária de origem caldaica e seus correspondentes vícios como é apresentada nesse tratado. A Lua confere a decadência física; Mercúrio, as artes malignas; Vênus, a luxúria e a concupiscência; o Sol, a ambição de poder; Marte, a imprudência e a intrepidez; Júpiter, a corrupção e perversão em função das riquezas; Saturno, a falsidade.

Segundo os testemunhos de Porfírio, Macróbio e Proclo, Numênio de Apamea e seu discípulo Crônio seriam os autores da teoria da descida e ascensão da alma, sem que nada justifique atribuir-lhes a idéia da passagem através das esferas. No *Fihrist*, de al-Nadīm, encontramos uma alusão à teoria de Numênio sobre as duas portas do céu, situadas nos signos de Câncer e de Capricórnio, por onde respectivamente as almas descem ao mundo e remontam ao céu[152].

Macróbio, a quem se deve a sobrevivência do célebre texto de Cícero, *Sonho de Cipião*, descreve a descida da alma através dos planetas – na ordem caldaica –, dos quais recebe as qualidades:

> Assim, pois, sob o empurrão desse primeiro peso, a alma separa-se do Zodíaco e da Via Láctea, em direção às esferas inferiores, e através delas cai, e reveste-se ao passar em cada uma, não apenas de um corpo luminoso como dissemos anteriormente mas, ainda, produzindo em cada uma delas essas faculdades que deverá exercer: em Saturno, a faculdade racional e a inteligência, chamadas *logistikón* e *theoretikón*; em Júpiter, a faculdade de mover-se, chamada *praktikón*; em Marte, o ardor da animosidade, nomeada *thymikón*; no Sol, a natureza da sensação e da opinião, chamada *aisthetikón* e *phantastikón*; o movimento do desejo, chamado *epithymetikón*, em Vênus; a faculdade de expressar-se e de interpretar o que se percebe, chamada *hermeneutikón*, na órbita

151. *Ibidem*, p. 60.
152. *Ibidem*, pp. 135-136.

de Mercúrio; o *phytikón*, ou faculdade de plantar e de fazer crescer corpos, assume no movimento retrógrado do globo lunar[153].

Proclo expõe uma doutrina similar no *Comentário ao Timeu*, I[154], e integra a concepção da queda e da ascensão da alma na teoria do "veículo luminoso (*tò augoeidés okhema*[155]), exposta no Livro V: este corresponde "ao céu, e o corpo mortal ao mundo sublunar". No Livro I, seguindo as idéias de Porfírio, Proclo descreve a descida da alma: no princípio, a alma vive nos céus segundo o intelecto ou Khrónos (Saturno). Quando desce, adquire, por primeiro, a noção de vida política, que é jupiteriana; em seguida, recebe o elemento irascível e a ambição das honras, da competência de Ares (Marte), para seguir até Afrodite (Vênus), quando recebe o elemento concupiscível; de Hermes (Mercúrio) recebe os princípios criativos; do Hermes fálico, recebe o princípio criativo físico e se une ao corpo. Em sentido contrário, quando já está no corpo, a alma vive, em primeiro lugar, a vida vegetativa, com a atenção voltada para a alimentação e o crescimento de seu corpo; em seguida, desperta o elemento concupiscível e passa a ocupar-se dos instintos próprios da geração; com o elemento irascível, luta contra esses instintos e passa a ambicionar as honras, inicialmente na vida política e, depois de moderadas as paixões, na vida intelectiva.

No *Comentário ao Timeu*, V, Proclo menciona a necessidade de examinar a fundo o homem, pois este é

153. "hoc ergo primo pondere de zodiaco et lacteo ad subiectas usque sphaeras anima delapsa dum et per illas labitur, in singulis non Solum, ut iam diximus, luminosi corporis amicitur accessu, sed et singulos motus quos in exercitio est habitura, producit: in Saturni ratiocinantem et intelligentiam, quod *logistikón* et *theoretikón* vocant; in Iovis vim agendi, quod *praktikón* dicitur; in Martis animositatis ardorem, quod *thymikón* nuncupatur; in Solis sentiendi opinandique naturam, quod *aisthetikón* et *phantastikón* appellant; desiderii vero motum, quod *epithymetikón* vocatur, in Veneris; pronuntiandi et interpretandi quae sentiat quod *hermeneutikón* dicitur in orbe Mercurii; *phytikón* vero, id est naturam plantandi et augendi corpora, in regressu globi lunaris exercet". Trecho reproduzido *in ibidem*, p. 136.

154. Proclo, *Commentaire sur le Timée*, trad. e notas de A. J. Festugière, t. 1, livro I, p. 199; Diehl, 148, 1-13.

155. O termo *okhema* não é empregado nem por Plotino nem por Porfírio; utilizam-no, no sentido de "corpo espiritual da alma", Jâmblico, Proclo, Damácio, Simplício e Prisciano, em Atenas; Hermeias e Olimpiodoro, em Alexandria. Parece estar relacionado com três passagens de Platão: *Fedro*, 113d; 247b; *Timeu*, 41e (cada alma está colocada sobre seu astro, em que ela monta como num carro); *ibid.* 44e, 69c (os deuses confeccionam um veículo para a alma, o corpo), passagens que, segundo Coulianu, não têm nada a ver com o "veículo da alma", assim como foi teorizado, principalmente, por Proclo; cf. I. P. Coulianu, *Experiencias del Éxtasis*, p. 138. O termo aparece no *Corpus Hermeticum*, X, 13, com o sentido de "veículo da alma". Ver, sobre *okhema*, *Corpus Hermeticum*, trad. e notas de A. Festugière, vol. I, Tratado X, Paris, p. 128, n. 48; sobre o "veículo pneumático", ver Proclo, *Commentaire sur le Timée*, trad. e notas de A. Festugière, vol. V, p. 102, n. 2: a transcrição da declaração de Dodds sobre o termo *okhema*.

[...] um cosmo pequeno. Porque, assim como o universo, tem uma inteligência, uma razão, um corpo divino, um corpo mortal, e suas divisões são análogas àquelas do todo. [...] alguns têm o costume de dizer que a parte intelectiva do homem corresponde em ordem à esfera das <estrelas> fixas, que na razão, a faculdade contemplativa (*theoretikón*) corresponde a Khrónos, a faculdade política (*politikón*) a Zeus, e que na parte irracional, o <elemento> irascível (*thymoeidés*) corresponde a Ares, a faculdade da linguagem (*phonetikón*) a Hermes, o <elemento> concupiscível (*epithymetikón*) a Afrodite, a sensibilidade (*aisthetikón*) ao Sol, o vegetativo (*phytikón*) à Lua, e finalmente, o veículo luminoso (*tò augoeidés okhema*) corresponde ao céu, e este corpo mortal ao mundo sublunar[156].

A ordem planetária de Proclo corresponde à ordem egípcia, diversa da dos caldeus.

Outra influente doutrina que circulou durante a Antigüidade tardia é encontrada nos *Oráculos Caldaicos*, atribuídos a Juliano, o Teurgo, filho de Juliano, o Caldeu, e concebidos provavelmente na segunda metade do século II d.C.

Um fragmento[157] dessa obra refere-se, de maneira figurada, aos sete planetas: "Não te inclines para baixo; um precipício jaz debaixo da terra, que arrasta violentamente <a alma> desde o umbral dos sete caminhos".

O comentário de Pselo[158] a esse fragmento corrobora a metáfora dos sete caminhos:

O oráculo adverte à alma, que está com Deus, que dedique somente a Ele seu pensamento e não se incline para baixo, porque é grande o precipício que vai desde Deus até a Terra, "que arrasta violentamente" as almas através do "umbral dos sete caminhos". "Umbral dos sete caminhos" representa as esferas dos sete planetas. Assim, pois, uma vez tendo-se inclinado desde cima, a alma é levada através das sete esferas sobre a terra. De outro lado, a descida desde os sete círculos, como através de um umbral, conduz ao trono da Necessidade. A alma, uma vez lhe pertencendo, está compelida a desejar o mundo terrestre.

A doutrina das sete esferas estava muito em voga na Antigüidade tardia. Certamente há muito mais o que falar sobre a passagem da alma através das esferas em sua viagem de retorno ao princípio primeiro, ou uno, ou Deus. Essa doutrina propagou-se no Oriente e permaneceu em terra do Islão durante muito tempo, pois chegamos a reconhecê-la em Ibn 'Arabī de Múrcia[159], no século XII.

Doutrina herdada dos gregos? Na literatura apocalíptica judaica e judaico-cristã, encontramos o registro de diversas "revelações" a

156. Proclo, *Commentaire sur le Timée*, trad. e notas de A. J. Festugière, t. 5, livro V, Paris, p. 237; Diehl, 355, 8-17. Os textos de Proclo aqui citados estão reproduzidos em I. P. Coulianu, *Experiencias del Éxtasis*, pp. 136-137.

157. *Oráculos Caldeos*, frag. 164, ed. Gredos, p. 93.

158. *Ibidem*, p. 139.

159. Ver Titus Burckhardt, *Clé spirituelle de L'Astrologie Musulmane d'après Mohyiddīn Ibn 'Arabī*, Milano, Arché, 1974.

respeito do destino individual e coletivo: por meio do sonho, do rapto e da busca pessoal.

Esta última forma de êxtase voluntário interessa-nos particularmente, pois é dela que trata o texto de Avicena, *Hayy ibn Yaqzān*. O modelo da busca pessoal extática desenvolveu-se a partir do século I de nossa era e tem como uma das principais fontes a literatura apócrifa e apocalíptica conhecida por "mística da *merkabah*" ou do carro divino da visão de *Ezequiel* (cap. 1). O material que originou tal forma de misticismo é variado, e entre os principais estão os apocalipses de *Enoque 2* e de *Abraão*, redigidos durante o primeiro século[160]. O sábio alemão J. Maier observou que a "mística da *merkabah*" utilizou amplamente temas literários muito mais antigos[161], e Geo Widengren, integrante da *Religionsgeschichtliche Schule*, defende a tese de que as influências devem ser buscadas nas tradições iranianas[162].

O misticismo hebraico já ensinava que os reinos divinos eram povoados por anjos encarregados de vigiar a sagrada região do céu. Na entrada de cada esfera, guardas angélicos tinham como dever, para testar o aspirante a místico, impedir sua travessia e ascensão.

Nos apocalipses e na literatura mística judaica, muitas são as passagens[163] que relatam a viagem do herói ao ingressar nas regiões sagradas, sempre escoltado por uma figura angélica. O herói bíblico, quando acompanhado pelo anjo, tem permissão para atravessar os portões celestes e entrar nas regiões do divino.

No cristianismo primitivo, há referências à necessidade dos humanos de retornarem à sua origem divina, a Luz, ascendendo através das esferas celestes. O *Lógion* 50 do apócrifo *Evangelho segundo Tomé* sugere essa viagem quando anuncia a preparação que Jesus concede a seus discípulos para o "teste" das perguntas que os anjos guardiães farão a suas almas na jornada através dos céus.

A tradição da excursão da alma é retomada nos relatos do *mi'rāj*, a conhecida viagem que o Profeta Maomé realiza através dos céus conduzido pelo anjo Gabriel. A origem da ascensão celeste do Profeta está no *Corão*, XVII, 1: "Louvado seja quem fez viajar o seu servo à noite desde a Mesquita Sagrada (em Meca) até a Mesquita de al-

160. Cf. I. P. Coulianu, *Experiencias del Éxtasis*, p. 153.

161. *Enoque 1* foi redigido em aramaico, no tempo dos Macabeus, ou até mesmo antes; cf. *ibidem*, p. 154.

162. Cf. *ibidem*, p. 172.

163. *Apocalipse de Abraão* (século I d.C.); *Testamento de Abraão*; *Apocalipse de Moisés 37-39* (texto medieval publicado por M. Gaster, mas que contém tradições judaicas que remontam ao século III d.C.); *Vida de Adão e Eva 25-28*; *Enoque I* (época dos Macabeus); *Enoque II* (século I d.C.); *Enoque III* (segunda metade do século III d.C.); *Ascensão de Isaías*; *Testamento de Levi 2.6-5.3*; *Testamento de Isaac*; cf. April D. De Conick, *Seek to See Him*, Leiden, 1996, p. 59; para as datações dos textos, ver I. P. Coulianu, *Experiencias del Éxtasis*, pp. 153 ss.

-Aqsa[164], em Jerusalém [...]". A tradição chegou à Espanha cristã no século IX. Os ciclos do *isra'* (viagem noturna) e do *mi'rāj* (viagem celeste) aparecem reunidos na redação única do *Tafsīr*, de Tabarī, já no século IX. São muitas as redações do *mi'rāj*[165]. Tais lendas têm como fonte imediata os apocalipses judaicos e judaico-cristãos, e sobretudo a literatura *hekalótica*, ou *ma'aseh merkabah*[166], desenvolvida a partir da visão de *Ezequiel*. Segundo Coulianu, embora redigido somente no século XII, o *Apocalipse de Moisés* mantém muitas semelhanças com o *mi'rāj*, isso porque ambos procedem da fonte comum hebraica. Como Moisés, Maomé no *mi'rāj* percorre os sete céus; em cada céu, os dois profetas encontram anjos com qualidades e missões específicas e ambos chegam diante do Trono de Deus, depois de visitar o inferno.

2.7. A REVELAÇÃO: O ORIENTE DAS LUZES

§ XVII. "Quando, partindo dele, tu te diriges ao Oriente, deparas com um território onde não habitam seres humanos, não há estrelas, nem árvores, nem pedras. É apenas uma imensidão de terra, água sem fim, ventos aprisionados, fogo flamejante. <Depois de> atravessar essa <região>, desponta à tua frente um território com montanhas firmes, rios de água corrente, ventos livres e nuvens chuvosas. Lá encontras ouro, prata, substâncias preciosas e outras sem valor, de toda espécie e qualidade. Mas não achas nada que cresça. <Depois de> atravessá-la, alcanças um lugar repleto daquilo que foi mencionado e mais todo tipo de vegetação, estrelas, árvores frutíferas e não frutíferas, com sementes e grãos. Aí nada encontras que brilhe ou pie. Atravessas essa região para chegar a uma outra, onde para ti está reunido o que foi relatado acrescido de toda espécie de animal que não articula palavra alguma, animais que nadam, trepam, caminham, planam e giram nos ares, nascem e se multiplicam, porém, lá não há ser humano algum. E tu foges para o mundo que é o teu, já instruído pela visão e audição do que lá está contido."

§ XVIII. "Se, em linha reta, seguires ao leste, encontrarás o Sol que se levanta entre os dois bandos seguidores do Demônio. Pois, o Demônio possui dois bandos <seguidores>, um que voa e outro que

164. Situada na parte antiga de Jerusalém, a mesquita de al-Aqsa é o terceiro templo mais sagrado do Islão, depois dos de Meca e de Medina.

165. Ver Miguel Asín Palacios, *La escatología musulmana en la Divina Comedia*, Madrid, 4ª ed., 1984; I. P. Coulianu transcreve um resumo da versão francesa que corresponde à versão latina de Buonaventura de Siena, cuja tradução partiu da tradução espanhola de 1264, quando, por ordem do rei Alfonso X, Abraão Alfaquim traduziu o *mi'rāj* para o espanhol a partir de uma tradução latina anterior, do século XII; cf. *Experiencias del Éxtasis*, pp. 164 ss.

166. Cf. I. P. Coulianu, *Experiencias del Éxtasis*, pp. 153 ss.

anda. Entre os que caminham há duas tribos: uma com a ferocidade dos animais de rapina, a outra com a bestialidade dos quadrúpedes. Entre elas persiste uma guerra perpétua, e juntas habitam à esquerda do Oriente. Quanto aos demônios que voam, seus covis encontram-se à direita do Oriente. Não possuem todos a mesma constituição. Longe disso, dir-se-ia que cada um deles possui sua própria constituição distinta de todas as outras, de maneira que há os que são constituídos de duas formas <exteriores>, outros de três, outros de quatro, como seria um homem que voa ou uma víbora com a cabeça de um porco. Há os incompletos, como o indivíduo que seria uma metade de homem, outro, a palma de uma mão ou um pé isolado, ou mesmo qualquer outra parte de animal. Dir-se-ia que as figuras compostas, desenhadas pelos pintores, vieram dessa região.

Aquele que rege os negócios nesse país dispôs, para o seu domínio, de cinco estradas para a correspondência, que são postos de observação guarnecidos de homens armados. Quando os homens deste mundo lá se apresentam, esses homens armados os fazem prisioneiros e todos os seus valores são inspecionados. Depois, os escolhidos são entregues a um dirigente responsável pelas cinco <estradas>, o qual mantém a guarda na entrada deste país. As notícias que os prisioneiros trazem são enroladas e seladas, sem que o guardião as examine, pois isso não lhe compete. Sua tarefa é entregar <o rolo de informações> a um tesoureiro que, por sua vez, o consignará ao Rei. Esse mesmo tesoureiro assume a guarda dos prisioneiros, e seus pertences serão confiados a um segundo tesoureiro.

E toda vez que são aprisionados os tipos de homens, animais ou outras criaturas do teu mundo, estes proliferam, seja por uma feliz combinação em que se conservam suas formas, seja por <formas> malogradas."

§ XIX. "Dos dois bandos seguidores do Demônio, um deles se pôs a caminho em direção à vossa região. Ele oprime os seres humanos, insinua-se em sua respiração, até ao âmago dos corações. Dos dois bandos que caminham, o grupo cuja figura parece-se à dos animais de rapina espiona o homem <e espera> o súbito aparecimento de uma pequena irritação. Então, dando-lhe um impulso, embeleza a seus olhos as piores ações como matar, mutilar, devastar, violar. Alimenta o ódio no íntimo de seu coração, incita-o a oprimir e a destruir.

Quanto à segunda tribo dos andarilhos, esta não cessa de sussurrar secretamente ao homem, embelezando torpezas e perversidades deliberadas; a devassidão permanece a seu lado, faz-se desejada, torna-se ávida. O grupo, aferrado à obstinação, atormenta o homem até conseguir arrastá-lo a isto.

O bando voador persuade o homem a negar aquilo que ele não enxerga com seus olhos; apresenta-lhe como digno de culto apenas a beleza das obras da natureza e da mão do homem. Murmura secretamente no íntimo do homem que não há outra vida, nem retribuição das boas e más ações, nem o Ser eterno subsistente por si mesmo, que reina no Reino celeste."

§ XX. "Desses dois bandos, alguns deles assombram os confins de uma região situada além daquela habitada por anjos terrestres e se deixam conduzir pela boa direção dada por esses anjos. <Esses bandos> libertaram-se do erro dos rebeldes e escolheram o caminho dos seres espirituais. Quando <esses *daímones*> se misturam aos homens, não é para corrompê-los nem desorientá-los; com bondade, eles (os *daímones*) os ajudam (aos homens) a se purificar. São os gênios, *jinn* e *hinn*."

§ XXI. "Quem ultrapassar essa região penetra nas regiões dos anjos. Destas, a mais próxima à Terra é habitada pelos anjos terrestres. Estes anjos formam dois grupos. O primeiro ocupa o lado direito: são os anjos que conhecem e ordenam. Defronte a estes, do lado esquerdo, está o outro, que obedece e executa. Ambos os grupos descem às regiões dos gênios e dos homens, como um astro que se põe, mas, atentos, consideram o céu e se elevam gradualmente.

Conta-se que os Guardiães e os nobres Escrivães fazem parte dos dois <grupos de anjos>. Aquele que monta guarda à direita ordena, está encarregado de ditar <as ordens>. Aquele que monta guarda à esquerda executa sua missão, escrever."

§ XXII. § 1. "Aquele a quem se faz encontrar o caminho para atravessar essa região chegará são e salvo para além do céu. Então, ele entrevê furtivamente a posteridade da criação primordial, sobre a qual reina um Rei único, a quem se deve obediência.

A primeira das regiões demarcadas é habitada pelos servidores deste Rei sublime, assíduos na obra que os faz dele se aproximar em orientação. Constituem uma comunidade de justos que não atendem aos apelos da voracidade, da lascívia, da tirania, da inveja ou da preguiça. Foram incumbidos de manter em bom estado os arrebaldes desse império, e a isto eles se prendem. Habitam em cidades; ocupam-se dos altos castelos e dos magníficos edifícios <construídos com uma> massa de argila luxuosamente forjada que não se compara a nenhuma argila do vosso clima. É mais resistente que o cristal de rocha e o jacinto, e todas as coisas sujeitas a uma mais lenta deterioração. Vida longa foi concedida a esse povo, foram preservados do prazo da morte, que poderá atingi-los somente depois dos mais extremados limites de tempo. Sua regra de existência consiste em conservar os arrebaldes na obediência.

§ 2. Acima destes, há uma comunidade <que mantém> com o Rei <uma união> mais íntima, pois serve com perseverança a assembleia, ao imitá-la; seu estado foi preservado de qualquer mudança, pois não trocam de ocupação. Foram postos à parte graças à intimidade do parentesco. Receberam o poder para contemplar a assembleia suprema e estar ao seu redor. Foram gratificados com a contemplação do rosto do Rei, em uma continuidade sem ruptura, sem jamais privar-se <da contemplação>. Receberam como ornamento a delicadeza em seu caráter, a beleza e a sabedoria penetrante em seus espíritos, o privilégio de ser o termo final ao qual se refere todo conhecimento. Foram dotados de um aspecto ofuscante, de uma beleza admirável, de uma grandeza que atingiu sua perfeição.

Para cada um deles um limite foi fixado como lugar próprio, uma grandeza devida e incontestada, e não compartilhada. Pois há aquele mais elevado ou aquele que se contenta de uma perfeição menor.

Aquele cuja posição lhe permite estar mais próximo do Rei é único. É o pai de todos e todos são seus filhos e netos. Dele emana sobre todos a palavra e a ordem do Rei.

Uma das maravilhas de suas disposições é sua natureza não se apressar em arrastá-los à velhice e à decrepitude, e aquele que engendra todos os outros, ainda que mais antigo no tempo, é o mais forte e esplendoroso em juventude e beleza.

Todos estão no deserto e não necessitam de abrigo."

§ XXIII. "Por sua maneira de ser, o Rei é aquele mais retirado nessa solidão. Quem atribuir sua origem a uma linhagem perde-se; e divaga quem se assegura louvando-o o tanto que ele merece. Aqueles que lhe concedem atributos são impotentes em descrevê-lo, e as comparações desviam-se de seu objetivo. Quem as forja para dele falar, contenta-se de pouco. Ele não se divide em partes, longe disso, ele é inteiramente face por sua beleza, plenamente mão por sua generosidade. Sua beleza apaga os vestígios de <qualquer> outra beleza. Sua generosidade desdenha toda generosidade. Quando um dentre aqueles que cercam sua imensidão propõe-se a meditá-lo, um frêmito o faz baixar os olhos e ele se volta maravilhado. Quando <dirige> seu olhar a ele, por pouco sua visão não lhe é retirada. É como se sua beleza fosse o véu de sua beleza, é como se sua epifania causasse seu mistério, é como se ele estivesse dissimulado por seu esplendor. Assim é o Sol que, pouco encoberto, revela-se muito mais. Pois, quando emite um intenso fulgor, permanece escondido dos olhares. Sua luz é assim o véu de sua luz.

Na verdade, o Rei, com seu brilho, ergue-se qual um Sol sobre os seus. É clemente no encontro com eles, apenas eles não conseguem contemplá-lo atentamente em virtude das deficiências de suas faculdades. Sua generosidade transborda. Sua bondade é imensa. Suas graças inundam, vasta é sua corte e a todos espalha seus dons.

Quem quer que veja com seus olhos um rasgo de sua beleza, detém seu olhar e não mais o desvia, nem mesmo com um piscar de olhos."

Descortina-se o mundo da abstração: das formas e dos inteligíveis, na rigorosa análise de A.-M. Goichon. Todavia, o texto sugere muito mais, e para sua interpretação, servimo-nos dos trabalhos de Henry Corbin, que se apoiam sobretudo na tradição masdeia concernente à reconstrução do "espaço visionário" ou da "geografia imaginal".

Na linguagem simbólica dos autores espiritualistas estudados e interpretados por Corbin em *Corps Spirituel et Terre Céleste*, o "oitavo clima" ou "mundo de *Hūrqalyā*" é o mundo conhecido por *'ālam al-mithāl* ou *mundus imaginalis*. Esse é um mundo que tem seu próprio modo de conhecimento, é uma "terra de visões" onde "acontecem" os fatos espirituais reais e cuja realidade não é a do mundo físico, tampouco a registrada pela crônica da "história". Aqui, qualquer acontecimento transcende a materialidade histórica. Trata-se de um mundo "exterior" que, porém, não é o mundo físico, "um mundo que nos ensina ser possível sair do espaço sensível sem, contudo, sair de sua extensão, e ser necessário sair do tempo homogêneo da cronologia para entrar no tempo qualitativo, a história da alma". Um mundo "com sua dimensão suprassensível, o que, muitas vezes, nos aparece como extrapolação arbitrária, porque o confundimos com a alegoria."

Nesse mundo, o tempo passa em forma de ciclo e não há uma identidade de termos. Há, sim, uma analogia de relações: os arquétipos são exemplificados por figuras cuja identidade está na função que elas assumem no conjunto de homólogos. É como passar de uma oitava musical à outra superior em que as mesmas notas são de uma altura qualitativamente diferente: ainda que os elementos tenham sido mudados, a forma da melodia permanece a mesma.

O *mundus imaginalis* ordena as noções no nível do ser e do conhecer: a percepção, a consciência e o conhecimento são conotativos na imaginação. Constantemente, os autores espiritualistas islâmicos fazem referência aos três mundos: o mundo inteligível, *Jabarūt*; o mundo da alma e das almas, *Malakūt*, e o mundo sensível, *Molk.* A cada um desses mundos correspondem as formas do ser e do conhecer, designadas por formas inteligíveis (*suwar 'aqlīya*), formas imaginais (*suwar mithālīya*) e formas sensíveis (*suwar hissīya*). As formas imaginais, correlatas do *mundus imaginalis*, têm por função fazer a mediação entre o mundo inteligível e o sensível.

A concepção do universo dos inteligíveis, tal qual ilustrada por Avicena em *Hayy ibn Yaqzān*, fica mais rica se conhecermos o universo da angelologia masdeu-zoroástrica, terreno cuja simbologia poderia bem ter inspirado Avicena na elaboração desse texto. O filósofo pertencia ao meio que originou quer o zoroastrismo quer o masdeísmo e possivelmente conhecia os mitos relacionados a essas crenças. Assim, parece-nos interessante expor algumas noções do imaginário persa.

Segundo os estudos de Corbin, a percepção masdeia da Terra produz-se na perspectiva de uma angelologia e correlativamente num modo de apreensão dos seres e das coisas que diferem inteiramente daquele que a ciência ocidental conhece. A Terra não é percebida pelos sentidos, mas por uma imagem primordial, e, porque essa imagem possui os traços de uma figura pessoal, a alma com sua própria imagem em seu íntimo reconhece-se como "simbolizando com" a imagem primordial. Assim, na hermenêutica corbiniana, a alma é o princípio e a chave de toda explicação[167].

O masdeísmo-zoroástrico tem como um de seus traços característicos a angelologia, cujo estatuto ontológico é diferente daquele dos anjos bíblicos e corânicos. Os anjos masdeus não são servidores, tampouco mensageiros. Estão mais próximos aos *dii-angeli* de Proclo e, por conseguinte, possuem uma convergência com a angelologia neoplatônica.

A cosmologia masdeia divide o universo inteligível numa "altura" infinita de luz onde habita *Ohrmazd* (avéstico *Ahura Mazda*), o *Senhor Sabedoria*[168], e num "abismo" insondável de trevas que abriga o *Antagonista, Ahriman* (avéstico *Angra Mainyu*). Entre a potência de luz e a contrapotência de trevas há um combate sem trégua, sendo a Terra, nosso mundo e toda a criação visível, o teatro onde se realizará por meio da separação o término da "mistura", o que devolverá ao abismo as contrapotências demoníacas. Não se trata de separar os seres em bons e maus, tal qual professa uma interpretação pouco elaborada do masdeísmo e do maniqueísmo (este também herdeiro de Zoroastro), trata-se, antes, de uma maneira de compreender e de se comportar em relação a essa "mistura".

Um dos traços mais significativos e distintivos da visão zoroástrica do universo é a figura do *Senhor Sabedoria*. Este aparece sempre cercado por seis Potências de Luz com as quais compõe a *Heptada* divina e suprema. Não constituem "aspectos" da divindade, e sim de pessoas celestes, portadoras de infinita beleza e potência. Essas sete potências, designadas por *Amahraspands* (avéstico *Amerta Spenta*)[169], são convencionalmente conhecidas por arcanjos zoroástricos. Entre elas há uma espécie de união mística que as diferencia quer da concepção politeísta normalmente aceita, quer de um monoteísmo quando consideradas unidade na *Heptada* divina. Cada uma das figuras da *Heptada* realiza a totalidade das relações comuns às outras.

O mistério da forma imaginal está na projeção que a *imago animae* realiza na *imago terrae*.

A geografia visionária, também conhecida por "paisagem de *Xvarnah*", prefigura a transfiguração escatológica. O espaço sagrado, centro da visão que fixa a presença da alma visionária, é concentrado

167. Cf. Henry Corbin, *Corps Spirituel et Terre Céleste*, Paris, p. 32.

168. Zaratustra realizou a identificação da Sabedoria (*Sophía*) com Deus na figura do *Senhor Sabedoria*; cf. Paul de Breuil, *Zarathustra et la Transfiguration du Monde*, Paris, 1978, p. 93; sobre a união entre filosofia e religião em Zaratustra (*mazdā=sophía*), ver Paul de Breuil, *op. cit.*, pp. 88 ss.; cf. Simone Pètrement, *Le dualisme dans l'histoire de la philosophie et des religions*, Paris, 1946.

169. Nos textos pahlavis, *Spenta Armaiti* é entendido como *Pensamento Perfeito*; e, algumas vezes, aparece com o significado de "mãe", o *Arcanjo da Terra*.

nessa paisagem, *in medio mundi*. A alma não está situada nesse espaço, ela é a própria situação. Os aspectos geográficos, como montanhas e lagos, traduzem um significado psicocósmico para a alma, que constituem desse modo a geografia imaginal. Os acontecimentos compõem a própria visão de tais aspectos geográficos. A cartografia dos antigos iranianos que retrata essa paisagem é essencialmente simbólica, pois representa um instrumento de meditação que permite conquistar mentalmente o centro, o *medium mundi*. Plantas, águas e montanhas são transmutadas em símbolos, na forma imaginal, isto é, na presença de um estado visionário percebido *in mundo imaginali*.

O esquema da superfície terrestre, tal qual é projetado pela imaginação ativa, é o seguinte: em sua origem, a Terra era um todo contínuo que, em decorrência da opressão das potências demoníacas, foi dividida em sete *keshvars* (*orbis*, na representação análoga latina). São "zonas", e não "climas". A significação destes últimos será explicada mais adiante.

Há um *keshvar* central (*Xvaniratha*), cujo sentido assemelha-se à "Roda Luminosa" e cuja extensão é igual ao conjunto dos outros seis *keshvars* dispostos ao seu redor. Há um *keshvar* oriental, outro ocidental, dois ao norte e dois ao sul. Todos estão separados entre si por mares e montanhas, intransponíveis para os humanos[170]. Não são regiões distribuídas no interior de um espaço dado, homogêneo e quantitativo. O espaço sagrado é definido por uma estrutura qualitativa, pois realiza a presença *situativa*. Segundo Corbin, é possível considerar que esses espaços tenham tido algum tipo de referência topográfica celeste, para, mais tarde, designar localidades terrestres. Lagos e montanhas da Terra teriam sido nomeados em decorrência de seus arquétipos celestes. Cada um dos *keshvars* tem seu nome e todos se referem aos seis salvadores-heróis, cada qual cooperando com o salvador final na transfiguração do mundo[171]. A disposição dos *keshvars* corresponde a regiões imaginais e configuram a *imago terrae*.

A geografia imaginal não tem uma conotação "irreal", pois pertence à realidade da imaginação ativa, a qual, ao projetar a geografia imaginal, permite à alma visitar tais regiões.

Na origem dessa representação estão a história de Zaratustra – ou Zoroastro – e sua peregrinação. O livro masdeu da Gênese (*Bun-*

170. *Zend-Avesta*, Part. II, tradução de James Darmesteter, 1ª ed. Oxford Univ. Press, reimpressão de Motilal Banarsidass, Índia, 1980. Ver p. 123, vol. XXIII, n. 5: *Xvaniratha* é o único *keshvar* inabitado pelo homem.

171. *Zend-Avesta*, p. 547, n. 265: Darmesteter interpreta os nomes dos seis heróis: No Oeste está aquele "que ensina o caminho para a Luz"; No Leste, aquele que ensina o caminho "para o Sol"; No Sul, aquele "que engrandece a Glória" e aquele que "difunde a Glória"; No Norte, aquele que "pede seu desejo" e aquele que "tem a graça desejada". Ver H. Corbin, *Corps Spirituel*, p. 72, n. 35.

dahishn) descreve a formação das montanhas: sob o assalto das potências demoníacas de *Ahriman*, a Terra sofreu um terremoto e, como defesa, levantou suas montanhas. A cadeia montanhosa, que no livro sagrado *Avesta* denomina-se *Hara berezaiti* – etimologicamente no persa *Alborz*, nome da cadeia de montanhas situada de leste a oeste no limite norte do Irã –, foi, entre seus altos picos e planaltos, o cenário concebido pela tradição sassânida para os episódios vividos por Zaratustra. *Alborz* é a montanha cósmica, levantada pela Terra em seu supremo esforço para não separar-se do céu. Ao redor de *Hara berezaiti* giram as estrelas, o Sol e a Lua[172].

Aos trinta anos, Zaratustra iniciou sua peregrinação em companhia de um grupo de homens e mulheres[173]. Desejou *Erān-Vēj*, termo pahlevi que designa o berço e a origem dos ário-iranianos. Está no centro do *keshvar* central: é o lugar onde *Ohrmazd* (avéstico *Ahura-Mazda*) celebra suas liturgias e onde *Yima*, resplandecente de beleza, recebeu a ordem de construir o *var*, lugar fechado que abrigaria a elite de todos os seres, os mais belos e mais graciosos. O paraíso de *Yima* é descrito qual uma fortificação que contém uma cidade com casas cujas portas e janelas irradiam, elas próprias, a luz para seu interior, pois o *var* é iluminado por luzes criadas e não criadas simultaneamente. Seus habitantes veem o pôr e o nascer das estrelas, do Sol e da Lua, uma vez ao ano. Um ano parece ser um dia. É o lugar onde cessam as sombras, onde a luz é capturada.

Zaratustra, desejando *Erān-Vēj*, evoca acontecimentos hierofânicos, episódios de uma história imaginal. O acesso a *Erān-Vēj* marca a ruptura com as leis do mundo físico, por exemplo: em sua peregrinação, o Sábio defronta-se com uma grande extensão de água que faz obstáculo à sua passagem. Diz o *Livro de Zoroastro*: "Como o navio que desliza sobre as ondas, assim caminharam eles sobre a superfície de água"[174]. Desejar *Erān-Vēj* é desejar a *Terra Celeste*, o espaço hierofânico onde se reencontram os santos imortais.

2.8. A MISSÃO E O CONVITE

§ XXIV. "Às vezes, alguns solitários dentre os homens emigram em sua direção. Encontram tantas de suas graças que a elas se submetem. Ele os torna conscientes da futilidade das vantagens deste vosso clima. E quando dele retornam, estão plenos."

172. *Zend-Avesta*, *Yast X, 50*, ed. cit., pp. 131-132; *Yast XII, 23*, ed. cit., p. 174.

173. *Zarātusht-Nāmeh – Livro de Zaratustra*, de Zartusht-e Bahrām ben Pajdū, texto persa publicado e traduzido por Frédéric Rosenberg, St. Petersburgo, 1914, p. 22. Esse livro é um longo poema composto no Irã no século XII por um seguidor da religião de Zoroastro, *in* H. Corbin, *Corps Spirituel*, p. 55 e p. 76, n. 74.

174. *Ibidem*, p. 55.

§ XXV. *O Sábio Hayy ibn Yaqzān diz:* "Não fosse eu dele me aproximar por meio de minha conversa contigo, em te despertando, a ele eu consagraria meus cuidados, o que me desviaria de ti.

Mas se quiseres, segue-me em direção a Ele.

Paz."

Os dois parágrafos finais parecem indicar o que procuramos analisar ao longo de nosso trabalho. A expressão "alguns solitários" corrobora a coerência necessária entre o gnóstico e sua visão de mundo.

O tema da ascensão da alma às regiões divinas representa sempre a salvação do ponto de vista individual. A alma realiza sua "viagem" na solidão. Todavia, o caso particular do indivíduo e sua visão do transcendente não teria significado se não espelhasse um conteúdo mais amplo. O que parece manter a coerência entre a visão individual e o sistema gnóstico-hermético, como proposta salvífica, é a ideia de que a humanidade está dividida em duas categorias: a dos que podem atingir o *pléroma* e a dos condenados a permanecer na prisão do mundo da qual são a expressão. Para os "eleitos", a promessa de salvação está inscrita na possibilidade de atingir o conhecimento, possibilidade atribuída somente ao gnóstico, o que nos faz lembrar a antiga parábola das sementes, em que o semeador as esparrama por diversos tipos de solo e locais, e apenas aquelas que caíram em terra boa produziram frutos[175]. Os gnósticos e herméticos não se creem homens comuns, pois acreditam pertencer a uma "raça diferente", sentem-se "estrangeiros" e "exilados" no mundo dos homens comuns. A visão recebida com a revelação confere-lhes a possibilidade de atingir o conhecimento de sua origem divina; tal é o sentido da "plenitude" almejada.

A figura do sábio-revelador é indispensável para a obtenção do resultado. Em "se aproximando do divino, quando dele fala" ao iniciado, o Sábio representa o elo entre o humano e o divino. Nessa dignidade, o divino desce ao nível humano e, na relação que estabelece com o homem, permite-lhe sua aproximação. Na figura do salvador encontramos a função mediadora de um "segundo deus", pois Deus em si é inacessível. Talvez seja uma banalização pensar que o redentor seja apenas um professor de sabedoria, um agente transmissor de receitas de salvação, como ainda seria insuficiente considerar que, no pensamento gnóstico-hermético, o ser divino é apenas um objeto de veneração e culto. A salvação gnóstico-hermética consiste num apropriar-se da essência divina que cada gnóstico possui dentro de si, num identificar-se com o divino mediante a figura do salvador. Há, portanto,

175. *Mateus*, 13, 1-9.

uma identidade gnóstica do salvador e do salvado[176], pois é por meio do salvador que o salvado atinge sua própria salvação. A salvação é passiva quando o gnóstico recebe a revelação e é simultaneamente ativa quando transforma-se *na* visão do divino. Pois a sua transformação consiste em divinizar-se, em tornar-se igual ao salvador: o gnóstico apropria-se do conhecimento revelado e nessa apropriação identifica-se com o revelador e torna-se ele próprio um ser divino. A identificação do salvador e do salvado representa a passagem que cada um deve cumprir fora de si para encontrar sua própria identidade.

Quando o Sábio afirma "não fosse sua missão a de revelar o conhecimento", "despertar" o gnóstico, "consagraria seus cuidados a Deus", parece indicar a ênfase no seu papel de mediador, entre o humano e o divino. Pois outra não poderia ser sua função, desde que já é parte do divino.

176. A identificação do salvador-salvado, elaborada por R. Reitzenstein, envolve o conceito de homem primordial, *ho óntos ánthropos*, o homem *essencial*. A substância divina que anima o corpo foi "punida" e está enclausurada no corpo; essa substância, ou centelha divina, é a emanação do homem pneumático, "adâmico", que simultaneamente está *no pléroma* e *é o pléroma*: essa é uma interpretação essencialmente dualista e anticósmica da correspondência geral do macrocosmo com o microcosmo, ver Ugo Bianchi, *The Origins of Gnosticism*, Supplements Numen XII (1967), pp. 716 ss. Em nosso trabalho, não nos servimos desse conceito com a conotação dualista que lhe foi dada por R. Reitzenstein, pois o universo islâmico não admite nenhuma forma de dualismo.

3. Divinização do Homem

3.1. *TA'WĪL*: A VIA PARA DEUS

Reconhecido como texto que descreve uma iniciação, na interpretação de Corbin em *Avicenne et le Récit Visionnaire*, *Hayy ibn Yaqzān* faz parte do ciclo "visionário" de seu próprio autor, o que significa tratar-se da iniciação do próprio Avicena.

A iniciação remete ao tempo presente do iniciado. Como vimos na parte deste trabalho dedicada à *gnôsis*, o processo envolve a conquista de um mundo vivenciado no interior da própria alma. Não se trata de um mundo no qual a alma é jogada porque adquiriu consciência. Segundo Corbin, na análise que faz do ciclo "visionário" de Avicena, há uma inversão do sentido de interioridade: o *cósmos* passa a viver no interior da consciência, ou melhor, ao integrar um mundo e fazê-lo seu, a consciência sai de si mesma para fazer o mundo entrar em si. A filosofia "oriental" na teoria de Corbin assemelha-se muito às noções gnósticas que vimos anteriormente. O próprio Corbin apoia-se nos estudos de Gilles Quispel[1], para concluir que a "gnose não é um fenômeno particular de uma religião; é uma *Weltreligion* [...] não foi por acaso que os gnósticos buscaram e reconheceram no Irã seus primeiros antepassados". Assim, o "Oriente" *vive* no relato aviceniano, pois é uma experiência da alma do próprio Avicena que conhece a si própria e

1. *Gnosis als Weltreligion*, *in* H. Corbin, *Avicenne et le Récit Visionnaire*, p. 23, n. 6. As citações que se seguem são de H. Corbin, nesse seu trabalho, *passim*.

com isso pode conhecer o anjo. O relato expõe a vivência do processo de tomada de consciência mediante a aquisição de conhecimento, que, na língua árabe, se diz *ta'wīl* e significa, nas palavras de Corbin, "*fazer retornar a*, reconduzir, reenviar à origem e ao lugar onde se entra e, por conseguinte, retornar ao sentido verdadeiro e primitivo de um texto". O *ta'wīl* opõe-se ao *tanzīl*, que "designa a religião positiva, a letra da Revelação ditada por um anjo ao profeta. *Ta'wīl* é *fazer descer* essa revelação do mundo superior". Como o *pléroma* está além das esferas, isto é, do mundo da matéria, é preciso que a consciência saia desse cosmo para poder interiorizar e reconquistar, como verdadeiramente seu, o mundo arcangélico. O esquema é o mesmo dos relatos herméticos e gnósticos, a alma devendo sair da matéria para alcançar a divindade suprema.

A iniciação é o ensinamento da orientação necessária e fundamental para o conhecimento do anjo e para a reconquista do mundo superior. É somente em relação à iniciação que podemos falar de "Oriente" e "Ocidente", pois à pergunta "onde?" teríamos uma resposta que indica o sentido da *situação* da existência humana. A resposta *orienta* a alma – na sua condição de estrangeira nesse mundo – em direção à necessidade de uma filosofia "oriental". Para que uma filosofia seja "oriental", não basta que tenha sido elaborada em algum lugar geograficamente situado no Oriente[2]. É preciso que haja uma *imago* que corresponda e exprima uma *interpretatio mundi*.

Segundo Corbin, há entre os textos gnósticos e a concepção aviceniana de Oriente uma correlação no tocante ao "tempo hierofânico". Essa noção corbiniana corresponde a uma participação comum na experiência vivida pelos gnósticos. O mito cosmogônico das gnoses não é uma interpretação "científica" do universo, com a consequente concepção racionalizante. O cosmo gnóstico anuncia um modo de compreender e interpretar o universo, exterior às percepções sensíveis: é o que o autor entende por *interpretatio mundi*. Situado no mundo que ele interpreta, orientado por essa *interpretatio mundi*, o gnóstico determina sua experiência individual *do* espaço cósmico.

O cosmo é experimentado como uma cripta na arquitetura cósmica: sobre a Terra está o céu, representado por uma cúpula que encerra o místico como numa prisão ao mesmo tempo que o protege. Não é por acaso que Avicena emprega a metáfora da gaiola na *Narrativa do Pássaro – Rissālat at-Tayr*, o texto seguinte a *Hayy ibn Yaqzān* na trilogia do "ciclo visionário". O pássaro (a alma), prisioneiro na gaiola, foge e voa para o alto, conservando porém as algemas. O texto relata a jornada do pássaro para se livrar das amarras.

2. A ideia de *Oriente* está formulada no *Hino da Alma* (ou *Hino da Pérola*) nos *Atos de Tomé* e corresponde ao *Reino de Deus*.

O edifício cósmico é descrito para denunciar ao ser humano seu cativeiro e nele fazer despertar a consciência de sua origem. A esplêndida cúpula, o limite cósmico, nada mais é do que uma prisão da qual é preciso escapar, pois seu peso gera um sentimento que domina todo gnóstico: a angústia de ser um estrangeiro.

O limite das esferas não é experimentado como algo longínquo a ser apreendido, do interior para o exterior. Ao contrário, o obstáculo a ser superado é do exterior para o interior. Despertada na sua consciência a angústia de ser um estrangeiro, um exilado, o gnóstico descobre onde está e simultaneamente intui de onde veio e para onde retornará. A ideia de *retorno* pressupõe a preexistência na pátria de origem e apresenta duas implicações: um sentimento de parentesco com a divindade, com os seres celestiais, com as formas de luz e de beleza que, para o gnóstico, formam sua família; nostálgica, a alma sente-se perdida, deslocada, desorientada, entre regras de um mundo que lhe é hostil e estranho. Afirma-se o sentimento de sua condição de estrangeira, e a consciência de seu parentesco celeste torna insuportável sua existência no mundo terrestre, conduzido por normas comuns. A alma sabe-se pertencente à ordem cósmica e única, e almeja encontrar a via de retorno ao núcleo primordial.

3.2. A VISÃO ESPECULAR

As experiências do encontro com o transcendente podem ser descritas por duas diferentes representações: a descrição do encontro com o divino qual experiência pessoal e direta, e a representação mítica que faz desse encontro uma viagem às regiões divinas. Na literatura gnóstica cristã, podemos encontrar o primeiro gênero, como por exemplo no *Evangelho de Tomé*, *Lógion* 84: "Jesus disse: Quando virdes vossa forma, vos rejubilareis. Mas quando virdes vossa imagem que em vós estava no princípio, que não morre nem se manifesta, quanto podereis suportar?"

Ou no *Evangelho de Filipe*, 58, 10-14: "Vós que vos unistes à perfeita luz com o santo espírito, uni ainda os anjos a nós, como sendo as imagens."

A noção de que cada pessoa tem a sua própria "imagem" celeste, ou um duplo, pode ter origem no conceito greco-romano de *daímon* ou *genius*, crença de que cada um possuía um *daímon* ou *genius*, espírito guardião ou anjo, que poderia ser descrito como a exata contraparte da pessoa a quem pertencia[3]. No *Fédon*, Platão menciona o *daímon* desig-

3. Cf. April D. De Conick, *Seek to See Him, Ascent & Vision Mysticism in the Gospel of Thomas*, Leiden, 1996, p. 150, n. 4: a autora fundamenta-se nos trabalhos de G. Quispel, "Das Ewige Ebenbild des Menschen. Zur Begegnung mit dem Selbst in

nado ao indivíduo no momento do nascimento e que o acompanharia durante toda a vida para enfim guiá-lo, após a morte, ao julgamento que precede a entrada no Hades[4]. Em Porfírio, o *daímon tutelar* era invocado numa ocasião especial e em lugar apropriado, quando então tornava-se visível e manifesto[5]. E Porfírio continua, a propósito do *daímon* de Plotino, afirmando ser este "um dos mais divinos". Há uma antiga ideia grega de que havia dois *daímones* para cada pessoa, um bom e um mau. De acordo com Horácio, esses poderes que geram vida protegem e acompanham a pessoa durante a sua permanência terrestre, podendo manifestar-se algumas vezes como bons e outras como maus. A conexão entre a "própria imagem" e o *daímon* pode ser rastreada até os pitagóricos. Estes realizavam um rito em seus funerais que propiciava ao morto "completa possessão do fim bem-aventurado", o que parece implicar a visão da "imagem" (*eídolon*) da pessoa. Plutarco[6] descreve a morte de Lísias em terra estrangeira, e como seu corpo não recebeu os rituais apropriados, quando sua imagem foi invocada, não houve nenhuma aparição, pois "sua alma, já julgada, foi unida a outro *daímon* e liberada para outro nascimento". G. Quispel argumenta que os judeus emprestaram dos gregos essa ideia e a combinaram com suas tradições relativas a Deus e aos anjos. Há, enfim, que considerar ainda a noção de *fravashi*, recebida do zoroastrismo e que influenciou a angelologia hebraica no que concerne ao duplo de cada um. Os *fravashis* têm paralelo com os *daímones*, pois havia *fravashis* de comunidades, de lares e individuais.

der Gnosis", *in Gnostic Studies* 1, Nederlands Historisch-Archaeologisch Instituut te Istanbul 34, 1 (Leiden, 1974) pp. 140-157; e "Makarius und das Lied von der Perle", *Le Origini dello Gnosticismo*, pp. 625-648.

4. *Phaedon*, 107d: "[...] O mesmo gênio que acompanha cada um de nós durante a vida é, ainda, quem nos conduz mortos a um determinado lugar [...] <os mortos> são levados ao Hades, conduzidos por um guia a quem foi dada a ordem de levá-los para lá". Todavia, pode ter uma outra função, como no *Banquete*, 202, em que o *Amor* é definido por Diotima como um gênio que "está entre o deus e um mortal", e cujo poder é "o de interpretar e transmitir aos deuses o que vem dos homens, e aos homens o que vem dos deuses, de uns as súplicas e os sacrifícios, e de outros as ordens e as recompensas pelos sacrifícios; e como está entre ambos, ele os completa, de modo que o todo permanece vinculado a si mesmo. Por seu intermédio procede não só toda a arte divinatória, como ainda a dos sacerdotes que se ocupam dos sacrifícios, das iniciações e dos encantamentos, e enfim de toda adivinhação e magia. Um deus não se mistura a um homem, mas é por meio desse ser que se faz todo o convívio e diálogo dos deuses com os homens, seja quando estão despertos, seja enquanto dormem; [...] E esses gênios, é certo, são muito diversos, e um deles é justamente o Amor".

5. Porfírio, *Vita Plotini*, 10, 15-20; ver E. R. Dodds, *Les Grecs et l'irrationnel*, Paris, 1977, pp. 286 ss.; o autor atribui o fato à teurgia, porém questiona sua veracidade quanto a "ter o valor de uma atestação autêntica".

6. *De genio Socrates*, 583 b, 585 e-f, *cit. in* April D. De Conick, *Seek to See Him*, p. 151. A autora refere-se ao trabalho de G. Quispel, cf. *supra*, n. 3.

Além dos *daímones* que podem ser identificados com a própria imagem ou duplo de cada um, há na literatura religiosa a metáfora das "vestes" ou "vestimenta" com esse mesmo significado. Na *Liturgia de Mithra*, o "corpo" é a vestimenta celeste, a imagem primordial celeste mantida nos céus que vem envolver a alma quando esta retorna ao mundo superior[7]. No *Hino da Pérola*[8], parte integrante dos *Atos de Tomé* – textos que datam do século III de nossa era –, é narrada a aventura da alma humana: o príncipe (a alma) vivia no reino de seu pai. Ainda criança, foi enviado ao Egito (o mundo) para buscar a pérola (o conhecimento) perdida no fundo do mar, junto a uma serpente ou a um dragão. Fizeram-no despir-se de suas vestes cintilantes (sua imagem celeste) e vestiram-no com as roupas do Egito (o corpo humano). Se conseguisse recapturar a pérola, estaria apto para retomar suas vestes cintilantes e tornar-se o herdeiro do reino junto a seu irmão. Todavia, caiu num sono profundo, tendo sido, porém, despertado por uma missiva do rei, lembrando-o de sua origem e tarefa. Retirou as "roupas ímpias" e deixou o Egito. Chegado à pátria, paramentou-se com seu traje luminoso, "espelho" de si próprio, e estava portanto ornado com a imagem do rei (a imagem de Deus). O príncipe reúne-se à sua imagem perdida e cumpre a finalidade soteriológica.

Nos tratados herméticos, é mais comum encontrar a descrição do encontro com o transcendente no relato de viagem da alma. Nesse sentido, *Hayy ibn Yaqzān* está mais próximo do hermetismo.

Em alguns tratados herméticos, destaca-se o tema da busca da visão da própria imagem. O *Discurso sobre a oitava e a nona <esferas>* (NHC VI, 6) descreve a ascensão do iniciado para além das sete esferas conhecidas, a oitava e a nona, quando por meio de uma oração ele se reúne à mente universal. Duas condições – que não são descritas nesse tratado mas estão subentendidas – são necessárias para realizar a almejada experiência de alcançar as esferas: a conquista da pureza e a aquisição do conhecimento. A oração que possibilita o acesso às esferas superiores implora para "ver a forma da imagem que não tem imperfeição" (57. 6-7). Em seguida, o mistagogo passa a descrever sua visão ao iniciado, depois de afirmar que o poder das esferas é luz que chega até eles:

> Eu vejo! Vejo profundidades indescritíveis. [...] Como <poderei descrever> o universo? Eu <sou a Mente e> vejo outra mente, aquela que <move> a alma! Eu vejo aquela que me move do puro esquecimento. [...] Vejo a mim próprio. [...] Encontrei o

7. Cf. A. D. De Conick, *op. cit.*, p. 155, a propósito do trabalho de G. Scholem, *Mystical Shape*.

8. Este Hino é o mais célebre poema da literatura siríaca. O texto siríaco está conservado num único manuscrito, de 936 d.C., em Londres, no British Museum, ms. add. 14, 645.

princípio do poder que está acima de todos os poderes, aquele que não tem princípio. [...] Eu tenho dito, meu filho, que eu sou a Mente. Eu tenho visto [...] E eu, Mente, compreendo[9].

Em seguida, realizada a ascensão, o iniciado tem a visão e afirma: "Eu próprio vejo esta mesma visão em ti" (59. 27-28), e continua descrevendo as experiências que degusta na autovisão: "Eu vejo a mim próprio" (60. 32-61.1). Ver a si próprio é ver a Mente (*Noûs*) e compreender a participação nela.

A mesma ideia está contida no *Poimandres*: Hermes tem a visão explicada por Poimandres:

> Esta luz sou eu, *Noûs*, teu Deus, aquele que existe antes da natureza úmida, a qual surgiu da obscuridade. [...] Conhece o que quero com isso dizer: o que em ti vê e entende é a palavra do Senhor, e teu *Noûs* é Deus o Pai: eles não estão separados um do outro, pois é a sua união a vida [...] Tu viste no *Noûs* a forma-arquétipo, o pré-princípio anterior ao começo sem fim[10].

Essa passagem não tem como objetivo descrever a visão, e sim mostrar que a visão de si próprio é identificada com a visão de Deus.

O Tratado XIII do *Corpus Hermeticum*, conhecido por *Da Regeneração*[11], contém importantes passagens com esse mesmo significado. Tat, consciente de ser "um filho estranho à raça de seu pai", quer aprender o modo de se "regenerar" – ou de "nascer novamente" (XIII, 3). Hermes responde-lhe ser incapaz de relatar qualquer coisa a respeito desse mistério, exceto dividindo sua própria experiência visionária quando deixou seu corpo material e assumiu "um corpo imortal": "agora, não sou mais o que era antes, pois fui engendrado no intelecto". Foram destruídos os sentidos físicos, e o novo ser não tem nem cor nem massa e tampouco pode ser tocado. O que Hermes é agora não pode ser visto com os "olhos do corpo":

> Tu agora me vês, meu filho, com os olhos, mas o que <sou, não podes> compreender fitando-me com os olhos do corpo e por meio da visão sensível; não é com estes olhos que podes me ver agora (XIII, 3).

Tat se decepciona, pois não "vê a si próprio", e Hermes começa a dar-lhe instruções sobre a necessidade de purificar a si próprio das doze inclinações do mal que atormentam a "pessoa interna" prisioneira do corpo. São doze os vícios adquiridos: a ignorância (*ágnoia*), a tristeza (*lýpe*), a intemperança (*akrasía*), a concupiscência (*epithy-*

9. *The Nag Hammadi Library in English*, James M. Robinson ed., USA, 1990, pp. 324-325.

10. *Corpus Hermeticum*, I, 6-8, Festugière-Nock, vol. I.

11. *De Hermes Trismegisto a seu filho Tat: Discurso secreto sobre a montanha, referente à regeneração e à regra do silêncio*, Festugière-Nock, vol. II.

mía), a injustiça (*adikía*), a cobiça (*pleonexía*), a impostura (*apáte*), o orgulho (*phrónos*), a traição (*dólos*), a cólera (*orgé*), o arrebatamento (*propéteia*), a maldade (*kakía*) (XIII, 7). O sentido da "regeneração" consiste em se livrar dessas doze "punições" com a ajuda da Década, os poderes de Deus: o conhecimento de Deus (*gnôsis theoû*), o conhecimento da alegria (*gnôsis kharâs*), a continência (*enkráteia*), a paciência (*kartería*), a justiça (*dikaiosýne*), a comunhão do bem (*kaloû koinonían*), a verdade (*alétheia*), o bem (*agathón*), a vida e a luz (*zoè kaì phôs*) (XIII, 8-9). Receber a Década é preparar-se para o novo nascimento, a regeneração, com a expulsão da Dódeca. No novo nascimento somos divinizados (XIII, 10). Tat finalmente regozija-se na autovisão: "Pai, vejo o universo e vejo a mim próprio no intelecto (*tôi noí*)", e Hermes responde "Isso, meu filho, é precisamente o renascimento" (XIII, 13). Esse novo ser não pode ser dissolvido, pois, ao contrário do corpo sensível, é "imortal": "Não sabes que és nascido deus e filho do Uno, o que ainda sou?" (XIII, 14)

3.3. CONCLUSÃO

Quem somos e para onde vamos? O que motiva nossas ações e emoções? Que relação temos com o divino, e uns com os outros? Indagações como estas sempre afligiram os seres humanos, causando-lhes angústia e mobilizando-os para encontrar respostas nos sistemas religiosos e filosóficos. Desde a Antiguidade, o homem tem-se defrontado com sua própria finitude, e as questões quanto à sua origem, sua natureza e seu destino tiveram sempre diferentes respostas, nas diversas épocas e culturas.

Com a aproximação que fizemos entre o pensamento gnóstico-hermético e o texto aviceniano *Hayy ibn Yaqzān*, procuramos nos deter nas semelhanças e diferenças que encontramos quanto à elaboração de uma doutrina da salvação.

A via da gnose é a jornada da alma de retorno ao lugar de origem, uma via de iniciação necessariamente indicada por um guia. Em seu regresso, a alma – ou mente – percorre o mesmo trajeto realizado quando partiu do *pléroma* ou reino, domínio de sua origem. Atravessa os céus das sete esferas, que correspondem aos sete planetas, e, em cada um deles, abandona os vícios adquiridos quando na queda "vestiu" o corpo físico. A preparação para realizar a via do retorno é feita ainda em vida, com a ajuda do guia, que atua como mestre de sabedoria indicando-lhe o caminho a ser seguido. O guia conduz o discípulo através dos "climas" que deve conhecer, isto é, revela-lhe inicialmente a cosmogonia e a antropogonia: o discípulo conhece assim sua origem celeste. No drama salvífico, o momento do clímax se dá na revelação de como fazer retorno ou *re-unir-se* à sua origem. Essencial no processo de aquisição da *gnôsis*, esse acontecimento tem finalidade eminentemente soteriológica. A salvação consiste, pois, em vivenciar, no tempo presente, a via do retorno à origem divina. O momento da gnose é o da intuição experimentada e traduzida no autoconhecimento, momento em que se consubstanciam homem e divino, quando a alma atravessa o cosmo e atinge a região da luz, o Oriente.

A travessia realiza-se na mente do iniciado, na dimensão espacial e temporal cunhada por Corbin como *mundus imaginalis*. A iniciação é um acontecimento *real*, pois, embora efetuada na mente, é sempre um fato real. Em toda iniciação aos mistérios ou ao conhecimento da "verdade", não há separação entre fatos físicos e mentais. Os fatos mentais são tão reais quanto os fatos físicos, que, na iniciação, não devem ser confundidos com as diferentes formas de rituais. A iniciação, assim como é processada no interior do gnosticismo e do hermetismo, é sobremaneira um acontecimento real na mente do iniciado. As visões das regiões sagradas e do divino não são "alucinações", como tenderíamos a dizer hoje em dia. São ocorrências *na* mente e *da* mente e é disso que trata a aventura da alma.

O que *Hayy ibn Yaqzān* relata é a iniciação ao conhecimento, à gnose, em sentido amplo. Avicena, possuidor de um vasto conhecimento filosófico herdado dos gregos, ao qual se somaram as crenças e as tradições iranianas, procurou, nesses textos "visionários", realizar a síntese que caracterizou a Idade Média: da fé com a razão. O universo medieval não era regido por noções "racionalistas" que iriam mais tarde caracterizar o mundo moderno; o numinoso ocupava nele um lugar de destaque, permeava as vidas dos seres humanos, fazia parte de seu cotidiano, de sua visão de mundo. Como vimos, o próprio Avicena era profundamente religioso: algumas passagens de seus escritos afirmam que recorria a Deus sempre que não encontrava respostas às suas indagações, e alguns de seus opúsculos ocupam-se plenamente da religião corânica.

A iniciação aqui relatada possui a estrutura narrativa de um texto gnóstico-hermético, com algumas diferenças essenciais de conteúdo. A mais importante delas diz respeito ao dualismo inerente à gnose: não se pode sequer pensar ou falar em dualismo no Islão, pois o *Corão* é uma Revelação divina essencialmente monoteísta. O texto aviceniano procura manter-se fiel à religião dos muçulmanos, embora o *Poema da Alma* contenha sugestões de um dualismo quando afirma ser o mundo terrestre "uma ruína deserta". Porém, em nenhum momento encontramos a ideia gnóstica de um "demiurgo", criador do mal, diverso, portanto, do Deus inefável que revela o *Corão*. Não há, em Avicena, a preocupação dos gnósticos com o problema do mal, exemplificada na conceitualização de um "demiurgo" introdutor do mal no cosmo criado por Deus. Todavia, se não fosse assim, como poderia o mal provir do bem supremo? Avicena parece não ter pensado o problema do mal. Para ele, o essencial permanece a aquisição do conhecimento, fator capital para atingir Deus por meio da "verdade".

Que esse conhecimento seja de noções aristotélicas herdadas, não se discute. A sabedoria (*al-hikma*) almejada por Avicena é um conhecimento sofisticado por categorias aristotélicas, porém o recurso permanece essencialmente neoplatônico: a volta ao princípio primeiro fundamenta o caráter escatológico do "ciclo visionário". Há uma forte coloração religiosa, pois a fé permeava a *Weltanschauung* medieval. E, para corroborar este nosso ponto de vista, gostaríamos de lembrar as três últimas seções das *'Ishārāt* – obra da maturidade de Avicena que expõe o conjunto de seu sistema –, as quais descrevem as etapas do *'ārif*, aquele que procura o conhecimento da "verdade". São elas: a natureza da felicidade, as estações daquele que conhece (*'ārif*) e os sinais do conhecimento[12]. Portanto, como explicar que um filósofo "racionalista" tenha inserido numa obra de filosofia "helenizante" três seções que sintetizam o que dissemos a propósito de *Hayy ibn Yaqzān*? Depois de expor o conjunto de seu sistema filosófico, que função teria este fecho "místico" ou "esotérico"? Aparentemente, há uma contradição, a não ser que acreditemos que, para Avicena, não basta o conhecimento das categorias aristotélicas para que o indivíduo seja possuidor da "verdade".

Com a nossa pesquisa acerca do tema de *Hayy ibn Yaqzān*, quisemos indicar como a "verdade" a ser conhecida e conquistada situa-se para Avicena além dos conceitos aristotélicos. No universo aviceniano, a sabedoria não era entendida como um acúmulo de noções, mas sim como algo que exigia a prática de tais noções, no sentido de uma autotransformação. A finalidade do conhecimento era a transformação do indivíduo, embora tornar-se um "sábio" fosse privilégio de alguns poucos. No mundo antigo, "sábio" era aquele que possuía as "receitas" para o aprimoramento da alma, da *psyché*; aquele que possuía a "verdade", "as chaves de todos os climas", o conhecimento, único caminho para Deus e para a imortalidade. No entanto, no sistema gnóstico-hermético, o "sábio" é mais do que um professor de salvação. Em linguagem moderna, poderíamos dizer que é o *alter-ego* do gnóstico, a figura que possibilita ao homem tornar-se divino por meio de sua interiorização. É o "espelho" da alma, metáfora muito usada para significar a "imagem" divina refletida: o gnóstico vê-se a si próprio conatural ao divino. No "sábio", o narrador da aventura visionária vê-se a si mesmo "sábio", pois seu relato *é* a própria visão.

No mundo antigo e medieval, as tradições estão presentes no cotidiano. Cada indivíduo almeja sua própria salvação, devendo o aspirante preparar-se para a sua busca visionária pessoal. Esta tem

12. Sobre o misticismo aviceniano contido nas três seções finais das *'Ishārāt*, ver Shams C. Inati, *Ibn Sīnā and Mysticism*, Kegan Paul International, London & New York, 1996.

início com a purificação dos resquícios da matéria no corpo, em outras palavras, dos vícios e das paixões. Já purificado, o discípulo passa a trabalhar para ascender aos domínios celestes e ver a Deus. A visão do divino é a experiência transformadora que servirá para imortalizá-lo, sem a qual sua vida não tem sentido. A experiência está associada ao autoconhecimento, este desafiando os séculos desde o oráculo de Delfos com a máxima *GNÔTHI SAUTÓN – Conhece-te a ti mesmo.* Conhecida a sua parte divina, reconhecida a nulidade do corpo e do mundo material, o iniciado transpõe sua própria mortalidade e passa a participar da eternidade divina. A posse desse conhecimento assegura ao gnóstico a passagem de sua condição humana ao domínio divino. A participação na natureza divina é uma experiência no presente e não uma escatologia futura. O homem pode, assim, tornar-se divino ainda em vida: sua experiência, transformadora e deificadora, é *presentificada*. Quando vê a Luz, sua própria imagem refletida no divino, o Oriente torna-se visível; no conhecimento de seu verdadeiro *si* como divino, abrem-se as portas do Reino e ele garante a sua plena participação na divindade eterna.

Apêndice

Poema da Alma[1]
(atribuído a Avicena)

Resguardada em sua grandeza, a pomba
desceu do mais profundo dos céus em tua direção;
oculta ao olhar de qualquer iniciado,
embora véu nenhum a cobrisse.

Chegou a ti contra a sua vontade;
talvez, aflita, terá horror em te deixar.

Casta, ela desconhecia a intimidade;
mas, em a ti se unindo,
habituou-se ao contato com a ruína deserta.
Esqueceu, penso, tudo aquilo que a unia
aos lugares misteriosos e inacessíveis –
as moradas que, sem alegria, abandonou.
E, longe do perfeito centro, juntou-se a esse mundo dos sentidos,
sobre as areias áridas;
e, presa no pesado corpo, permanece
entre destroços e míseros escombros.

1. O *Poema da Alma* foi traduzido do árabe para o francês por Henri Massé e publicado na *Revue du Caire*, Numéro Spécial, *Millénaire d'Avicenne*. Foi dessa tradução que nos servimos.

Quando se lembra do que a unia ao mundo inacessível,
derrama lágrimas que fluem abundantes e sem cessar.
Lá permanece, gemendo em seu corpo,
como se geme sobre os vestígios de um acampamento
apagados pelo vento que passa e repassa.
E o laço apertado a mantém;
sua queda separa-a dos climas sublimes e imensos,
morada de uma eterna primavera.
Mas quando, enfim, está próxima sua partida desse mundo,
renuncia ao corpo que à terra deixa preso,
e que não a segue.
Ela dormia; de repente, foi afastado o véu;
e, finalmente, percebe o universo do espírito –
o que os olhos do corpo, em sua noite, não enxergavam.
Então, se refunde ao cimo do monte:
a verdadeira sabedoria ergue os mais humildes.

Por que do alto cume desceu
até junto dos pés da montanha, ponto mais baixo?

Se, por algum motivo, foi Deus que a fez precipitar-se,
permanece oculto até mesmo ao homem mais sagaz.

Se sua queda foi causada pelo destino,
para que compreendesse o que não era ouvido,
para que conhecesse todos os segredos do universo,
não atingiu a finalidade de seus esforços:
seguindo seu curso, o tempo cortou-lhe o caminho,
e o astro deitou-se para não mais se alçar.

Ela é como um raio que reluz nesse baixo mundo,
e passa, como se não houvesse jamais brilhado.

Referências Bibliográficas

AA.VV. *Histoire des sciences arabes*, vol. III. Paris, Seuil, 1997.

AA.VV. *L'Islam, la philosophie et les sciences*. Genève, Unesco, 1986.

AA.VV. *Perspectives arabes et médiévales sur la tradition scientifique et philosophique grecque*. Paris, Institut du Monde Arabe & Louvain, Peeters, 1997.

AA.VV. *Présence d'Hermès Trismégiste*. Paris, Cahiers de l'Hermétisme, Albin Michel, 1988.

AA.VV. *Toledo, Séculos XII-XIII, Muçulmanos, Cristãos e Judeus: o Saber e a Tolerância*. Rio de Janeiro, Jorge Zahar Editor, 1992.

Afnan, Soheil M. *Avicenna, His Life and Works*. London, George Allen & Unwin Ltd., 1958.

Ahwany, Fouad. "La Théorie de la Connaissance et la psychologie d'Avicenne". Millénaire d'Avicenne. *Revue du Caire*, numéro spécial, Juin, 1951.

Alcorão. Tradução de Américo de Carvalho, Portugal, Publicações Europa--América, Ltda., 1989.

Alexandre de Afrodísia. *L'Anima*. A cura di Paolo Accattino e Pierluigi Donini. Roma, Editori Laterza, 1996.

_____. *Traité du Destin – De Fato*. Texte établi et traduit par Pierre Thillet. Paris, Les Belles Lettres, 1984.

_____. *Sul Destino*. A cura di Aldo Magris. Firenze, Ponte alle Grazie spa., 1995.

Al-Fārābī, 'Abū Nasr. *Traité des Opinions des Habitants de la Cité Idéale*. Introduction, notes et traduction par Tahani Sabri, Paris, J. Vrin, 1990.

_____. *'Uyūn al-Masā'il – "Fontes Quaestionum"*. Texto árabe ed. in *Kitāb al-Maymū'*, Cairo, 1907; reimpressão *AHDLMA*, 1950-51, Paris, J. Vrin, 1951, com texto latino medieval e comentário de Miguel Cruz Hernandez.

_____. *La Ciudad Ideal*. Presentación de Miguel Cruz Hernandez. Traducción de M. A. Alonso. Madrid, Tecnos, 1985.

_____. *Deux Traités Philosophiques: L'Harmonie entre les Opinions des Deux Sages, le Divin Platon et Aristote* et *De la Religion*. Introduction, traduction et notes par Dominique Mallet. Damasco, IFEAD. Paris, Éditions d'Amérique et d'Orient – Adrien Maisonneuve, 1989.

_____. *Obras Filosófico-Políticas*. Edición bilingue. Traducción de Rafael Ramón Guerrero. Madrid, C. S. I. C. y Editorial Debate, 1992.

AL-NADĪM, Abū 'l-Faraj Muhammad ibn Ishāq. *The Fihrist*. Edited and translated by Bayard Dodge, Great Books of Islamic World, Inc., Columbia University Press, 1970, reprint 1998.

ANAWATI, Georges C. "La Destinée de l'Homme dans la Philosophie d'Avicenne". *L'Homme et son Destin*, Louvain, Paris, Actes 1º Cong. Int. Phil. Méd., 1960.

_____. "Les Divisions des Sciences Intellectuelles d'Avicenne". *MIDEO* (Mélanges de l'Institut Dominicain d'Études Orientales du Caire), t. 13, Dar al-Maaref, le Caire, 1977.

_____. "Gnose et Philosophie". *Cahiers de Civilisation Médiévale VI/2, Centre d'Études Supérieurs de Civilisation Médiévale*, Univ. de Poitiers, 1963.

_____. "La Tradition manuscrite orientale de l'oeuvre d'Avicenne". *Revue Thomiste*, II, 1951.

_____. "Études Avicenniennes", *Revue Thomiste*, 1961.

_____. "Philosophie Arabe ou Philosophie Musulmane? Plan pour une bibliographie de philosophie médiévale en Terre d'Islam". *Mélanges offerts a M.-D. Chenu*, Paris, J. Vrin, 1967.

_____. "Prolégomènes à une nouvelle édition du De Causis arabe" *(Kitāb al-hayr al-mahd). Mélanges Louis Massignon*, Tome I, Damas, IFEAD, 1956.

_____. "Un cas typique de l'ésoterisme avicennien: sa doctrine de la résurrection des corps". Millénaire d'Avicenne, *Revue du Caire*, numéro spécial, Juin, 1951.

_____. "Les travaux du Millénaire". Millénaire d'Avicenne, *Revue du Caire*, numéro spécial, Juin, 1951.

_____. "Brèves réflexions sur la nécessité d'un aggiornamento pour la pensée arabe contemporaine". *Penser avec Aristote*. Paris, Unesco, 1991.

ARISTÓTELES. *Acerca del Alma*. Introducción, traducción y notas de Tomás Calvo Martinez. Espanha, Editorial Gredos, 2ª reimp., 1988.

_____. *De la Génération et de la Corruption*. Traduction nouvelle et notes par J. Tricot. Paris, J. Vrin, 3ª ed., 1971.

_____. *De l'âme*. Traduction et notes par E. Barbotin; texte établi par A. Jannone, 2ème édition revue. Paris, Les Belles Lettres, 1995.

_____. *De l'âme*. Traduction, présentation et notes par Richard Bodéüs. Paris, Flammarion, 1993.

_____. *Ética a Nicômacos*. Tradução do grego. Introdução e notas de Mário da Gama Kury, Edunb, 1992.

_____. *Les Météorologiques*. Nouvelle traduction et notes par J. Tricot. Paris, J. Vrin, 1976.

_____. *Metafísica*. Edición trilingue por Valentín Garcia Yebra. Madrid, Gredos, 1990.

_____. *Organon*. Traduction nouvelle et notes par J. Tricot. Paris, J. Vrin, 1989.

_____. *Organon*. Tradução, prefácio e notas de Pinharanda Gomes. Lisboa, Guimarães Editores Ltda., 1985.

_____. *Petits Traités d'Histoire Naturelle (Parva Naturalia).* Texte établi et traduit par René Mugnier, 2ème tirage. Paris, Les Belles Lettres, 1965.

_____. *Physique.* Texte établi et traduit par Henri Carteron. Paris, Les Belles Lettres, t. I, 7ª ed., 1990; t. II, 5ª ed., 1986.

_____. *Traité du Ciel.* Traduction et notes par J. Tricot. Paris, J. Vrin, 1990.

Arkoun, Mohammed. *Essais sur la Pensée Islamique.* Paris, Maisonneuve & Larose, 1984.

_____. *La Pensée Arabe.* Paris, PUF, 1975.

_____. *La Filosofia Araba.* (trad. de *La Pensée Arabe*). Milano, Xenia Edizioni, 1995.

_____. *L'Humanisme Arabe au IVe-Xe siècle – Miskawayh, philosophe et historien.* Paris, J. Vrin, 1982.

Arkoun, M. & Gardet, Louis. *L'Islam, hier-demain.* Paris, Buchet-Chastel, 1978.

Asín Palacios, Miguel. *La escatología musulmana en la Divina Comedia.* Madrid, Ediciones Hiperión, S. L., 4ª ed., 1984.

Avicena. *Al-Qadar – Traité d'Avicenne sur le Destin.* Traduction et commentaire par Tahani Sabri. *Revue des Études Islamiques* LV-LVII, fasc. 1, pp. 181-204, Paris, Geuthner, 1987-1989.

_____. *Al-Risāla l-Adhawiyya fī l-Ma 'ād – Epistola sulla Vita Futura.* Testo arabo, traduzione, introduzione e note di Francesca Lucchetta. Padova, Edizioni Antenore, 1969.

_____. *At-Tayr – (O Pássaro).* Tradução do texto árabe com estudo de Henry Corbin. *Avicenne et le Récit Visionnaire.* Paris, Berg. Intern., 1979.

_____. *Dānèsh-Nāma – Le Livre de Science.* Tradução do persa para o francês, introdução e notas de Henri Massé e Mohammad Achena, 2ª ed. revista e corrigida por Mohammad Achena, Paris, Les Belles Lettres, Unesco, 1986.

_____. *De Anima.* Tradução para o francês do texto árabe por Ján Bakoš. Praga, Edição da Academia de Ciências da Tchekoslováquia, 1956.

_____. *De Congelatione et Conglutinatione Lapidum – Sections of Kitāb al--Shifā'* – The latin and arabic texts. Tradução crítica do texto árabe para o inglês por E. J. Holymard e D. C. Mandeville, Paris, Geuthner, 1927.

_____. *Fī l-Huddūd – Introduction à Avicenne, son Épitre des Définitions.* Traduction avec notes par A.-M. Goichon. Préface de Miguel Asín Palacios. Paris, Desclée de Brouwer, 1933.

_____. *Hayy ibn Yaqzān.* Tradução do texto árabe e do texto persa, tradução do comentário persa; introdução, estudo, notas, publicado em 2 vols.: *Avicenne et le Récit Visionnaire* (vol. I), *Le Récit de Hayy ibn Yaqzān* (vol. II) por Henry Corbin. Edição Institut Franco-Iranien de Téhéran, Adrien Maisonneuve, Paris, 1954.

_____. *Kitāb al-'Ishārāt wa l-Tanbīhāt – Livre des Directives et Remarques.* Tradução do árabe, introdução e notas de A.-M. Goichon, Beyrouth-Paris, J. Vrin, 1951.

_____. *La Métaphysique du Shifā'.* Introdução, tradução e notas por Georges C. Anawati, t. I: livros I a V, Paris, J. Vrin, 1978; t. II: livros VI a X, Paris, J. Vrin, 1985.

_____. *Le Poème de l'âme.* Tradução para o francês de Henri Massé. Millénaire d'Avicenne, *Revue du Caire*, numéro spécial, 1951.

_____. *Le Récit de Hayy ibn Yaqzān – Commenté par des textes d'Avicenne*. Tradução do árabe, introdução e notas de A.-M. Goichon, Paris, Desclée de Brouwer, 1959.

_____. *Liber de Anima seu Sextus de Naturalibus*. Livros I, II, III: Edição crítica da tradução latina medieval por S. Van Riet, Introdução de G. Verbeke, Louvain, E. Peeters; Leiden, E. J. Brill, 1972; livros IV, V: Edição crítica da tradução latina medieval por S. Van Riet, Introdução de G. Verbeke, Louvain, Éditions Orientalistes; Leiden, E. J. Brill, 1968.

_____. *Liber de Philosophia Prima sive Scientia Divina*. Edição crítica da tradução latina medieval por S. Van Riet, Introdução de G. Verbeke, III vols., Leiden, E. J. Brill, 1977, 1980, 1983.

_____. *Liber Tertius Naturalium – De Generatione et Corruptione*. Edição crítica da tradução latina medieval por S. Van Riet, Introdução de G. Verbeke, Leiden, E. J. Brill, 1987.

_____. *Mi'rāj Nāma* – The Book of the Prophet Muhammad's Ascent to Heaven. *In* Heath, Peter, *Allegory and Philosophy in Avicenna*, pp. 111-138. USA, University of Pennsylvania Press, 1992.

_____. *Risāla fi Ithbāt al-Nubuwwāt – On the Proof of Prophecies and the Interpretation of the Prophet's Symbols and Metaphors*. Tradução de Michael E. Marmura, *Medieval Political Philosophy: a Sourcebook*, pp. 112-121, Toronto, Collier Macmillan, 1963.

_____. *Risāla fi l-'Ishq – Le Traité sur l'Amour d'Avicenne*. Traduction et étude par Tahani Sabri. *Revue des Études Islamiques* LVIII, pp. 109-134, Paris, Geuthner, 1990.

_____. *The Epistle of the Bird, in* Heath, Peter, "Disorientation and Reorientation in Ibn Sina's Epistle of the Bird: A Reading". *Intellectual Studies on Islam*. Mazzaoui, Michel M. & Moreen, Vera B. editors, pp. 164-168, USA, University of Utah Press, 1990.

_____. *Traités Mystiques d'Aboû al-Hosain b. Abdallâh b. Sînâ ou Avicenne*, Textes arabes, explications, traductions partielles en français, notes et analyses critiques par Auguste F. Mehren, 4 fasc. en 1 vol., réimpression 1979 de l'édition Leiden 1889-1899, Holland University Press.

_____. *'Urjūza fi 't-Tibb – Poème de la Médicine*. Tradução para o francês do texto árabe e tradução latina do século XIII, introdução e notas de Henri Jahier e Abdelkader Noureddine, Paris, Les Belles Lettres, 1956.

Badawi, 'Abdurrahmān. *Histoire de la Philosophie en Islam*, vol. I. *Les Philosophes Théologiques*, vol. II. *Les Philosophes Purs*. Paris, J. Vrin, 1972.

_____. *La Transmission de la Philosophie Grecque au Monde Arabe*. Paris, J. Vrin, 1987.

_____. *Quelques Figures et Thèmes de la Philosophie Islamique*. Paris, G.-P. Maisonneuve et Larose, 1979.

_____. "Aristote, Le Maître à Penser du Monde Musulman". *Aristote aujourd'hui*. Paris, Unesco, 1988.

Baffioni, Carmela. *Storia della Filosofia Islamica*. Milano, Mondadori, 1991.

Bausani, Alessandro. *El Islam en su Cultura*. México, Fondo de Cultura Económica, 1988.

Bakoš, Ján. *Psychologie d'Ibn Sīnā (Avicenne) d'après son oeuvre Aš-Šifā'*. Traduction et notes par Ján Bakoš. Prague, Éditions de l'Académie Tchécoslovaque des Sciences, 1956.

BENTLEY, Layton. *The Gnostic Scriptures*. USA, Doubleday, 1995.

BIANCHI, Ugo (ed.). *Le Origini dello Gnosticismo – Colloquio di Messina, 1966*. Leiden, E. J. Brill, reedição, 1970.

BLOOMFIELD, Morton W. (ed.). *Allegory, Myth and Symbol*. London, England, Harvard University Press, Cambridge, Mass., 1981.

BONARDEL, Françoise. *L'Hermétisme*. Paris, PUF, 1985.

BOSWORTH, C. E. *The Islamic Dynasties*. Edinburgh University Press, Paperback edition (revised), 1980.

BOYCE, Mary. *Zoroastrians, Their Religious Beliefs and Practices*. London, Routledge & Kegan Paul, 1979.

BREUIL, Paul du. *Zarathoustra et la transfiguration du monde*. Paris, Payot, 1978.

_____. *Zoroastro, Religião e Filosofia*. São Paulo, IBRASA, 1988.

BRUNEL, Pierre. *Dicionário de Mitos Literários*. Rio de Janeiro, Editora UnB/José Olympio, 1997.

BURCKHARDT, Titus. *Clé Spirituelle de L'Astrologie Musulmane d'Après Mohyiddīn Ibn 'Arabī*, Milano, Arché, 1974.

CARRA DE VAUX. *Avicenne*. Paris, Félix Alcan, 1900.

_____. *Les Penseurs de l'Islam*. Tome IV: *La Scolastique, la Théologie et la Mystique, la Musique*. Paris, réimpression de l'édition de 1921, Paul Geuthner, 1984.

CHAHINE, Osman. *Ontologie et Théologie d'Avicenne*. Paris, Adrien Maisonneuve, 1962.

CHAIX-RUY, Jules. "L'Homme selon Avicenne". *L'Homme et son Destin*. Louvain, Paris, Actes 1º Cong. Int. Phil. Méd., 1960.

CHAUI, Marilena. *Introdução à História da Filosofia*, vol. I. São Paulo, Brasiliense, 1994.

COPENHAVER, Brian P. *Hermetica* – "The Greek *Corpus Hermeticum* and the Latin *Asclepius* in a new English translation with notes and introduction". Cambridge Univ. Press, 1992.

CORSETTI, Jean-Paul. *Storia dell'esoterismo e delle scienze occulte*. Roma, Grimese Editore, 1996.

Alcorão. 2 vols. Tradução de Américo de Carvalho. Portugal, Publicações Europa-América, 1989.

Coran. Edição bilíngue árabe-francesa, tradução integral e notas de Muhammad Hamidullah, 10ª ed. revista e completa. Beirute, Líbano, 1981.

Le Coran. Tradução para o francês, introdução e notas por Denise Masson, prefácio de J. Grosjean. Paris, Gallimard, 1967.

Il Corano. Introduzione, traduzione e commentario di Alessandro Bausani. Milano, Rizzoli, 1988.

CORBIN, Henry. *Alchimie comme art hiératique*. Paris, L'Herne, 1986.

_____. *Avicenne et le Récit Visionnaire*. Paris, L'Ile Verte, Berg International, 1962.

_____. *Avicenne et le Récit Visionnaire*. Tome II: *Le Récit de Hayy ibn Yaqzān*. Texte arabe, version et commentaire en persan atribués à Jūzjānī. Traduction, notes et gloses, 2ª ed., Téhéran, Paris, Adrien Maisonneuve, 1954.

_____. *Corps spirituel et Terre céleste – de l'Iran Mazdéen à l'Iran Shī'ite*. Paris, Buchet-Chastel, 1979.

_____. *En Islam Iranien: Aspects spirituels et philosophiques*, vol. II. *Sohravardī et les Platoniciens de Perse*. Paris, Gallimard, 1971.

_____. *Face de Dieu, Face de l'Homme*. Paris, Flammarion, 1983.
_____. *Histoire de la Philosophie Islamique*. Paris, Gallimard, 1986.
_____. *Le Paradoxe du Monothéisme*. Paris, Éditions de l'Herne, 1981.
_____. *L'Homme de Lumière dans le Soufisme Iranien*. France, Éditions Présence, 1971.
_____. *L'Homme et son Ange*. Paris, Fayard, 1983.
_____. *L'Imagination créatrice dans le Soufisme d'Ibn Arabī*. Paris, Flammarion, 1958.
_____. *L'Iran et la Philosophie*. Paris, Fayard, 1990.
_____. *Philosophie Iranienne et Philosophie Comparée*. Paris, Buchet-Chastel, 1985.
_____. *Temple and Contemplation*. London and New York, KPI Limited and Islamic Publications Limited, 1986.
_____. *Temps cyclique et gnose ismaélienne*. Paris, L'Ile Verte, Berg International, 1982.
_____. Ver SOHRAVARDI. *L'Archange Empourpré*.
_____. Ver SOHRAVARDI. *Le Livre de la Sagesse Orientale*.
COULIANO, Ioan. P. *Experiencias del Éxtasis*. Prefácio de Mircea Eliade, Barcelona, Paidós, 1994.
_____. *Psychanodia I*. Leiden, E. J. Brill, 1983.
CRUZ-HERNANDEZ, Miguel. *La Metafísica de Avicena*. España, Universidad de Granada, 1949.
_____. *Historia del Pensamiento en el Mundo Islámico*, 3 vols. Madrid, Alianza Universidad, 1981. Reimpressão 1996.
_____. *El Islam de al-Ándalus*. Madrid, Agencia Española de Cooperación Internacional, 2ª ed., 1996.
_____. *Tres escritos esotéricos. Avicena*. Estudio preliminar, traducción y notas. Madrid, Tecnos, 1998.
CURTIS, Vesta Sarkhosh. *Mythes Perses*. Paris, Éditions du Seuil, 1994.
DAVIDSON, Herbert A. *Alfarabi, Avicenna, & Averroes, on Intellect*. Oxford University Press, 1992.
D'ANCONA COSTA, Cristina. *Recherches sur le Liber de Causis*. Paris, J. Vrin, 1995.
D'ALVERNY, M. Thérèse. *Avicenne en Occident*. Paris, J. Vrin, 1993.
_____. "Anniyya – Anitas". *Mélanges offerts a Étienne Gilson*. Toronto, Pontifical Institute of Medieval Studies, Paris, J. Vrin, 1959.
_____. "L'Introduction d'Avicenne en Occident". Millénaire d'Avicenne. *Revue du Caire*, numéro spécial, Juin, 1951.
DE BOER, Tj. "Rudjû", *Leiden & Klincksieck*, Paris, Brill, t. 3, 1936.
DEBOUT, Mme. "Avicenne et Ibn Tufayl – Quelques aspects de deux allégories philosophiques arabes: Le Récit de Hayy ibn Yaqzān, 'Le Vivant, fils du Vigilant'". *Bibliothèque de l'École de Langues Orientales*, Paris III.
DE CONICK, April D. *Ascent & Vision in the Gospel of Thomas*. Leiden, E. J. Brill, 1996.
DORESSE, Jean. *Les Livres Secrets de l'Egypte – Les Gnostiques*. Paris, Éditions du Rocher, 1984. Versão inglesa: *The Secrets Books of the Egyptian Gnostics*. USA, Inner Traditions International, 1986.
_____. "El hermetismo egipcianizante". *Las Religiones en el Mundo Mediterraneo y en el Oriente Próximo – II, Historia de las religiones*, vol. VI. Direção de Henri-Charles Puech, México, Siglo XXI, 1986.

DROZ, Geneviève. *Os Mitos Platônicos*, Portugal, Publicações Europa-América, Ltda., 1993.

DUMÉZIL, Georges. *Mythes et Dieux des Indo-Européens*. Textes réunis et présentés par Hervé Coutau-Bégarie. Paris, Flammarion, 1992.

____. *Les Dieux Souverains des Indo-Européens*. Paris, Gallimard, 1977.

Encyclopaedia Iranica. Vol. III, AA.VV., "Avicenna", London and New York, ed. by Ehsan Yarshater, Routledge & Kegan, 1989.

Encyclopédie de L'Islam. Tome III, A.-M. Goichon, "Ibn Sīnā", Nouvelle Édition, Paris, E. J. Brill, G. P. Maisonneuve, 1971.

FAKHRY, Majid. *Histoire de la Philosophie Islamique*. Paris, Les Éditions du Cerf, 1989.

____. "Aristote et l'avènement de la science arabe", *Penser avec Aristote*. Paris, Unesco, 1991.

FESTUGIÈRE, A.-J. *Corpus Hermeticum*. Tome I, *Poimandrès*. Texte établi par A. D. Nock et traduit par A.-J. Festugière. Revision par H.-C. Puech. Paris, Les Belles Lettres, 6ª ed., 1983.

____. *Corpus Hermeticum*. Tome II, *Asclepius*. Texte établi par A. D. Nock et traduit par A.-J. Festugière. Revision par H.-C. Puech et René Durand. Paris, Les Belles Lettres, 4ª ed., 1983.

____. *Corpus Hermeticum*. Tome III, *Stobée*. Texte établi et traduit par A.-J. Festugière. Revision par A. M. Desrousseaux. Paris, Les Belles Lettres, 4ª ed., 1983.

____. *Corpus Hermeticum*, Tome IV, *Stobée*. Texte établi et traduit par A.-J. Festugière. *Fragments Divers*. Texte établi par A. D. Nock et traduit par A.-J. Festugière. Revision par A. M. Desrousseaux. Paris, Les Belles Lettres, 4ª ed., 1983.

____. *La Révélation d'Hermès Trismégiste*, vol. I. *L'Astrologie et les Sciences Occultes*, Paris, Les Belles Lettres, reimpressão, 1986.

____. *La Révélation d'Hermès Trismégiste*, vol. II, *Le Dieu Cosmique*, Paris, Les Belles Lettres, reimpressão, 1986.

____. *La Révélation d'Hermès Trismégiste*, vol. III, *Les Doctrines de l'âme*, vol. IV; *Le Dieu Inconnu et la Gnose*, Paris, Les Belles Lettres, reimpressão, 1986.

____. *Hermétisme et Mystique Païenne*. Paris, Aubier-Montaigne, 1967.

FILORAMO, Giovanni. *L'attesa della fine – Storia della gnosi*. Roma, Laterza, 1987.

FINIANOS, Ghassan. *Les grandes divisions de l'être* mawjūd *selon Ibn Sīnā*. Thèse présentée à la Faculté des Lettres de l'Université de Fribourg, Suisse, pour obtenir le grade de Docteur ès lettres. Ed. Univers. Fribourg, Suisse, 1976.

FRYE, Richard N. *The Golden Age of Persia*. Reprint, London, Weidenfeld, 1993.

____. *The Heritage of Persia*. Reprint, USA, California, Mazda Publishers, 1993.

GALENO. *Oeuvres médicales choisies*. Tradução de Charles Daremberg, Introdução e notas de André Pichot, 2 vols., Paris, Gallimard, 1994.

GARDET, Louis. *La Pensée religieuse d'Avicenne*. Paris, J. Vrin, 1951.

____. *Dieu et la Destinée de l'Homme*. Paris, J. Vrin, 1967.

____. *Études de Philosophie et de Mystique comparées*. Paris, J. Vrin, 1972.

_____. "En l'honneur du millénaire d'Avicenne". *Revue Thomiste* II, 1951.
_____. "Avicenne et le problème de sa 'Philosophie Orientale' ". Millénaire d'Avicenne, *Revue du Caire*, Juin, 1951.
_____. "L'expérience mystique selon Avicenne". Millénaire d'Avicenne, *Revue du Caire*, Juin, 1951.
_____. "La langue arabe et l'analyse des 'États spirituels'". *Mélanges Louis Massignon*, tome II, Damasco, IFEAD, 1957.
_____. "Le problème de la philosophie musulmane". *Mélanges offerts a Étienne Gilson*, Toronto, Pontifical Institute of Medieval Studies, Paris, J. Vrin, 1959.
GARDET, L. & ANAWATI, M. M. *Introduction à la Théologie musulmane – Essai de Théologie comparée*. Paris, J. Vrin, 1981.
GARDET, L. & BOUAMRANE, C. *Panorama de la Pensée islamique*. Paris, Sinbad, 1984.
GAUTHIER, Léon. *Ibn Thofaïl, sa vie, ses oeuvres*. Paris, J. Vrin, 1909.
_____. *Ibn Thofaïl, Hayy ben Yaqdhan – Roman Philosophique*. Reprise, Paris, J. Vrin, 1983.
_____. *Antécedents gréco-arabes de la Psychophysique*. Beyrouth, Imprimérie Catholique, 1939.
GILSON, Étienne. "Avicenne en Occident au Moyen Âge". *AHDLMA*, 1969, Paris, J. Vrin, 1970, pp. 89-121; reimpressão: Étienne Gilson, *Études Médiévales*, Paris, J. Vrin, 1986.
_____. *Avicenne et le point de départ de Duns Scot*. Paris, J. Vrin, 1986. Reprise.
_____. *Les Sources gréco-arabes de l'Augustinisme Avicennisant*. Paris, J. Vrin, 1986, Reprise.
_____. *Études Médiévales - Avicenne en Occident au Moyen Âge. AHDLMA* XXXVI (1969). Paris, J. Vrin, 1986, Reprise.
_____. *La Philosophie au Moyen Âge*. Paris, Ed. Payot, 1986.
_____. *L'Esprit de la Philosophie Médiévale*. Paris, J. Vrin, 1989, Reprise.
GOICHON, Amélie-Marie. *Le Récit de Hayy ibn Yaqzān*. Traduction de l'arabe avec introduction et notes. Paris, Desclée de Brouwer, 1959.
_____. *Livre des Directives et Remarques – Kitāb al-'Ishārāt wa l-Tanbīhāt*. Traduction de l'arabe avec introduction et notes. Paris et Beyrouth, J. Vrin, 1951.
_____. *La Philosophie d'Avicenne et son influence en Europe Médiévale*. Paris, Adrien Maisonneuve, 1984.
_____. *Introduction à Avicenne: son Épitre des Définitions*. Préface de Miguel Asín Palacios. Paris, Desclée de Brouwer, 1933.
_____. *La Distinction de l'Essence et de l'Existence*. Paris, Desclée de Brouwer, 1937.
_____. *Lexique de la Langue Philosophique d'Ibn Sīnā*. Paris, Desclée de Brouwer, 1938.
_____. *Vocabulaires comparés d'Aristote et d'Ibn Sīnā*. Supplément au *Lexique de Langue Philosophique d'Ibn Sīnā*. Paris, Desclée de Brouwer, 1939.
_____. "Ibn Sīnā". *Encyclopédie de l'Islam*. Paris, E. J. Brill, G. P. Maisonneuve, 1971.
_____. "L'unité de la pensée avicennienne". *Archives Intern. d'Histoire des Sciences*. Unesco, n. 20-21, 1952.
_____. "Le Philosophe de l'être". *Publication de l'Institut des Belles Lettres Arabes*, Tunis, 1952.

____. "Avicenne et Avicennisme". *Enciclopedia Filosofia*, Tome I. Venezia, Roma, Istituto per la collaborazione culturale, 1957.

____. "La démonstration de l'Existence dans la Logique d'Avicenne". *Mélanges Massé*, Téhéran, 1963.

____. "L'évolution philosophique d'Avicenne". *Revue Philosophique*. France, PUF, Juillet-Septembre 1948.

____. "L'Exégèse Coranique d'Avicenne jugé par Averroès". *Actas del Primer Congreso de Estudios árabes y islámicos*. Madrid, Imprenta y Editorial Maestre, 1964.

____. "L'influence d'Avicenne en Occident". *Publications de l'Institut des Belles Lettres Arabes*. Tunis, 1952.

____. "Une Logique moderne à l'Époque Médiévale: la Logique d'Avicenne". *Archives d'Histoire Doctrinale et Littéraire du Moyen Âge*, anées 1947-1948. Paris, J. Vrin, 1948.

____. "Le prétendu ésotérisme d'Avicenne dans le Récit de Hayy ibn Yaqzān". *Giornale di Metafísica*, n. 4, Torino, Itália, 1959.

____. "Philosophie et Histoire des Sciences". *Les Cahiers de Tunisie*, n. 9, 1955.

____. "Le Sirr, l'Intime du Coeur, dans la doctrine avicennienne de la Connaissance". *Studia Semitica Ioanni Bakoš Dicata*, Bratislava, 1965.

____. "La place de la Définition dans la Logique d'Avicenne". Millénaire d'Avicenne. *La Revue du Caire*, numéro spécial, Juin, 1951.

____. "Selon Avicenne, l'âme humaine est-elle créatrice de son corps?". *L'Homme et son Destin*. Louvain, Paris, Actes du premier congrès intern. de Phil. Méd., 1960.

GOHLMAN, W. E. *The Life of Ibn Sīnā*. USA, Albany, New York, New York Press, 1974.

GOLDFARB, Ana Maria A. *Da Alquimia à Química*. São Paulo, Edusp, 1988.

GOMEZ NOGALES, Salvador. "El misticismo persa de Avicena y su influencia en el misticismo español". Milenario de Avicena, *Cuadernos del Seminario de Estudios de Filosofía y Pensamiento Islámicos* 2, Madrid, Instituto Hispano-árabe de Cultura, 1981.

____. "La Política como única Ciencia religiosa en al-Fārābī". CSEFPI 1, Madrid, Inst. Hisp-árab. De Cult., 1980.

____. "Comment Ibn Sina devint Avicenne". *Avicenne. Le Courrier de l'Unesco*, Oct. 1980.

GOODMAN, L.E. *Avicenna*. London, Routledge, 1992.

GREEN, Tamara M. *The City of the Moon God: Religious Traditions of Harran*. Leiden, E. J. Brill, 1992.

GREISH, Jean. "Philosophie et Mystique". *Encyclopédie Universelle*, t. II, L'Univers Philosophique, Paris, PUF, 1991.

GRIGNASCHI, Mario. "L'Origine et les métamorphoses du 'Sirr al-'asrār' (Secretum secretorum)". *AHDLMA*, 1976, Paris, J. Vrin, 1977.

GRONDIN, Jean. *L'universalité de l'herméneutique*. Paris, PUF, 1993.

GUERRERO, Rafael Ramón. *Historia de la Filosofía Medieval*. Madrid, Ediciones Akal, 1996.

____. *Avicena*. Madrid, Ediciones del Orto, 1994.

____. "De nuevo sobre la 'izquierda aristotélica'. Materia y posibilidad en el Al-Fārābī y Avicena". *Anales del Seminario de Metafísica*, Num. Extra., Madrid, Complutense, 1992.

____. "Sobre el objeto de la Metafísica segun Avicena". *Cuadernos de Pensamiento* 10, Madrid, Fundación Universitaria Española, 1996.

____. "Estudios y referencias árabes en profesores complutenses: Suárez y Avicena". *La Universidad Complutense Cisneriana*, Madrid, Editorial Complutense, 1996.

GUILLAUME, Alfred. *Prophétie et Divination chez les Sémites*. Traduction de Jacques Marty, Paris, Payot, 1941.

GUTAS, Dimitri. *Avicenna and the Aristotelian Tradition*. Leiden, E. J. Brill, 1988.

____. "Ibn Tufayl on Ibn Sīnā's Eastern Philosophy". *Oriens*. Leiden, New York, Koln, E. J. Brill, 1994.

____. "Avicenna II. Biography". *Encyclopaedia Iranica*, vol. III, edited by Ehsan Yarshater. London, New York, Routledge & Kegan Paul, 1989.

____. "Avicenna V. Mysticism". *Encyclopaedia Iranica*, vol. III, edited by Ehsan Yarshater. London, New York, Routledge & Kegan Paul, 1989.

GÜNDÜZ, Şinasi. *The Knowledge of Life. The Origins and Early History of the Mandeans and Their Relation to the Sabians of the Qur'ān and to the Harranians*. England, Oxford University Press, 1994.

HASNAOUI, Ahmed. "Aspects de la synthèse avicennienne". *Penser avec Aristote*. Paris, Unesco, 1991.

HEATH, Peter. *Allegory and Philosophy in Avicenna (Ibn Sīnā) with a translation of the Book of the Prophet's Ascent (Mi'rāj)*. USA, Philadelphia, University of Pennsylvania Press, 1992.

____. "Disorientation and Reorientation in Ibn Sīnā's Epistle of the Bird: a Reading". *Intellectual Studies on Islam*. Edited by M. M. Mazzaoui & V. B. Moreen, University of Utah Press, USA, Utah, Salt Lake City, 1990.

HERMES TRISMEGISTO. Ver Conpenhaver, Brian; Festugière, A.-J.; Ménard, Louis; Scott, Walter.

IBN TUFAYL. *Epistola di Hayy ibn Yaqzān. I segreti della filosofia orientale*. Introduzione, traduzione e note di Paola Carusi, presentazione di Alessandro Bausani, Milano, Rusconi, 1983.

INATI, Shams C. *Ibn Sīnā and Mysticism. Remarks and Admonitions*. G. B., Kegan Paul Intern., 1996.

IQBAL, Mohammed. *La Métaphysique en Perse*. Paris, Sinbad, 1980.

ISKANDAR, Jamil Ibrahim. *Avicena. A Origem e o Retorno* – Al-Mabda' wa al-Ma'ād, Tratado I. Edipucrs, 1999.

JADAANE, Fehmi. *L'Influence du Stoïcisme sur la Pensée Musulmane*. Beyrouth, Dar el-Machreq Éditeurs, 1968.

JAMBET, Christian. *La Lógica de los Orientales – Henry Corbin y la Ciencia de las Formas*. México, Fondo de Cult. Econ., 1983.

JÂMBLICO. *Traité de l'âme*. Traduction et commentaire par R. P. Festugière, O. P., in *La Révélation d'Hermès Trismégiste*. Paris, Les Belles Lettres, reimpressão, 1986.

JANSSENS, Jules J. *An Annotated Bibliography on Ibn Sīnā (1970-1989), Including arabic and persian publications and turkish and russian references*. Leuven, Univ. Press, 1991.

JOLIVET, Jean & RASHED, Roshdi (eds.). *Études sur Avicenne*. Paris, Les Belles Lettres, 1984.

JOLIVET, Jean. "Aux origines de l'ontologie d'Ibn Sīnā". *Étude sur Avicenne*. Paris, Les Belles Lettres, 1984.

_____. "Esquisse d'un Aristote arabe". *Penser avec Aristote*. Paris, Unesco, 1991.

_____. "Le déploiement de la pensée philosophique dans ses rapports avec l'Islam jusqu'à Avicenne". *L'Islam, la Philosophie et les Sciences*. Paris, réimpression, Unesco, 1986.

JONAS, Hans. *Lo Gnosticismo*. Torino, Società Editrice Intern., 1991.

JUSZEZAK, Joseph. *Les Sources du Symbolisme*. Paris, SEDES, 1985.

KRAUS, Paul. *Jābir ibn Hayyān. Contribution à l'Histoire des Idées Scientifiques dans l'Islam*. Paris, Les Belles Lettres, 1986.

_____. "Un fragment prétendu de la recension d'Eustochius des oeuvres de Plotin", *Revue de l'Histoire des Religions*, t. 113, 1936.

LEWIS, G. L. "Two alchemical treatises attributed to Avicenna" by H. E. Stapleton, R. F. Azo, M. Hidāyat Husain and G. L. Lewis. AMBIX, vol. X, n. 2, June, 1962.

LIBERA, Alain de. *La Philosophie Médiévale*. France, PUF, 1993.

_____. *A Filosofia Medieval*. Rio de Janeiro, Jorge Zahar Editor, 1990.

_____. *Penser au Moyen-Âge*. Paris, Seuil, 1991.

_____. "D'Avicenne à Averroès et retour sur les sources arabes de la théorie scolastique de l'Un transcendantal". *Arabic Sciences and Philosophy*, vol. 4, n. 1, March 1994.

LOMBARD, Maurice. *L'Islam dans sa première grandeur (VIIIe/XIe siècle)*. Paris, Flammarion, 1971.

LORY, Pierre. "Avicenne et le Soufisme: à propos de la Risāla Nayruziyya". Texto inédito apresentado no Colóquio de Bordeaux sobre filosofia árabe e cedido pelo autor, Junho, 1994.

LUCCHETTA, Francesca. *Epistola sulla vita futura*. Testo arabo, traduzione, introduzione e note. Padova, Ed. Antenore, 1969.

MAALOUF, Amin. *Las Cruzadas vistas por los árabes*. Madrid, Alianza Editorial, 7ª reimpressão, 1996.

MADKOUR, Ibrahim. *La Place d'al-Fārābī dans l'École Philosophique Musulmane*. Préface de Louis Massignon, Paris, Adrien Maisonneuve, 1934.

_____. *L'Organon d'Aristote dans le Monde Arabe*. 2ª ed. Paris, J.Vrin, 1969.

_____. "Aristote en Orient à la veille de l'Islam". *Penser avec Aristote*. Paris, Unesco, 1991.

MAGRIS, Aldo. *La Logica del Pensiero Gnostico*. Itália, Morcelliana, 1997.

MARMURA, Michael E. "Plotting the course of Avicenna's thought". *Journal of the American Oriental Society*, Toronto, 1991.

_____. "Avicenna: On the Proof of Prophecies and the Interpretation of the Prophet's Symbols and Metaphors". *Medieval Political Philosophy: a Sourcebook*. Toronto, Collier-Macmillan Canada, 1963.

_____. "Avicenna IV. Metaphysics. *Encyclopaedia Iranica*, vol. III. Edited by Ehsan Yarshater. London, New York, Routledge & Kegan Paul, 1989.

MASSIGNON, Louis. *Essai sur les Origines du Lexique technique de la Mystique musulmane*. Paris, Paul Geuthner, 1922.

_____. "La Philosophie Orientale d'Ibn Sīnā et son Alphabet Philosophique". *Memorial Avicenne IV, Miscellanea*. Publications de l'Institut Français d'Archéologie Orientale du Caire, 1954.

_____. "Avicenne et les Influences Orientales", Millénaire d'Avicenne. *Revue du Caire*, numéro spécial, Juin, 1951.

_____. "Thèmes Archétypiques en Onirocritique Musulmane". *Extraits de Eranos-Jahrbuch*, vol. XII. Zurich, Rhein-Verlag, 1945.

_____. "Nature in Islamic Thought" (1946) e "The Idea of the Spirit in Islam" (1945). *Papers from the Eranos Yearbooks – The Mystic Vision*. London, Routledge & Kegan Paul, 1968.

_____. "Inventaire de la Littérature Hermétique Arabe", *in* A.-J. Festugière. *La Révélation d'Hermès Trismégiste*, vol. I, Paris, 1986.

MAZZAOUI, Michel M. & MOREEN, Vera B. (editors). *Intellectual Studies on Islam*. USA, University of Utah Press, 1990.

MEHREN, August F. *Traités Mystiques d'Avicenne*, vol. I: fasc. I, II, III, IV, réimpression de l'édition Leiden 1889-1899. Amsterdam, APA – Philo Press, 1979.

_____. "Vues d'Avicenne sur l'Astrologie et sur le Rapport de la Responsabilité Humaine avec le Destin". *Estudios de Erudición Oriental*, Zaragoza, 1904.

_____. "Les Rapports de la Philosophie d'Avicenne avec l'Islam". *Muséon*. Louvain, 1883.

_____. "Vues Théosophiques d'Avicenne". *Muséon*. Louvain, 1886.

_____. "La Philosophie d'Avicenne exposée d'après des documents inédits". *Muséon*, t. I, Louvain, 1882.

MÉNARD, Louis. *Hermès Trismégiste*. Traduction complète précédée d'une "Étude sur l'Origine des Livres Hermétiques". Paris, Guy Trédaniel, Éditions de la Maisnie, 1977.

MERLAN, Philip. *Dal Platonismo al Neoplatonismo*. Milano, Vita e Pensiero, 2ª ed., 1994.

MICHOT, Jean R. *La Destinée de l'Homme selon Avicenne*. Louvain, Aedibus Peeters, 1986.

_____. "L'Eschatologie d'Avicenne selon F. D. Al-Rāzi. Présentation et traduction de la Section du Retour du *Kitāb Sharh al-Najāt*". *Revue Philosophique de Louvain*, t. 87, Maio, 1989.

_____. "L'Épitre sur la connaissance de l'âme rationnelle et de ses états attribuée à Avicenne". *Revue Philosophique de Louvain*, t. 82, n. 56, Nov. 1984.

_____. "Prophétie et divination selon Avicenne. Présentation, essai de traduction critique et index de l'Épitre de l'âme de la sphère". *Revue Philosophique de Louvain*, t. 83, n. 60, Nov. 1985.

_____. "Avicenne et la destinée humaine. A propos de la résurrection des corps". *Revue Philosophique de Louvain*, t. 79, 1981.

_____. "Paroles d'Avicenne sur la Sagesse". *Bulletin de Philosophie Médiévale*, 19, Louvain, 1977.

_____. "L'Épitre d'Avicenne sur le Parfum". *Bulletin de Philosophie Médiévale*, 20, Louvain, 1978.

_____. "Les Sciences physiques et métaphysiques selon la *Risāla fī Aqsām al-'Ulūm* d'Avicenne". *Bulletin de Philosophie Médiévale*, 22, Louvain, 1980.

_____. "Avicenna's Letter on the disappearance of the vain intelligible forms after death". *Bulletin de Philosophie Médiévale*, 27, Louvain, 1985.

MIQUEL, André. *La Géographie humaine du monde musulman jusqu'au milieu du XIème siècle*. La Haye, Paris, Mouton & Co., 1967.

MONTGOMERY WATT, W. *Islamic Philosophy and Theology*. Edinburgh, University Press, 1985.

Morgan, David. *Medieval Persia*. London, New York, Longman, 1988.

Monnot, Guy. *Penseurs musulmans et religions iraniennes*. Paris, J. Vrin, 1974.

Mourad, Youssef. *La Physiognomonie arabe et le Kitāb al-Firāsa de Fakhr al-Dīn al-Rāzī*. Paris, Paul Geuthner, 1939.

Munk, S. *Mélanges de Philosophie Juive et Arabe*. Paris, J. Vrin, 1988.

Muralt, André de. *Néoplatonisme et Aristotélisme dans la Métaphysique. Médiévale*. Paris, J. Vrin, 1995.

Nader, Albert N. *Le Système Philosophique des Mu'tazila*. Beyrouth, Dar El-Mashreq Sarl, 2ª ed., 1984.

Nallino, Carlo Alfonso. "Filosofia 'orientale' od 'illuminativa' d'Avicenna?". *Rivista degli Studi Orientali*, vol. X, Roma 1923-25. Reimpresso em *Raccolta di Scritti editi e inediti*, vol. VI, Roma, Istituto per l'Oriente, 1948.

_____. "Avicenna". *Enciclopedia Italiana*, vol. V, 1930. Reimpresso em *Raccolta di Scritti editi e inediti*, vol. VI, Roma, Istituto per l'Oriente, 1948.

Nasr, Sayyed H. *An Introduction to Islamic Cosmological Doctrines*. Great Britain, Thames & Hudson, 1978.

_____. *Sciences et Savoir en Islam*. Paris, Sinbad, 1979.

_____. "Le *mawjud* (ens) et le *wujud* (acte de exister) dans la tradition orientale". *Penser avec Aristote*. Paris, Unesco, 1991.

_____. "Les commentateurs arabes". *Penser avec Aristote*. Paris, Unesco, 1991.

Nasrat, Haidar Ali. *La Théorie de l'Émanation chez Avicenne, al-Baghdadi et Sohrawardi*. Thèse présentée pour le doctorat de 3ème cycle de Philosophie sous la direction de R. Arnaldez. Paris, Décembre 1973.

Neher, André. *Prophètes et Prophéties – L'essence du prophétisme*. 1ª ed., Paris, PUF, 1955; reimpressão Paris, Payot, 1995.

Pack, Roger A. "Auctoris incerti De physiognomonia libellus". *AHDLMA*, 1974, Paris, J. Vrin, 1975.

Peters, Francis E. "Hermes and Harran: The Roots of Arabic-Islamic Occultism". *Intellectual Studies on Islam*. Mazzaoui, M. M. (ed.), Moreen, V. B.

Pétrement, Simone. *Le Dieu séparé. Les origines du gnosticisme*. Paris, Les Éditions du Cerf, 1984.

Pines, S. "La conception de la conscience de soi chez Avicenne et chez Abu'l-Barakat Al-Baghdadi". *AHDLMA*, 1954, Paris, J. Vrin, 1955.

_____. "La 'Philosophie orientale' d'Avicenne et sa polémique contre les bagdadiens", *AHDLMA*, 1952, Paris, J. Vrin, 1953.

Pinharanda Gomes. *A Filosofia Arábigo-Portuguesa*. Portugal, Guimarães Editores, 1991.

Platão. *Diálogos – Mênon, Banquete, Fedro*. Tradução do grego por Jorge Paleikat e João Cruz Costa. Coleção Universidade, Ediouro, s/d.

_____. *Diálogos – O Banquete, Fédon, Sofista, Político*. Traduções de José Cavalcante de Souza, Jorge Paleikat e João Cruz Costa. Coleção *Os Pensadores*, 1ª ed., São Paulo, Abril Cultural, 1972.

_____. *Les Lois*, livres VII-X. Texte établi et traduit par A. Diès. Paris, Les Belles Lettres, 2ª ed. rev. et cor., 1976.

_____. *Phédon*. Texte traduit par Léon Robin. Paris, Les Belles Lettres, 1936.

_____. *Phèdre*. Texte établi et traduit par Léon Robin. Paris, Les Belles Lettres, 9ª ed., 1983.

_____. *Teeteto*. Edición bilingue, edición, prólogo, traducción y notas de Manuel Balasch, España, Anthropos, 1990.

_____. *Timée et Critias*. Texte traduit par Albert Rivaud. Paris, Les Belles Lettres, 1925.

PLESSNER, Martin. "Hermes Trismegistus and Arab Science". *Studia Islamica*, n. 2, 1954.

PLOTINO. *Enéadas I-II*. Introducciones, traducciones y notas de Jesús Igal. Madrid, Editorial Gredos, 1992.

_____. *Enéadas III-IV*. Introducciones, traducciones y notas de Jesús Igal. Madrid, Editorial Gredos, 1985.

_____. *Ennéades IV-V*. Texte établi et traduit par Émile Bréhier. Paris, Les Belles Lettres, 1964-1967.

_____. *Traité sur les Nombres (Ennéade VI.6)*. Paris, J. Vrin, 1980.

_____. *Du Beau – Ennéades I, 6 et V, 8*. Préface, traduction et commentaires de Paul Mathias. França, Presses Pocket, 1991.

_____. *Plotinus The Six Enneads* . Translated by Stephen MacKenna and B. S. Page. Encyclopaedia Britannica, Inc., The Univ. of Chicago, reprint 1977.

_____. *Plotinus: Ennead V. 1 – On the Three Principal Hypostases*. A Commentary with translation by Michael Atkinson. Great Britain, Oxford Univ. Press, reprint with corrections, 1985.

PROCLO. *Éléments de Théologie*. Traduction, introduction et notes par Jean Trouillard, Paris, Aubier Montaigne, 1965.

PTOLOMEU. *Tetrabiblos*. Traduzido do grego para o inglês da paráfrase de Proclo por J. M. Ashmand. USA, Symbols & Signs, 1976.

PUECH, Charles-Henri (ed.). *Storia delle religioni- Le Religioni in Egitto, Mesopotamia e Persia*. Roma, Laterza, 1988.

_____. *En quête de la Gnosis*. I. *La Gonse et le temps et autres essais*. II. *Sur l'Évangile selon Thomas*. Paris, Gallimard, 1978.

QUADRI, G. *La Philosophie Arabe en Europe Médiévale*. Traduit de l'italien par R. Huret. Paris, Payot, 1947.

RAHMAN, F. *Avicenna's Psychology – An English translation of Kitāb al-Najāt, Book II, chap. VI*. USA, Hyperion reprint edition, 1990, Oxford Univ. Press, London, 1952.

ROLAND-GOSSELIN, M.-D., O. P. "Sur les relations de l'âme et du corps d'après Avicenne". *Mélanges Mandonnet*. Études d'Histoire Littéraire et Doctrinale du Moyen Âge, t. II, Paris, J. Vrin, 1930.

ROSENTHAL, Franz. *Greek Philosophy in the Arab World*. Great Britain, Variorum, 1990.

_____. *The Classical Heritage in Islam*. Great Britain, first published in English in 1975 by Routledge & Kegan Paul; reprint in Trowbridge, Wilts, Great Britain by Redwood Books, 1994.

_____. *"Sweeter than Hope" – Complaint and Hope in Medieval Islam*. Leiden, E. J. Brill, 1983.

RUCQUOI, Adeline. "Gundisalvus ou Dominicus Gundisalvi?". *Bulletin de Philosophie Médiévale*, SIEPM, vol. 41, 1999.

RUDOLPH, Kurt. *Gnosis – The Nature and History of Gnosticism*, USA, Harper & Row, 1987.

SABRI, Tahani. "Le Traité sur l'Amour d'Avicenne – Risāla fi l-'Ishq". Traduction et étude, *Revue des Études Islamiques* LVIII, Paris, Geuthner, 1990.

_____. "Traité d'Avicenne sur le Destin – Al-Qadar". Traduction et commentaire in *Revue des Études Islamiques* LV-LVII, fasc. 1, Paris, Geuthner, 1987-1989.

SAUNDERS, J. J. *A History of Medieval Islam*. London & New York, Routledge & Kegan Paul, 1987.

SCARPI, Paolo. *Poimandres*. Veneza, Marsilio Editori, 1987.

SCOTT, Walter. *Hermetica*. Editado por A. G. Gilbert, com cortes na Introdução original e nas notas de Walter Scott, cuja tradução e estudo originais consistem em quatro volumes publicados em 1924. Great Britain, Solos Press, 2ª ed., 1993.

SIRAISI, N. G. "The changings fortunes of a traditional text: goals and strategies in sixteenth-century Latin editions of the Canon of Avicenna". *The medical renaissance of the sixteenth century*. A. Wear, R. K. French (ed.) and I. M. Lonie, Cambridge University Press, reprint, 1987.

SOHRAVARDI. *Le Livre de la Sagesse Orientale – Kitāb Hikmat al-Ishrāq*. Traduction et notes par Henry Corbin établies et introduites par Christian Jambet. Paris, Verdier, 1986.

_____. *L'Archange Empourpré*. Quinze traités et récits mystiques traduits du persan et de l'arabe, présentés et annotés par Henry Corbin. Paris, Fayard, 1976.

_____. *The Mystical and Visionary Treatises of Shihabuddin Yahya Suhrawardi*. Translated by W. M. Thackston Jr., Ph.D. London, Octagon Press, 1982.

SOURDEL, Dominique. *Medieval Islam*. London & New York, Routledge & Kegan Paul, 1986.

SOURDEL, Dominique & SOURDEL, Janine. *Dictionnaire historique de l'islam*. Paris, PUF, 1996.

TATON, René. *La science antique et médiévale*. Paris, PUF, 1994.

THILLET, Pierre. "L'Aristote arabe". *Penser avec Aristote*. Paris, Unesco, 1991.

TODOROV, Tzvetan. *Symbolism and Interpretation*. USA, Cornell University Press, 1982. Tradução do original francês *Symbolisme et Interprétation*. Paris, Éditions du Seuil, 1978.

_____. *Théories du Symbole*. Paris, Éditions du Seuil, 1977.

ULLMANN, Manfred. *La médecine islamique*. Paris, PUF, 1995.

URVOY, Dominique. "Chronique de philosophie arabe et islamique". *Revue Thomiste*, n. 1, Jan.-Mars 2000.

VAJDA, G. "Les Notes d'Avicenne sur la Théologie d'Aristote". *Revue Thomiste*, II, 1951.

VAN ESS, Josef. "L'héritage aristotélicien dans le monde arabe et la théologie musulmane (Kalam)". *Penser avec Aristote*. Paris, Unesco, 1991.

VARENNE, Jean. *Zarathushtra et la tradition mazdéenne*. Paris, Éditions du Seuil, 1966.

WHITEHEAD, Alfred North. *Simbolismo, o seu Significado e Efeito*. Lisboa, Edições 70, 1987.

WIDENGREN, Geo. *Les Religions de l'Iran*. Paris, Payot, 1968.

WOLFSON, Harry Austryn. *The Philosophy of the Kalam*. Cambridge, Mass., and London, England, Harvard Univ. Press, 1976.

_____. "The Internal Senses in Latin, Arabic an Hebrew Philosophic Texts". *Studies in the History of Philosophy and Religion*, vol. I. Harvard Univ. Press, Cambridge, Mass., London, England, 11979.

ZEND-AVESTA. Vol. I: *The Vendidad*, translated by James Darmesteter. First published by Oxford Univ. Press, 1887; reprint by Motilal Banarsidass, Delhi, India, 1980. Vol. II: *The Sīrōzahs, Yasts and Nyāyis*, translated by James Darmesteter. First published by Oxford Univ. Press, 1884; reprint by Motilal Banarsidass, Delhi, 1975. Vol. III: *The Yasna, Visparad, Afrīnagān, Gāhs and Miscellaneous Fragments*, translated by L. H. Mills. First published by Oxford Univ. Press, 1887; reprint by Motilal Banarsidass, Delhi, 1974.

Representação medieval do Universo.

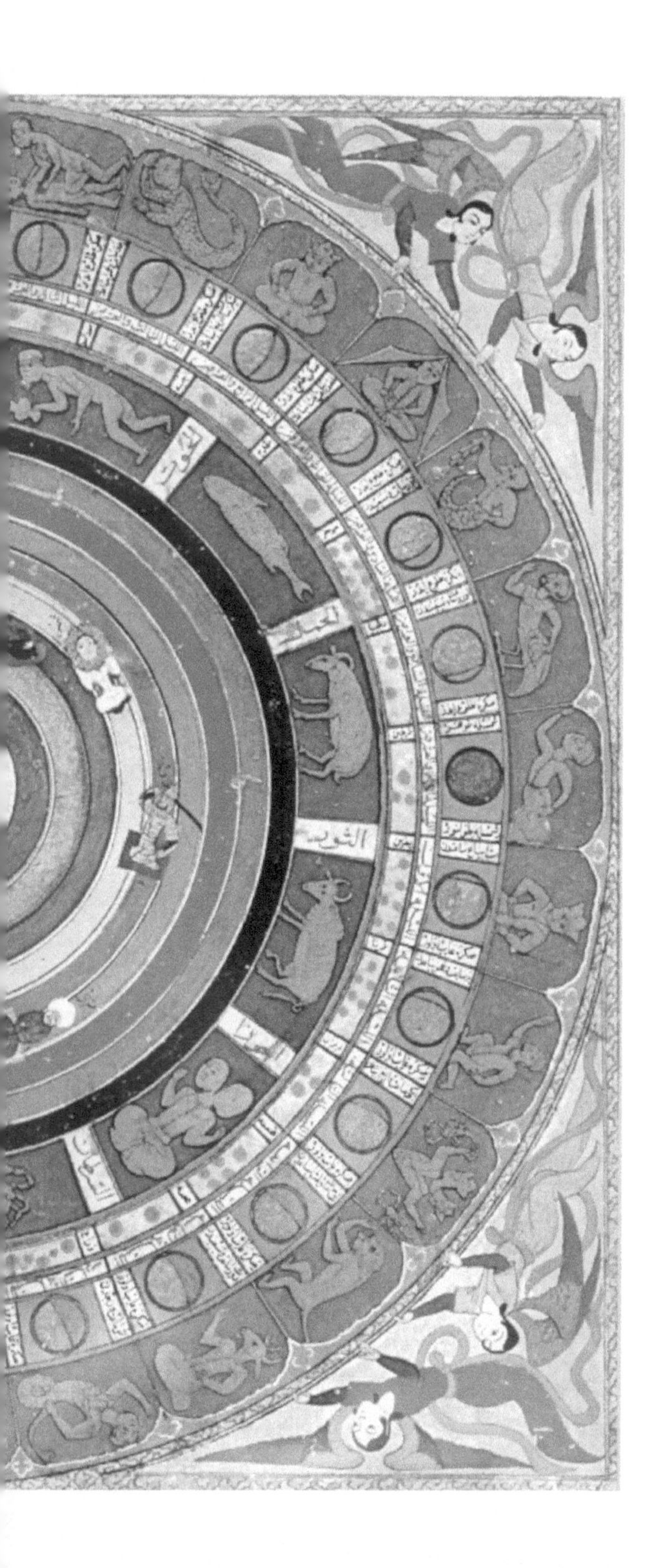

FILOSOFIA NA PERSPECTIVA

O Socialismo Utópico
Martin Buber (D031)
Filosofia em Nova Chave
Susanne K. Langer (D033)
Sartre
Gerd A. Bornheim (D036)
O Visível e o Invisível
M. Merleau-Ponty (D040)
Linguagem e Mito
Ernst Cassirer (D050)
Mito e Realidade
Mircea Eliade (D052)
A Linguagem do Espaço e do Tempo
Hugh M. Lacey (D059)
Estética e Filosofia
Mikel Dufrenne (D069)
Fenomenologia e Estruturalismo
Andrea Bonomi (D089)
A Cabala e seu Simbolismo
Gershom Scholem (D128)
Do Diálogo e do Dialógico
Martin Buber (D158)
Visão Filosófica do Mundo
Max Scheler (D191)
Conhecimento, Linguagem, Ideologia
Marcelo Dascal (org.) (D213)
Notas para uma Definição de Cultura
T. S. Eliot (D215)
Dewey: Filosofia e Experiência Democrática
Maria Nazaré de C. Pacheco Amaral (D229)
Romantismo e Messianismo
Michel Löwy (D234)
Correspondência
Walter Benjamin e Gershom Scholem (D249)
Isaiah Berlin: Com Toda a Liberdade
Ramin Jahanbegloo (D263)
Existência em Decisão
Ricardo Timm de Souza (D276)
Metafísica e Finitude
Gerd A. Bornheim (D280)
O Caldeirão de Medéia
Roberto Romano (D283)
George Steiner: À Luz de Si Mesmo
Ramin Jahanbegloo (D291)
Um Ofício Perigoso
Luciano Canfora (D292)
O Desafio do Islã e Outros Desafios
Roberto Romano (D294)
Adeus a Emmanuel Lévinas
Jacques Derrida (D296)
Platão: Uma Poética para a Filosofia
Paulo Butti de Lima (D297)
Ética e Cultura
Danilo Santos de Miranda (D299)
Emmanuel Lévinas: Ensaios e Entrevistas
François Poirié (D309)
Homo Ludens
Joan Huizinga (E004)
Gramatologia
Jacques Derrida (E016)
Filosofia da Nova Música
T. W. Adorno (E026)

Filosofia do Estilo
Gilles Geston Granger (E029)
Lógica do Sentido
Gilles Deleuze (E035)
O Lugar de Todos os Lugares
Evaldo Coutinho (E055)
História da Loucura
Michel Foucault (E061)
Teoria Crítica I
Max Horkheimer (E077)
A Artisticidade do Ser
Evaldo Coutinho (E097)
Dilthey: Um Conceito de Vida e uma Pedagogia
Maria Nazaré de C. P. Amaral (E102)
Tempo e Religião
Walter I. Rehfeld (E106)
Kósmos Noetós
Ivo Assad Ibri (E130)
História e Narração em Walter Benjamin
Jeanne Marie Gagnebin (E142)
Cabala: Novas Perspectivas
Moshe Idel (E154)
O Tempo Não-Reconciliado
Peter Pál Pelbart (E160)
Jesus
David Flusser (E176)
Avicena: A Viagem da Alma
Rosalie Helena de S. Pereira (E179)
Nas Sendas do Judaísmo
Walter I. Rehfeld (E198)
Cabala e Contra-História: Gershom Scholem
David Biale (E202)
Nietzsche e a Justiça
Eduardo Rezende Melo (E205)
Ética contra Estética
Amelia Valcárcel (E210)
O Umbral da Sombra
Nuccio Ordine (E218)
Ensaios Filosóficos
Walter I. Rehfeld (E246)
Filosofia do Judaísmo em Abraham Joshua Heschel
Glória Hazan (E250)
A Escritura e a Diferença
Jacques Derrida (E271)
Ensaios sobre a Liberdade
Celso Lafer (EL038)
O Schabat
Abraham J. Heschel (EL049)
O Homem no Universo
Frithjof Schuon (EL050)
Quatro Leituras Talmúdicas
Emmanuel Levinas (EL051)
Yossel Rakover Dirige-se a Deus
Zvi Kolitz (EL052)
Sobre a Construção do Sentido
Ricardo Timm de Souza (EL053)
A Paz Perpétua
J. Guinsburg (org.) (EL055)
O Segredo Guardado
Ili Gorlizki (EL058)
A Filosofia do Judaísmo
Julius Guttmann (PERS)
O Brasil Filosófico
Ricardo Timm de Souza (K022)
Diderot: Obras I – Filosofia e Política
J. Guinsburg (org.) (T012I)
Diderot: Obras II – Estética, Poética e Contos
J. Guinsburg (org.) (T012II)
Diderot: Obras III – O Sobrinho de Rameau
J. Guinsburg (org.) (T012III)
Diderot: Obras IV – Jacques, o Fatalista, e Seu Amo
J. Guinsburg (org.) (T012IV)
Diderot: Obras V – O Filho Natural
J. Guinsburg (org.) (T012V)
Diderot: Obras VI (1) – O Enciclopedista – História da Filosofia I
J. Guinsburg e Roberto Romano (orgs.) (T012VI)
Diderot: Obras VI (2) – O Enciclopedista – História da Filosofia I
J. Guinsburg e Roberto Romano (orgs.) (T012VI)
República de Platão
J. Guinsburg (org.) (T019)
Hegel e o Estado
Franz Rosenzweig (T021)
As Ilhas
Jean Grenier (LSC)

Este livro foi impresso na cidade de Cotia,
nas oficinas da Meta Brasil,para a Editora Perspectiva.